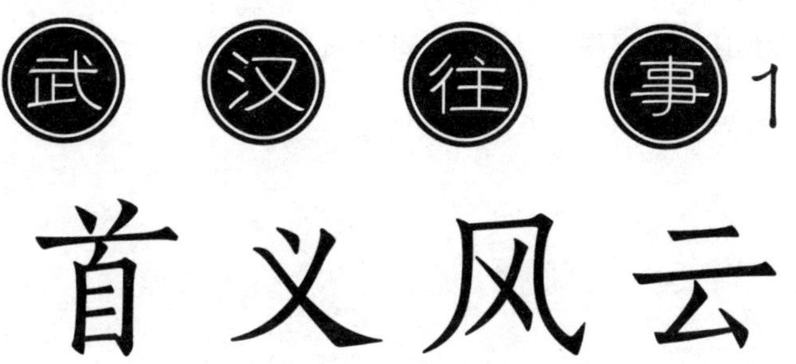

◎张隼 著

SPM 南方出版传媒 广东人民出版社
·广州·

图书在版编目（CIP）数据

武汉往事. 1，首义风云 / 张隼著. — 广州 ：广东人民出版社，2019.2
ISBN 978-7-218-12769-9

Ⅰ. ①武… Ⅱ. ①张… Ⅲ. ①武汉－地方史－史料 Ⅳ. ①K296.31

中国版本图书馆CIP数据核字(2018)第086699号

WUHAN WANGSHI 1 · SHOUYI FENGYUN
武汉往事1 · 首义风云
张隼 著

出 版 人： 肖风华

选题策划： 李 敏
责任编辑： 李 敏
装帧设计： 刘焕文
责任技编： 周 杰 易志华

出版发行： 广东人民出版社（广州市大沙头四马路10号 邮政编码：510102）
电 话： （020）83798714（总编室）
传 真： （020）83780199
网 址： http://www.gdpph.com
印 刷： 珠海市鹏腾宇印务有限公司
开 本： 787 mm × 1092 mm 1/16
印 张： 26.5 **字 数：** 480千
版 次： 2019年2月第1版 2019年2月第1次印刷
定 价： 59.80元

如发现印装质量问题，影响阅读，请与出版社（020-83795749）联系调换。
售书热线：（020）83791487 83790604 邮购：（020）83781421

人物小传：

余昌泰：武昌余府当家人，一代名士，清政府的坚决拥护者。

余瑞光：余昌泰的大儿子，商人。

余瑞祥：余昌泰的二儿子，一直在救国救民的道路上摸索前进。从当地民军到国民党再到共产党，逐渐找到了正确的道路。

余瑞华：余昌泰的三儿子，先后投靠过北洋军阀、国民党和日本人，解放战争时期率部起义。

余梅芳：余昌泰的大女儿，嫁给了余昌泰的学生林英华。

余雅芳：余昌泰的小女儿，王俊林妻子，生性柔弱温顺。

余立：余瑞光的独生子，曾任职国民党空军。解放战争时期，率领机组人员起义。

余亚男：余瑞祥与赵璇滢的女儿。大学毕业后进入延安，抗战末期随南下支队抵达新四军第五师，与母亲团聚，成为母亲的助手。

余明亮：余瑞祥与赵璇滢之子。汉帮二号人物，表面上顺从日寇，暗地里对日寇实施暗杀。

林英华：余昌泰的大女婿，武汉大学教授，在抗战时期帮助共产党人发起了一系列鼓励民众抗战的活动，解放战争时期力主和平，并阻止了国民党对武汉的破坏。

王翔宇：汉口王府当家人，汉口商会总理，支持革命党。

王翔东：王翔宇的弟弟，支持革命党。

王俊林：王翔宇的独生子。墙头草式人物，先加入革命党，又投靠清军，成为袁世凯旗下将领，北伐时期投靠了北伐军，后参加了南昌起义，又叛变革命，抗战时期当了汉奸。

王芝英：王翔东的女儿，赵承彦妻子。

王俊财：王翔东的长子，支持革命。

王俊喜：王翔东的次子，组建了武汉最大的帮会——汉帮。

王卓文：王俊财之子，秘密共产党员。

王晓燕：王俊喜之女，军统特务。

赵嘉勋：汉阳赵府当家人，汉阳知府，清廷的忠实支持者。

赵承彦：赵嘉勋长子，支持革命。

赵承博：赵嘉勋次子，玩世不恭的富家公子，后来加入了共产党。

赵璇滢：赵嘉勋与正妻之女。余瑞光前妻，余瑞祥之妻，从一个任性而又贪玩的妇人逐渐成长为革命党人，共产党员。

赵雪莲：赵承彦之女，共产党员。

CONTENTS | 目　录

第一章 风声鹤唳

“八月十五杀鞑子”的传言一飘进余昌泰的耳朵，他再也坐不住了，在心里大骂一声“叛逆”，立刻火急火燎地奔向湖广总督衙门，求见瑞澂，准备面陈把叛逆们扼杀在摇篮之中的计策。其时，瑞澂正召集巡抚、提督、新军统制、协统等官员商议扑灭革命党人起事的计划，得到报告，不由得大为感动，马上传他进入签押房。谋划了很久，一切尽在掌握之中，余昌泰这才心满意足地回家去了。

“这一回，叛逆们就是有三头六臂，也难以起事了。”他想。

不过，他熟知历史典故，深知再天衣无缝的部署，也会因为某个不起眼的环节出现纰漏而全面崩溃。他必须全面了解武昌城里各种人群的最新反应，看看已经谋划好的方案是否需要做出一些修订，或者做出一些什么样的修订。他准备从大儿子余瑞光和二儿子余瑞祥那儿了解情况，他们一个是武昌城里首屈一指的巨商大贾，一个是新军工程八营的队官，都是消息灵通人士。

这时候，余瑞光早已回府，正坐在客厅等候父亲归来。

余昌泰刚坐下来，还没来得及喘一口气，余瑞光就把从商会听到的消息一五一十地说了出来：“父亲，他们说，革命党人已经把起事计划放在月饼馅里，传达出去了。”

“他们说，这些革命党人呀，实在太多了，尤其新军里面最多，谁也分不清谁是革命党人，谁不是革命党人。”

“他们说，满人长久骑在汉人脖子上，挖空心思谋夺他们的财产，杀了很多汉人，革命党人真的在中秋节起事了，他们就会全力支持革命党人，把小皇帝溥仪赶下龙椅……”

余昌泰刚开始还能保持镇定，听到这里，脸色突变，厉声喝问道：“你是说，大多数商户都会支持叛逆吗？”

“他们是这么说的。”余瑞光的声音低了八度。

余昌泰身子一挺，脸色冷峻得像一座大山，说话的口吻宛如刀锋般瘆人：“自古至今，汉人坐江山的居多，哪一朝哪一代没有出现过他们说的这种事？当满人打进来的时候，汉人如果敢于抵抗，哪会有满人的天下？！不能把这些当成造反的理由。更何况，朝廷已经顺应民众的呼声，成立了责任内阁，各省也成立了咨议局。在这个时候推翻朝廷，难道真是顺应民意吗？不，那是逆天而行。你要告诉那些商户，让他们清醒起来，不要被叛逆蒙蔽了。”

“可是，父亲，他们希望您能支持革命党。”余瑞光硬着头皮说。

余昌泰一拍桌子，眼睛里冒出火来，厉声呵斥道：“什么革命党？叛逆！他们都是叛逆！我决不会做叛逆，你也别想做叛逆。所有我余家子孙，谁也不准做叛逆！”

他如此死心塌地忠于朝廷，并非余家受过朝廷的厚恩，而是深入骨髓的忠君爱国之读书人理念。

余昌泰的祖父虽说不太穷，但日子过得也不宽裕，不过为人却极为仗义，不管谁遇到困难，都会倾力相助。年轻的时候，他曾帮助过一户从江浙一带跑来武昌谋生的人家渡过了难关。这户人家姓王，后来发迹了，秉承“滴水之恩，涌泉相报”的古训，反过来资助余家。余昌泰的父亲由此便能打小就进入私塾读书，考过秀才，中过举人，因不愿为官，开了一家私塾馆，依靠教学生来维持一家人的生活。

跟父亲一脉相承，余昌泰接连中了秀才和举人之后，也不愿意再进入考场，更不愿意当官。他依旧喜爱读书，更喜爱批评现实。只要哪个官员不检点，他就利用诗词歌赋大加讥讽。久而久之，成全了余昌泰一代名士的声誉。

张之洞调任湖广总督的时候，听说了余昌泰的名声，亲自前去拜会他，想请他出来做官。但他避而不见。后来，亲眼看到张之洞大办实业，他深感张之洞是一个做实事的能臣，便去总督府探望张之洞。此后，张之洞每每要制定新政，都会首先去征询他的意见，并且认为像他这样的大才不获得朝廷的重用，未免太可惜，极力劝说他出来做一番事业，又极力向朝廷推荐他。

朝廷对张之洞恩眷正浓，余昌泰由此获得了进京朝见慈禧太后的机会。如果他能紧紧抓住这次机会，说一些慈禧愿意听的好话，他就会有大好的前程，可惜的是，他不仅没有说好话，反而当着慈禧的面，捅破了她跟光绪失和的事情，极力劝说慈禧和光绪和好，并说只有这样，慈禧才能更加获得天下子民的拥戴。这一下子惹恼了慈禧。要不是张之洞极力保荐，恐怕连项上人头也会被慈禧摘去。

余昌泰被发配到山西一个偏远县份当县令。不久，八国联军就攻入北京。慈禧仓皇之中带着光绪一道逃离京城，一路西逃，逃着逃着，就逃到了余昌泰的治下。

他去迎驾的时候，极力劝说慈禧不要西逃，应该诏令天下群臣勤王，并且派遣洋人信得过的臣子前去谈判，以软硬兼施的手段，迫使洋人退出北京。慈禧差一点被他的话打动了，不料伴随慈禧一道西逃的汉族重臣生怕慈禧听信了他的话，就会对自己失去信任，赶紧想尽办法让他封口。但余昌泰固执己见，私下里跟那个重臣大吵了好几回合。结果，那个重臣还是怂恿慈禧继续西逃，他也从此与此人结下梁子。任期一结束，他被解职回家。

余昌泰更加相信，朝廷是好的，留恋职权的朝廷命官才是导致大清王朝一蹶不振的罪魁祸首。因此，他对朝廷忠心耿耿，对所有贪官污吏深恶痛绝。回到武昌以后，他对张之洞做的一些损害民众利益的行为同样极度不满，先是好言相劝，规劝不成，便公开对张之洞大加挞伐，迫使张之洞不得不收回成命。

后来，张之洞调任军机大臣。余昌泰对新任湖广总督一样不假辞色。他甚至很早就觉察出袁世凯是一代奸雄，一旦羽翼丰满，一定遗祸天下。听说袁世凯当了军机大臣，他赶紧上了一道折子，历数袁世凯的狼子野心：在编练新军的时候，把它当成了自己的私人武装；担任军机大臣了，更加露骨地培植党羽，拉拢私人，隐隐已露出了叫板朝廷的端倪。余昌泰最后声言：如果不杀袁世凯以谢天下，天下一定会被袁世凯搞乱。

袁世凯看到那道奏折，浑身直冒冷汗，顿时萌生了杀掉余昌泰的心思。

张之洞知道袁世凯锱铢必较，连忙说："这是一个癫狂病人，一向喜欢说大话，在慈禧老佛爷面前都敢信口开河，理他做什么？"

朝廷实行新政，余昌泰更是欢迎。因此，他没有让儿子们遵循儒家传统，走上科举考试的道路：大儿子读了一些书以后，经商去了；二儿子进了武普通学堂，毕业以后，正式投军，现在已经是新军工程八营的一名队官；三儿子年龄尚小，同样进入了新式学堂。

为了维护大清王朝的统治，余昌泰确实用尽心思，希望天下多一些像他一样的人去敲打朝廷和朝廷命官，以便朝廷越来越顺从民意，从而永远延续下去。

余昌泰万万没想到，这时候，新军里面竟然有人要造反，大多数商户竟然会支持叛逆。这还了得，叛逆一旦获得商界的支持，就像火星掉进了柴火堆，势必引起冲天大火。不行，得扑灭这种可能性。指望大儿子去劝说商户们改变立场，恐怕不现实；当务之急，必须剜除可能造成叛逆起事之势的根苗。

根苗就在新军。要彻底剜除，必须双管齐下：把武器弹药全部收缴入库，派遣对朝廷忠心耿耿的人马轮流看守，并将新军全部困在营房里，不准随意走动，更不许他们随意说话；采取攻心战，向有可能叛逆或者同情叛逆的兵士宣讲朝廷的恩典，灌输忠于朝廷的道理，提高他们的生活待遇，动摇他们起事的决心。余昌泰在瑞澂召集的会议上，曾经着重讲到了这两点。他相信，有瑞澂力挺，新军统制张彪、协统黎元洪一定会这么做。

现在，听了大儿子的话，余昌泰对到底有多少新军暗中加入了叛逆的行列心里没数，对各级军官是不是能够绝对执行瑞澂、张彪以及黎元洪的命令心里也没数。两个没数加起来，令他骇出一身冷汗。

“去，把你二弟找回来！”余昌泰说道。

他非常希望二儿子能告诉他目前新军军营的内情，看一看张彪、黎元洪下达命令以后，是否产生了应有的作用。

领了父亲的命令，余瑞光不敢怠慢，立刻出了门。

余昌泰稍稍嘘了一口气，起身去了书房，准备好好捋一捋思路，仔细想一想瑞澂的部署是不是有漏洞，有哪些事情需要着重询问二儿子，以及打算让二儿子干些什么。

这时候，三儿子余瑞华来到了他的跟前。

余瑞华只有十四五岁，是余昌泰最小的孩子。进京觐见慈禧太后，余昌泰去山西一个贫瘠县就任县令，一直没有将夫人和孩子带在身边。回来后为了弥补对小儿子的亏欠，余昌泰格外疼爱他，白天把小儿子送去新式学堂读书，晚上亲自教育他读四书五经；在生活方面，不论小儿子需要什么，余昌泰都会满足他。

余瑞华说道：“父亲，汉口的同学从来没有玩过荷叶灯，都想到我家来过中秋。我答应他们了，说父亲一定会帮我们做出最好的荷叶灯。中秋节快到了，父亲是不是应该先准备一下呀？”

小儿子已经十四五岁了，竟然不理会城里即将发生的叛乱，还要玩荷叶灯。余昌泰乍一听，心里很不高兴。转而一想，觉得这是一个好兆头，说明叛逆即将起事的消息还没有传到学堂，自己可以抢占先机，告诉小儿子，让他把消息带回学堂，鼓动同学们憎恨叛逆，孤立叛逆。

他说道：“有一些叛逆想在中秋晚上发动叛乱。今年玩不成荷叶灯，你母亲和嫂子也拜不了月。谁都不能出门。要不然，被叛逆捉住，他们会砍掉你的脑袋。”

余瑞华一腔想玩的心思马上消失了，吓得脸色苍白，嘴唇翕动，好一会儿都说不出话来。

父亲心里隐隐涌起一股怒意，语气严厉了许多：“怎么一听说叛逆造反，就吓成了这个样子了？你应该去学堂，告诉你的同学们，是因为叛逆作乱，你们才不能尽兴玩荷叶灯。你们应该痛恨叛逆，应该咒骂叛逆！”

“父亲。”余瑞华轻声叫道。

“唉！去吧，去吧！”小儿子注定不能像自己期待的那样充当引领其他学生痛恨叛逆的领军人物，余昌泰挥了挥手，要他离开。

看着小儿子犹犹豫豫地走出书房，余昌泰连摇了两下头，叹息一声，很想接上已经打断的思维，但好一会儿也找不到丢失的源头。幸而，二儿子余瑞祥很快回了家。

二儿子告诉了他很多有关工程八营的情况。

余昌泰厉声斥责道："你们并没有完全遵照总督大人和统制大人的命令，把所有的武器全部封存入库，宣讲朝廷的恩典。一旦发动叛乱，叛逆们可以轻而易举地夺取武器弹药。你们这样做，等于是在助长叛逆的行为。"

"革命党人既然要起事，还在乎朝廷的恩典吗？要防备革命党人起事，必须留出一部分武器弹药。"余瑞祥轻松地说道，"再说，革命党人也不是穆桂英，能撒豆成兵。哪有那么多革命党人？如果我们怀疑这个怀疑那个，准会闹得草木皆兵，寸步难行。"

"万事都要慎重。"余昌泰愣了一会儿，教训道，"要是不全部封存武器弹药，叛逆们准会抢到手，你们在无意中就成了叛逆的帮凶。"

余瑞祥并不在乎自己是否会成为叛逆的帮凶，对父亲的话不以为然。

老实说，在武普通学堂接受过新式教育，又投身新军，他学到了很多新东西。而这些东西一旦装进大清王朝这个破旧的酒瓶，就显得不伦不类。他感到很可笑，希望这个国家来一个彻底的改变，但还没有上升到革命的意识，倒是很同情革命党人五族共和的主张。

在听到革命党人即将起事的风声时，他的心里充满了矛盾：一方面希望革命党人快点起事，好推倒清朝的统治；另一方面又暗暗祈祷革命党人永远不要起事，以免流血和人头落地。

从这时起，他开始真正关注革命党人。首先要搞清楚谁是革命党人。革命党人的额头上并没有写上醒目标记，一时间，他真的搞不清楚。放眼一看，身边几乎每一个兵士都像革命党人，但每一个兵士又都不像革命党人。有些兵士，忍受不了官长的打骂，说了一些牢骚话，或者干脆对官长不恭不敬，甚至怒目相向，出手反抗，他们就是革命党人吗？他不相信这一点。猫逼急了咬人，狗逼急了跳墙，何况是人？正常人的情感宣泄不等同于革命党。真正的革命党应该会忍辱负重，耐心地等待时机，不露蛛丝马迹。

新军统制张彪听说有几个兵士拖出大炮，想朝官长开炮，马上把它同"八月十五杀鞑子"的传言联系在一块，下达了收缴武器弹药的命令。余瑞祥感到很好笑，任何一点风吹草动，就搞得风声鹤唳，岂是为将之道！没承想，这个命令竟然跟父亲有关。余瑞祥更不愿意对父亲说实话了，嫌他多事。

事实上，即使余瑞祥想说实话，他也说不出来。他只知道，接到命令之后，虽说并没有把武器弹药全部封存入库，但也将枪机和炮栓全部卸下来了，对兵士实行了严格的管理，谁也不能随便出入兵棚，足以使得革命党人不敢贸然发动攻击。而且，即使整座军营充满了革命党人，即使武器弹药全部放在眼睛头上，没有官长，凭借那些兵士，不过是一些乌合之众，怎么能够起事？只要出动一个营的兵力，足以把他们消灭干净。

这么一想，余瑞祥不由得替革命党人担起心来，脑海里不由自主地浮现出一个惊人的想法：我是不是可以站出来，充当革命党人的指挥官呢？这个念头刚一闪现，他吓了一跳，赶紧硬生生地把它压了回去。

“我怎么会有这种想法呢？难道是因为欢迎革命党人五族共和的主张吗？”余瑞祥心里说道，“即使如此，父亲未尝说得不对，中国自古以来需要皇帝，就是共和，也应该在皇帝的意志下得以实现。现在的大清王朝，不是正在朝这个目标迈进吗？何必非得要汉人起事，把满人的江山推翻，再重新建立一种共和呢？共和固然是好，如果用千万人的流血和人头落地换来共和，不如还是在清王朝的统治下逐步实现共和的好。”

余瑞祥心里激起层层波澜，余昌泰同样不能平静，越来越对革命党人即将起事充满了忧虑。这些新军的各级官长们，根本没有真正意识到革命党人起事的危险，完全是在穷对付嘛。既然瑞澂、张彪、黎元洪的命令传达下去以后，新军在执行的时候走了样，他有责任如实向瑞澂报告，催促他严令张彪、黎元洪必须不折不扣地执行命令。

不能继续跟二儿子谈下去，余昌泰说道：“你火速回去，给我看紧点，一旦有人轻举妄动，该关的关，该杀的杀，在你的一亩三分地里，千万别出任何问题。”

二儿子一走，余昌泰马上起身，急匆匆地奔向湖广总督衙门，再次求见瑞澂，顾不得寒暄，立即把从儿子们那儿得到的情况告诉给他：“总督大人，情势危急，如果不立即全面封存所有新军的武器弹药，饬令各部必须立即向兵士宣讲朝廷的恩典，并且出动军警在街面上维持秩序，严防兵士跟普通百姓勾连，一旦叛逆谋反，势必引发连锁反应，则武昌危矣，大人也将成为千古罪人！”

瑞澂为之动容，立即派遣人员向张彪、黎元洪以及相关官员传达指令，语气极其严厉。余昌泰心里的石头落了地，告辞而出，径直回府去了。

进入书房，他很想看一会儿书，但静不下心来，革命党人要起事的消息犹如一条蟒蛇，纠缠着他，在他脑子里不住地翻滚。

叛逆难道仅仅在武昌起事，略过汉阳、汉口不管吗？余昌泰暗问自己，马上得到否定的回答：长江、汉水把武昌、汉口、汉阳阻隔开来，分成三地，又连成一体，互为犄角，武昌有事，汉口、汉阳岂能独善其身？武昌这边，似乎一切都在掌握之中，汉阳、汉口那边呢？他不得而知。

想到世交王翔宇是汉口商会总理，有举足轻重的影响力；另一位世交赵嘉勋是汉阳知府，知道的情况更多，余昌泰觉得自己有必要赶去汉口、汉阳，分别见一见他们，一来打听汉口、汉阳方面的消息，二来影响他们对叛逆的态度。

赵嘉勋身为朝廷命官，虽说毫无疑义地会站在朝廷一边，但毕竟一介书生，控制不了驻扎在汉阳和汉口的新军，余昌泰面见他，还包含了一层要向他提一些建议的意思。毕竟，放下赵嘉勋跟自己是世交不说，他还是大儿子余瑞光的岳丈呢。万一叛逆起事，赵嘉勋果真驾驭不了局势，导致汉阳崩塌，朝廷一准会砍掉他的脑袋，大儿子也会遇上麻烦。

王翔宇的态度有点不好把握。要是他暗地里支持叛逆，事情就很不妙。一来王府是汉口首富，有足够的影响力和号召力，支持叛逆跟清军打下去；二来王翔宇的独生子王俊林跟余瑞祥一样，也在新军当队官，王俊林要是受到其父的影响，当上了叛逆，更不好对付；三来要把小女儿余雅芳许配给王俊林，一旦王府成了叛逆，他们的关系注定宣告终结。王翔宇会支持叛逆吗？余昌泰暗问自己。但从王翔宇跟外国人做了几十年生意，口口声声称赞外国人的国家体制来看，这一点不可不防。余昌泰应该未雨绸缪，凭着余家跟王家三世的交情，说透利害关系，令王翔宇做出聪明的抉择。

余昌泰乘船渡过长江，先去汉阳，见了赵嘉勋。

赵嘉勋尽管把汉阳府管辖范围里的大小事物治理得井井有条，很得民心，也接到了严防叛逆起事的命令，但把一切都寄托在新军各级官长身上，在汉阳和夏口厅的地面上虽说采取了一些防范措施，可一眼看去，尽是漏洞。余昌泰暗自庆幸自己这一趟来得太及时了，帮他制定了一套严密的计划。

随即，余昌泰渡过汉江，去了汉口，见到了王翔宇。

果然，因为把很大一部分资金投入到了铁路的修筑上，眼见得铁路被朝廷收了回去，投资的资金全部打了水漂，王翔宇对朝廷异常不满，在得到革命党人即将起事的消息后，跟弟弟王翔东商量，决计趁势帮助革命党人，也正要差人去告诉儿子王俊林，让他在军营里支持革命党。

"你不能这样！"余昌泰说道，"你是商会总理，精于计算的，怎么不先算一算叛逆有多少人，朝廷养了多少军队？完全不成比例嘛！清军一人一拳，就能把叛逆打死！你要是支持叛逆，朝廷饶得了你？非把你抄家灭族不可。你几代积累的财产没了，人也没了，何苦来哉！"

余昌泰费了一番口舌，说服王翔宇跟革命党人划清界限，便回到家里，收拾好心情，等待着八月十五安然度过了。

他的儿子们心里却平静不下来。

大儿子余瑞光本来对父亲言听计从，父亲说什么，就是什么；父亲叫他怎么干，他就怎么干。可是，自从娶回赵嘉勋的女儿赵璇滢之后，情况发生了微妙的变化。

在娶赵璇滢之前，余瑞光曾经结过婚，夫人是武昌一个大户人家的女儿。新婚不久，夫人突然去世。一个算命先生说余瑞光是克妇的命，不论是谁家的姑娘，一嫁给他，身体再好，半个月不到，准会一命呜呼。父亲一代名士，不信怪力乱神，又为大儿子娶了一个夫人。没到十五天，夫人又无疾而终。余瑞光害怕了，不敢再娶夫人。父亲却不答应。既然娶夫人，夫人会死，就变换花样，纳妾。妾不是妻，应该不会死吧？等妾养了孩子，再扶正为夫人，先破了克妇的命运。没到半月，妾也死了。这一下，别说余瑞光不想再娶女人，余昌泰也不敢为儿子娶媳妇，就是任何一户人家，也不会把女儿嫁给余瑞光。

这时候，赵嘉勋调任汉阳知府。他是因为余昌泰的帮助，才从外地调回来的，听说了这件事情，联想到大儿子赵承彦娶回王翔东的女儿，也是余昌泰保的媒，为了感激余家的恩情，私下里跟夫人商量，无论如何，要为余家长子说一门亲。随后，赵夫人把这件事情当作了笑话，说给女儿赵璇滢听。

赵璇滢年龄不大，但是赵嘉勋正妻所生，深受母亲的溺爱。她恃宠而骄，又很好奇，在母亲的教导下读过一些书，也听同父异母的哥哥赵承博之母讲过一些才子佳人之类的故事，马上说道："我愿意嫁到余家。"

明知余家是一个火坑，赵夫人怎么会让女儿往火坑里跳？想尽了办法，还是不能让女儿改变决心，反而促使女儿执意嫁给余瑞光不可，并且声明，如果母亲不答应，她会自己跑到余府，跟余瑞光成婚。

母亲见女儿态度坚决，恨不得扇自己几个耳光："真是嘴贱！"

嘴巴已经贱了，说出去的话想收是收不回来的。母亲对付不了女儿，只有把事情的原委告诉给知府老爷，让他想办法扼杀女儿的念头。

不料，赵嘉勋想了想，说道："或许，余瑞光的夫人命中注定是我女儿。"

他很快请人向余家递话了。余昌泰虽说不信无妄之言，但毕竟大儿子娶夫人夫人死，纳妾妾亡，人命关天，再也不敢为大儿子娶亲。赵嘉勋竟然要把女儿嫁给余瑞光，他说什么都不答应。最后，知道赵璇滢铁了心要嫁给余瑞光，余昌泰非常感动，大操大办，把赵璇滢接进了家门。

赵璇滢果然是余瑞光命定的夫人，不仅半个月里没有死掉，一年里没有死掉，而且还是一副旺夫相。余瑞光自从娶了她，兴办的纱厂更加蒸蒸日上，盈利远远超过了当初的预计，成了武昌人津津乐道的美谈。不过，赵璇滢还是不改在娘家的习惯，遇到什么事情，都爱刨根问底，并且喜欢发表自己的意见，总要别人都听从她。她刚嫁过来的时候，余昌泰心中存了一份感激，也存了一份歉意，什么都由着她。不知不觉，习惯成自然，家里的大小事情，她都要参与了。

革命党人“八月十五杀鞑子”的传言一进入赵璇滢的耳朵，她竟然热切地盼望着这一天快点到来，好亲眼看一看革命党人是什么样子，又是怎么杀鞑子的。她甚至鼓动丈夫捐弃全部家财，去当革命党人。可是，丈夫根本不知道谁是革命党人，也因为父亲的缘故而痛恨革命党人。

赵璇滢气恼不已，狠狠地数落了丈夫一顿，冲到余昌泰跟前，说道：“你可以痛恨革命党人，但不能让瑞光也痛恨革命党人。他是商会的人，商会人人支持革命党，他要是例外，在商会说话，还有人听吗？”

“什么革命党，叛逆！他们是叛逆！”余昌泰可以容得了儿媳对自己的无礼，但容不了儿媳流露出怂恿儿子支持革命党的意思，平生第一次在赵璇滢面前大发脾气，“一个妇道人家，应该恪守妇道，尊重长辈，善待家人，说话不过分，做事不越礼。”

赵璇滢何曾被人如此教训过，心里腾起一团火：“我怎么不守妇道了？我怎么不尊重长辈、善待家人了？我怎么过分了？我怎么越礼了？我是为了家人好！”

这时候，余瑞光走了过来，一见夫人竟然敢跟父亲顶嘴，吓得不得了，连忙冲上前去，一把挽起她的手腕，不由分说，把她拖进了两人的安乐窝，数落道：“你太过分了，怎么能顶撞父亲？”

赵璇滢把胸脯一挺，脖子一扬，说道：“你这个软骨头！我哪里顶撞你父亲了？我是跟他讲道理，是为了你好，为了这个家好！”

“小点声，你小点声！”

“我就不小声点，你不支持革命党，我跟你没完。”赵璇滢声音越来越大，几乎能把房子抬到天上去。

夫人这边闹腾得不成样子，父亲那边还不知道气成什么样子呢。余瑞光两边都要应付，两边都不能说硬话，只有先敷衍夫人，让赵璇滢不要吵闹了，然后去安慰老人家。

余老夫人听到丈夫与儿媳的争吵声，在丫鬟的搀扶下过来了，看到丈夫正气呼呼地坐在太师椅上生闷气。

“老爷，你这是怎么啦？”余老夫人问道。

“家门不幸，真是家门不幸！”余昌泰连声叹息道，再也不肯多说。

余昌泰的确气得不轻，不过，看在赵璇滢肯嫁给儿子的份上，也看在跟赵家世交的份上，他可以忍受下去。饶是如此，这件事还是在他心里敲响了警钟，决定让夫人好好管教大儿媳。

余瑞光过来了，余昌泰朝他瞪了一眼：“看把你媳妇惯成什么样子了！你要是管教不好，我会叫你母亲好好把她的性子磨下来。”

父亲口气一软，意味着一场风波就此结束。余瑞光庆幸得很，很想遵照父亲的教诲，好好管教夫人，以免牵扯母亲的精力，但自知一向在赵璇滢面前硬不起心肠，这时候招惹她，只会自讨没趣，便把管教夫人的事情抛之脑后。

可是，赵璇滢决不罢休。只要丈夫一进入房间，她就问：“是不是已经跟革命党人接触上了？”

余瑞光哭丧着脸：“你以为革命党人脸上都写有字吗？到哪里去找呀？不过，我听你的。如果革命党人真的起事了，我一定会资助他们。”

赵璇滢虽说急于找寻革命党人，也很任性，但知道丈夫说的是实情，只有盼望中秋节快一点来临。在往年的中秋节，她一定会跟小叔子一起叠瓦塔，也会拜月，会跟小叔子一道玩荷叶灯，甚至在小叔子的带领下出去摸秋，以图来年生一个可爱的小宝宝。今年，因为革命党人即将起事，她再也没有兴趣去关心那些事情。

小叔子每次从学堂回来，她都要拉着他，让他告诉自己外面的情况。

余瑞华接受了父亲的指令，到了学校，果真想鼓动同学们痛恨革命党，但没有成功；大多数同学竟然同情革命党，反过来要拉他去支持革命党。他都不知道自己到底应该如何做。他听到了太多的东西，也看到了太多的东西，但不敢对父亲实话实说。赵璇滢一问，他按捺不住，把什么都告诉了她。

“你是学生，同学们做什么，你就要做什么；同学们关心什么，你就要关心什么。总听你父亲的，你会没有一个朋友。”赵璇滢教训道。

“可是，我不能不听父亲的。”

赵璇滢用锋利的舌头剪断他的话头，问道：“你父亲什么都对，什么都知道，把你送到学堂干什么？”

在赵璇滢的煽动下，余瑞华开始对革命党人充满了好奇，寻思着要不要跟同学们一样，也支持革命党。

外面的空气越来越紧张，几乎每一点风吹草动，都会掀起一阵不大不小的波澜。

革命党人还没起事，武昌城已经摇晃起来了。照这样下去，革命党人准会在八月十五横空出世，扯起造反的大旗，把武昌城闹个天翻地覆。一想到这些，赵璇滢怎么也安静不了，不停地问自己：他们到底是些什么人？他们到底怎么起事？二叔余瑞祥是不是革命党？他要是革命党，自己也当革命党去！这个念头刚一冒出来，她吓了一大跳，赶紧向四处看看，没有发现一个人，这才继续放飞心思。

时间依照固有的频率，迈着稳健的脚步，朝八月十五靠近。越接近中秋，蕴藏在武昌城里的空气越发紧张。军警加强了戒备，新军军营受到了更加严厉的管制，甚至平头百姓的行动也受到了更多的限制。赵璇滢越发觉得革命党人起事迫在眉睫，恨不得冲出屋子，亲眼看一看那些革命党人是不是跟自己想象当中一样英武，二叔余瑞祥是不是在革命党人的行列里。可是，余昌泰早就看穿了她的心思，嘱咐夫人，一定要把赵璇滢困在房间里，哪儿也不能去。

八月十五终于来到了。白天，凝聚在武昌城里的紧张空气越发浓烈，人人小心翼翼，把心提到嗓子眼上，不敢稍有行动，似乎任何一个极其细微的动作，都会激起一粒火星，引起一阵巨大的爆炸，将全城彻底摧毁。到了晚上，气氛越发紧张得骇人。天幕悬挂着一轮圆月，街道空荡荡的，从各家各户的窗户里透射出幽幽的灯光，在微风的吹拂下，一晃一晃，犹如鬼火点点。

整整一个晚上，余昌泰都没有合过眼，甚至没有上过床，在书房里坐一会儿，就起身跑到外面去看一会儿。外面有任何动静，都会触动他那根早已绷紧的敏感的神经，他非要亲自去查看到底出了什么事情不可，虽说家里有许多下人，他绝不敢假手于人。嫌时间过得太慢，他恨不得飞到天上去，一把撕碎遮蔽天空的那层帷幕，把闪烁着皎洁光芒的月亮赶走，让躲进幕后的太阳快一点露出头颅。

赵璇滢一样魂不守舍。

虽说城里实行戒严，户外的一切活动都搞不成了，可是，为了不让赵璇滢胡思乱想，也为了让一家人放宽心思，余昌泰嘱咐夫人，仍然在余府敞亮的庭院里举行了拜月仪式。

一张长方形的桌子，摆放在庭院正中央，上面整整齐齐地放着供品，旁边还有一只磬，正中央放了三个香炉。余老夫人、赵璇滢、待字闺中的余雅芳，以及一大群女佣人，都围在一块。余老夫人率先在三个香炉里各插了一支香，把它们点燃了，恭恭敬敬地对着月亮拜了几拜，再敲一下磬，站起来，让到一边。紧接着，赵璇滢有模有样地演练了一遍。

大嫂拜月过后，轮到余雅芳了。余雅芳优雅地点上香，对着月亮盈盈一拜，身姿袅娜，好看极了。引得众人一阵惊叹。

下人正要收拾桌子，大家分食月饼，不料赵璇滢看到余瑞华站在旁边，赶紧拉着他，强行按着他的头，硬要他拜月。

余瑞华奋力挣脱，一边大声说道："男不拜月，女不祭灶。这是规矩。我是男人，不能拜月。"

赵璇滢哈哈大笑，手却不肯松开，一副非让余瑞华拜月不可的架势，说道："你才多大一点呀？敢说什么规矩！已经玩不成荷叶灯了，你不拜月，难道闷死不成？"

"我可以叠瓦塔。"余瑞华赶紧说道。

找到更好玩的事情，赵璇滢赶紧松手，准备跟余瑞华一块玩叠瓦塔。可是，屋子里并没有残砖破瓦。赵璇滢拿起一根竹竿，朝屋檐一捅，掉下几片瓦，跌得粉碎。她和余瑞华把它们捡起来，一层层叠起，在空当之间点燃一支蜡烛，倒也确实给整个院落增添了许多情趣。

不过，赵璇滢心里最惦记的还是革命党人要在这一天起事。她是不肯入睡的，总能找一些方法来逼迫自己做一些事情。一直到天亮了，还是没有听到枪炮声，也没有人说革命党人是不是真的起事了。天一亮，她迫不及待地要跑到外面去看一个究竟，但只看到了满面春风的余昌泰。

余昌泰笑眯眯地说："我就知道，叛逆们是起不了事的。"

赵璇滢脑袋一晕，差一点倒在地上，怔怔地说："革命党人怎么说话不算数呢？"

第二章 一触即发

革命党人八月十五起事的传言被破了，堆积在武昌城的紧张空气渐渐缓解，压抑了好几天的人们终于可以松一口气，一切似乎都可以恢复旧观。可是，余昌泰还是放心不下。毕竟，革命党人根本没有露面，仍然有可能突然发动起事，如果不提高警惕，到时候一准会搞得很被动。历朝历代，像这样的事情不胜枚举。不管瑞澂是不是意识到这一点，他都得再去一回总督衙门，提醒瑞澂千万不可掉以轻心。

余瑞华憋了满肚子气。本来已经约好了一些汉口和汉阳的同学在中秋之夜一块热闹。但叛逆要起事，全城一片紧张，荷叶灯玩不成了，他接受了父亲的重托，要引导同学们反对叛逆，结果反而被同学们说动了，准备支持革命党。最后竟然是一场虚惊。他心里要多失望就多失望，要多生气就多生气。不过，无论失望还是生气，他都无法发泄，只有强忍着。

赵璇滢更是失望至极、生气至极。她已经想好了，一旦革命党人起事，丈夫不敢支持，她就亲自抛头露面，为革命党欢呼喝彩，摇旗呐喊。谁知革命党放了一次空炮。什么革命党呀？完全是骗子，胆小鬼。她打心眼里开始鄙视革命党人。这时候，她想起了二叔余瑞祥。

第一次见到余瑞祥，是在她刚与余瑞光成亲那一年的中秋之夜。那时候，赵璇滢正与余雅芳、余瑞华一道，带一群丫鬟下人玩荷叶灯。她是第一次玩荷叶灯，本来在余雅芳、余瑞华的指点下玩得好好的。可是，她玩性太大，玩着玩着就不顾危险玩出一些新花样，把荷叶灯往余雅芳、余瑞华身上轻轻撞去。一开始，余雅芳、余瑞华很害怕，一边躲避一边让她不要这么干。赵璇滢越发兴奋，追着撵着，继续拿荷叶灯去撞击他们。余瑞华觉得有趣极了，也拿荷叶灯去撞嫂子。没撞好，荷叶灯破了，火苗呼啦啦一声，从赵璇滢的衣角蹿了上去。余瑞华脑子一片空白，愣在那儿，一动不动。余雅芳以及丫鬟下人们都吓得手足无措。这时候，赵璇滢感到平地里掀起一阵狂风，直奔自己而来，呼啸一声，吹熄了身上的火焰。她惊魂未定，目光迷离，只见一个人从侧面抱住了自己的肩头。朦朦胧胧之中，她把他当作了丈夫。

“你来了？”她一边用带哭的声音说，一边朝他胸膛靠去。那人居然好像一根粗大的铁钉，把她钉在那儿，无法动弹。

“嫂子！没事了，你不要害怕。”

赵璇滢听到了一个陌生的声音，定睛一望，这人跟丈夫余瑞光身材相似，但从骨子里透出来的阳刚之气，是丈夫所没有的。她知道，他是丈夫的二弟余瑞祥。此时此刻，余瑞祥正把一件衣服裹在她身上。

大哥大嫂成亲的时候，余瑞祥去了北方，没参加他们的婚礼。他刚回到军营不久，趁中秋佳节之机，回府探望家人，结果碰上了这事。他的镇定和果决，从此深深地铭刻在赵璇滢心里。

“假如余瑞祥是革命党，他一定不会说要起事，却中途变卦。”赵璇滢心想。

一想到余瑞祥，她完全控制不了自己，一任思绪飞腾。当年，一听说余瑞光不能成亲，她心血来潮，非要嫁给余瑞光。明知道嫁给一个男人会死还义无反顾地嫁给他，一定会被人当作奇女子而流传千古，还有什么比这个更让她心潮澎湃的呢？她已经做好了在结婚半个月之内死掉的准备。结果，她不仅没有死成，反而活得比谁都踏实，比谁都逍遥自在。在余家，她想干什么，没有人反对；她想说什么，没有人觉得她不该说。只有这一次，在对待叛逆的问题上，余昌泰真的火了。虽说她不以为意，但是，平生第一次在长辈面前说话失效，心里还是有点不舒服。

这样一来，赵璇滢对革命党人没有在中秋之夜起事更加耿耿于怀。她愤愤不平地想：要是我，说了要起事，就一定要起事，哪怕刀架在脖子上，也阻挡不了。可见革命党人都是软蛋。

饶是如此，除此之外，她实在找不出其他更叫人心潮澎湃的事情，幻想再一次传出革命党人起事的消息。

然而，没有。百无聊赖中，她想起了第一次玩荷叶灯的情形。

她虽说住在汉阳，跟武昌仅仅一水之隔，但在娘家从来没有放过荷叶灯，跟随父亲去北方，那儿也没有这个风俗。当一家人为中秋做准备的时候，她看到小叔子在几个下人的带领下，出去了一趟，宝贝似的捧回了许多荷叶，有些纳闷，询问这个东西派什么用场。

余瑞华说道：“做荷叶灯呀。”

“荷叶灯？”赵璇滢更加纳闷。

“你连荷叶灯都不知道吗？”余瑞华问。

别说跟随去外地，在汉阳也没见过荷叶灯，赵璇滢非常好奇，要余瑞华做一个荷叶灯给她看。余瑞华做了一个。原来非常简单，只不过在荷叶秆茎处钻一个洞眼，安上蜡烛，再把荷叶弄成好看的形状。

“别看它简单，要想玩好，可不容易。”余瑞华说道，“你要是能用一根最长的荷叶秆茎当灯笼杆，谁都会佩服你。”

余雅芳说道：“还要比谁把荷叶灯做得最巧妙。”

赵璇滢怦然心动，赶紧拿过荷叶，学着余瑞华的样子，做起了荷叶灯。她果然心灵手巧，就着各种各样的荷叶，做出了各种各样的造型，不仅让余瑞华、余雅芳看得目瞪口呆，而且让余老夫人拍手称赞。

她挑出一根最长秆茎的荷叶，问："这是不是全城最长的？"

余瑞华和余雅芳想了好一会儿，一块回答道："也许，不能算是最长的。"

赵璇滢把荷叶往地上一丢，问他们是从哪里弄来荷叶的。

余瑞华告诉她，是从街上买来的，见嫂子一副马上要跑出去的样子，忙说："现在街上已经没有人了，你出去也买不到。"

赵璇滢失望至极。余瑞华想起曾经听人说过出城不远的南湖有一大片水域种上了莲藕，告诉嫂子可以去城外自己动手采荷叶。赵璇滢高兴得差一点蹦了起来，赶紧要余瑞华带路，拉着余雅芳，要一块去城外。余昌泰、余老夫人、余瑞光不忍拂了她的意，派了丫鬟，套了轿子，把他们抬出了城。

来到南湖，满眼都是田田的荷叶，赵璇滢心里荡漾，一下轿子，试图蝴蝶一般飞进荷塘，被丫鬟拦住了，这才知道摘荷叶并不需要下到荷塘里去。

一众人心满意足地打道回府，连夜动手，做出了各式各样的荷叶灯。

中秋节夜晚，拜月过后，人手一盏荷叶灯，涌出余府。街面上已经是荷叶灯的海洋了。来来往往的荷叶灯，或高高地举起，或轻轻地提着，或宝贝似的捧着，甚至有些调皮的孩子，还把荷叶倒扣在头上，在街面上到处游逛。一眼望去，尽是绿茵茵的一片，还带着一些微光，在那儿缓缓地流动，别提多么雅致了。赵璇滢纵身跃入那片绿莹莹的海洋，尽情地游荡着，疯狂着。要不是为了炫耀自己制作的那盏精巧的荷叶灯，导致身上着了火，吓得众人手足无措，余瑞祥解救了她，把她送回了余府，不知道她会疯成什么样子。

饶是惊险万分，从此以后，赵璇滢还是喜欢上了这种欢度中秋的方式。

从第二年开始，她还加了一个节目：在余瑞华和余雅芳的带领下，出城偷摘南瓜。这是中秋之夜求子的一种特别风俗。嫁给余瑞光一年多了，再怎么深耕细作，勤劳播种，她的肚子里总是长不出嫩芽。她非常希望早一点怀孕生子，成全一个女人一生最大的心愿。可是，她摸过瓜，也无济于事。有一户人家，跟余府关系很好，家里有一个小男孩，七八岁。原来已经说好了，要在今年中秋的时候，给她家里送一个南瓜，意思是传承余家的香火。但因为革命党人要起事，此事不了了之。

原先，赵璇滢一腔心思全部集中在革命党人身上，硬是把送瓜这件事忘掉了。现在，她在失望之余，想起了这事，心里对革命党人更加充满了怨恨："你们要是起事了，我不怀孕，不生孩子，倒没有关系。可是，你们竟然是银样镴枪头，尽放空炮，害得我在一年之内做不成母亲，你们就是罪魁祸首。"

她现在最操心的事情，是什么时候能让自己的肚皮大起来。嫁到余家三年有余，拿自己亲眼看到的一切来比，武昌、汉阳虽只有一江之隔，风俗却有很大的不同。在汉阳的时候，她是待字闺中的少女，不太了解如何才能让女人尽快怀孕，武昌遍地都是好玩的事，是不是也有令女人尽快怀孕的秘籍呢？她并不清楚，得问问婆婆，到底还有什么办法尽快让自己怀孕。

这几天，情况越来越明朗，革命党人不可能发动起事，余昌泰一颗悬着的心彻底放了下来。生活应该完全回到原定的轨道，他即刻重新打开私塾的大门。

虽说朝廷早在几年前就已经下旨废除了科举考试，可是，因为余昌泰是一代名士，为人狷介，刚正不阿，许多有钱人家还是愿意把孩子送到他这里来读书，不是为科举考试，而是要做一个博古通今并像余老先生一样正直的人。

教了一天的书，余昌泰也不嫌累，到了晚上，仍然独自坐在书房里，摇头晃脑地读起了圣贤之书。读着读着，他又想起革命党人八月十五杀鞑子的传言，心想：读过圣贤书的人，绝不会做叛逆，革命党人肯定没有读过圣贤书。张之洞督鄂期间，力举大办实业，大办新式学堂，但把圣贤之书抛到了一边。现在看来，未免失算。实业要办，新式学堂要办，可是，圣贤之书一样要读，这才是为人处世的根本；要不然，很容易犯上作乱。不是说叛逆出在新军吗？新军都是上过新式学堂却没有接受圣贤教育的人，有的人甚至还跑到东洋西洋去喝过洋墨水。师夷长技以制夷不错，但接受了洋人的思想，抛弃了祖宗流传下来的学问根基，就大错特错了。

因为这个发现，他吃了一惊，也吓出了一身的冷汗。原来没有想过的东西，现在竟然接二连三地挤满了脑子，令他头疼欲裂。他很想静下心来，好好整理自己的思路，看能不能给朝廷上一道折子，在大办新式学堂的时候，圣贤之书一样不可偏废。科举可以不考，四书五经不可不读。然而，他的脑子太乱，什么问题都想不清楚，更写不出来。直到天亮时分，他还是没写出一个字。

一个人的突然到访，把他从思维混乱的状态中拎出来，扔进另外一种更加混乱的状态。这个人就是他的亲家汉阳知府赵嘉勋。

这天下午，赵嘉勋接到消息，说是革命党人在汉口俄租界配制火药的时候，出了状况，发生了爆炸，惊动了俄国巡捕。现场空无一人，地上和桌上留有斑斑血迹，还有一只铁皮柜子横躺在角落里。俄国巡捕砸开柜子，像玩魔术一样，从里面掏出了革命党人定做的铁血十八星旗，革命党人起事的计划、名册和印信等等物品。俄国人马上把它们转交给湖广总督瑞澂。瑞澂惊出了一身冷汗，赶紧部署人马，准备先行捣毁革命党人的总机关，然后按照名册拿人。他可不敢动用汉人士兵，更不敢打新军的主意，命令旗人兵士恶狗扑食一般，分别奔向已经暴露的革命党人聚集地。在革命党人的总机关所在地小朝街85号，抓住了刘复基和彭楚藩，捣毁了设立在胭脂路等其他几个地方的分支机构，并在路上抓住了运送弹药的杨宏胜。之后，督练公所总办、汉阳知府、武昌知府等人接到命令，连夜会审三个被抓的叛逆。叛逆嘴硬，一直大骂不休。三堂会审一无所获，他们立即将刘复基、彭楚藩、杨宏胜全部杀害。

办完了公事，赵嘉勋准备回去汉阳，特意顺道前来告诉余昌泰这些消息。

“这么说，叛逆们终于露面了？”

“是的。”赵嘉勋说，“没料到，竟然有四成新军当上了叛逆。他们的骨头真硬啊。在审讯的时候，因为彭楚藩身穿宪兵制服，主审督练公所总办铁忠铁大人的女婿是宪兵营管带，铁大人生怕会牵扯到女婿，想帮他开脱，问他是不是听到了消息，要去抓革命党人的。谁知彭楚藩根本不买账，大声说：‘我就是革命党人！我就是要杀尽你们这些鞑子！现在我落到了你们的手里，不需多说，要杀就杀。革命党人是杀不绝的，我今天死了，革命党人明天就会起事，为我报仇！’”

余昌泰倒抽了一口凉气：“叛逆们气焰嚣张，不惧死亡，当真小觑不得！”

“他们确实不怕死。那个刘复基，铁大人问他有多少党羽，他居然硬气得很，不住地高声叫喊：‘除了彼一般清奴汉奸，皆是我的同志。还有什么问头，将我快快杀了罢！’”

余昌泰张了张嘴，没有说一个字。

“铁大人问杨宏胜的时候，这厮也是破口大骂：‘老子是革命党！杀便杀！除你满奴一人外，都是革命党！’跟刘复基一个腔调。铁大人大怒，命人把他打得体无完肤，他还是谈笑自若。临到斩首，他还骂不绝口：‘你要杀快杀，恐怕你不久也要随老子来也！’”

余昌泰仰天长叹一声，说道：“既然附逆者多，得先稳住他们，安抚他们。要不然，他们铤而走险，又得到商会和民众支持，就会酿成泼天大祸。”

赵嘉勋说道：“总督大人已经下达了命令，不准搜捕革命党人。”

余昌泰激愤地说道：“可是，他们终究是叛逆。等过了这一阵子，得想办法分批解决。要不然，早晚会出事。”

两人说到这里，话题自然转到如何防范革命党人起事上面来了。

赵嘉勋出生在一个世代都以榨油为生的殷实人家。他发奋苦读，在科举考场上博得功名，成为汉阳有名的才子。余昌泰跟他倾心相交，两人成为知心朋友。余昌泰考中举人以后，不再进入考场，更不愿意为官，一面教私塾，一面自得其乐地继续钻研圣贤之书。但赵嘉勋希望通过科举考试踏出一条光宗耀祖的道路，只身到了京城，终于进士及第，在外地当上了县令。

在进京赶考之前，赵嘉勋已经成了亲，有了孩子。赵家三代单传，儿子考上秀才以后，父母为了延续赵家的香火，张罗着要为他娶一门亲。千挑万选帮他选中了一个家境更为殷实的人家的女儿周莹莹。娶亲的时候，周家倒贴了许多嫁妆，让赵家更加富裕。

真正使赵家摇身一变，成为汉阳榨油行业龙头老大的还是余昌泰。余昌泰的祖父帮助王家度过了极其艰难的岁月，王家发迹后，对余家感恩戴德，跟余家关系密切。一次，在余昌泰跟赵嘉勋一块谈诗论赋的时候，王家的长子王翔宇过来了，在余昌泰的介绍下，二人认识了。王翔宇虽是商户人家，受余家影响，也熟读诗书，因看中赵嘉勋的诗文而对赵家的一切非常关心。他既出资金，又出人力，帮助赵家将榨油坊的规模扩大了好几倍。

赵嘉勋娶亲三年，一直没有子嗣，这可急坏了父母。怎么办呢？得为儿子纳一个妾。由父母做主，夫人也同意，他纳了第一个妾李香香。李香香进了赵府，一晃两年过去了，无论赵嘉勋怎么辛勤耕耘播种，就是不见她那块田里发过芽长过苗。父母更加着急，又为他纳第二个妾。这一回，果然开花结果了。第二个妾刘芳芳一进门，很快怀上了孩子，十月怀胎，一朝分娩，生出一个儿子。赵家有了承接香火的后代，赵嘉勋的父母喜不自胜，把刘芳芳视若珍宝，对孙子更是疼爱有加，并且隆重地为孙子举行了命名仪式。名字是余昌泰取的，虽不响亮，但很高雅：赵承彦。

又过了几年，周莹莹和李香香的土壤里终于冒出了嫩芽。这时候，考期将至，赵嘉勋不得不离开汉阳，踏上了赴京赶考的道路。赵嘉勋考取进士之际，周莹莹诞下一个女儿，李香香生了一个儿子。

这一下，赵家真是人丁兴旺，财运滚滚。赵嘉勋的父母觉得赵家的好运气是刘芳芳带来的，逢人就说儿子纳的第二个妾如何如何让赵家兴旺发达。

这样一来，周莹莹和李香香心里不免产生了一些失落感。李香香生的也是儿子，凭什么别人生儿子，就千好万好，自己生了儿子，连一句好话都听不到，心里有气，但不敢发作，时时在周莹莹耳边煽风点火。周莹莹本来很贤惠，耳边的逆风吹多了，想起娘家对赵家关照有加，而赵家竟然把刘芳芳看得比自己还要重要，心里从此产生了疙瘩，渐渐地对刘芳芳不满了。于是，在赵嘉勋外放县令的时候，只有周莹莹、李香香和周莹莹生下的女儿赵璇滢、李香香生下的小儿子赵承博跟着他到了任上。

赵嘉勋深知民间疾苦，到任后，一向勤于公务，很少管家里的事情。

周莹莹和李香香关系很好，家庭和睦，让赵嘉勋省了不少心。不过，丈夫虽说做官，她们的日子远没有在汉阳好过，跟随丈夫做官太太的优越感顷刻之间消失无踪，对刘芳芳更加耿耿于怀，时常恶狠狠地诅咒她，并且挑动赵承博和赵璇滢对赵承彦心生厌恶。

赵嘉勋在县令任上，一干好几年，颇得民心，但因为不善于逢迎拍马，一直没有得到升迁的机会。他一直在跟余昌泰保持通信联系。他跟余昌泰谈自己是怎么治理县境的，谈自己的感想，也谈自己的计划。

余昌泰欣赏他的治理能力，更对他的品行赞不绝口。张之洞调任湖广总督，听说了余昌泰的名声，拜访了他，想让他出来做官的时候，他郑重其事地向张之洞推荐了赵嘉勋。张之洞便把赵嘉勋调往汉阳出任知府。

赵承彦拜在余昌泰门下，读书用功，而且极为聪明，年龄不大，就考中了秀才。他本来还想走父亲的老路，考举人，考进士。结果，他中了秀才以后，朝廷取消了科举考试。赵承彦已经学到了满肚子诗文，只要进入新式学堂继续读书，就可以在新的土壤下，收获新的果实，可是，祖父年龄越来越大，管理榨油坊越来越力不从心，父亲身在官场，管不了家里的事。他只有放弃读书，在祖父的指导下，逐步参与并最终接管了榨油坊。余昌泰做媒，为他娶回了王翔宇的弟弟王翔东的女儿王芝英。

回到汉阳，周莹莹、李香香对刘芳芳表面上客客气气，实则因为跟随丈夫吃了不少苦，心里更加痛恨她。她们的孩子，赵承博和赵璇滢，长期受母亲的影响，本来以为哥哥是一个恶魔，不敢也不愿意跟他接触，谁知一旦接触上了，竟然发觉他非常亲切，便时时想跟他一块玩。他们的母亲当然不愿意，不惜挖空心思，编排了赵承彦许许多多不是，又向他们许诺，只要不跟赵承彦玩，他们想干什么就可以干什么。两个孩子一口答应了，但是只要有机会，还是会和赵承彦一块玩。

孩子们的祖父祖母健在的时候，周莹莹、李香香不敢太放肆，只能背地里教唆孩子憎恨赵承彦和他母亲，逮着机会，就讥刺刘芳芳母子两句。两个老人相继辞世以后，丈夫又不管家里的事情，她们便时常折磨起赵承彦和他母亲来了。赵承彦成亲了，娶的是王翔东的女儿，她们一样没有放过她。王家千金小姐性子柔顺，娴德有礼，出嫁后，当然不会把这些事告诉娘家，只能跟随丈夫一道，忍受这些折磨。

赵承博、赵璇滢很不理解母亲的行为，很想帮助哥哥，可是，他们一旦真的帮助了哥哥，赵承彦母子会更受虐待。其实，他们知道，凭借赵承彦的才干和他现在是王家女婿的身份，赵家还要依靠他呢，于是偷偷地劝说赵承彦应该走出家门，单独过日子。父亲是朝廷命官，家丑岂可外扬？赵承彦苦笑着摇头，谢绝了弟弟妹妹的好意。

周莹莹、李香香原先对王芝英还有所顾忌，过了两年，王芝英仍然没有生育，她们找到由头了，天天说她是不下蛋的鸡，并经常拿这个来开骂。骂了王芝英，又骂赵承彦，骂着骂着，嘴巴一溜滑，就骂到赵承彦母亲头上了。

赵承博心里苦闷，每天跑出去跟妓女鬼混；赵璇滢希望自己是救苦救难的观世音，哪里有苦难，她就去解救。

知道余瑞光只要娶妻就会死老婆的事情后，赵璇滢一方面觉得自己可以实施救苦救难的计划，有可能以奇女子的身份列入《列女传》；另一方面又想让母亲亲眼看到女儿早死，让母亲难受，就非得嫁给余瑞光不可。谁知不仅没死，反而活得更自在。在新的家庭里，她感受到了兄弟姐妹之间的温情，让她什么都不怕、什么都不在乎、什么都敢尝试的性格一点点地放大。

这几天，赵璇滢一直睡不安稳，稍稍有一点动静，她立马会惊醒。父亲来到余府的时候，她已经醒了，生怕赵承彦和他母亲有闪失，赶紧爬起床。余瑞光不敢怠慢，嘱咐夫人先待在房里，自己探听了动静再说。

赵璇滢心急如焚，披头散发，跟着丈夫冲向客厅。原来不是家里出了事情，而是革命党人真的要起事了。她心里乐得要发疯，人还没有进入客厅，声音就传进去了："这下好了，我可以好好地看一看革命党人是什么样子了。"

余昌泰和赵嘉勋吃惊不小。两人一块抬头看去，赵璇滢蓬头散发地冲了过来。

赵嘉勋脸上挂不住，冷冷地呵斥道："成何体统！"

赵璇滢稍微怔了一下，说道："父亲，你不是说革命党人要起事吗？告诉我，革命党人是什么样子？"

赵嘉勋火冒三丈，当场就要发作。

余昌泰早已对儿媳心怀不满了，不过，总不能让亲家太难看，说道："她想知道叛逆的事情，告诉她就是了。这几天，她可没少替叛逆操心。"

这哪有一个女人的样子呀？得让女儿知道，不能在夫家如此肆意妄为。赵嘉勋狠狠地瞪了女儿一眼，把她赶出了客厅。

赵璇滢自从记事起，从来没有看见父亲如此动怒过，不由得对父亲害怕了三分，垂头丧气地退了出去。不过，她并没有走远，躲在隔壁，侧着耳朵，认真听着父亲和公公的谈话。

天啊，他们要对付革命党人呢！他们已经杀掉了好几个革命党人呢！他们怎么能这样做？他们还想先麻痹革命党人，让革命党人放松警惕，然后慢慢解决掉。这太毒辣了！公公怎么能出这个鬼主意呢？难道忘了他的儿子余瑞祥也在新军吗？不是说新军里面有很多革命党人吗？余瑞祥是不是革命党人？余瑞祥要是革命党人的话，余昌泰岂不是在出主意要杀掉自己的儿子吗？

她再也听不下去了，旋风一般地冲了进去："你们要是有本事，就不要暗中动手脚，当面跟革命党人干一场。谁输谁赢，各凭本事。而且，余瑞祥就在工程营，如果他也是革命党人，你们不是把他往死路上推吗？"

赵嘉勋一团怒火嗖地一下从心里一直烧到了脑门，厉声呵斥道："给我闭嘴，回到你的房间里去！"

赵璇滢朝父亲面前走了几步，情绪亢奋，毫无顾忌："你们只会躲在背后算计人，连自己的亲人都不放过，这叫什么本事？"

当着亲家的面，赵嘉勋打又打不得，骂又骂不出更厉害的话，浑身燃烧着怒火，但就是发泄不了，脸色难看至极。

余瑞光饶是一向不敢对赵璇滢动粗，此时胆大了一回，赶紧扑过去，连劝带拖，想把夫人弄回房间。但赵璇滢拼命地挣扎着，大声喝问余昌泰："你不是武昌名士吗？为什么要残忍地对待自己的儿子？"

"你放心，余瑞祥不会当叛逆。"余昌泰说道，"如果他真的当了叛逆，我肯定饶不了他。"

"你们太狠心了。"赵璇滢大叫道，又想冲到余昌泰和父亲跟前去。

余瑞光惊出一身冷汗，胆子愈发粗壮了许多，把赵璇滢拖了出去。

女儿一再胡闹，赵嘉勋感到很难堪，充满歉意："亲家翁，小女如此无礼，如此不可理喻，真是对不住。"

他觉得没有脸面待下去了，话没说完，立刻腾身而起，告辞而去。

余昌泰心里一样不知是什么滋味。不过，现在，他更没有精力顾得上儿媳了。虽说他觉得瑞澂采取的策略无疑是对的，但是，已经杀掉了三个革命党人，并且把他们的脑袋悬挂在旗杆上，消息很快会传遍武昌城，同情革命党的人一定会不顾事实，大肆散布朝廷会按名单捉拿革命党人的谣言。革命党人害怕遭到屠杀，听到谣言，一定会铤而走险。要避免革命党人起事，首先不能让谣言传播开来。由湖广总督发布命令，宣布已经烧掉了革命党人的名册，只要革命党人从此以后真心归顺朝廷，就既往不咎吗？这样，岂不更会增大革命党人的疑虑，更增强谣言的可信性吗？不能这样做。即使要说这些，也只能通过民间人士。

他眼睛一亮：大儿子余瑞光人缘不错，可以让他向某人说明朝廷不会追究革命党人的责任，再由别人把消息传播出去，只要消息传得比朝廷在大肆屠杀革命党人的消息快，传得可信，就会瓦解革命党人起事的意志，把他们稳住。

余昌泰想把大儿子叫到面前，耳提面命一番，让他按照自己的指示行事。要在以往，他一要求，大儿子准会以最快的速度出现在他的面前，可是，这一次，他等了好一会儿，余瑞光也没有来到跟前。

一个下人屁颠屁颠地跑过来，报告道："老爷，少夫人惦记着二少爷是不是革命党人，一直跟老夫人、大少爷、三少爷他们闹着呢。"

"一个挺懂事的儿媳，怎么变成了这么一副样子？"余昌泰心里叹息。

他又不能直接闯进儿子的房间，只能嘱咐下人："快，把大少爷叫过来！"

余瑞光终于来到余昌泰跟前，接受了父亲的命令。但他并没有像父亲想象的一样立即出门，而是扭头往房间里走去。

"你现在什么都不要管，先办完正事再说。"余昌泰赶紧喝止儿子。

余瑞光站住了，回过头，犹豫了一会儿，把心一横，准备走出家门。

丈夫被公公叫走，赵璇滢意识到准没好事，随即也从房间里走出来，一见丈夫要出门，赶紧堵在他的面前，问道："你出门干什么？"

余昌泰再也不愿意看到大儿媳，摇了摇头，气哼哼地进了书房。

"父亲要我告诉别人，朝廷不会屠杀革命党人。"余瑞光说道。

怎么着，父亲和公公商量着暗害革命党人不够，还要把丈夫拉进来吗？不行，丈夫可不能做这种事。可是，赵璇滢知道，公公一定在书房里注视着外面的动静，自己要是劝说丈夫不要出去，公公只需要重重地咳嗽一声，一准比朝廷下了圣旨还管用，哪怕面前横了一把钢刀，丈夫也会不管不顾地跑出去，自己的小性子根本招架不了。脑子一转，她笑道："朝廷本来就不应该屠杀革命党嘛。"

话还没有说完，赵璇滢一声惨叫，把肚子一捂，身子软软地朝地上倒去。幸而一个丫鬟反应很快，惊叫一声，马上把她扶住了。

余瑞光心下着急，抱着夫人，大声惊叫道："夫人，你怎么啦？"

叫声惊动了整个院落，余昌泰、余老夫人、余瑞华、余雅芳以及所有的丫鬟下人不约而同地从各个屋子跑出来，迅速围在赵璇滢身边，纷纷想表达各自的关心，乱哄哄的。

"还愣着干什么？快把她抱回房间里去呀。"余昌泰训斥大儿子道。

余昌泰把命令大儿子去做的事情给忘掉了，回头命令下人火速去请大夫。

赵璇滢可不能让人看出破绽。虽说不懂医学，可她亲眼看到过赵承博小时候装病的事。那还在父亲当县令的任上，兄妹二人玩遍了他们能够想象得到的所有花样，觉得都不好玩了，心里颇感没趣。赵璇滢为此愁眉苦脸。一家人都在一块说笑的时候，赵承博忽然白眼一翻，身子朝地上一倒，一会儿说这里痛，一会儿又说那里痛，说来说去，全身上下没有一个地方不痛的。县上最有名的大夫一个接一个来到县衙，谁都对他的病束手无策。最后，赵承博奇迹般地好了，让大夫们停止了忙碌。谜底一揭穿，赵璇滢笑得上气不接下气。从那个时候起，她就知道，面对一个浑身上下都疼痛，但什么迹象都查不出来的病人，纵使大夫有天大的本事，也会挠头。

大夫行医三十余载，遇到过千奇百怪的病人，治愈过许多疑难杂症，要是别人，一准会被他当面揭穿。可是，赵璇滢是汉阳知府的千金小姐，武昌名士余昌泰的儿媳，家教甚严，料想不会说假话。那么，余家少夫人确实病了，而且病得着实蹊跷。如何开方子拿药，大夫一直踌躇不定。

余瑞光以前娶的夫人和纳的妾，都曾出现过这样的情况。大夫都是束手无策，只能眼睁睁地看着她们离世。难道惨痛的往事真的要再度重演吗？余昌泰、余老夫人、余瑞光心里又痛惜，又难受。他们再也想不起任何别的事情了。

中午时分，赵璇滢精疲力竭，再也无法闹腾下去，昏昏沉沉地睡去。

大夫紧张得大汗淋漓，有了新情况，立刻察看她的脉相，竟然恢复了正常，心里更是犯嘀咕，暗叫一声惭愧，收拾起药箱，准备离开。

"她这是？"余昌泰疑惑地问道。

"少夫人应该不会有事。"

儿媳能够活下去，余昌泰悬着的心总算落了地，余老夫人也轻松了许多。送走了大夫以后，余瑞光哪儿也不敢去，只待在房间里，看着夫人出神，心里在一遍遍地祈祷着夫人千万不要走前任夫人的老路。

大夫为赵璇滢开了一些提神补气的药方。余老夫人要命令下人熬药，可余瑞光生怕下人熬药失了火候，一定要亲手去做。

儿媳没事了，余昌泰脑海里马上浮现出一件重大的事情。天啊，怎么把这么一件大事给抛掷脑后呢？要是朝廷正在到处捉拿革命党人的谣言传播出去了，局面恐怕就难以收拾。他赶紧催促儿子快点出去。

余瑞光不能不答应父亲的要求，把熬药的事情交给母亲。临到要走，却又惦念夫人，疾步走向卧房。

赵璇滢感觉到丈夫进来了，心里想道：丈夫不是要亲手为我熬药吗，现在进来干什么？她偷偷地眯缝着眼打量丈夫，是一副急于外出的样子，心知丈夫一定是接了公公的命令，要去外面传播那个谎言了。得把丈夫留在余府，哪里也不让他去。赵璇滢不敢说话，脑子一转，先轻轻地咳嗽一回，然后是一声剧烈的咳嗽，随即，便是一阵接一阵猛烈的咳嗽，一边咳嗽，一边不停地在床上挣扎。

没等守候在床边的丫鬟发出惊叫，余瑞光宛如闪电一般冲到夫人面前，着急地询问道："夫人，你哪里不舒服了？"

看到夫人眼睛里含着泪水，但一句话也回答不上来，只是不断地咳嗽，身体像濒临死亡的鱼儿一样不停地在床上起起伏伏，余瑞光心里着了火，双手哆嗦，一声紧似一声地叫喊着："夫人！夫人！"

余老夫人听到叫喊声，在丫鬟的搀扶下，急急忙忙进了门。余雅芳、余瑞华跟着跑了进去。房间里越发混乱了。

不一会儿，又叫来了大夫。看赵璇滢的气色比上午好多了，而且用药过后，再也不咳嗽不起伏了，大夫心知她定然没有大碍，叮嘱余瑞光："万万不可惊扰了少夫人，只要安心静养一段时间，就会没事。"

余瑞光略略放了心，静静地守候在夫人床边，再也不会去任何地方了。

儿媳虽说不会有生命危险，但保不齐还会有反复，余昌泰纵使再惦记着要稳住革命党人，也不好勉强儿子亲自出面，只有让下人代替儿子去传送消息。

"早知道是这个样子，一开始，就应该叫下人去的。"余昌泰后悔不迭。

他深知，在危急关头，哪怕一瞬间的迟疑，都会造成致命的后果，何况现在已经整整延宕了一个上午。事实已经造成，无可挽回，他只能企盼老天爷保佑武昌一切平安，不要因为儿媳的生病造成革命党人铤而走险的事情发生。

第三章 武昌首义

自从进入新式学堂读书，余瑞祥不仅接触了许许多多未曾想到的知识，而且听说了一些革命党人的事迹与主张。那些零零星星得到的消息，总能轻轻地拨动他的心弦，潜意识里，他同情乃至支持革命党的主张。但是，他是武昌名士余昌泰的儿子，父亲君君臣臣的说教宛如套在他头上的紧箍咒，令他不可能主动去结识革命党人，也不可能主动接受革命党人的主张。

革命党人即将起事的消息传播开来，他才知道身边确实有一大批革命党人存在着。那么，谁是革命党人？他一个人也认不出来。

“他们是一群有主张的人，他们应该成功。”余瑞祥迫切地希望革命党人起事的时刻快一点到来。因而，即使父亲要求他铲除革命党人可能起事的一切苗头，他在心里都能找到理由推脱。

他为什么要忠于朝廷呢？且不说朝廷对汉人实行过残酷的屠戮，单是在西方列强的侵略面前，朝廷也只知道割地赔款，只知道为了维护自己的统治地位向他们摇尾乞怜，对大清民众则实行百般的盘剥，这样的朝廷就应该被推翻。

不是吗？看一看朝廷都干了些什么事情！修筑粤汉、川汉铁路，不仅大商巨贾纷纷掏腰包认购了许多铁路股权，而且一般民众，甚至普通兵士，也省吃俭用，从牙缝里挤出一点钱来，购买了数量不等的铁路股权，指望有朝一日铁路投入运营，以此收回本金，获得股份带来的利益。然而，朝廷一声令下，要把铁路收归国有，使得民众的股权全部形同废纸。岂能不激起民怨？民众反对，朝廷要是吸取教训，想方设法满足民众的正当要求，事情也许不会发展到今天这个样子。可是，朝廷偏偏要出兵镇压，民众岂能不反抗？

偏偏这件事情牵扯到了湖北新军。据余瑞祥所知，大部分新军官兵都认购过一定数量的铁路股权。他们岂能心甘情愿地任凭自己的血汗钱打了水漂？在这种情况下，一旦革命党人宣布起事，准会像往一堆干柴里丢进一粒火星，顷刻之间燃起熊熊烈火。这时候，湖北巡抚端方率领一批新军到四川镇压反抗的民众去了，湖北新军只剩下不到满编时期的四成兵力。余瑞祥要是革命党人，也会选择在这个时候起兵造反。

余瑞祥不愿意对付革命党人，还来源于他接触过一些新派人物。从他们身上，他了解到，朝廷如果不改变现在的统治结构，哪怕组建了再多的新军，哪怕普遍开设了新式学堂和兴办了大量的实业，也不可能真正在列强面前挺起腰杆。当朝廷顺应民意，准备实行内阁制时，他以为国家从此可以走向富强。没想到，竟然搞出了一个怪胎，实质上跟皇权统治几乎没有任何区别。

所以，他认为，朝廷一再欺骗民众，又从民众手里榨取血汗，却不给予民众任何实质上的希望，民众造反，情理之中。如果革命党人看得起他，他甚至愿意听从革命党人的召唤，参加革命。

可是，革命党人并没有找过他。

难道不能暗中帮助革命党人，方便他们起事吗？这个可以做。但怎么做呢？中秋节那天把全营队官以上的官长都约到一块喝酒，让营里失去指挥官，应该是最佳策略。可是，统制张彪下达了死命令：所有官长必须住在军营，要不定时地按照名册集合兵士点名，如有违反，官长就地免职，造成严重后果的，甚至要杀头。如果手下兵士出了问题，要拿官长是问。谁不稀罕头顶上的乌纱帽？谁愿意拿自己的性命和前程去冒这个风险？余瑞祥想不出好办法，只有静观其变。

管带带回了一个又一个消息。管带说，总督大人非常担心楚望台军械库的安全，因为把守楚望台的新军正是工程八营，不仅营里的各级官长是汉人，兵士也全部是汉人，不可靠，得调旗人过来接防。可协统黎元洪说，如今汉人跟旗人正闹得水火不容，一旦换防，必定会加剧汉人兵士对朝廷的猜忌，逼使汉人兵士发动起事，不如继续让工程八营把守楚望台，对汉人多加抚恤，让汉人打消起事的念头。这句话让总督大人改变了主意。

几乎所有的枪支和大炮都被卸掉了机枢，连同弹药一块送交到军械局封存起来了。为了防范不测，军营里只留下几门可以使用的大炮和几十支步枪以及数量极其有限的弹药。革命党人即使得到它们，远不能跟全副武装的卫兵营、宪兵营、巡防营这些以旗人为主的精锐部队相比。起事要想成功，革命党人非得搞到大批武器弹药不可。从哪里搞？当然只能是楚望台军械库了。要是总督大人的设想得到落实，革命党人就是起事了，缺少武器弹药，能翻出多大的浪花？黎元洪一代名将，关键时刻，在取舍决断方面出现偏差，岂不是等于暗中帮助革命党人起事吗？

但是，余瑞祥不会说出自己的想法。他要看一看革命党人如何攻击楚望台。

工程八营所辖各队轮流负责楚望台军械库的守备工作，可惜现在不是余瑞祥的队伍，要不然，他把眼睛一闭，任由革命党人打开军械库，取走全部武器弹药。还好，轮换上的部队，其队官跟余瑞祥交情不错。余瑞祥决定探一探那个队官的口风，如果他同情革命党人，劝说他届时睁一只眼闭一只眼，让革命党人夺得楚望台；如果他不同情革命党人，就想办法引开他的注意，涣散他的军心。

余瑞祥暗中做好了一切准备，可是，八月十五那天晚上，竟然风平浪静。

革命党人为什么没有如期起事？也许，他们还没有准备好；也许，他们是虚放一枪，先制造一点紧张气氛，等这气氛慢慢消散以后，突如其来地发动起事，打朝廷一个措手不及，以此增大获胜的把握。不论是哪一种情况，余瑞祥都觉得，革命党人的确不可小视，不动则已，动则肯定有必胜的把握。

过了三天，余瑞祥感到军营里气氛更加紧张。他敏锐地意识到，一定有事情要发生。他跑去找管带，希望从他那儿得到一点消息。可是，管带已经被总督和统制召去开会了。

管带一回到了军营，立刻召集各位队官，告诉他们一个爆炸性消息："各位，革命党人终于露面了！"

"谁是革命党人？他们是怎么露面的？"余瑞祥情绪激动，赶紧问。

"孙武是革命党的首要人物。他们在汉口俄租界制造炸弹的时候，技艺不精，发生了爆炸。俄国巡捕搜出了革命党人的名册、印信、旗帜、组织、计划书等等重要的文件和物品。新军当中，已有四成的兵士甚至下级官长参加了革命党。总督大人非常震怒，命令军警按照名册，抓捕革命党的首要分子。但是，大多数人已经逃走了，昨天晚上只抓到了三个，经过审讯，砍掉了他们的头颅。"

"既然名册在手，就应该出动更多忠于朝廷的部队捉拿革命党人，一个也别放过。"有一个队官兴奋不已，"如有调遣，我愿意充当先锋。"

"你是在逼迫他们起事。"管带冷冷地瞥了那个队官一眼，"总督大人和统制大人深谋远虑，只是出动军警，连夜包围了革命党人的几个主要活动地方，对一些主要分子进行抓捕，对其他的人则采取怀柔政策，只要他们不公开跳出来起事，就网开一面，不予追究。"

"这一招妙得很啊！"余瑞祥叹服道，"既捕捉首要分子，令他们群龙无首，又对其他附和革命党人的兵士实行安抚，可以瓦解那些乌合之众起事的意志。从今往后，武昌城定当安如磐石。"

余瑞祥虽说不认识那三个被杀的革命党人，但他的直觉告诉自己，革命党人肯定都是一些心胸坦荡、意气昂扬、见识非凡的人，如果不是朝廷对他们不公，他们决不会背叛。不捕捉他们，他们就不会起事吗？他们既然敢造反，而且蓄谋已久，一定会知道，朝廷已经举起了屠刀，他们如果还相信总督大人，相信统制大人，等于是把大好头颅自动送给朝廷，任人宰割；唯一的出路，就是挺身而出，跟朝廷闹一个鱼死网破，或许可以成功。可是，革命党人的主要头目不是逃的逃，伤的伤，被杀的被杀吗？剩下的都是兵士，怎么能够跟朝廷作对？必须有一个人暗中帮助他们！谁能帮得了他们？看起来只有自己。他决定趁此机会，多替总督大人和统制大人歌功颂德，借机把管带和所有的队官都拉到一块饮酒作乐，给本营的革命党人造成乘虚起事的机会。他们起事，若真能够一呼百应，激起整个武昌城里的革命党人一块起事，便可以造成很大的声势，迫使朝廷做出更大的让步；要是没有人响应，反正队官以上的官长都被自己牵绊住，给革命党人逃出军营的机会也是好的。

"危险已经过去，紧张了好几天，我们该放松一下了。"余瑞祥说，"一块喝酒去，我请客，怎么样？"

"好哇！"几个队官欢叫起来。

"不行！"管带说道，"统制大人说了，危险还没有过去，大家都得睁大眼睛，盯着各自一亩三分地，千万别出乱子！"

队官们不高兴地嘟囔起来："革命党人自顾不暇，会出什么乱子呀。"

余瑞祥连忙说道："管带大人的担忧并非没有道理，不怕一万，但怕万一嘛。这样吧，我着人买一些卤菜，沽一些好酒，到我的宿舍痛饮一番，如何？"

管带是一天不沾酒就浑身不舒服的人，听说有酒喝，心里早已发痒，又有众人撺掇，一阵拿腔作势之后，终于点头同意了。

余瑞祥立即掏出银子，令两个兵士买回了好酒好菜。从中午开始，众人全都聚集在余瑞祥的宿舍里，就着一桌上好的酒菜，划拳行令，不亦乐乎。一个个喝得醉醺醺的，说话不利索，眼睛连对面的人也看不清晰。

余瑞祥心里有事，又为人机警，划拳行令，他赢得多，输得少，喝的酒最少，脑子仍然很清醒。

不知不觉，天黑下来了。突然，一声枪响压入余瑞祥的耳鼓。他略微有点吃惊，不过，很快镇定下来，也不出去，斜坐在酒桌上，侧耳倾听四周的动静。

管带和其他几个队官迷糊着眼睛，到处乱转，下意识地问道："哪儿响枪？"

"哪儿响枪？"余瑞祥随声附和。

枪响过后，传来一片杂乱的吆喝声，紧接着，有脚步声朝这边奔了过来。

"不好了，革命党人真的起事了。"一个熟悉的声音钻进了余瑞祥的耳朵。

是余瑞祥手下一个排长的声音。声音还在耳边回荡，那个排长已经气喘吁吁地奔了进来："不好了，金兆龙、程正瀛、熊秉坤煽动兵士造反了！"

这些人，余瑞祥都很清楚，每一个都是有理想有志气的好汉。他呵斥道："几个兵士就把你吓成这个样子了？镇定点！慢慢说！”

排长缓过劲来：“我遵照大人的命令，去金兆龙他们的棚子里查看情况，金兆龙在那儿擦枪。我蹿起一头火，冲过去呵斥他，谁知他竟然说他是革命党，他要造反。我连忙去夺他的枪。不提防程正瀛冲了过来，一把夺过了那支枪，朝着我要开枪。我一看事情不妙，扭头就朝外跑。程正瀛开枪了，没有打中我。”

“你快去，把各排排长都集合起来，一定要把革命党人全部给我控制起来！”余瑞祥叫喊道。

“是！”排长一溜烟地跑出去了。

“排长管球用。去，我们也得去！”管带摇摇晃晃地站起来，一边说，一边踉踉跄跄地朝外跑。

其他几个队官也迷迷糊糊的，跟在管带的身后，出了门，一齐朝楼下走去。

余瑞祥并没有动，他寻思着下一步应该怎么办。耳边传来了更多的枪声，不仅是从工程营传出来的，似乎从周围的营房里，全都传出了枪声。看起来，革命党人即使没有指挥官，也奋然起事了。

不能继续旁观，得去帮助革命党人！但公开帮助革命党人，等于加入了革命党。他可以同情革命党人，暗地里支持革命党人，然而，他从来没有想过要当革命党人。不当革命党人，难道眼睁睁地看着革命党人被镇压下去吗？

革命党人不会被镇压的。余瑞祥试图安慰自己。但他清楚，革命党的领头人都跑了，剩下的只是兵士，那个熊秉坤，只不过是一个正目，能有多少指挥经验？怎么号令大家听从他的指挥？

如果自己出面，可以保证不会被镇压吗？他说不上来，只是觉得自己好歹是个队官，总比熊秉坤他们这些人有经验。不过，革命党人会相信自己吗？

这时候，外面更乱了。枪声，吼叫声，奔跑声，响成一片。没过多久，一切都沉寂下来了。

已经把革命党人镇压下去了吗？余瑞祥不再迟疑，冲了出去。

月亮还没有升起，天幕上群星璀璨，地面黝黑一片，什么都看不清楚。刚下楼梯的时候，一颗流星突然从他身边跃起，划过苍穹，拖着一道耀眼的光芒，消失在遥远的天幕。余瑞祥略一迟疑，一脚踩在一个什么东西上，把持不住，跌倒在地，一路朝楼下翻滚。他下意识地伸手一摸，竟然是尸体，正是管带和那几个队官！

余瑞祥来不及思索这意味着什么，就滚下了楼梯。他挣扎着爬起身，到处查看，整座军营里已经没有一个兵士，到处阴森森的。

一定是革命党人打死了管带和那几个队官，打跑了排长率领的一拨人马，趁势奔向楚望台了！余瑞祥抬起头，朝楚望台方向看去，可什么都没有看见。

隐隐约约从各处传来了枪声，也传来了杂沓的脚步声。声音都是冲着楚望台去的。紧接着，楚望台方向响起了枪声，革命党人果然都朝着楚望台集合去了。

他得赶紧跑过去看一看，要是革命党人能有条有理地指挥队伍去攻击总督衙门和新军第八镇司令部，那么，他立刻回来，和管带他们一道，倒在楼梯上，等待着谁都不知道的命运；要是革命党人一片混乱，自己该出手时就出手，率领革命党人去攻击总督署、攻击八镇司令部，打死瑞澂和张彪，最后纵使遭到镇压，能够做出这等轰轰烈烈的事业，死而无憾了。

心念一定，余瑞祥拔脚奔向楚望台。一路上，从各个方向陆续出现了许多人马，全是朝楚望台而去的。

革命党人的确蓄谋已久，哪怕没有领头人，也在一拨一拨地朝楚望台奔去。余瑞祥禁不住打心眼里对革命党人如此自主自觉的精神产生了敬意。有这种精神支撑，他们一定可以击杀瑞澂、张彪，甚至可以跟清廷相抗衡。

这时候，月亮从东边掀开了天幕的一角，羞答答地露出了一张皎洁的脸，洒了一地清冷的光芒。沿途已经可以清晰地看出一个个革命党人的左手臂膊上系了一条白色的毛巾。余瑞祥甚至还可以清晰地听到革命党人彼此交换起事的看法。他们似乎很茫然，不知道究竟把部队集合起来以后，应该怎么办。

现在，革命党人起事的消息，肯定已经传到瑞澂等人的耳朵里，他们一定在调兵遣将，准备镇压。革命党人竟然不知道接下来该怎么办！余瑞祥感到自己来得正是时候。他得把革命党人凝聚起来，统一指挥他们的行动。

革命党人似乎很容易就夺取了军械库。余瑞祥根本没有听到过激烈的枪声，天空里只是断断续续地响过几枪。

距离楚望台越来越近了。

楚望台上已经点起了许多火把。那儿簇拥着很多人。沿着楚望台周围的一大片空地上，已经集合了许多兵士。他们完全不成队形，这儿一堆，那儿一堆，显得紧张不安。陆续有一些队伍加入，吵吵嚷嚷。有的拉了大炮，有的拿着枪支，有的却赤手空拳。还有许多匹骡马，不停地打着喷嚏。

余瑞祥心里发紧：乱套了，完全没有一点章法。别说张彪随时会率领人马打过来，即使张彪按兵不动，继续这样下去，革命党人的意志就会自行涣散。

他穿过了兵士，到了楚望台。熊秉坤正在那儿跟一些人继续争论不休。他什么都不顾了，冲上前去，站在中间："队伍一盘散沙，你们还有心情争吵！再不立即采取措施，整顿秩序，把起事的目的明确告诉给大家，给每一支部队分配任务，难道要等待张彪率领人马过来屠杀你们吗？"

好像突然响起了一颗炸弹，把众人都震蒙了，大家一齐看着他出神。

熊秉坤是余瑞祥的手下，最先反应过来，心花怒放，向众人介绍："各位代表，他就是我曾对你们说过的余队官。"

原来，这些人正是各标各营的革命党代表。他们之中职务最高的是蔡济民，担任排长。虽说在新军里面操练了多年，也在起事军事指挥部里担任过一些重要职务，熟知起事以前早已编列的计划，而且，他们在得到了起事军事总指挥蒋翊武、参谋长孙武、军事总理刘公等人相继出事的消息以后，果断地决定立即起事，并迅速向各标各营发出起事的通知，按照预先的计划，第一步将各路人马带到楚望台，集合完毕，分配了任务，准备攻打总督署以及张彪的司令部。可是，各路人马相继来到这里以后，由于事发仓促，竟然推选不出合适的临时指挥员来负责指挥全体起事部队的行动，革命党代表为此一直争吵不休。

熊秉坤说道："余队官，你快帮我们拿一个主意，接下来该怎么做。"

"兵士们没有严格的纪律，再好的主意，也不可能取得成功。"余瑞祥说道。

"余队官说得太好了！"蔡济民欢叫道，"雁无头不飞，人无头不行。我推举你担任临时总指挥，全权指挥我们的队伍。"

蔡济民，字香圃，是新军第二十九标的革命党代表，排长职务，在革命党人预先推举的总指挥部里担任要职，是他最先率领该标的革命党人响应工程八营起事，并把队伍拉到了楚望台。

"我同意香圃的提议！"熊秉坤立刻响应道。

众人纷纷响应，一致推举余瑞祥担任临时总指挥，负责指挥革命军的行动。

余瑞祥说道："部队仓促起事，要取得成功，大家务必一体同心。你们看得起我，推举我担任临时总指挥，我深感荣幸，本来是应该接受的，但是，我不是革命党人，兵士不会听从我的指挥。"

熊秉坤拿起一根火炬，朝四周晃荡了一回，大声说道："兄弟们，清廷杀我同志，夺我生计，迫使我们不得不提前扯旗造反。我们的指挥机关被清军捣毁了，我们共同推举的领头人下落不明。我们已经起事了，为了对抗敌人，推举工程八营队官余瑞祥做临时总指挥，负责指挥我们行动，大家同意不同意？”

“同意！”兵士们精神振奋，大声高呼。

余瑞祥从熊秉坤手里接过了火炬，高举起来，朝着四周照了照，朗声说：“兄弟们，我就是余瑞祥。既然大家愿意听从我的指挥，虽说我不是革命党人，也愿意跟大家一道同生死共进退。不过，我有言在先，带兵打仗，军纪为先，如果有人不遵命令，一律军法从事。”

“愿意听从余队官的指挥！”

余瑞祥满意地点了点头，说：“我的纪律只有三条，也算与各位约法三章，望各位切实遵守。如有违反，决不轻饶！第一，一切行动，都要听从我的指挥；第二，作战中，不得贪生怕死，不得遗弃队友；第三，不得滥杀无辜。”

就任临时总指挥以后，余瑞祥命令人马打开弹药库，分发武器弹药，跟熊秉坤、蔡济民等人商议，做出了几项重大决定：把楚望台当做临时总指挥部，余瑞祥坐镇指挥全体革命军的行动；其他各路人马补充了武器弹药以后，留下一部分人马作为预备队，其余人马兵分三路，立即向总督衙门方向攻击前进，在天亮之前，拿下总督署和第八镇司令部，活捉瑞澂和张彪；派出大量的侦察人员，去通湘门、中和门一带侦察敌情；为了阻挡清军朝楚望台发动攻击，另外派遣一小股人马，分途破坏楚望台附近的交通。

刹那间，风在吹，马在啸，人在喊，脚步声在响。偌大的场地，顿时空寂下来，只有预备队就地休息，炮兵摆开阵势，在等待开火。

一阵风儿吹来，余瑞祥打了一个寒战，脑子里顿时清醒多了。

“我竟然当上了革命党人的临时总指挥，指挥起事人马，向总督衙门发起进攻了！”他心里情绪激荡，差一点抑制不住自己。

“我这是怎么啦，我怎么真的成了革命党？”他问自己。怔了一会儿，他回过神来，提醒自己：“大战在即，我已经挑起了临时总指挥的担子，就该好好谋划战事，如此心猿意马，岂不误事？”

张彪正在组织和调集人马，除一部分用于保护总督署和第八镇司令部，将集中主力攻击楚望台。眼下，革命党人率先向张彪发动攻击，一定会打乱张彪的部署。张彪现在已经到了哪里？革命党人在哪里会跟张彪遭遇上？

革命党人的生死全部掌握在他的手上，余瑞祥不能不考虑这些问题。

本来，余瑞祥手里掌握了一支炮兵，他可以在人马展开攻击之前，使用炮兵先对革命党人要攻击的目标实施猛烈射击，以便减轻攻击部队的伤亡。可是，朦胧的月色之中，根本分辨不清敌人的目标，大炮又难以从楚望台打到总督衙门。余瑞祥不得不把炮兵分成两个部分：一部分随着右路攻击部队前进，对总督衙门实施深远包围以后，在蛇山上布列炮兵阵地，配合攻击部队，直接轰击总督署；另一部分在楚望台布设一道炮阵，等左路攻击部队在攻击保安门的时候指示出了敌人的目标，再发动猛烈轰击。

忽然，传来了一阵吵吵嚷嚷的声音。只见好几个兵士扭住一个人，正向他走来。他以为抓住了清军的探子，心里大喜。

很快，清军探子被带到余瑞祥面前。那人的双手被反剪在背后，头压得很低，不断咕哝道："放开我，我不是探子。"

那是一个非常熟悉的声音。余瑞祥问道："你是王俊林？"

那人大喜过望："余瑞祥，你是余瑞祥！"

余瑞祥怎么也没有想到，这个人竟然是世交好友王俊林！他仿佛这时候才想起来，王俊林在辎重队当队官。他记得集合部队准备分配任务之际，分明看到辎重队和驻扎在辎重队附近的工程队站在一块。当时，他竟然没有想到过要问一下辎重队、工程队是怎么起事的，是怎么把部队拉到楚望台的。

王俊林的祖上本是浙江人，为了寻找更大的发展机会，仗着自己的机灵和胆略，只身来到武昌。然而，人生地不熟，乃祖穷困潦倒，连一日三餐都混不上。是余瑞祥的祖上帮他渡过了最困难的日子。后来，王俊林的祖上因为碰到了一个快要死掉的和尚，伸手相救，令和尚感动万分，临终前送他一尊纯金佛像。王俊林的祖上偏爱生意，与佛无缘，立即把佛像卖掉了，得到第一桶金，用它开了一家金银首饰店。因为声誉很好，时间不长，赢得了武昌城里达官贵人的欢喜，都以在王记金银首饰店买首饰为荣。

随后，王俊林的祖上娶了一位贞静贤淑的夫人，生了孩子，这孩子长大以后，刚刚接过父亲的生意，父亲就死了。这孩子承袭了父亲的教诲，继续打理王家的生意，而且生意越做越大。后来，这孩子，也就是王俊林的祖父娶了亲，生下了两个儿子，老大叫王翔宇，老二叫王翔东。

汉口开埠以后，王俊林的祖父觉得一定可以在这片新天地里找到更大的发展空间，遂带着全家，把主要经营场所转到了汉口。

在那儿，跟洋人打上交道，得知法国人喜欢中国的芝麻，王俊林的祖父觉得机会来了，立即把金银首饰全部抵押出去，从各地收购了大量的芝麻，转卖给法国人，赚取的利润比开设金银首饰店更为丰厚。从此，王家在洋人面前树立了自己的品牌。几乎所有的洋人，只要有大宗买卖，都愿意与王家合作。在不长的时间里，王家竟成了汉口最大的商户，在汉口广置房产，接连开设了许多家商号，经营的种类遍及各行各业。

张之洞督鄂时期，为了防范水患，主持修筑了张公堤。王家看出汉口城区潜藏着向外扩张的机会，用最便宜的价格，购买了大量土地，俨然一代地皮大王。

王家发迹了，并没有忘记他们的恩人。和尚已经去世了，没有办法对和尚表示孝敬，按照和尚普度众生的信仰，时时帮助需要得到帮助的人，因而在汉口获得了很好的口碑。余家的恩情，王家更不会忘记。在王家的引导和帮助下，余瑞光进入了商界，不到几年，发展成为武昌首屈一指的商户。

几代世交，到了余瑞祥、王俊林头上，二人的关系也一直不错。余瑞祥进入新式学堂读书，并且下决心投军的时候，王俊林也紧跟他的步伐。

王俊林是王翔宇的独生子。王翔宇接过父亲的生意以后，成了王家新的掌门人。弟弟王翔东是他最得力的助手，兄弟二人齐心协力，生意红红火火。王翔东虽有两个儿子一个女儿，但祖上规矩，家业要由长子长孙承继，王翔宇之后，王家的继承人只能是王俊林。为此，王翔宇、王翔东早就打定主意，要好好栽培王俊林。王俊林想从军，他们当然不会答应。可是，王俊林一闹，他们不得不同意了。王俊林如愿以偿投了军，最后当上了辎重队队官。

在接到革命党人即将起事的消息时，王俊林非常反感，采取了很多防范措施，本以为风平浪静了，没想到革命党人还是起事了。

天还没有黑，他召集各位排长布置晚点名，忽然听到了枪声，意识到事情不妙，跑出去查看究竟。竟然看到一群士兵把大炮推了出来，并且在马棚里放了一把火，火光冲天，映红了半个天空。

王俊林非常恼怒，提了枪，朝一个指挥员模样的兵士跑去，大声喝道，“干什么？你们想造反吗？胡闹！把大炮给我推回去！”

“老子就是要造反！”那人手里拿了一支枪，对着王俊林准备搂火。

王俊林一看势头不对，赶紧扭头朝外跑。他脑子里什么意识也没有，逃离辎重队，逃离革命党人，是他唯一的心愿。他逃到了武胜门，但城门紧闭。他放开喉咙大声喊叫，里面倒是有人回答，可是，没人为他打开城门。他转头一看，革命党人已经用骡马拖着大炮，举着火把，朝武胜门方向过来了。他不敢继续耽搁，一口气跑到了宾阳门。里面索性连一点声音也没有。可是革命党人又追寻过来了。

不能落到革命党人手里，王俊林纵使筋疲力尽，不得不强打精神，继续奔跑。

革命党人越来越近了，借着月亮，他看到革命党人拖着大炮，还有骡马，恍然大悟：原来他们不是为了追他，而是要去攻打楚望台的！王俊林略略放了心，索性先躲藏起来，好好考虑接下来应该怎么办。

好不容易等待革命党人都走过去了，他长长地嘘了一口气。

现在，他应该仔细考虑自己究竟应该怎么办。革命党人已经起事了，他丢了部队，张彪也不会饶恕他。那么，到哪里去呢？他想到了父亲，决计回到汉口，回到父母身边，远离队伍。可是，一想到革命党人已经扯旗造反，眼下别说回去汉口，连武昌城都没法进去，他泄了气。

他忽然想起了余瑞祥，余瑞祥在工程八营当队官，找他去。

且慢，革命党人已经起事了，工程八营里面一样会有革命党人，一样会起事。余瑞祥说不定也是一只丧家之犬，到哪里去找他？王俊林又陷入绝望。

但他一定要活下去，一定不能被革命党人抓住了，也一定不能回去队伍。找不到余瑞祥，他也一定要找到余昌泰世伯。他相信，余世伯会给他生路。

王俊林挣扎着站起身，朝通湘门走去，试图从那儿进入武昌城。但中和门方向，分明是一片火把，照耀了半个夜空。

那是楚望台！楚望台已经落到革命党人手里了！没有听到枪声，它是什么时候落到革命党人手里的？他想不通，索性不想，只求自己不要落入革命党人手里。

王俊林一跛一瘸地来到通湘门，但任他叫喊，就是没人为他打开城门。

怎么办呢？只有从中和门进城了。楚望台已经落入了革命党人手里，中和门是不是也落到了革命党人手里呢？自己想从那儿进城，岂不是飞蛾扑火？

实在没有其他办法进城了，王俊林壮起胆子，朝中和门走去。中和门果然落到了革命党人手里。他纵然再小心谨慎，还是被革命党人发觉并抓住了。

革命党人没有枪毙他，而是把他拖到了楚望台。

王俊林担惊受怕了半个晚上，看到余瑞祥气定神闲地当上了革命党人的临时总指挥，不觉心里有气："你参加了革命党，事先也得给我通个气嘛。说不定，我可以跟你一道起事，也就不用那么麻烦了。"

余瑞祥微笑道："我不是革命党，只不过对瑞澂杀掉三个革命党不满，想帮助革命党人做一些事。"

王俊林惊讶极了："你一帮助革命党人，就当上了总指挥？"

远处传来了一阵激烈的枪炮声。随着枪炮声越来越密集，火光也越来越稠密了，间或还可以听到人的叫喊和惨叫声。火光虽说很杂乱，但明显可以分出三个方向。每一个方向的火光都似乎只是在原地徘徊。

隔了一会儿，陆续有人过来报告：蔡济民率领的一个分队，剪断了全城的电线，切断了总督署跟第八镇司令部之间的电话联系；三个方向的攻击都遭到了清兵的抵抗，革命党人想尽办法，还是不能向前推进一步。

“大炮呢？用大炮轰击呀！”王俊林说道。

“中和门和蛇山的炮阵都发回报告，他们对清军阵地进行了长时间轰击。可是，没有月亮，天太黑，根本看不清目标。”前来报告的人员回答道。

王俊林说道：“用火烧！烧出一片光亮，炮兵就可以看清目标了。”

“的确是一个办法！”余瑞祥顿了一下，“可是，周围有很多民房，还有一些商户，一旦大火燃烧起来，将很难控制，会祸及无辜平民。”

“打仗嘛，伤及无辜，在所难免。”王俊林不以为然。

“革命党人绝不能伤及无辜！”余瑞祥传下命令，把各路指挥员召集过来，商议找到解决问题的办法：各路攻击部队加强对当面之敌的攻击力度，把敌人的注意力牢牢地吸引在当面；火攻分队趁此机会分为三个小组，在火力的掩护下，交替前进，推进到总督署辕门后面，从那儿放火。

炮声更浓，枪声更稠密。一片一片火光，交互辉映，几乎照亮了整个天空。从中和门、楚望台、蛇山上发出的炮弹，雨点一样地落到了总督衙门。

王俊林心里激起了冲天的豪气，顾不得脚走不动路了，向余瑞祥请战：“总指挥，我也要上战场！”

余瑞祥还没有来得及回答，有一路攻击部队前来汇报，说是张彪亲自率领一支人马在保安门阻击革命党；他们连续发动了多次突击，依旧不能拿下保安门。

“要是我能在革命党人束手无策的时候，率领一支队伍绕开保安门，一举攻入总督衙门，想不跟余瑞祥并驾齐驱都难。”

王俊林觉得露脸的机会来了，对余瑞祥说：“不要在城门跟敌人恋战，可以让一部分队伍继续在城楼跟前牵制张彪，我率领一支奇兵，穿过城楼，径直杀向总督署。总督署一失，张彪势不能敌，只有落荒而逃。”

余瑞祥点了点头：“你要是能够偷渡保安门，与另外两路人马合击总督署，的确很快就可以拿下它。不过，张彪异常狡猾，一定会有所防备。我从预备队里挑选一支最精干的人马，作为敢死队，由你率领，去执行这个任务；同时，命令攻击部队加强对张彪所部的攻击，增大你成功的可能性。”

王俊林由两个士兵搀扶着，率领一队精壮的敢死队员，冲向保安门。不一时，他来到了城楼脚下，远远地望去，只见张彪正在城楼上督战。

趁着枪炮声暂时停歇的一瞬，张彪高声喊话：“本统制治军无方，导致你们走上背叛朝廷的邪路。本统制深感愧疚。如果有错，错不在你们，在于本统制。只要你们放下武器，重新归顺朝廷，本统制保证既往不咎，不会改变你们原有的一切待遇。”

“张大人，别做梦了，看我怎么取你的脑袋！”

王俊林话音甫一落地，革命党人万炮齐发，轰向了城楼。

对付熊秉坤的队伍已经很吃力了，竟然又来了一支生力军。张彪不敢大意，督促清军把守城楼。

王俊林迅速收拢敢死队，冒着熊熊燃烧的大火，从已经烧出一道缺口的城门上跳了进去，迅速朝总督衙门方向攻去。很快，他们冲进了第一道辕门。对把守督署的清军展开了猛烈的反击。王俊林命令敢死队员交替掩护，冒着敌人的子弹，迅速推进到清军的阵地跟前，把一个油桶往阵地上一扔，一枪打去，顿时腾起一片冲天的火光，大火猛烈地烧向了清军。清军惊慌失措，逃出阵地。

“不要管那些清军，冲向第二道辕门，活捉瑞澂！”王俊林命令道。

王俊林率领敢死队员，冲破了清军的防线，冲进了第二道辕门。与此同时，其他两路攻击部队也攻进了总督署。不久，三支人马会合了，肃清了全部敌人，占领了总督署。

王俊林立即派兵到处搜寻瑞澂。但瑞澂已经杳无踪迹，只在总督署的后院里，看到了一个巨大的洞穴。

据活捉的一个卫兵说，在从蛇山上打出的炮弹准确地落到总督署签押房的时候，瑞澂惊慌失措，命人从这里打开了一个洞穴，带领一家老小逃出了总督署，逃到早就停泊在码头的楚豫舰上去了。

“封疆大吏如此贪生怕死，怎能挡得住革命党人夺取大清江山！”王俊林哈哈大笑，激情四射。

第四章 革命风云

天快亮的时候，革命党人完全夺取了总督署，并攻占了第八镇司令部。

张彪深感大势已去，收拾残余兵马，一路狂奔到文昌门，乘坐船只仓皇逃出武昌城。

余瑞祥命令部队对藩署展开攻击，只一个回合，攻下了藩署，得到了大量的银两。这对革命党人的财力支撑起了重要作用。意味着革命党人有一定的经济能力跟清军打下去，并组建军政府。

中午前后，整个武昌城都落到了革命党人手里，只有一些零星清军规模不大的抵抗。

至此，革命党人不仅完全达成了预定目的，积累了一些作战经验，而且情绪高昂，余瑞祥不必为革命军可以预料的未来和前途担心，他如释重负。但是，他有了新的担心：父亲痛恨革命党人，如果知道是我带领革命党人攻下了总督署，赶跑了瑞澂，他会怎么样呢？

自记事以来，他一向尊敬父亲，从来没有违逆父亲，父亲叫他做什么他就做什么。唯有这一次，革命党人起事的消息传播开来以后，他向父亲隐瞒了很多事情。如果说他认为这算不上大逆不道，那现在，他已经成为父亲一向痛恨的“叛逆”，岂止是大逆不道，完全是罪应万死！他实在想不到父亲会怎么对待他。

更重要的是，他非常清楚，清廷绝不会容忍革命党人起义，很快会派遣大军前来镇压。革命党人手里掌握的人马太少，需要处理的事情太多，前景实在堪忧。

他本来不是革命党人，关键时刻，受革命党人拥戴，指挥革命军打出了骄人的战绩，足以证明自己。眼下，无论为了父亲，还是为了避免跟朝廷直接兵戎相见，他觉得，是退出革命军的时候了。

各路指挥官再度汇聚楚望台的时候，余瑞祥说：“我不是革命党人，承蒙你们看得起我，赋予我临时总指挥的权力。幸而，诸位齐心协力，不负使命，终于控制了武昌城。我的使命已经宣告结束。我宣布，立即交出临时总指挥的权力，从此脱离军营，祝愿诸位团结一心，横扫清军，犁庭北京，达成你们的理想。”

“总指挥怎么能交出指挥权呢？”熊秉坤赶紧挽留，“革命军虽说基本上控制了武昌城，可是，各处都有散落的清军，需要我们去清剿；而且，清廷一旦得到消息，马上会派兵前来镇压，我们还得做好迎战准备。”

“是呀，总指挥一走，我们只能坐以待毙。”蔡济民附和。

“总指挥不能走！我等愿意继续听从总指挥的命令，赴汤蹈火，万死不辞！”众人一齐挽留。

余瑞祥抱拳说道："谢谢诸位盛情。对付城里残余清军，以各位的能力，只不过是举手之劳。"

不等余瑞祥说完，众人齐声说道："此乃疥疮小患，何足挂齿。一旦清廷派兵镇压，没有总指挥掌舵，我们将何以应对？"

余瑞祥说道："诸位只要看清形势，就会知道，武昌其实安如磐石。"

"请总指挥明示！"

事已至此，余瑞祥只有炮制理由了："武昌西部，成都发生民变，朝廷甚至抽调一批湖北新军前去镇压，他们自顾不暇，安有多余的兵力派到武昌？南面和东面，湖南和九江的革命党人都跟你们有过联络。不出几日，那边的革命党人跟着会响应，可以牵制清军；清廷唯一出兵的方向，只能来自北边。北边的清军，只要不出动北洋六镇，凭借革命军的力量，足以与之抗衡。"

"如果清廷派遣北洋六镇呢？"熊秉坤问道。

余瑞祥回答道："果真如此，北洋六镇只有从信阳走武胜关，朝武昌展开攻击。而武昌、汉口、汉阳形成三足鼎立之势，在军事上是为绝地。只要你们迅速控制了汉口、汉阳，并跟信阳方向的革命党人联合起来，控制住武胜关，不让北洋六镇南下，武昌城必定安如磐石。"

"总指挥成竹在胸，想必已经提前派人联络信阳的革命党了。"蔡济民大喜。

"不错，我已经有了安排。"

蔡济民说："即使如此，我们刚刚攻下武昌，还有许多问题需要处理，总指挥轻易离去，革命军岂不是再度群龙无首？虽说在起事之前，总指挥并不是革命党人，可是，总指挥跟我们一道同瑞澂、张彪展开了血战，请总指挥参加革命党，带领我们恢复汉人江山。"

"请总指挥参加革命党，带领我们恢复汉人江山！"众人纷纷附和。

攻打总督署的战斗结束以后，王俊林心里畅快，双脚重重地踩在地上，疼痛难忍，被两个兵士送到了临时总指挥部。

他是王翔宇的独生子，一向娇生惯养，我行我素，什么事都做得出来，没有什么准主意。革命党人起事时，他先忠于清廷，接着又投靠革命党。率领一支革命军攻下总督署以后，他顿生豪气，一心以为自己可以带着兵马，打过长江，打到京城，扫落大清皇帝的皇冠。如今，一听余瑞祥不想干了，王俊林焉能不心头着急？

他劝阻道："我们一夜之间占领了武昌，为什么不趁机向汉口、汉阳展开攻击，然后一路打到京城呢？千秋功业，在此一时。你不要再说离开的话。"

余瑞祥很清楚，事情并不像他说的那么简单。信阳方向的革命党人能在北洋六镇出动以前，完全控制信阳，进而占据武胜关，截断清军攻击武昌的道路吗？他不能肯定。如果革命党人能够控制信阳以及武胜关，挡住北洋六镇南下的脚步，汉口、汉阳的革命党人立即发动起义，并与武昌的革命军迅速会合，然后扩充起义队伍，源源不断地开往前线，跟清军决战，的确能有一番作为；一旦信阳的革命党人无法发动起来，或者说没有及时把信件送到信阳革命党人手里，情况将非常严重。余瑞祥可不愿意因为难以预测的未来损害了已经建立的名声。毕竟，他不是革命党人，不可能把自己完全绑在这架战车上。

再说，即使革命军已经拿下武昌城，焦头烂额的事情还少吗？首先，得找一个颇具威望的人物出面领导革命军，组织中华民国湖北军政府。他虽说暂时当上了临时总指挥，但知道自己既不热心政治，又不可能有登高一呼应者云集的威望，难以当此大任。早早离开，最为妥当。

湖北境内的革命党分属于两个革命团体：一个是共进会，以孙武为会长；一个是文学社，以蒋翊武为社长。他们吸收了同盟会多次起事失败的经验教训，把运动新军作为起事的关键力量，因而都在新军里面不断发展各自的组织。虽然政治诉求都是推翻清朝统治、建立中华民国，但最初，共进会、文学社一向自行其是，互不往来。后来，他们通过多次协商会谈，终于达成一致，共同组建了发动起义的领导机构，并成立了军事筹备组和政治筹备组，积极为起事做必要的准备。他们共同制定了起事的旗帜、宣传文告等等，共同推举黎元洪作为即将诞生的中华民国湖北军政府都督，试图以此吓阻清军，大涨革命军的气势。

已经发动了起事，蔡济民等少数几个知道详情的革命党人正在谋求迅速建立中华民国湖北军政府。在这个时候，怎么能让余瑞祥离开呢？

"你如果要走，就从我的身上踩过去！"王俊林见余瑞祥去意已决，索性躺在地上。

"望总指挥以天下苍生为念，加入革命党，继续带领我们打击清军。"蔡济民见此情景，颇有些得陇望蜀之意。

"是啊，我们盛情邀请总指挥加入革命党。"熊秉坤立刻响应。

"总指挥已经指挥我们占领了武昌，理应加入革命党，共谋大事。"

“你们……”面对这些渴望的眼睛，余瑞祥迟疑了。

“总指挥，你跟我们共进退吧！”众人齐声催促。

“好！我跟你们一起，抗清兵，建民国，不死不休！”余瑞祥心头一阵荡漾，字字千钧，神色庄严。

眼下，铁血十八星旗帜已经插上警钟楼，武昌城已经基本上光复。原本死气沉沉的城市，顿时生机勃发，到处洋溢着欢乐的海洋。兴奋的民众，纷纷做好饭，熬好汤，煮好开水，走出家门，送到革命军手里。许多新式学堂的学生，燕子一样飞到革命军面前，喧闹不已，人人要求参军。跑来许多商户，一个个慷慨大方，捐钱捐物毫不吝啬，革命军队伍面前瞬间堆积了很多物事。

余瑞祥倍感欣慰，和其他革命党人一样，憧憬着美好的未来：“得到了社会各界的普遍支持，革命军必将无往而不胜！”

得迅速成立中华民国湖北军政府，以便全面管理与协调各方面的行动，并向全国发出通告，督促其他各地革命党人立即响应，引燃全国革命的烈火。

楚望台临时总指挥部里，余瑞祥召集几个主要革命党首领商讨相关事项。因为孙武、蒋翊武、刘公等人都下落不明，黎元洪也不知道躲到哪儿去了，都督的人选，只能暂时放置一边。团结其他各路人马，共同组成军政府，成了他们讨论的重点。湖北咨议局反对朝廷的皇族内阁，跟革命党有共同之处，蔡济民曾经跟他们有过接触，便担负联系咨议局，共同商定成立中华民国湖北军政府的事情。

这时候，他们忽然接到报告，说是有人在黄土坡一户人家看到了黎元洪。

余瑞祥说：“既然找到了黎协统，各位主要革命党人在起事之前又有过动议，我们立刻请他出任湖北军政府都督，以便号令群雄。”

黎元洪是第二十一混成协协统，不是革命党人，但为人纯朴敦厚，曾经在抗击外国侵略势力的战争中立过战功，深受兵士的爱戴。所以，革命党人在起事以前，确实曾经考虑过要推举他为中华民国湖北军政府都督；现在，余瑞祥一提议，大部分人立即赞同。

王俊林原以为可以仗着率领敢死队冲进总督衙门的功劳，在军政府里捞到一官半职，殊不料根本没有谁说他有资格担任要职。现在，一个对革命党没有半点贡献的人物出现了，革命党人竟要奉他为都督，王俊林十分不满：“我们流血流汗，干吗不用自己的人当都督？因为黎元洪当过协统，把都督的宝座拱手让给他，我们算什么，岂不是为他白忙一场吗？”

“不，这样做，恰恰说明革命党人不是为了升官发财，而是真心为了恢复汉人江山，建立中华民国。”蔡济民微笑道。

“是啊，要不然，我们在民众中间会失去号召力。”熊秉坤说道。

王俊林冷笑道：“要是袁世凯露面了，你们岂不是要推举袁世凯当都督？”

众人一愣，面面相觑，作声不得。

余瑞祥立即呵斥道：“袁世凯是袁世凯，黎元洪是黎元洪，岂能把袁世凯与黎元洪相提并论！”

“他们都忠于清廷，我看不出他们之间有什么区别。”王俊林顶撞道。

“没有黎元洪，我们不会顺利起事，这就是区别！”余瑞祥大声驳斥道。

见王俊林再也说不出话来，余瑞祥命令道：“既然大多数同志同意推举黎协统担任都督，我们应该立刻迎接黎协统上任，以便尽快出告示，安定民心，全面展开其他各项工作。”

“敬请总指挥下令！”众人一齐回答。

余瑞祥下达了行动命令：一拨人马跟蔡济民一道，纵马奔向湖北咨议局；另一拨人马去黄土坡迎接黎元洪；余瑞祥继续坐镇楚望台，负责处理整个革命军的全面工作；王俊林本来不愿意跟黎元洪见面，因为脚疼得厉害，没有办法，只好在楚望台陪伴余瑞祥。

“我们可以在多长时间里把宣统皇帝赶出龙庭？”王俊林问。

余瑞祥瞥了他一眼：“主要得看我们有多大的号召力，天下到底有多少人响应武昌起事，还要看革命党人是不是团结一心。”

王俊林吃了一惊：“你觉得革命党不团结吗？”

余瑞祥无法回答。

他原先的确对革命党一无所知。现在，余瑞祥得知了革命党内部许多不足为外人道的事情。为了推翻清廷，革命党暂时是统一的，但革命党人经常会因为意见不一而发生不必要的意气之争；在某些极其重要的问题上，革命党人的认识又是幼稚的。你能指望这样的革命党人很快就把宣统皇帝赶出龙庭吗？

“如果是这样，你为什么要加入革命党？吃饱了撑的？”王俊林刻薄地说道。

“也许是吧。”余瑞祥笑道。

两人心情都不轻松，站在楚望台，一面说着话，一面不时地朝四周望去。远远地，他们看到从前面走来了一群人，正中的人赫然正是黎元洪。余瑞祥惊喜万分，命令身边的兵士列成一排，持枪的照着天空放枪，拿号的吹奏着号子，欢迎黎元洪的到来。王俊林心中仍然不舒服，把脸扭到一边去了。但余瑞祥拉着他，非得要他去跟黎元洪相见不可。

王俊林忘记了是他迫使余瑞祥参加革命党，反而暗自怨恨余瑞祥：你既然知道革命党人不可能有什么好结果，为什么要拉着自己参与革命党？

黎元洪几乎是在一群革命党人的裹挟之下，身不由己地来到余瑞祥面前的。

“你辛苦了。”黎元洪从嘴角挤出一丝笑容。

“黎协统辛苦。”余瑞祥话还没有说完，一个革命党人很不高兴地切入话头：“黎协统的确辛苦得很。我们去邀请他的时候，他说什么都不想出来，甚至接连枪杀了我们两个兄弟。要不是总指挥有令，老子一刀砍了他的狗头。”

黎元洪面色尴尬，动了动嘴唇，无话可说。

王俊林有些恼火，讥笑道：“你们自己提着脑袋送给黎协统杀，怎么能怪得上黎协统？要怪，只能怪你们自己。”

“休得胡言乱语！”余瑞祥赶紧打断王俊林。

黎元洪虽说被拥到了楚望台，但心里仍然不愿意反抗大清王朝。从小兵一路升到协统，他参加过多次战斗，深知清军虽说在跟洋人作战的时候是一触即溃，但对付造反的叛逆，手里的枪炮还是好使。革命党人起事了，占领了武昌，那又怎么样？别看革命党人现在闹得欢，只要清朝大军一到，革命党人立马会作鸟兽散。

面对余瑞祥好言相劝，黎元洪翻来覆去只有一句话：“莫害我，莫害我。”

“黎协统，我不会害你，革命党人不会害你。拿我来说，在起事以前，我根本不是革命党。可是，我痛恨清廷屠杀革命党人，一时冲动，出面跟革命党人并肩战斗了一个晚上。我知道，革命党人都是有信仰的人，推翻大清王朝，建立中华民国，是为千千万万百姓着想的大好事。黎协统曾经博得过宽厚爱民的名声，那只是小爱，真正的大爱是建立中华民国，实现五族共和。”

中午过后，蔡济民等人奔向了楚望台。看到黎元洪在，均大喜过望，赶紧向黎元洪和余瑞祥报告，说是跟湖北咨议局的议员们已经取得了共识，可以立即成立中华民国湖北军政府，并就军政府各部门的设置以及各部门首脑人选做出了相应安排。

“莫害我，莫害我。”黎元洪仍然只是这句话。

“已经请来了你这尊神，不管害不害你，你都得跟我们走。”蔡济民说。

蔡济民和余瑞祥带上黎元洪，径直朝湖北咨议局方向奔去。

一路上他们看到家家户户的门口悬挂着白色、红色的旗帜，到处是欢乐的海洋。民众兴高采烈，甚至有一些半大不小的孩子，从人群中冲出来，摸一下他们的马，不住雀跃："我摸到他们的马了！"

突然，从人群里传出了一声尖利的咆哮："逆贼！余瑞祥，你这个逆贼！"

一个老人像一条剑鱼一样从人群里冲了出来，哧溜一声，径直地奔向余瑞祥。众人吃一惊，卫兵反应很快，迅速冲上前去，一下子把他捉住了。老人拼命地挣扎着，拼命地咆哮着："逆贼！你们这些逆贼！"

大家定睛一看，赫然发现老人竟然是武昌名士余昌泰，也就是余瑞祥的父亲。

"父亲，我不是逆贼，我是顺从民意，帮助革命党人推翻清朝统治，建立中华民国的。"余瑞祥下了马，走到父亲跟前，说道。

卫兵一听，马上松了手。

余昌泰挥起巴掌，猛地朝余瑞祥脸上扇去。接连几声脆响，余瑞祥脸上出现了一片血红的印记，卫兵赶紧捉住余昌泰的手。

余昌泰继续挣扎不休，不停地大声咒骂道："逆贼，余瑞祥，你这个逆贼！"

"放开他！"余瑞祥挥了挥手，对卫兵说。

蔡济民、熊秉坤一干人等赶紧挡在余瑞祥面前，纷纷劝说余昌泰："余老太爷天下名士，熟知历史典故，理当知道总指挥带领我们攻占武昌，乃是为了匡扶天下，拯救百姓。"

余昌泰目不他视，继续冲儿子咆哮："自古以来逆贼都没有好下场，你等着，朝廷大军一到，一定会把你生擒活捉，油炸了你，千刀万剐了你！"

听到第一声枪响，如同严寒的冬天听到了惊雷，余昌泰赶紧把下人全部派遣出去探听动静。余家不知道到底发生了什么事情，或焦灼不安，或欣喜若狂，或无所适从，全都拥到了余昌泰面前，似乎能从他这儿得到革命党人是否已经起事的确切消息。

"父亲，难道我们传播出去的消息不能平息革命党人的担忧和害怕吗？"余瑞光问道，"难道革命党人发动叛乱了吗？"

"朝廷已经杀人了，你还指望革命党会相信你们制造的谣言吗？别说他们，就是我参加了革命党，也会赶紧造反的。"赵璇滢抢先说道，"不为别的，造反或许还有一条出路；不造反，只有等朝廷秋后算账，死无葬身之地。"

"你说什么？"余昌泰脸孔一板，虽说声音并不太大，但很有一股威严。

赵璇滢似乎并没有把他的威胁放在心上，但余老夫人生怕赵璇滢再说出一些不中听的话，惹丈夫翻脸，连忙打岔：“这不是女人该操心的事。”

一个下人慌里慌张地跑了进来：“老爷，老夫人，革命党人造反了！他们从各个军营跑出来，有的扛枪，有的拖炮，有的骑马，有的跑步前进，乱扰扰的，全部奔向中和门去了。”

“他们都有枪有炮吗？”余昌泰没想到事态竟然如此严重。

“大多数赤手空拳。”

“这就是了。张彪大人的命令还有效的。”余昌泰暗自有些庆幸。

不过，革命党人都跑去中和门了，余昌泰心里不免打起了鼓：他们哪里是到中和门去，是去楚望台！叛逆们一旦攻占了楚望台，占有了那些武器弹药，情况将越来越不妙。

紧接着，又一个下人跑了进来：“不好了，老爷，老夫人，革命党人是从二少爷的营盘开始起事的。我去看了，地上到处都是血迹，还有尸体，一个活人也没有了。”

“哎呀！”余老夫人眼前一黑，差一点栽倒在地。

“母亲！”余雅芳、余瑞华同时惊叫道，和嫂子一道把母亲扶到椅子上去。

余昌泰心里越发着急，询问下人到底看到了什么。

这个下人看到革命党人奔向楚望台，担心二少爷会被革命党人杀掉，连忙朝工程八营跑去。到处都是鲜血，还有许多弹壳，但营房里一个人也没有。他高声叫喊，也没有人回答。借着灯光，隐隐约约看见几具尸体横七竖八地躺在楼梯上，他心里一紧，暗自叫道，二少爷完了。

“祥儿，祥儿一定不要出事才好。”老夫人喃喃地说道。

“妇人之见！叛逆造反，祥儿为了朝廷，死在叛逆手里，也是一条好汉！”余昌泰呵斥道。

余老夫人无话可说，坐在那儿，一动不动。余瑞华、余雅芳心里怦怦作跳，瘪了瘪嘴，很想哭，可是，一触及父亲那道恶狠狠的眼光，硬是哭不出来。余瑞光一向以父亲的意见为意见，心里很惦记弟弟，但也说不出话来。

赵璇滢一直觉得现在的生活太平静了，希望有一点刺激。革命党人果然起事了，她恨不得立即冲出余府，亲眼看一看他们到底是些什么人，到底怎么跟朝廷作对。可是，长期处在公公的威严之下，她不敢放肆。眼下，听说二叔有可能被革命党捉住或者杀害了，她想起二叔的好，打心眼里有点痛恨革命党。公公不仅不安慰大家，反而说二叔死在革命党人手里是余家的福气，朝廷究竟给予了余府什么呀？余府的一切不都是余家辛辛苦苦挣来的吗？朝廷甚至还从余府巧取豪夺了许多东西，不仅从余府，还从很多人身上都巧取豪夺过，要不然，就不会出现革命党。二叔凭什么要为朝廷送命？

她说：“二叔不该死在革命党手里，二叔应该成为革命党人。朝廷只知道掠夺百姓，革命党为什么不能造反呀？我要是男子汉，一定会去当革命党！”

“胡说八道！”余昌泰怒吼道，“什么革命党？那是叛逆！”

余瑞光连忙劝说夫人：“夫人，你不要添乱了，回房间去吧。”

赵璇滢不理丈夫的茬：“别拦我，我说的都是事实。要不是朝廷收回铁路，让人人变成穷光蛋，革命党何至于造反？”

余昌泰吼不得，打不得，有气无处发泄，怒气冲冲出了家门。

夫人一向对父母尊重有加，无微不至地关爱弟妹，没想到革命党一起事，她竟然变了一个人似的，处处跟父亲较起劲来了。为了维护父亲的尊严，余瑞光本能地想呵斥夫人，但一贯在夫人面前没有说过硬话，此时又做不出来。父亲一走，他摆脱了两难的境地，又担心父亲的安全，跟着出了余府。

余昌泰脑子里只有一个念头：去督署衙门，帮助总督大人出谋划策。可是，革命党竟然率先向总督署发动了攻击。子弹和炮弹穿透夜幕，闪烁流星般的光芒，在余昌泰眼前不停地划来划去。借着子弹和炮弹的光芒，透过微微细雨，余昌泰隐隐约约看到许多人影在晃动。

他失去了往日的镇定，嚷嚷道：“真是反了天了，叛逆竟然敢攻打总督署！”

脚步一刻不停地朝总督衙门方向奔去。下人们生怕被打中，不停地劝说余昌泰赶紧回去。余昌泰根本听不进去，余瑞光很快追了过来，拦住父亲：“父亲，不能再朝前走了。革命党人已经向总督衙门发动了进攻，总督大人一定会把革命党人全部歼灭的。”

一颗炮弹从他们的头顶飞了过去，击中了一间民房。顷刻之间，燃起了熊熊大火。炮弹的余波使余昌泰眼前的景象越发模糊了，什么声音也没有。等待他清醒过来，人已经躺在了余府。

“废物，朝廷养了一帮子废物！”余昌泰想到那些战斗场面，恼怒不已，破口大骂道。

此时，综合各路下人的报告，余昌泰已经搞清了城里的状况：虽说武昌城里还有一些残余的清军，但瑞澂和张彪相继出逃，总督署被革命党攻占了，清军的抵抗已成不了气候。武昌即将全部落到革命党人手里。

还有汉口、汉阳，也一定会都被革命党人占领。

革命党人能长久地占领武昌吗？余昌泰想道。盘点了一下清朝的军队，他觉得现在只有北洋六镇能够镇压得了革命党人。可是，北洋六镇虽说名义上是朝廷的部队，但实际上等同于袁世凯的私人武装。袁世凯是一个阴险小人，是一个阴谋家。依靠袁世凯镇压革命党人，还不如让革命党人夺取江山。

难道清朝真的完了吗？不，只要卡住了革命党人的脖子，足以令他们窒息而亡。用什么办法？武昌，大儿子余瑞光是最大的商家；汉口，王翔宇是商界的领军人物；汉阳，赵家在商界的声誉也不错。只要赵、余、王三家联手，带动其他商家不给革命党人任何支持，革命党人必定会因资金不足而陷入困境。那个时候，朝廷派出人马镇压，革命党人必定会彻底完蛋。

余昌泰告知儿子们不要支持革命党，并且亲自写了两封信，一封送到汉口王家，嘱咐王家不要跟革命党人有任何联系，也请王翔宇利用跟外国人做生意的便利，知会外国人，不要跟革命党人发生关系；一封送给汉阳知府，要他严防汉阳落到革命党人手里。

做完这些，不觉已是中午时分。余昌泰走出家门，想去看看武昌城现在的情况。余瑞光担心父亲的安全，想一道出去，但父亲要他看紧赵璇滢，不要让她再生事端。他只有嘱咐下人寸步不离老爷，决不能让老爷出现任何闪失。

余府一带已经全部落到革命党手里，起义士兵正在街面上来回巡视。

走出余府，街面上到处飘扬着红的白的旗帜，远远望去，警钟楼上也飘扬着一面红色旗帜，上面似乎有一些星星。民众看见了那面旗帜，一个个喜气洋洋，议论不休，不是说要出钱出物帮助革命党夺天下，就是嚷嚷着要参加革命党。

余昌泰气得张口一顿痛骂："你们无君无父，形同叛逆，罪该万死！"

"哈哈哈，就是死，也比做满人的奴仆强。"有人回击道。

乱套了，完全乱套了！昔日，一代名士一发话，万众莫不俯首倾听，今天，竟然有人敢顶嘴！余昌泰心里的怒火呼啦啦地喷射出去："你们追随叛逆，是不会有好下场的！"

"我们支持的是革命党！"人们嘻嘻哈哈地说。

忽然，挤满街面的人群泼刺一声向两边分开，空出一条宽敞的道路。余昌泰不知道发生了什么事，只听见身边的百姓惊喜地叫："革命军总指挥马上要过来了！"

原来如此！余昌泰打定主意，一旦叛逆们走到跟前，他要挺身而出，严厉地教训他们，让民众看一看，朝廷还有像他一样决不肯支持叛逆的人。

那些骑着高头大马的革命党越来越近了。他一眼认出了黎元洪。怪不得革命党人能够取得成功，原来黎元洪竟然是最大的叛逆！他暗自责怪张之洞不该太信任黎元洪。

他眼光一滑，看到黎元洪身边那个人，他惊得差一点跳了起来。不可能，他在心里叫喊道，余瑞祥不可能当革命党！

然而，那人确实是余瑞祥。他怒火攻心，发疯似的把挡在前面的人朝外一扒，一边朝儿子冲去，一边高声叫骂："你这个叛逆！"

余瑞祥看到了父亲，连忙跳下马，站在他的面前。

不由分说，余昌泰抓住儿子的衣领，猛地扇了儿子几个耳光，一面还在恶狠狠地骂。

乱哄哄的当口，又有一个人从余瑞祥后面闪身而出，跳下马来，对余昌泰说道："老世伯，瑞祥是革命军临时总指挥。他指挥革命党攻下了武昌，为建立中华民国立下了不朽的功勋。你应该以他为荣，怎么能打他呢？"

竟然是王翔宇的独生子王俊林，自己为小闺女余雅芳选定的夫婿。

"王俊林，你也当上了叛逆？"他怒不可遏，扬起巴掌，要打王俊林。

王俊林灵巧地躲开了："老世伯，革命已经初步取得了成功，你睁开眼睛看一看，只要是汉人，谁不高兴呀？你是汉人，难道高兴做满人的奴才？"

"混账！"余昌泰挥起手，又要打未来的女婿。

这时候，蔡济民、熊秉坤等人接过了王俊林的话头，劝说道："余老先生学贯古今，洞悉历史，如能支持革命党人，横扫清廷指日可待。"

余昌泰大声骂道："逆贼，你们背叛朝廷，我不奉陪。我余家的子孙，谁也不准当叛逆。余瑞祥，你要是余家子孙，马上跟我回去；你要是继续当叛逆，就从我的身上踏过去！"

说完，他果真往地上一躺，硬生生地挡住了他们的去路。

余瑞祥想把父亲扶起来。但老人家一动不动，好像一段呆木头。蔡济民、熊秉坤等人意识到事情不好办了，围着余昌泰，一个个蹲下身子，耐心地劝说。

黎元洪屈服于革命党人的威势，不得不在他们的裹挟下，走向即将诞生的军政府。余昌泰的举动，使他感到惭愧。可是，蔡济民、熊秉坤、余瑞祥、王俊林等人的话不断地钻进他的耳鼓，他又觉得这些革命党人具有天地般宽阔的胸襟，暗自尊重起他们来了。自己到底要走什么样的道路呢？像余昌泰一样忠于朝廷，还是真心实意投靠革命党人？

这时候，王俊林失去了耐心："老世伯想必太劳累，不想走路了。也好，来人呀，把余世伯送回府！”

说完，他把手一挥，几个兵士立即奔向前来，抬起余昌泰就走。

很快，他们接近咨议局的大门。一眼望去，一面铁血十八星旗帜，在二层楼房的上空飘扬。门口把守着的起事兵士庄严威武，大门前站着许多革命党人和咨议局议员，他们都是来迎接黎元洪的。

一路上，黎元洪的脑子里仍然有两种声音在打架，一种是赞成他成为革命党人，一种是要他继续为朝廷效忠，把他搞得晕晕乎乎，一直到被人架到中华民国湖北军政府都督的位置，他还在说“莫害我，你们莫害我”。

“什么叫莫害你？你要是愿意当清廷的鹰犬，老子一刀砍掉你的脑袋！”一个革命党人从腰间抽出刀来，在黎元洪的脖子上晃了两下。

余瑞祥制止道：“黎协统既然已经来了，我们可以让他好好考虑清楚，不必逼他马上表态。我相信，作为汉人，黎协统一定会做出明智的选择。”

嘴上这么说，余瑞祥心里却很焦急。革命党人虽说并没有付出多大的代价一举夺取了武昌，并且，城里也没有发生大的骚动。但是他很清楚，如果不尽快安定民心，肃清残敌，一旦什么地方出了纰漏，将会酿成大患。从长远考虑，要建立中华民国，不仅需要各省同时响应，而且需要跟各国打交道。这些，都需要武昌方面尽快做出决策，并付诸实施，否则，机会一过，灾难无穷。

当此大任者，眼下，除了黎元洪，实在找不出更好的人选。

难道在黎元洪没有想通以前，听任时间白白流逝吗？革命党人经过紧急磋商，决定成立临时机构——谋略处，统筹处理一切事务。

可是，谋略处毕竟代替不了都督府。革命党人讨论好的建立中华民国的草案也罢，安民告示也好，都需要有都督的签名，方能对外发布。这仍然是困扰在革命党人面前的一道难题。

黎元洪能义无反顾地走进革命阵营吗？他要是一直不愿意参加革命党，怎么办？该发布的布告一刻都不能耽误，各方面的联系一刻都不能停止，黎元洪现在没想通，也许永远都不会想通。好吧，逼使他想通，先在布告上代签黎元洪的大名，把这尊菩萨抬出去，一方面稳定大局，另一方面让黎元洪知道，他上了革命党的航船，不可能再回头了。

于是，在众人为不能尽快把布告发布出去而大伤脑筋的时候，余瑞祥说：“黎协统现在不愿意签署布告，我只好先代替他签署了。”于是他仿照黎元洪的字迹签上了湖北军政府都督的大名。

很快，布告在已经成为军政府的原咨议局大门前张贴出来了。布告一出，民众无不奔走相告。一代名将黎元洪担任中华民国湖北军政府都督，果然慑服了那些仍然准备伺机向革命党展开反扑的清军，也让瑞澂彻底绝望了，不得不躲入上海当起了寓公。

第二天，黎元洪终于做出抉择：走进革命党阵营，担任中华民国湖北军政府都督。

第五章 余府裂变

余瑞光遵照父亲的命令，本来想好好看住赵璇滢，但她不停地催促他出去看一看外面的情形，他心里明白，自己要是不出去一趟，夫人很可能会自己抛头露面。他只有答应。

一出府，他可就不是单单看一看，无论是父亲的希望，抑或是二弟被革命党杀害了，他都要与革命党势不两立。因而决计先集中各商户商议怎么反对革命党。人很快集合起来，可是，大多数商户竟然表态支持革命党，并且当场捐献了不少银两。余瑞光不敢附和，只好借口家里突然有事，仓皇逃离商会，回到府上。

赵璇滢确实很想走出家门，亲眼看一看街面上的形势，但又不能过分地忤逆余昌泰和余老夫人，只有逼迫丈夫出去，自己在家等得心急火燎，坐立不安，任何一点动静都会激起她天大的反应。

余瑞光一回家，她燕子一样飞扑过去，赶紧问："外面到底怎么样了？看见革命党了吗？"

"能怎么样呢？革命党已经拿下武昌，总督大人和统制大人都被赶到汉口去了。"余瑞光一脸不知所措。

"真是太好了！革命党应该快一点打到汉口去，抓住总督和统制，砍了他们的头，然后打到北京去，夺了满人的天下。"赵璇滢眉飞色舞，指手画脚，生动得俨然什么似的，恨不得马上跑出去，跟革命党人一样，拿起枪杆子打天下。

"不容易呢。你没有听父亲说过吗？造反的事情，总是没有多少人响应的。"

这时候，院子里响起了一阵阵叫骂声。余瑞光连忙丢下夫人，跑去一看，是几个卫兵架着父亲回来了，他们一放下父亲，转身走了。

余昌泰仍在声嘶力竭地叫骂着："逆贼！你们这些逆贼！"

叫骂了一路，余昌泰的嗓子已经很有些嘶哑了，犹如一头雄狮一样声音沉闷，却令人心悸。

"父亲。"余瑞光喊了一声，母亲、夫人、妹妹都拥了过来。

"不肖子孙！犯上作乱，朝廷不仅会砍掉你的脑袋，而且还会株连九族！我怎么养出了你这个混账东西！"余昌泰看都不看大家一眼，老泪纵横，更像一头失去了威风的狮子。

余瑞光吃了一惊，以为父亲知道自己不能主导商户的思想而怪罪于他。他哭丧着脸："父亲，我尽力了。商户大多不听我的，我没有办法，只好回来跟父亲商量到底应该怎么办。"

一走上经商的道路，余瑞光在王翔宇的扶持下，很快就游刃有余地驾驭商业运作了。这时候，张之洞首开的官办布纱丝麻四局都因为经营不善，濒临倒闭，不得不招商引资，改官办为承包给有经济实力的商家经营。有王翔宇做靠山，张之洞鼎力支持，余瑞光承包了湖北纺纱局，更名为余记纱厂。纱厂在他的经营下，不仅起死回生，而且气势恢宏，隐隐然露出了独步天下的局面。

“你是吃干饭的吗？这么一点小事都办不了，真没用！”余昌泰抬起眼，喷射出炽烈的怒火。

这一下，谁都明白了，老爷子骂的不是余瑞光，而是另有其人。骂谁呢？余瑞祥不是已经落到革命党手里吗？那只能是余瑞华了。小小年纪一跑出去就参加革命党，可见余昌泰肝火有多大。

“老爷，差人把他拉回来不就行了吗？干吗生这么大的气？”余老夫人劝道。

“你好大的本事，能把他拉回来！他现在可威风了，当上了叛逆的总指挥，连黎元洪都跟他的屁股后面呢！”余昌泰更加怒火冲天，浑身上下都冒着灼人的火苗。

众人明白过来，老爷子骂的不是余瑞华，而是余瑞祥。余瑞祥没有被革命党抓住，更没有被革命党砍头，余瑞祥就是革命党。

赵璇滢惊喜道：“原来二叔是革命党呀！二叔真棒！”

余瑞光拉了一把差一点跳跃起来的夫人，轻声斥责道：“别胡说！二弟要是革命党，那会株连九族的。”

二弟没有被革命党杀害，他的心里涌起了另外一层担忧。

“连总督和统制都被打跑了，黎元洪也是革命党。朝廷保不齐很快就要灭亡，怎么株连九族？”赵璇滢不以为然，“你快点出去找二叔，问他需要什么，尽量帮助他。”

余昌泰狠狠地跺了几下脚，咆哮如雷：“自古以来，妇道人家不问外事，你竟敢鼓动丈夫当叛逆，成什么体统！从今往后，你不许出门，不许说话，要不然，哼！”

赵璇滢还想分辩。余瑞光赶紧拉住她拖向卧房。赵璇滢一边挣扎，一边愤怒地吼叫道：“放开我！”

“唉！”余昌泰一声叹息，痛苦地闭上眼睛。

“家门不幸，余瑞祥当了叛逆，赵璇滢不守本分，以后指不定还会出什么丢人现眼的事情。”余昌泰心想。他不能任由这种状况发展下去，一个余瑞祥已经令余家列祖列宗蒙羞，怎能再出一个，而且是女人？得想法子彻底消灭赵璇滢的幻想。他要宣布跟余瑞祥脱离父子关系，敲山震虎，不让赵璇滢再心生妄想。

怎么宣布？不能只嘴巴一说，让有限的人知道，应该写声明，满大街贴去，让人人都知道，余瑞祥已经不再是余昌泰的儿子了！不管余瑞祥做出任何事情，都跟他没有任何关系了。翌日朝廷要是派遣军队打过来了，他说不定还可以亲自动手，将这个逆贼的脑袋拧下来。

想到这里，余昌泰血脉贲张，腾身而起，跑去书房，研好墨，准备好纸张，手握狼毫，精神亢奋地向一张张无辜的白纸宣战，把自己的情绪凝结成一枚枚炮弹，气势磅礴地轰了过去。不一会儿，书房里堆满了他跟儿子脱离父子关系的声明。

书房里的光线渐渐暗了，他似乎并没有感觉到；光线又强烈了，他依旧没有感觉到。直到把纸张全部写完，他才不得不放下手里的笔。

书房里竟然不知道什么时候点亮了蜡烛。烛光摇曳，划过满屋子写满了黑字的白纸，阴森森的。但余昌泰不觉得阴森，他只觉得激动，眼前浮现出这些炮弹把二儿子炸得粉身碎骨的情景。

这时候，余瑞光正在卧房里跟赵璇滢较劲。他本来希望夫人不再惹父亲生气，可是，还没有说出一个字，赵璇滢的嘴巴里喷出了比革命党人攻打总督署还要猛烈的弹药，打得他头晕眼花，不辨东西南北，不得不缴械投降，只能按照她的意图回答她的问话。

“快告诉我，二叔是怎么指挥革命党打跑瑞澂和张彪的？”

“父亲说了，不准你提叛逆。”余瑞光迟疑地说。

“别再说叛逆了，二叔是革命党！”赵璇滢纠正道。

“好，他是革命党。”余瑞光几乎要哭。

赵璇滢希望从丈夫那儿知道二叔以及革命党人更多的情况，一个劲地催逼他。他好像挤牙膏一样一点一点往外挤。听说革命党没钱吃饭，她马上逼迫丈夫出钱资助革命党人。

“别的商户都在支持革命党。你为什么不能支持？何况，二叔是总指挥。”丈夫越是犹豫，赵璇滢越是层层加码，步步紧逼。

又绕到余瑞祥头上了，余瑞光吓得要死：“别说他了，他是叛逆，要跟他划清界限。”

“你的脑子干什么去了。二叔不是叛逆，是革命党！你如果不支持革命党，我只好自己跑出去支持他们。”赵璇滢威胁道。

事实上，知道二弟是革命党人后，余瑞光打心眼里很想支持他们。可是，他不敢违抗父亲的旨意，只有一个劲地逃避。

余府上下突然闹哄哄的，夫妻二人不知道又发生了什么事，出去一看，只见下人已经把父亲从书房里抬了出来。余老夫人和余雅芳得到消息，也急急忙忙出来了。余昌泰是因为亢奋过度导致了昏厥。下人一抖动，他很快清醒过来了，周遭没见着小儿子，问："余瑞华去哪里了？"

"他去学堂了。"

事情就是坏在学堂里的！要是没有新式学堂，哪里会有革命党？余昌泰更加不高兴了，命令下人出去找遍全城，也要把小儿子找回来。

"老爷，你别操心孩子的事，身体要紧。"老夫人体贴地说道。

"去啊，你们快去啊。"余昌泰没有理会老夫人，催促下人。

几个下人跑出去了，余昌泰嘘了一口气，朝书房瞥了一眼，立即命令剩下的下人，不论男女，满大街贴声明去。

"老爷，你该歇息了。"老夫人说道。

"我得想想，还有什么事要做。"余昌泰毫不领情地挥了挥手。

"真是一个固执、倔强的老头子。"赵璇滢心想，很想问他这是何苦来哉，但老人家刚苏醒，她不敢再惹他上火。

余昌泰的脑子一刻也没法停止转动。革命党人已经占领了武昌，难道会放过汉阳和汉口吗？如果那边的革命党也起事了，赵嘉勋会怎么样？王翔宇又会怎么样？

一想到王翔宇，余昌泰脑海里马上跳出王俊林的身影。这个混账东西，真是太可气了！他居然也是革命党，居然敢命令兵士把未来的老丈人架起来，是可忍孰不可忍。得赶紧把这件事情处理掉。

打定主意，余昌泰随即对夫人说："王俊林也是叛逆。我们原先跟王家有过约定，要把雅芳嫁给王俊林。这件事情就此打住。我马上写一封信，告诉王翔宇，他儿子是叛逆，我们不能结为亲家，也希望王翔宇跟他儿子脱离关系。"

余雅芳听了，犹如大冬天被人朝身上淋了一盆凉水，浑身冰凉，眼泪刷刷地流了出来。余老夫人震惊不已：怎么儿子和未来的女婿都是叛逆呀！余瑞光目瞪口呆，宛如木鸡一般立在那儿。

赵璇滢却感到很痛快。毕竟，大哥赵承彦的夫人是王翔宇的侄女。王俊林要是革命党，哥哥脸上不是也有光吗？

耳边一想起公公后面的话，她对余昌泰越发反感了：凭什么做父亲的想把女儿嫁给谁，就可以嫁给谁？想解除女儿的婚约，就解除女儿的婚约？把女儿当成什么了？再看看余雅芳，一副可怜兮兮的样子，自己跟余雅芳情同姐妹，赵璇滢岂能坐视不管？

“父亲，不能因为王俊林参加了革命党，就取消雅芳跟他的婚事。得看一看雅芳是不是愿意。”

赵璇滢虽说有点小脾气，但一向比较乖巧听话，怎么革命党一起事，她竟然完全变了，事事都要跟老人家作对？再不当即给她当头一棒，她不仅能上房揭瓦，保不住跑出去当叛逆。余昌泰厉声呵斥道：“胡说！婚姻大事，历来就是父母之命，媒妁之言，岂能让儿女自己做主？”

“我嫁给瑞光，是我自己做主的。”赵璇滢的声音也大了起来。

余昌泰、余老夫人、余瑞光一直以为是赵嘉勋感于两家的交情，生怕余家断后，才把女儿嫁过来的，现在听了原委，一个个瞠目结舌，愣是不知道该怎么反应。

好一会儿，余昌泰淡淡地说：“你是由你父母做主嫁到余府来的。我只知道这一点，也只相信这一点。余府的家训，你一定要牢记在心。”

他的话还没有说完，几个下人已经带着余瑞华从外面进来了。

余瑞华还没有回到学校，在路上碰见了他的同学们。他们大多住在学堂，革命党一起事，他们立刻行动，连夜去了楚望台。其时，革命军刚好占领了中和门，余瑞祥命令部队发给他们武器弹药，并教会他们开枪射击以后，随即将把守中和门的任务交给了他们。后来，革命党人在咨议局跟各方面的头面人物一道商讨成立中华民国湖北军政府的相关事宜，因为人手不够，余瑞祥将把守中和门的学生调往咨议局，命令他们守卫咨议局，确保安全。余瑞华就是在这样的情况下遇到他的同学的。

知道同学们已经参加了革命党，余瑞华大惊失色，想起父亲一向仇视革命党，不敢跟他们混在一起，回头想跑回家去。但几个要好的同学硬是把他拉进了革命队伍，把一条枪塞进他的手里。在同学们的裹挟下，他来到了咨议局。

不一会儿，一大队清军攻了过来。余瑞华平生第一次拿枪打仗，哆嗦得都不知道该怎么扣动扳机，枪支也在手里跳舞。

很快，清军冲到了他跟前。他惊慌失措。这时候，从里面冲出来一群人，把清军压了回去。他被清军用枪杆子打倒在地，头昏脑涨，朦朦胧胧之中，余瑞华的手被人死死地捉住了。他听到了一个熟悉的说话声：“有种！年纪不大，能上战场打清兵了！”

他竟然看到了二哥。不是说二哥已经被革命党杀掉了吗？怎么还在这里？余瑞华懵了。

“二哥！”余瑞华一头扑进二哥的怀抱，号啕大哭起来。

“哈哈哈，都打仗了，还哭鼻子！”周围爆发一阵哈哈大笑。

余瑞华感到有点难为情，停止了哭泣，许多同学都在笑话他呢。

余瑞祥在他肩头上拍了两下，说了一声：“好好干！”随即，跟着其他人一道重新走进咨议局。余瑞华还有满腹的话要问二哥，但余瑞祥已经不见踪影。

“原来临时总指挥就是你二哥呀！”同学们羡慕地说。

“不可能，我二哥不是革命党，怎么可能当上临时总指挥？”余瑞华晕晕乎乎。

同学们哈哈大笑，把昨天夜里发生的事一五一十地告诉了余瑞华。

原来二哥是革命党！余瑞华不得不相信这个事实。稀里糊涂加入革命军，他满脑子都是父亲的教诲，把革命党当成叛逆，羞于跟他们为伍，更不情愿跟清兵作战。现在，连二哥都是革命党，他还有什么好说的呢？他为自己在第一仗的时候没能打出样子感到羞愧，决计从此以后一定要好好干下去。

这时候，父亲竟然派下人找到了他，要他回去。他从来没有忤逆父亲，不能不回去。不过，他不能再完全听从父亲的主张，希望说服父亲支持自己的选择。他要告诉父亲，自己碰上了二哥，二哥是革命党，自己也要像二哥一样成为革命党。但在路上，下人说父亲要跟二哥脱离父子关系，他的心立马惴惴不安：“父亲是不是也要跟自己脱离父子关系呢？”

“父亲。”他轻轻地喊叫道。

“干什么去了？不知道叛逆闹事吗？”

余瑞华大着胆子说道：“我觉得他们不是叛逆，他们都很好。我看见了二哥，他没有死。昨天晚上的战斗，就是二哥指挥的。”

“你知道你二哥是怎么指挥革命党攻击总督署的吗？”赵璇滢立即忘掉了跟余昌泰的争执。

余昌泰把桌子一拍，厉声吼叫道：“不准再提余瑞祥！他不是你二哥，他是叛逆！”

“可是，大家都说二哥很好呀。”余瑞华一愣，“我和同学们一道把守在咨议局门口，有一大队清兵打过来了。我吓坏了，连枪都不敢开。一个清兵看见了我，差一点把我给打死了，是二哥打死了那个清兵，救了我。”

余老夫人、余雅芳心惊胆战，面色突变。赵璇滢却兴奋地摇动着余瑞华的手臂，催促道：“太好玩了！你说过细些，再说过细些。”

余昌泰越发怒气冲天，厉声喝问：“你也当上了叛逆吗？”

余瑞华支支吾吾地说道："我的同学都参加了革命党。他们看到了我，拉着我跟他们一块守咨议局。"

"好得很，你参加了革命党，是好事呀。"赵璇滢摇动着余瑞华的手臂说。

"逆贼！"余昌泰很想甩手给小儿子一个耳光，临了竟然有心无力，"家门不幸，你也成了逆贼！"

余老夫人可不管儿子是不是逆贼，一见小儿子浑身上下全是鲜血，心头发急，拉着他急急地查看起来。身上并没有伤痕，她顿时放心了，对丈夫说："孩子已经回来了，别再骂他了，以后不让他出去就是了。"

"他参加了革命党，为什么不让他出去？余家只有断头的好汉，不能有缩头的懦夫。"赵璇滢按捺不住。

这还了得，岂不是火上浇油吗？余瑞光赶紧轻轻地呵斥："别胡说八道！"

赵璇滢哪里肯受余瑞光呵斥？本来以为当革命党是二叔和所有像二叔一样的男子汉干的事情。眼下，小叔子，一个十四五岁的孩子，已经拿着枪跟清兵干仗了，自己虽是一介女流，多吃了那么多饭，难道不如一个孩子？她回击道："革命党已经占领了武昌，全城老百姓都在支持他们。二叔和瑞华都参加了革命党，你连支持革命党的胆量都没有，算什么男子汉！你闭嘴吧，惹恼了我，我马上跑出去当革命党！"

天啊！这是什么样的女人呀？轻重话都听不进去，一门心思按照她自己的来。余昌泰勃然大怒："你也想当逆贼吗？哪怕天下人人都当逆贼了，你也不能当逆贼。你父亲是朝廷命官。说不定，你父亲的脑袋现在已经被逆贼们砍掉了。你不为父亲报仇，反而想当逆贼，还有天理吗？"

"不，革命党不可能杀我父亲！"赵璇滢一愣。

"你父亲是朝廷命官，革命党为什么不杀他？"余昌泰恶狠狠地说道。

"不，不可能！"赵璇滢绝望地大叫道。

朦朦胧胧之中，她仿佛看到余瑞祥带领一大群革命党人，渡过长江，攻下了汉阳知府衙门，将父亲生擒活捉了。紧接着，余瑞祥提起父亲的辫子，一刀砍下了父亲的脑袋。她不由自主地打了一个寒战，眼泪立即滚出眼窝，大叫一声"父亲"，作势扑向余瑞祥。结果，她扑到了丈夫身上。

"夫人。"余瑞光轻轻地叫唤道。

"你。"赵璇滢认出了丈夫，既失望，又有点欣慰。

虽说那不过是一个幻觉，但勾起了她对父亲的担忧，赵璇滢暗问自己："要是余瑞祥率兵打到汉阳，杀掉了父亲，我还会支持革命党吗？”

她回答不了。她要好好想一想，她，这个汉阳知府的女儿，到底应该支持革命党，还是痛恨革命党。

大儿媳一走，余昌泰顿感清净，大松了一口气。他现在不必再理会赵璇滢到底在想什么，他要把装满脑子里的子曰诗云当作子弹、炮弹和炸弹，去攻击余瑞华的脑海。

虽然内心已经接受过革命党人的思想洗礼，余瑞华终究受不了父亲火力十足的一连串轰炸，不知不觉完全拜服在父亲的膝下。他不敢再出门，只把自己锁在家里，哪儿都不敢去。

余昌泰不仅成功地使小儿子听从了他的摆布，而且连带着把大儿子潜意识里存在的对革命党的一丝同情心理洗刷得干干净净。原先，余瑞光曾经想过，只要夫人再一次劝说他支持革命党，他会暗地里拿出一笔巨资，送给他们。现在，休想从他口袋里掏出一个铜板来，送给可恶的革命党。

说服了两个儿子，余昌泰还不满足，他要趁此机会，彻底收服大儿媳。他当然不能再亲自出面，只有叮嘱夫人和儿子，一定要好好看住赵璇滢，驯服赵璇滢。

现在，余昌泰要一个人静静地想一想，究竟应该怎么对付以后的生活。武昌落到了革命党手里，这已经成了无法更改的事实。继续向革命党人提出抗议，或者号召民众抵制军政府吗？这样做似乎没有用。在革命党起事以前，他不论说什么，都能赢得民众的拥护。但革命党起事以后，情况变了，他只要一说革命党是叛逆，人人得而诛之，不仅得不到应有的回应，而且还会遭到冷眼。他曾经在民众中建立起来的威望，随着革命党占领武昌而土崩瓦解了，成为一块遭人厌弃的破抹布。那么，委屈地生活在革命党人的统治之下，耐心地等待朝廷出动大军，前来荡平这些叛逆吗？也不能。作为武昌名士，食过朝廷俸禄，跟反朝廷的叛逆势不两立，怎么能在叛逆的统治之下苟且偷生？得制造一点动静，让叛逆们知道，武昌并没有完全落到他们的手上。

他想到了赵嘉勋和王翔宇。

“他们知道武昌现在的情形吗？他们是什么处境？”

他写了两封信，命令下人分别送往赵嘉勋和王翔宇的府邸，告诉他们武昌这边的情况，顺便打探一下汉口和汉阳的动静。

下人出去以后不久，余瑞光来到父亲的身边，说是赵璇滢听说父亲派人前去汉阳打探消息，非常感动，表示从今往后一定不会再忤逆老人家的意旨，但还是不肯入睡，一直要等待下人带回赵府的确切消息。

余昌泰苦笑着不做声。他心里一刻也踏实不了。余瑞光理解父亲此时的心情，为了及时得到下人的回报，没有离开。父子二人坐在书房里，谁也不再说话。

突然一个下人跑了进来。

“老爷，王家少爷来了。”

余昌泰厌恶地挥了一下手，说道：“叫他滚，别让他进来！”

“老爷，王家少爷捉住了送信人，把他们送回来了。”

下人的话还没有说完，王俊林果然带了几个兵士，闯了进来，趾高气扬地押着余昌泰派出去的送信人。

余昌泰气愤至极：“你这个叛逆。给我滚出去。”

王俊林笑道：“世伯，我本来没有时间拜访你老人家，可是，你非要派两个人出去送信，被我的人抓住了，我不能不挤出时间，到余府对你说一声：你可以满大街张贴声明，跟余瑞祥脱离父子关系，你也可以把我们都当成叛逆。但是，你千万不能再派人过江了，要不然，我一控制不住，说不定会以通匪的名义，把你派遣的人全部杀掉。”

“逆贼！你这个逆贼！”余昌泰气得浑身发抖。

赵璇滢听到动静，以为是余昌泰派遣出去的下人回来了，急切地跑出来，准备探问父母的下落。一天之内，外面天翻地覆，家里也龙腾虎跃，谁的心都安静不了。一有动静，准会引起一片骚动。余老夫人、余雅芳、余瑞华也都跑了出来，看到了王俊林，谁都想询问一些什么，但余昌泰一脸怒意地坐在那儿，谁都不敢问。

明白了王俊林来到余府的原委，赵璇滢开口说道：“你不让人过江，总得告诉我们，汉阳那边怎么样了。”

王俊林笑道：“老实说，我也不知道。不过，我遇到了一个从汉阳过来的革命党，把这边的一切都告诉了他。汉阳恐怕很快会跟武昌一样，落到我们手里。”

“他们会不会杀害我的父亲？”赵璇滢心里一阵冰凉。

“革命党只杀朝廷的走狗，不会滥杀无辜。令尊一向清正廉明，很受民众尊敬，即使他跟余世伯一样，把革命党人视为叛逆，革命党也不会杀害他。”王俊林肯定地说。

赵璇滢嘘一口气，心情一放松，把不久之前对丈夫说的那些话全部抛到九霄云外，想从王俊林这里探听更多有关革命党人的消息：余瑞祥是不是早就参加了革命党？王俊林是不是也早就参加了革命党？革命党在攻下了武昌以后，到底在干什么？

但余昌泰根本不允许王俊林在余府待下去，还没等赵璇滢问完，冷冷地对王俊林下了逐客令：“滚出去，余府不欢迎你！”

“世伯，你不必这样。我把话说完了，自然会走的。”王俊林说道，“知道吗？你碰到余瑞祥和我的时候，我们是去咨议局商议成立中华民国湖北军政府。现在，湖北军政府已经成立了，黎元洪都督发布第一张告示之后，武昌城安定下来了。说明了什么？我们起事是深得民心的。”

“呸！你们这些叛逆。扰乱社会，破坏纲纪，实属十恶不赦，怎敢妄言深得民心！朝廷一定会剿灭你们的！”余昌泰骂道。

王俊林冷笑道：“世伯，你不是在做梦吧？别指望朝廷会消灭革命党人！革命党已经烧起了第一把火，不推翻朝廷，建立中华民国，决不会罢手！好好想一想，朝廷究竟给我们带来了什么？除了灾难，还是灾难。当外国人打过来的时候，朝廷不做抵抗，只知道割地赔款，把沉重的负担强加到百姓头上。在外国人没有打过来的时候，朝廷也会变着法子把百姓的血汗全部榨干。四川为什么会发生保路风潮？武昌起事为什么能够获得百姓的支持？因为百姓已经不信任朝廷了。只有你，老世伯，你还对朝廷抱有不切实际的幻想。朝廷给予过你什么？不就是一破县令吗？值得你为朝廷不惜跟同是汉人的革命党作对吗？”

余昌泰的心被王俊林拧起来，恶狠狠地屠宰，他纵然满腹学问，碰上了只讲现实的王俊林，一点用都没有，说不出一句反驳的话。

他不能任由王俊林在余府嚣张。看一看余府都成什么样子了！赵璇滢，哪有一个正经女人的样子？恨不得立马冲出余府，参加革命军去。余雅芳虽说低着头，竟然会不时地拿一双眼睛朝王俊林脸上扫一下，一副春心大动的模样。还有夫人和儿子们，似乎都被王俊林的话打动了，要是王俊林继续说下去，自己的话可就再也没有一点用了。

“滚！你给我滚出去！”余昌泰低闷地吼道，挥动手臂，更像一头受伤的老狮子。

王俊林本来对这场革命心存疑虑，当余瑞祥告诉他革命党内部存在着许多隐患后，私下里就开始盘算是不是要抽身离开。可是，军政府一成立马上得到了百姓的拥护，他改变心意，决定继续干下去。

王俊林微微一笑，转到余瑞光面前：“余世兄，你身为武昌商会总理，在革命军起事的时候，各商户踊跃捐钱捐物，支持革命，当革命军攻打藩署的时候，很多商户带着百姓，又是送水又是送饭，难道你没有看见也没有听到吗？你躲在家里干什么？为了余记纱厂的未来，你应该支持革命党。我父亲是汉口商会总理。我不知道汉口的革命党是不是起事了。可是，我写信告诉我父亲，让他全力支持，哪怕耗尽了全部家产，为了汉人的江山，为了中华民国，都是值得的。”

“说得好！”赵璇滢欢叫道，“王俊林，你说得太好了。为了推翻朝廷，建立中华民国，个人的财产算什么？瑞光，你也要有王俊林的胸怀，把全部财产捐出去，支持革命党。”

余昌泰赶紧打断了大儿媳的话头：“住嘴！别做春秋大梦了。叛逆可以得逞于一时，不可能得逞于一世。先让你们蹦跶几天，等待朝廷派遣大军南下，你们注定挡不住朝廷的滚滚铁流，只有等着朝廷砍掉你们的脑袋。”

王俊林仰头哈哈大笑起来：“世伯，你倒是说一说，朝廷怎么来镇压我们呀？从信阳、从武胜关，是吗？实话告诉你吧，我们已经派遣可靠同志去信阳了。只要信阳落入革命党人手里，我们可以凭借信阳，凭借武胜关，挡住清军。等全国革命党人纷纷响应以后，会立即率领一支强大的军队，杀出武胜关，径直北上，直捣黄龙，捉住宣统小儿，一刀砍掉他的头颅。”

余昌泰面如死灰，浑身哆嗦，再也说不出话来。

王俊林心知击中了余昌泰的要害，心里非常高兴，越发要狠狠屠宰他的内心：“老世伯一代名士，果然熟知天下大势，知道武胜关事关朝廷以及我革命党人的未来。眼下，武胜关落到了我们手里，朝廷已是秋后的蚂蚱蹦跶不了几天了。知道是谁出的主意，是谁早已安排了可靠同志，去信阳通知革命党人起事的吗？是你的儿子，临时总指挥余瑞祥！”

“逆贼！余瑞祥这个逆贼！”余昌泰喷出一口鲜血。

第六章 全面布局

武昌起事大获成功，余瑞祥心里充满了喜悦，也隐隐有一些担忧。

虽说已经派遣人员前往信阳，联合那边的革命党人相机起事，控制武胜关，扼住清军南下武昌的咽喉。可是，毕竟路途遥远，不可预知的因素实在太多，他不可能把宝全部押在这里。身为革命军临时总指挥，他得采取其他一些易于见效的措施，确保武昌安全。毫无疑问，策动汉口、汉阳的革命党人起事，把残余清军全部赶往武胜关以北，武昌就安全得多。

他很想立即部署人马做这件事，可发动起事的领头人全都把心思放在迅速成立军政府一事上，谁也没有足够的威望策动汉阳、汉口的革命党人响应武昌起事。

他也希望亲自提兵一旅，趁着胜利的余威，去攻打张彪，以除后患。但他根本无兵可提，更重要的是，无论是谋略处还是即将被革命党人推上都督宝座的黎元洪，因为各种各样的原因，都没有赋予他提兵攻打张彪残部的权力。

如何解决兵员不足的问题？毫无疑问，这需要扩军。弟弟余瑞华就读学堂里的学生们英勇抗击清军的事实，使余瑞祥认识到，这是一支可靠的力量，应该尽快把各新式学堂里同情和支持革命党的学生全部吸纳到革命军里来，同时，也吸纳那些愿意当兵的普通民众。双管齐下，革命力量便能在最短的时间里迅速扩充起来，进可以主动攻击清军，退则有足够的兵力跟清军相抗衡。

在谋略处的第一次会议上，他提出了相关建议，希望能立即得到执行。可是，在其他革命党人的眼里，当前最主要的工作，是成立中华民国湖北军政府，暂时还顾不上扩军的事情。有革命党人指出，真要扩军的话，钱粮从哪里来？虽说打下了藩署，夺得了藩库，但到底有多少银两，谁也不知道。要扩军，最起码应该等到清点完了藩库再说，扩军备战的计划被搁置下来。

这只是开始，在太多问题上，他跟其他革命党人产生了分歧，根本不能按照自己的意愿做任何决定。

夜深人静的时候，再也没有人前来打扰了，办公室一片死寂。余瑞祥拉灭了电灯，准备在沙发上躺一下，养足精神。

然而，余瑞祥还是休息不了。因为王俊林敲开了他的门，拉亮了他的灯。

亲眼看到余昌泰口吐鲜血，王俊林深感懊悔，不该刺激未来的岳父大人。好不容易等待余昌泰缓过气来，王俊林出了余府，安排好了各城门的防务，立刻赶到咨议局，准备把这些事情全部告诉给余瑞祥。但余瑞祥忙得连抬头看一下他的工夫都没有，他不得不退了出去，在走廊上焦躁不安地等待着。

终于，王俊林把余府发生的一切一五一十地告诉了余瑞祥。

余瑞祥苦笑道："我们的工作千头万绪，你不要计较老人家的态度了。等过一段时间，革命军掌握了局势，他会有一些改变的。"

"可是，革命军一旦缺少钱粮，很难想象怎么能坚持下去。"王俊林说道。

"你没有看到民众已经起来了，纷纷支持革命军吗？少了余府的支持，有什么要紧。革命军不会没有钱粮。"余瑞祥说。

话虽如此，余瑞祥心里更加焦灼。革命军要是不能筹到足够的钱粮，问题可就真的严重了。他只有暗自祈祷，明天到藩库去清理的时候，能够清理出比自己想象得多的银两。

"虽说余世伯不应该死心塌地地忠于朝廷，不过，老人家有些话还是对的。"王俊林瞥了余瑞祥一眼，犹犹豫豫地说，"要是我们真的抵挡不住清军，要是你率先派往信阳的人没有及时赶到那里，朝廷就派兵打过来了，我们将会有被清军消灭的危险。"

"人无远虑，必有近忧。我们可以考虑到这些问题，但不能被这些问题束住手脚。我们可以尽快打过汉口，把清军赶到三道桥以外，牢牢地把守三道桥这块阵地，扼住清军进入汉口的咽喉。再说，各地的革命党人很快就会响应我们。到时候，清廷自顾不暇，哪里有时间和兵力来跟我们打仗？"余瑞祥信心十足。

"话虽如此，我们手里能有多少兵力，怎么把清军赶出三道桥？"王俊林顿了一下，"何况，革命党人现在哪里顾得了这个？不都忙着建立中华民国湖北军政府吗？等待军政府建立起来了，时机一过，你哪怕是诸葛亮再生，恐怕也无能为力。所以，我想，我们还是应该留一条后路。毕竟，我们原先不是革命党。"

"大丈夫只宜勇往直前，岂能瞻前顾后！"余瑞祥慷慨激昂地说道，"我们已经是革命党了，岂有回头的道理？哪怕我们失败了，被清军砍头了，也不要紧。我们是在为理想而战。单凭这一点，我们也死而无憾。"

"可是，你不是也对革命党的前途感到担心吗？"王俊林说道。

"担心是一回事，能不能为了理想继续战斗下去，是另外一回事。"余瑞祥注视着王俊林，"也许，我不应该让你参加革命党。你现在退出还来得及。"

"我只不过是心里担心嘛。我已经参加了革命党，当然不能半途而废。"

王俊林走了，余瑞祥心里无法平静，犹如狂风掀起了波涛，汹涌翻滚。他已经加入了革命党，不达目的，誓不罢休。但他对王俊林能不能做到这一点有些担心。他很了解王俊林，这个人不管干什么事情，都凭一时兴趣，从来没有把一件事情做到底。参加了革命党，王俊林也无法改变这种个性。一旦清军打过来了，革命军抵挡不了，王俊林会不会成为叛徒?

父亲口吐鲜血，派人满大街地张贴声明，要跟自己脱离父子关系，家里人大多屈从于父亲的威望，畏畏缩缩，不敢支持革命党，只有大嫂赵璇滢对革命党抱有好感。王俊林描述的景况同样让余瑞祥心乱如麻。

再一次躺在沙发上，他仍然睡不着。他想，纵使手里没有足够的兵马，也得派遣一些能干的革命党人前去汉阳、汉口，鼓动那边的革命党人尽快起事；暂时无法消灭张彪残部，也得派遣人员前去做张彪的工作，把他拉进革命党人的阵营。谁跟张彪的关系密切呢？把革命党人细细地盘算了一遍，只有自己，因为张之洞的关系，跟张彪认识得久一些，深得张彪的信任。那么，由自己去汉口找张彪做工作吧。

天色已经大亮了。余瑞祥把计划告诉了蔡济民、熊秉坤等人。张彪是张之洞一手提拔起来的新军统制，忠于朝廷，一旦余瑞祥去了汉口，众人担心他会遭到扣押，不敢轻易同意他亲赴虎穴。

“两军交战，不斩来使。张彪不会把我怎么样的。再说，若张彪扣押了我，不是更能激起革命党人的义愤吗？能以我一个人的安危，换回革命军的胜利，我虽死无憾。”余瑞祥镇定地说。

余瑞祥准备启程渡江。与此同时，分别去汉口和汉阳联络革命党人起事的人员接到命令，也出发了。

王俊林得到消息，巴巴地赶到了码头，说道：“我虽说不能去劝说张彪，可是，我可以去汉口或汉阳，帮助那儿的革命党人起事。”

革命党人很希望得到王家的支持，欣然同意王俊林跟余瑞祥一道渡江去汉口。但余瑞祥认为，在摸不清王翔宇对革命党持什么态度的情况下，贸然派遣王俊林过去运动，时机不对，应该改派王俊林去汉阳。毕竟，汉阳知府赵嘉勋与王家有姻亲关系。王俊林去了汉阳，最起码可以安抚赵嘉勋，使得那儿的革命党人起事更容易成功。众人觉得余瑞祥说得很有道理。

余瑞祥渡过长江，赫然发觉汉口已经掌握在革命党人手里。

原来，汉口革命党人在得到武昌首义成功的消息以后，立即跟汉阳的革命党人取得联系，约定在第二天同时起事。经过一夜战斗，革命党人控制了汉口。

余瑞祥大喜过望，准备先查看汉口的局势，希望对革命党人提供一些帮助。

这时候，汉口的革命党人正准备根据起事之前拟订的计划，成立汉口军政分府。余瑞祥及时赶到，令他们喜出望外，革命党人纷纷要求他介绍武昌首义和成立军政府的情况。经过精心运作，汉口革命党人在四观殿建立了军政分府，推举革命党人詹大悲担任军政分府主任，全面负责汉口军政分府的一切事宜。

接下来，余瑞祥率领几个兵士来到刘家庙，见到了新军统制张彪。

张彪万万没有想到革命党临时总指挥竟然是余瑞祥。他恼羞成怒，喝令兵士把余瑞祥抓起来砍头。

余瑞祥笑道："你杀了我，只会增大革命党人对你的仇恨，也让世人痛骂你、唾弃你。当年，张之洞大人迫于形势，无法借东南互保之势，成就恢复汉人江山的伟业；现在，你应该认清时务，当机立断，像黎元洪协统一样，成为革命党人，融于革命军的洪流，去荡涤满人的江山，做汉人的英雄。"

"不准你诬蔑张之洞大人，也别提黎元洪。黎元洪是一个卑鄙小人，有负皇恩，人人得而诛之。我身为大清忠臣，永远不会当叛逆。"

余瑞祥哈哈大笑道："如果张统制死心塌地效忠朝廷，你应该战斗到底。可是，你一听说瑞澂逃跑了，我们攻下了总督署，就落荒而逃。试问，这是你对清廷的忠心吗？清廷历来十分忌惮汉人。这件事一旦传开，你会有好下场吗？作为臣子，你对朝廷不忠；作为汉人，你对族人不忠。天下谁不耻笑你？如果你为了汉人，反戈一击，跟革命军一道攻打清廷，你将会成为汉人的英雄，你虽说失去了清廷忠臣的名节，但得到了汉人民族英雄这一更大的名节。为统制计，我劝你还是三思而行，免得他日后悔莫及。"

张彪冷笑道："任你巧言令色，我决不会做朝廷的逆贼。你回去，带领队伍，跟我再决一死战。如果你赢了，我宁愿死在你手里，也算对得起朝廷了。"

余瑞祥劝降大计失效，心头更加沉重起来。按照他原先的预计，张彪逃亡汉口之后，已经变成惊弓之鸟，只要自己晓以利害，一定会把他劝进革命党人的阵营，没想到，张彪竟然如此顽固不化。为什么会这样呢？莫非张彪得到了可靠消息，知道清廷已经派兵前来镇压了吗？

清兵从何而来？河南、湖南距离湖北最近，从这两个地方抽调兵力，可以在最短的时间里到达汉口。他们跟张彪残部一会合，必然会形成一股很强的力量。随后，清廷便会派遣北洋六镇南下。届时，武昌、汉口、汉阳必然会陷入十分危险的境地。

不是派人去信阳联合革命党人夺得信阳，夺得武胜关，阻挡清廷大军南下吗？这就要看谁的速度更快了。革命党人率先占据了信阳和武胜关，清军纵使有十万大军，也难以渡过武胜关，汉口、汉阳、武昌定当安如磐石；一旦清军率先冲过了武胜关，汉口以北无险可守，清军将很快抵近汉口。

余瑞祥越发觉得张彪已经得到了内部消息，所以才有恃无恐，更加不敢大意，试图巡视一遍汉口，捕捉一些蛛丝马迹，但什么也看不出来。他只有回到四观殿，找詹大悲商议对策。

两人很快做出了决定：从汉口派遣人员，火速前往信阳方向探听消息；另外派遣一些侦察人员，往其他方向探听情况。

这时候，天色已经黑下来了。

汉口革命党人起事以后，王翔宇立即组织商务总会捐款捐物，把食品源源不断地送到革命党手里。余瑞祥想起自己的父亲仇视革命党，连带着严令一家人与革命党断绝来往，不由得心生感慨，准备动身去王府，一来好好地向王翔宇致谢，二来希望王翔宇能够出面，劝说父亲不要固执下去。

余瑞祥正要起身出门，只见一个人从外面走了进来。

正是王俊林的堂兄、王翔东的儿子王俊财。王俊财是奉了伯父王翔宇的命令，前来询问詹大悲还需要什么帮助的。

王翔宇、王翔东兄弟很早就结婚成家。王翔宇成亲之后，很长时间没有一男半女。但王翔东一结婚便于翌年生下了女儿，以后每隔两年生下一个儿子，老大名叫王俊财，老二名叫王俊喜。由余昌泰做媒，女儿王芝英嫁给了赵嘉勋的儿子赵承彦。王翔东有三个孩子以后，王翔宇的夫人才怀孕生下了儿子王俊林。

虽说王翔宇的独生子是王氏家族未来的接班人，但王俊林根本不愿意经商。王俊财为人忠厚老实，王翔宇、王翔东兄弟只有把他当做接班人来培养。

王俊喜跟王俊财虽说是同一父亲，但王俊喜是嫡出，王俊财却是庶出。如果王俊林成为王氏家族的接班人，王俊喜的母亲不会有什么想法。现在，王俊林不会当接班人了，王俊喜母亲心里有了想法：王俊财虽说是长子，却毕竟是庶母所生，自己的儿子才应该是王氏家族的继承者。

王翔东觉得夫人的想法有道理，在哥哥跟他商量培养接班人的问题时，他不假思索地推荐王俊喜。可是，王翔宇觉得王俊喜没有王俊财踏实，做事毛躁，情绪很不稳定，王氏家族产业到了他手里，不仅不能发扬光大，说不定还会败落。

掌门人不同意，王翔东只得作罢，王俊喜的母亲也无计可施。她很不舒服，经常在儿子面前发泄心里的怨气。久而久之，王俊喜便在心里怨恨伯父、怨恨父亲、怨恨王俊财。不过，他不能把这种情绪表现出来，反而更加卖力地表现自己的能力，跟伯父、父亲、哥哥的关系更进一步了。

革命党人在武昌起事以后，王翔宇接到了儿子王俊林写过来的信。儿子在信件里告诉他自己参加了革命党，要求他全力支持革命党。

王翔宇眼观六路，耳听八方，跟革命党人早有接触，也给予过一些支持。他不能把王氏家族的命运全部压在清廷身上。虽说不知道革命党是不是真的能够把清皇帝拉下马，但是，他要为这个准备后路。他本来做得很成功，赢得了两边的信任，可是，现在儿子加入了革命党，竟然率领部队攻打了总督署，这是满门抄斩的大罪呀！看起来，再也不能继续玩弄两边讨好的技巧了，得投靠革命党，得跟儿子保持一致，要不然，自己纵使全力支持清军又怎么样？清军一样会因为儿子是革命党而对王氏家族秋后算账。

别无选择。王翔宇立即召集弟弟和王俊财，一块商讨如何支持革命党。

王家有财有势，且一向与人为善，跟各商户的关系都很好，在成立汉口商务总会的时候，众商户一致推举王翔宇担任商会总理。王翔宇不仅自己支持革命党，还准备凭借商会总理一职，发动商会予以支持，分别让弟弟和侄儿去摸一摸各商户的态度。

各商户长期深受清廷的盘剥与欺压，用好不容易积攒下来的银两购买了铁路股份，原指望可以赚一点钱，谁知被朝廷一纸命令化为废纸，对清廷早已心存怨言。王翔东父子一说王家准备支持革命党，众商户立即附和。

王翔宇召集商务总会成员开会商讨统一的行动方案：每一个商户都拿出一笔银子，成立临时账房，由一个精于计算并且得到各商户拥护的人负责管理；王俊财年轻，负责安排人手为革命党煮水烧饭，将烧好的饭菜和开水送到革命党手里；其他事项，等待革命党起事以后，随时视革命党的需要来操办。

王俊财动员了一些跟他颇有交情的民众，带领他们预先购买粮食、柴火以及烧饭煮水的用具，并选定位置垒起了灶台。革命党一起事，他们立即动手烧饭煮水，并把做好的饭菜、煮好的开水抬进革命党的阵线。许多人甚至按捺不住地拿起了家伙，冲进清军阵地，没头没脑地一阵砍杀。清军怎么经受得住？全部跑到了刘家庙，投靠了张彪。

在这样的情况下，王俊财经常出入四观殿军政分府，跟詹大悲取得联系，随时了解革命党的最新动态，为其提供后勤保障。

余瑞祥一看到王俊财，非常高兴，称赞道：“王氏家族不遗余力帮助革命党，的确让人敬佩！他日建立了中华民国，王氏家族当立首功。”

“王家只不过在汉口有点薄名。余家却是武昌首富。想必余世伯和余世兄一定会尽最大的力量，来支持革命党。”王俊财谦逊道。

余瑞祥叹了一口气："家父虽说能够为百姓的利益跟官府据理力争，不过，忠于清廷的思想却极为顽固，不仅自己不支持，而且还不让我哥支持革命党。"

等待王俊财跟詹大悲商议完毕，余瑞祥告别詹大悲，在王俊财的陪同下，去王府拜见王翔宇。

王翔宇兄弟俩正在客厅说话。听说余瑞祥来了，兄弟二人赶紧起身，准备迎接："世侄英雄神武，戎马倥偬，能来看望老夫，叫人好生感佩！"

"世伯如此客气，小侄何以敢当。"余瑞祥赶紧施礼。

王翔宇一边请余瑞祥就座一边说："世侄首举义旗，万民敬仰；老夫之情，亦是发自肺腑。"

余瑞祥感叹道："如果民众都像世伯一样，倾力支持我革命党人，武昌义举，或许足以造成把清朝皇帝赶下龙椅的声势。只可惜，连我父亲都不能认识到推翻清朝统治，建立中华民国的重要性，不肯支持我们。"

"我相信，令尊看到你们深得民心，终归会有所改变。"王翔宇关切地问道，"世侄，打从你指挥革命党人攻打总督署起，你们已经没有回头路可走了，可曾想好了对付清军的办法？"

余瑞祥笑道："其实，攻破总督衙门，令郎立了首功。如果不是他带领敢死队，绕过保安门，直攻辕门，我们不会那么容易成功。已经走出了第一步，我们当然会继续走下去。无论清军多么强大，我们都不怕。等黎协统就任鄂军都督以后，会立刻派遣兵马，渡过长江，到汉口布设防线，准备抵抗清军。"

"俊林在世侄的带领下，总算做了一件了不起的事！他跟着世侄，我放心，希望世侄尔后还要好好关照他。"王翔宇笑道。

虽说没有成功劝降张彪，但余瑞祥令王翔宇兄弟对革命党深信不疑，并且清楚了汉口的局势，知道那边的革命党人无力对盘踞在刘家庙一线的张彪残部发动攻击，越发希望快一点从武昌发兵，渡过长江，攻打刘家庙，先把张彪及其残部赶出汉口再说。因而，一回到武昌，余瑞祥径直去了军政府，准备再一次提出发兵攻打汉口的建议。

起事的革命党主要领导人都在，咨议员们全部齐聚在会议室，似乎在等待黎元洪做出重大的决策。

黎元洪正襟危坐："从现在起，我即为革命军之一员，不计成败利钝，与诸君同生共死，一切为了革命军，去做最大的努力，直至光复我汉人的江山！"

众人激动万分，热烈鼓掌欢迎。

余瑞祥一样兴高采烈："都督既然已经是革命党人，脑后拖一根辫子就不好看了，应该赶快把它剪掉。"

"是呀，都督留着辫子不太好看。"众人附和道。

黎元洪说："你们不要这么着急，我既然已经是革命党人了，肯定会剪去辫子的。今天已经太晚了。明天，你们找一个人来，把它剪掉吧。"

"都督已经是革命党人了，何必要等到明天才剪辫子呢？"蔡济民说道。

两个革命党人腾身而起，一溜烟地跑出会议室，不一会儿的工夫，找来了一把剪刀。咔嚓一声，那根长长的辫子就落了地。紧接着，那把剪刀在黎元洪的头上肆意挥舞。不一会儿，黎元洪头上连一根毛也没有了。

黎元洪正式走马上任湖北军政府都督。他要做的第一件事情是连夜召集各路革命党人和咨议员们，商讨军政府各部门的职责和人员的配备问题。

余瑞祥提出了顾虑："张彪率领的残部至今仍然盘踞在刘家庙。听说清廷已经从河南和湖南调兵开过来了。一旦他们跟张彪残部会合在一起，力量势必会大于我军。所以，在敌人的援军赶到刘家庙之前，我们应该尽快调集人马，渡过长江，和汉口革命军会合，先把张彪残部解决掉。这样，即使日后清军打到汉口来了，我们也能够占据主动地位。"

"张彪不足为虑。"黎元洪不以为然，"明天我写封书信，派遣一个同志过江，劝他投降，不是比打仗更好一些吗？"

"我今天已经劝说过张彪了，他不会投降的。如果逼降他，也得有能力先打痛了他，才容易成功。"余瑞祥坚持道，"这件事情不能迟疑，要快。我们是在跟清军抢时间。一旦清军赢得了先机，我们将会陷入极大的被动。"

革命党人纷纷赞同。可是，革命军只有区区五六千人，既要维持城里的秩序，又要跟清军残余分子作战，已经有些吃力了，哪里抽得出人马渡江作战呢？

"只要善于运用学生和民众，我们可以抽调出一个标的人马去攻打张彪。"余瑞祥一派成竹在胸的样子，"张彪已经是惊弓之鸟，革命军一打过长江，他只有继续北逃。"

黎元洪却疑虑重重："别说一个标的人马难以对付张彪，武昌城也会因为抽走一个标的人马陷入恐慌。"

王俊林已经从余瑞祥那儿知道父亲全力支持革命党人。他想，要是自己率领人马过江，有父亲和堂兄鼎力相助，定能打败张彪。于是主动请命："我相信临时总指挥的判断。我愿意率领一标人马到汉口，跟张彪作战去。”

“没有人说不去跟张彪作战。可是，黎都督说得不错，我们的力量很薄弱，抽调的人马多了，一旦这边出现问题，将更不好收拾；抽调的人马少了，等于是去送死。得好好计划一下。”身为谋略处的主要负责人，蔡济民出来打圆场。

“这样是不能等来部队的。”余瑞祥说，“如果一定要等我们的力量强大起来了以后才打过长江，我们应该尽快拿出计划，迅速扩充部队。”

“是呀，光嘴上说解决不了问题，得拿出实际行动。”王俊林随声附和道。

大家觉得很有道理，立即商讨扩军计划。吵吵嚷嚷了大半夜，众人终于拿出了具体计划，把武昌、汉阳、汉口三个地方的革命军扩充到五个协。原来的军队建制全部打乱，划分到五个协里面去，作为各协的骨干力量，负责训练新补充的军人，并带领他们在即将到来的战斗中跟敌人作战。同时，推举余瑞祥和王俊林担任扩军计划的负责人。

第二天，武昌竖起了扩军招牌，在各主要路口张贴了招军告示。消息一传开，人们立即闻风而动。各个学堂的学生几乎倾巢而出，积极参加革命军。许多工人也从工厂里面跑出来加入到革命军的行列。余记纱厂的工人因为对余瑞光不支持革命党人而不满，几乎全部投了军，工厂不得不关门歇业。

余瑞祥和王俊林每一天都会带领卫兵马不停蹄地到各个招军点去查看情况。招军告示仅仅挂出一天，便已经招收了几千人，大家都非常高兴。

还有女人来到招军点，要求参军，但军队不招女人，正在那儿争吵呢。余瑞祥和王俊林很感兴趣。呵，还有女人想出来当兵，就冲这份胆略和气度，巾帼不让须眉，确实很了不起。

那个女人听见马蹄声，赶紧转过头来，一见是他们俩，如遇见救兵：“你们来得正好，他们说你们是招军负责人，你们说，我能不能当兵？”

竟然是赵璇滢。余瑞祥迟疑道：“嫂子，革命军没有女兵呀。”

“革命军不是要推翻清廷，建立中华民国，改变过去的一切吗？原先女人缠足，现在却要放足；原先没有女人当兵，现在为什么不能招收女人当兵呢？”赵璇滢理直气壮地说道。

这两天，她在家里，整天看到的都是余昌泰那张如丧考妣的脸，实在厌烦极了。她很想出门，但除了余瑞光，余昌泰不允许任何人走出家门，生怕谁一走出去，立马成了革命党。她本来可以无视公公的严令，一想到公公挺关心自己的父亲，便心生感激，不敢过分忤逆。她只能从下人那里探听消息，听说汉阳的革命党人也起事了，父亲被革命党人软禁在家。

在王俊林到达汉阳之前，汉阳的革命党人已经起事了，并把赵嘉勋全家软禁起来。王俊林去知府衙门的后堂见过赵嘉勋，极力劝说赵嘉勋不要留恋清廷给予的官位，要出来为恢复汉人的江山做一番事业，遭到了拒绝。王俊林还见到了赵承彦、赵承博两兄弟。

赵承彦在新式学堂读过不少书，接触了很多新的知识，革命党的主张能够赢得他的共鸣。可是，在父亲眼里，革命党人都是叛逆。父亲严令家人不得跟革命党有任何联系，更不准支持革命党。赵承彦把自己理解的革命党的主张告诉给父亲，希望父亲能够支持革命党，结果挨了父亲好一通臭骂。这时候，赵嘉勋的正室周莹莹火上浇油，说刘芳芳把孩子教唆坏了，要是不好好管教，赵家一准会毁在赵承彦手里。赵嘉勋一不做二不休，索性把赵承彦关在家里，宁可让一个伙计全盘管理榨油坊，也不要赵承彦插手。周莹莹还不放心，甚至怂恿丈夫威胁赵承彦母亲刘芳芳，如果赵承彦支持革命党人，就把刘芳芳扫地出门。赵承彦不得不答应母亲不出赵府。革命党人起事后，父亲把他软禁在家，他反而觉得是一种解脱。

现在，连王俊林也参加了革命党，赵承彦很想出去支持革命党人，但一想到母亲，只有长叹一声。

王俊林不知就里，劝说不了赵承彦，只好嘱咐革命党人不要对他限制过死。

赵承博却不一样，平常跑出去撒欢尥蹶子惯了，在家里一关，很是不高兴，非得跑出去不可。一看到革命党人很受欢迎，他马上参加了革命党，回来就劝说父亲支持革命党。

这可把赵嘉勋的肺都气炸了。他劈头盖脸地把赵承博大骂一通，严厉责怪夫人和赵承博的母亲管教不严。两个女人一口咬定赵承博是受了赵承彦唆使，是替罪羊。赵嘉勋现在是革命党人手里的肥肉，革命党什么时候想杀他，就可以杀掉他；他左右不了革命党，也左右不了家庭，做不了声。

只要父亲不被革命党人杀头，赵璇滢心满意足。

她陆续听到了革命党的举动。黎元洪剪掉了辫子，女人都在放足，革命党人在街上到处宣传成立中华民国呀，革命党人正在招军……每一个消息都让她激动万分，恨不得马上投身革命。可是，余昌泰在家，她别想出门。

赵璇滢出不了门，但丈夫能出门，她很希望丈夫支持革命党，而丈夫匍匐在父亲的威压下，哪敢跟革命党人联系？她一气之下，把公公惦念父亲的那份情意忘得一干二净，决心要冲破桎梏。

“父亲，我今天一定要走出余府。”赵璇滢对余昌泰下了“战书”，“我不仅要支持革命党，而且还要参加革命军。”

说罢，赵璇滢连丫鬟都不带，只身朝屋子外面走去。

余昌泰暴跳如雷：“疯了，你疯了！瑞光，拿纸笔过来，她胆敢走出余府，你马上写一封休书，把她休了。”

余老夫人连忙出来准备劝说丈夫。赵璇滢更加恼怒了：“休呀，我等着你的休书呢！”

余昌泰原以为只要吓一吓，赵璇滢不往外走，事情就好办了，谁知反而把事情搞得更糟，再也说不出话来。余老夫人连忙上前劝解。赵璇滢料想是得不着休书的了，气鼓鼓地冲了出去。

“休掉她，一定要休掉她！”余昌泰气急败坏吼叫。

赵璇滢一跑出余府，径直到了招军点，好说歹说，人家就是不理她。看到余瑞祥和王俊林，她俨然抓住了救命稻草。二人深知余府早就大闹天宫了，不肯答应。赵璇滢心意已决，一路跟着他们，不达目的绝不罢休。

余瑞祥只好使出缓兵之计：“军营没有女人。你能召集几十个妇女，跟你一道参加革命军，我就收你。”

“你说话算数？”赵璇滢惊喜地问。

“嫂子，总指挥还会骗你吗？”王俊林抢先回答道。

赵璇滢不理王俊林的茬，目光不依不饶地盯着余瑞祥，直到他慎重地点了头，这才喜滋滋地去了。

几天之后，余瑞祥、王俊林召集了几万兵马，编成了五个协。

赵璇滢学着招军点的样子，扯起招军旗，以其泼辣的作风与鼓动力，召集起了百十名妇女，带到余瑞祥面前：“赵璇滢带领人员，向总指挥报到。”

“你？”余瑞祥很有些不相信自己的眼睛。

“怎么啦，你不会反悔吧？”赵璇滢一愣，猛然清醒，“你是革命党，你是总指挥，你怎么能说话不算数？”

“嫂子，你冷静点。”王俊林赶紧劝说。

“把我当猴耍，没那么容易！人我已经招来了，死活都要跟着你们。”赵璇滢咆哮道。

“别那么激动，我说话算话。”余瑞祥顿了一下，“不过，我有言在先，你们只能救助伤员，别想着打仗。”

只要能参加革命军，干啥都成。赵璇滢喜滋滋地答应了。余瑞祥征得黎元洪批准，把赵璇滢和那些妇女编成救护队，任命赵璇滢为队长，准备接受训练。

民军刚刚编列完毕，清廷便派遣北洋军队南下。盘踞在刘家庙一线的张彪残部得到了河南、湖南两个方面的援军，正蠢蠢欲动，要对民军实施反击。

最坏的结果出现了，余瑞祥禁不住仰天长叹。不过，只要趁着北洋军队没有进入汉口市区以前，立即出动兵马，开赴刘家庙，把张彪残部以及河南、湖南的援军赶出刘家庙，然后乘胜追击，打过三道桥，把北洋军队挡在三道桥之外，跟他们形成对峙，民军坚持得越久，越能影响其他各地的革命党人相继起事。到那个时候，清军疲于奔命，民军便还有一番作为。

黎元洪为没有早一点听从余瑞祥的建议而懊恼。眼下，清军精锐部队已经兵临城下，他决定在翌日黎明时分，向刘家庙发动攻击。

负责汉口方向战事的指挥官已经确定，就是余瑞祥。赵璇滢的妇女救护队，跟随第一支进入汉口的民军行动。

第二天黎明，阅马场搭起了一座高高的祭台。祭台的正中央放了一张桌子，上面耸立着轩辕黄帝的塑像。两侧插上了刀剑和各种颜色的旗帜。黄帝塑像前面摆列着香案，供奉着玄酒和太牢。香案两侧，站立着身穿礼服的赞礼官和读礼官。在祭台的东、西、南三个方向，黑压压地站满了刚刚组建起来的军队，兵士们傲然挺立在各自的位置上，枪在手，炮在侧，场面极其威武雄壮。在军队的后面，挤满了百姓，全被这情景震撼了。

军乐声激昂地飘荡起来。黎元洪在一群革命党主要领导人的陪伴下，走出了军政府，步态从容地来到台前，先向军旗恭恭敬敬地行了三个鞠躬礼，然后在一片欢呼声中，登上了祭台。黎元洪先向轩辕黄帝敬献了玄酒，然后率领众人一块跪倒在轩辕黄帝的塑像前，祭拜炎黄始祖。祭拜完毕，从上海赶到武昌的革命党人谭人凤授予黎元洪军旗。

黎元洪接过军旗，朗声说道：“诸位革命同志，我们还没有来得及向清廷动手，清军已经到了刘家庙。我们要光复中华，第一仗势必要从刘家庙开打了。这一仗，关系到民军的生死，关系到军政府的生死，关系到中华民国的生死。今天，有一批英勇无畏的民军，在军政府参谋部副部长、战场指挥官余瑞祥同志的率领下，渡过长江，杀向汉口，跟清军作战。民军一定能在余瑞祥同志的率领下，旗开得胜，痛杀清军！”

“旗开得胜，痛杀清军！”台下各部队的情绪被调动起来了，口号声此起彼伏，一阵高过一阵。

在这惊天动地的吼叫声中，部队检阅完毕，余瑞祥率领先遣部队，渡过长江，进入了汉口。

第七章 迎战清军

黎明时分，余瑞祥命令各部从现有位置出发，经后城马路，沿歆生路向刘家庙方向进发，正式拉开了攻击刘家庙的序幕。

余瑞祥率领第一批人马，刚在汉口上岸，立即受到汉口军政分府以及社会各界人士的热烈欢迎。一路上，余瑞祥不断地接到各路侦察人员的报告，对刘家庙守敌的基本情况了如指掌。

在欢迎的人群中，怎能少得了王翔宇的身影。

儿子是第一个攻进总督署的人，王翔宇心里一直美滋滋的，更加卖力地支持革命党。他时常跟汉口军政分府保持联系，知道民军即将登陆汉口，正式攻打清军，又捐出了不少银两，并且发动了很多老百姓，为民军充当探子或者帮助运送粮草。

湖南、河南的清军已经抵达刘家庙，跟张彪残部会合，有五六千兵力。民军在人数上大约跟清军相当，但绝大多数还是刚刚进入部队的新兵，有的甚至连枪都不会使。虽说有民众的支持，而且士气正旺，然而，毕竟没有受过训练，怎么打好第一仗，是余瑞祥目前需要慎重考虑的问题。

首战打胜了，可以鼓舞士气，激励民心，把清军赶出刘家庙，赶出三道桥，民军以此依托三道桥一线的有利地形，跟清军对峙，促使全国各地革命党人相继起事。万一失败了呢？整个汉口一马平川，无险可守，加上清廷已经派出了海军提督萨镇冰率领海军舰队溯江而上，即将抵达汉口水面；水师提督也率领水师赶过来参战。民军到处受敌，势必很难跟敌人相抗衡。

民军大都没有经过训练，余瑞祥不能不担心，民军一旦受挫，很可能会形成败退之势。把所有曾经参加过武昌起事的兵员全部集中在一块，充当敢死队，去打头阵吗？这样一来，会有后继乏力之虞。最后，他决定抽调一些人马，组成奇兵，埋伏在主要阵地两侧，一旦新兵败退，可以用奇兵牵制清军，然后集中其他各路人马往回打，打清军一个措手不及。

根据黎元洪的命令，妇女救护队本来是要放在大后方，帮助红十字会大夫护理伤员的，但赵璇滢心里对余瑞祥佩服有加，再三要求率队到第一线去。余瑞祥没有办法，只得请红十字会的人对救护队进行了最简单的清理、包扎伤口速成培训，带上她和她的一队人马，进入了汉口。

民军里面有一支妇女队伍，老百姓倍感新奇，前来一睹究竟的人络绎不绝。连王翔宇、王翔东也抑制不住，纷纷前往妇女救护队的营地探视。他们发现妇女救护队队长竟然是赵璇滢，更加兴奋，生怕妇女们挨饿了，渴着了，着令王俊财把食品和饮水源源不断地往赵璇滢的营地送。

赵璇滢一瞪眼："我们是革命军，不是饭桶。"

"妇女需要更多的照顾。"王翔宇笑道。

"在革命军，没有什么妇女和男子汉的区别。"赵璇滢说道。

在场众人赞叹声一片，妇女救护队更是声名远扬。一时间，又有许多妇女找到赵璇滢，要求参加这支队伍。赵璇滢来者不拒，队伍又扩充了好几十人。

兵力一多，赵璇滢自以为可以和男子汉一较高下，浑然忘记了和余瑞祥的约定，兴冲冲地跑去找他："战场总指挥同志，我要带领妇女队跟清军打第一仗。"

"妇女队？我怎么不知道有一个妇女队？"余瑞祥冷着脸问道。

"是你要我招的队伍呀！"赵璇滢换上了一丝笑容，"是妇女救护队。"

"哦，妇女救护队呀，等打仗的时候，自然用得着你们。"

"马上要打仗了，用我们的时候到了！"

余瑞祥不得不改口："容我选定了主攻方向，马上为你们划分救护范围。"

"我要打仗，不是救护！"

"赵队长，你带领的是救护队，不是战斗队。作战需要勇猛，救护需要有耐心、有毅力、能勇敢面对一切痛苦。你们的任务，比上阵杀敌还要艰巨。有你们在，就会激励士兵义无反顾地冲杀，就能减轻伤亡……"

赵璇滢恼怒地打断了他："我不要听！我只要打仗！"

余瑞祥把脸一板，大声斥责道："你必须记住，革命军有纪律，必须服从命令，不能自以为是，我行我素！你做不到这一点，干脆退出革命军！"

赵璇滢宛如挨了一记重锤，傻傻地站在那儿，好一会儿都没有反应。

"嫂子！"余瑞祥有点不忍心了，轻轻地叫了一声。

赵璇滢看着余瑞祥，突然身子一蹲，双手捂脸，放声大哭，"你欺负我！"

余瑞祥任由她大哭了一场之后，说道："对不起，我说重了。"

赵璇滢站了起来，摇头道："你是战场总指挥，你说得对，我是民军妇女救护队队长，必须服从命令。我不跟你闹了，你给我下任何命令，我都接受。"

余瑞祥想了一会儿，说道："你率领妇女救护队，率先朝刘家庙方向开进，在稻田两侧准备接收伤员的场地，帮助红十字会大夫护理伤员。"

部队吃过早饭，根据余瑞祥的命令，兵分三路，静悄悄地向刘家庙进发。大约十点钟的光景，部队陆续到达了指定位置。

余瑞祥亲自来到第一线，准备直接指挥民军对敌人发起攻击。汉口军政分府主任詹大悲以及其他要员，都前来助战。王翔宇、王翔东、王俊财、王俊喜和汉口商会的头面人物以及许多百姓，全都隐蔽观战。

王俊林对经商毫无兴趣，母亲又为他据理力争，王俊喜原以为能成为王氏家族的接班人，结果竹篮打水一场空，心里十分恼火。现在，王氏家族全力支持革命党，王俊喜觉得机会再一次降临自己头上，决定在王翔宇面前好好表现一番，赢得他的信赖，纵使不能执掌王氏家族，也可以得到其他好处。

此时，太阳已经升起几丈高，穿透比往日稀薄了许多的空气，撒在人身上，令人有一种说不出的感觉。那是一种从来没有过的新鲜感，与即将到来的战争糅杂在一起，人人既兴奋又紧张，巴望着攻击时刻早一点到来。

余瑞祥一声令下，民军的大炮发出怒吼，一发发炮弹猛烈地打向守敌。紧接着，民军将士呐喊着跃出阵地，在大炮的掩护下，铺天盖地朝敌人的阵地冲去。很快，有一拨民军冲到了敌人阵地前沿。

“好哇！狠狠打呀！揍死他们！”在一旁观看的民众不住地呐喊喝彩。

余瑞祥拿着望远镜，眼前的境况让他感到很揪心：民军虽说攻势凶猛，丝毫不怜惜子弹和炮弹，但大部分并没有打中敌人。敌人的子弹和炮弹一落到民军阵线，民军却一片一片地向下倒去。

民军士气旺盛，前面的倒下去，后面的冲上来，终于冲破了敌人的防线。

这时候，响起一阵汽笛尖厉的呼啸声。一辆火车飞快地开了过来，在远处停下了。一拨清军继续抵抗民军的进攻，另一拨清军慌乱地冲进了车厢。

民军将士以为清军溃退，人人热血沸腾，奋勇争先，一窝蜂地冲上前去，很快夺得了清军的阵地，并且疯狂地朝火车追去。很多民军冲到了车厢旁边，不由分说，端起枪，朝着车厢一阵猛打。子弹横飞，火花四溅，车厢叮当乱响。

突然，哗啦啦一阵响动，从车厢里面拉开了一道道门，一条条机关枪吐出火舌，烧向民军。紧接着，火车竟然迎着民军冲了过来，机枪仍在猛烈扫射。

民军哪里见过这种阵势？胆气顿泄，狂乱地朝着自家阵线上逃去，枪支扔得遍地都是。坚守阵地的民军惊慌失措，也一窝蜂地没命奔跑。

余瑞祥挡在潮水般退却的民军面前：“镇定！保持镇定！还击敌人！”

逃命的喧嚣，淹没了他的声音，民军一个浪头接一个浪头地向后猛扑。

余瑞祥一怒之下，挥起手枪，接连枪杀了好几个兵士，还是没有阻止民军败退的狂潮。

这一路民军逃跑了，还有两路民军正在侧面迎击敌人，妇女救护队在稻田两侧等待接收伤员，余瑞祥一定焦头烂额，自己得助他一臂之力。詹大悲立即奔去大智门，大喊一声："快往回跑！重返阵地！清军败了，快回去杀清军！"

民军犹如打了一针振奋剂，无不精神一振，刹住狂奔的车轮，赶紧掉过头来，又一窝蜂地朝刘家庙阵地方向奔去。

王翔宇、王翔东、王俊财、王俊喜以及其他观战的老百姓，一看到民军如此狂乱地逃命，一边唉声叹气，一边试图阻止。王俊喜骂骂咧咧，捡起一支汉阳造，抡起枪杆子，朝着兵士一阵横扫，一下子把十几个民军打翻在地。

余瑞祥火速命令另外两路民军，强力阻击清军，以便妇女救护队撤到更安全的地方去。

赵璇滢带领妇女救护队来到指定位置，费了老鼻子工夫，弄出了一个宽敞又平整的地方。

虽说离前线还有一段距离，可是，观战民众的喝彩和前线激烈的枪炮声一直不停地刺激着救护队队员们。她们遏制不住心里的欲望，很想冲向前线，加入战斗，纷纷向赵璇滢请战。

赵璇滢脑子里闪现出自己向余瑞祥请战时的情景，呵斥队员们："不许吵闹，等一会儿，红十字会一到，我们一齐上战场救护伤员。"

"已经打起来了，红十字会怕是不来了。"队员们唧唧喳喳。

"是啊，红十字会要来早来了，战斗一打响，救护队就要冲上战场，救治伤员。余瑞祥为什么要我们在这里开辟救护场地？难不成他故意不让我们上战场？"赵璇滢心头涌起疑问。

一个传令兵送来了余瑞祥的命令："赵队长，余总指挥命令你后撤！"

"仗都打起来了，红十字会没到，我们也没有救护一个伤员，撤到哪里去？"赵璇滢怒吼道，"我们是救护队，不是观光队，一定要救护伤员去！"

她再也不理会传令兵，集合队伍："姐妹们，仗已经打起来了，是我们救护伤员的时候了，跟我一起，上战场去！"

"好！"队员们一阵喧嚣，跟着赵璇滢奔向枪声最激烈的地方。

传令兵没了招，稍一迟疑，纵马向余瑞祥报告去了。

赵璇滢带领妇女救护队进入战场的时候，清军已经下了火车，正凶猛地冲向民军阵线。余瑞祥则改变了部署，命令另外两路民军正向清军的侧翼展开攻击。整个战场上，子弹满天飞。

“冲啊，冲上去，抢救伤员！”赵璇滢大声喊。

队员们精神振奋，随声响应，冲进了战场。赵璇滢刚刚冲到一名民军士兵跟前，一粒子弹击中了他的头部，鲜血喷薄而出，撒到她的脸上。她顿觉眼前一黑，一阵天旋地转，人扑通一声倒了地，不住地呕吐。

“女人都上了战场，是男儿，挺起胸，跟清军拼了！”一名队官高声呐喊。

“跟狗日的清军拼了！”民军犹如打了鸡血，精神暴涨，人人呐喊着跳出阵地，挥动汉阳造，冲进了敌人的队形。

这时候，余瑞祥接到传令兵的报告，心头焦急，也跑了过来，命令道：“打，都给我狠狠地打！”

他冲到赵璇滢跟前，急切地问道：“嫂子，你怎么啦？”

赵璇滢还在呕吐，每呕一次，便发出一阵痛苦的叫唤。

“我真没用！”赵璇滢有气无力地说道。

“不，嫂子，你很勇敢，你们进了战场，清军再也不敢逞强了。”

在民军的勇猛打击之下，清军渐渐有了不支之势。紧接着，溃退的民军呐喊着冲了过来。形势突变，清军只有没命地狂逃。重新登上火车开始撤退。

余瑞祥不敢让部队过分深入，命令各部停止追赶。

汉口军政分府主任詹大悲担忧地说：“民军不追赶敌人，的确可以少受损失。可是，这样下去，我们怎么能够打下刘家庙，又怎么能夺得三道桥呢？”

余瑞祥一样很忧心。好在民军打胜了第一仗，不仅积累了作战经验，而且士气旺盛，只要计划得当，不难有一番作为。他经过思考，重新制定了作战计划，准备用一支人马正面阻挡清军的攻击，其他人马兵分两路，插到清军的后面去，切断刘家庙之敌与三道桥的联系，然后把刘家庙之敌合围起来，予以彻底消灭。他还没有下达命令，又传来了又一声凄厉的汽笛鸣响。

“清军又开着火车打过来了。”老百姓惊慌地叫道。

“扒铁轨，把铁轨扒掉！”民众中有人提议。

“是呀，扒掉了铁轨，火车就没法开到这里来了。”

“光说有什么用呢？赶紧扒铁轨去呀。”

很多老百姓冲向了铁轨。仅仅用手，撼不动铁轨，一些铁路工人找来了铁镐铁锹之类的工具，向铁轨发动了攻击。

余瑞祥马上想出了新作战方案：先抽出两支队伍，掩护两翼的安全，然后命令其他队伍迅速沿着铁轨两侧展开，等待火车出轨了，一齐狠狠地打击清军。

很快，民众扒掉了数十米铁轨。火车行驶时发出的隆隆响声越来越大，老远可以看到那个庞然大物正冒着烟，风驰电掣般地刮了过来。

为了避免清军察觉情况，余瑞祥急令民众火速离开铁轨，回到原先的位置。

火车像一条巨龙，轰轰隆隆地喧嚣着向前猛冲。脱轨了！只听一声声巨响，火车车厢宛如倒掉的多米诺骨牌，一节接一节地翻倒在地。

趁此机会，埋伏在两侧的民军立即向那条不能再逞威风的巨龙进行攻击，清军狼狈不堪地爬出了车厢，还没有明白是怎么回事，不是饮弹身亡，就是做了俘虏。

民军初一出手，接连打了两次胜仗，极大地激励了士气和民心。王翔宇、王翔东赶紧命令王俊财率领保障队将饮水和食物抬到阵地，送到民军手里。观战的各路人马亲眼看到是妇女救护队冲上战场，才造成形势逆转，哪怕她们全都横七竖八地趴在地上，仍在不停地干呕，同样敬佩她们。

赵璇滢十分惭愧，暗问自己："我跟别的女人没有两样，凭什么要上战场，在众人面前丢人现眼呢？"

她一向心高气傲，实在不想继续成为笑柄，竟然想解散妇女救护队，耳边忽然响起了余瑞祥的声音："嫂子，你很勇敢，你们妇女救护队都是英雄。"

仿佛一阵暖暖的微风，吹走了她心头的寒意，赵璇滢慢慢恢复了信心，决定带领妇女救护队干下去。

环首一望，几乎所有的妇女队员都趴在地上不能动弹。

不能这样！得打起精神。已经加入民军了，不再是大门不出二门不迈的小女人，得让所有的人看一看，妇女救护队不是绣花枕头，而是直面枪林弹雨的战士！赵璇滢挣扎着爬起来，大声喊道："起来，都给我起来！你们是救护队员，怎么能看到别人都在救护伤员、打扫战场，自己什么事都做不了呢？"

"姐妹们！你们不是自愿加入民军的吗？你们不是救护队员吗？伤员正等着你们救护呢！"赵璇滢一面继续大声喊叫，一面朝一名伤员奔去。

"姐妹们，我们救护伤员去！"众队员精神一振，一齐喊道，挣扎着爬起身，踉踉跄跄奔向躺在地上的伤员。

此时，天色已经昏暗下来了。

昨天，北洋六镇出动的两镇兵马，其前锋已经抵达了孝感，今天差不多已经接近汉口了。时间不等人。明天一定要打下刘家庙，夺取并控占三道桥。

余瑞祥再一次想到派遣一部分人马去切断三道桥跟刘家庙之间的联系。可是，因为民军在数量上不占优势，武器装备更不如清军，如果分散了力量，更难一举攻垮敌人的工事。一旦北洋兵马迅速杀到三道桥，民军在外线便没有足够的力量抵挡敌人，在内线也会因为刘家庙守敌的坚守而让民军陷入极度被动的局面。权衡了很久，他不得不放弃这个打算。

他要一心一意思考怎么攻击刘家庙守敌。

从正面朝敌人的阵地展开攻击，显然会拖宕时日，不如集中力量，从侧翼打开一道缺口，以震撼敌人。今天的战斗，已经把敌人的注意力吸引到当面来了，可以趁此机会，先在这里故布疑阵，牢牢吸引敌人的注意力，然后集中主要兵力攻击丹水池方向的敌人。那儿的守敌虽说兵力雄厚，但疏于防范，进攻他们，更容易得手。只要打破了丹水池之敌，足以令敌人闻风丧胆，将其彻底赶出刘家庙，迫其向谌家矶逃跑。这时候，另派一支部队，从姑嫂树方向去拦截他们。敌人既已心寒胆落，一旦遇到拦截，哪里还敢抵抗？彻底解决了刘家庙守敌，就可以乘胜向三道桥推进，只要夺得了三道桥，北洋六镇即使全部出动，左边是长江，右边是湖泊，插翅也难以飞越民军的防线。

派遣哪支部队去拦截敌人？这支人马得先跟主力部队一道攻击丹水池之敌，当敌人的阵线被撕破，并有了朝谌家矶方向逃跑的迹象时，从侧面去拦截。为此，执行该任务的部队一定要比敌人跑得更快，也要更熟悉刘家庙一线的地形。

余瑞祥正苦苦思索之际，赵璇滢走了进来。

带领妇女救护队再度奔向伤员的时候，赵璇滢逐渐克服了对流血和哀叫的恐惧，恢复了自信，前来寻找余瑞祥受领任务。一看到余瑞祥，她低头说道："我们没用，让你失望了。"

"不，妇女救护队立了大功！"余瑞祥热切地说道。

"这么说，你还愿意让我们上战场吗？"

"你们上过战场，有经验了，救护伤员怎能少了你们？"

"我以为你从此会看不起我们，不会再让我们上战场。"

"我们不是杀人狂，刚上战场，谁都会有一些不适应。"

余瑞祥脑海里闪现出哥哥余瑞光的面容。哥哥一向对嫂子宠爱有加，现在会是怎样一种态度呢？可是，他眼下顾不上想这些事了。

赵璇滢一看到余瑞祥，顿时感觉到了家的温暖。老实说，余瑞光的确是一个值得爱的人，要不是革命党人起事，她会跟余瑞光继续生活下去。问题是，革命党人起事了，她跟余瑞光的态度大相径庭，以至于收到了余瑞光写给她的休书。

刚刚经历过一场战斗，独自面对余瑞祥，而且得到他的理解，赵璇滢竟然有点思念余瑞光。她轻轻地叹了一口气，说道："要是你哥哥能像你一样理解我，该有多好啊。"

"也许，等我们建立了中华民国，天下太平了，我哥哥会想通的。"

"可惜，我已经不是你的嫂子了。"赵璇滢眼睛有些发红。

"为什么？"余瑞祥大吃一惊，随即明白是父亲逼迫哥哥跟赵璇滢脱离夫妻关系了。他叹息一声："我们现在是革命同志。"

"是的，我们现在是革命同志。"

赵璇滢话音刚落地，王翔宇进来了。

王翔宇心里清楚，仗打到这个份上，只要朝廷得势，王氏家族将会因为支持民军而陷入万劫不复的境地。王氏家族是汉口首富，现在，即使把全部财产都捐献出去，他也毫不痛惜。他来到这里，是想跟余瑞祥商量怎么动员民众，在什么时候用什么方式为民军提供补给的。

看到余瑞祥和赵璇滢正在一块，王翔宇想起了革命党人还没有起事以前，余昌泰表示他一定不会支持革命党，希望王翔宇也不要支持革命党。其时王翔宇正在清廷和革命党之间走钢丝。他很想劝说余昌泰不要把全部鸡蛋放在一只篮子里，单纯为了清廷葬送一世英名。可是，他太了解余昌泰了，余昌泰虽说有时候确实会骂朝廷，但决不会支持推翻清廷的行动，只有无言。后来，儿子王俊林参加了革命党，他只能跟儿子站在同一战壕，全力支持革命党。这跟余昌泰完全背道而驰。他更不可能跟余昌泰再保持联系。余昌泰宣布跟余瑞祥脱离父子关系，他倒是听说过，赵璇滢走出了余府，是不是也跟余家脱离了关系？

知道了余府的一些事情以后，王翔宇感慨道："已经走出了第一步，必须打起精神，继续走下去。我这一次来，是想谈两点想法：一是我想利用商会的名义，组织一支维护部队，专门维护汉口市面的安全，并为民军探听情报；二是由商会组织人员给民军送吃送喝，运输弹药。余世侄，你觉得怎么样？"

余瑞祥正为手下兵员不够犯愁，大喜过望，马上拨给王翔宇一个排的兵士，让他们帮助组织和训练商会组成的队伍。

第二天天刚亮，民军便奉命向清军展开攻击。

整整一个晚上，余瑞祥命令炮兵部队不停地朝清军营地发射炮弹，也曾组织过几次小规模的偷袭。清军一夜不得安宁，此时人困马乏，见民军大举攻过来了，不得不硬着头皮迎战。

余瑞祥继续把主攻方向放在歆生路一线，猛烈的攻击把清军的注意力全部吸引过来了。紧接着，余瑞祥命令早已整装待发的人马立即向丹水池展开猛攻。

一片一片棚屋连接在一块，成为清军最好的防御工事。清军躲在棚屋里，在墙壁上凿开洞眼，朝民军展开凶猛的反击。民军被压在当面，无法冲进去。

消息传到余瑞祥那里。他不敢怠慢，亲自前来察看情况。

赵璇滢率领妇女救护队跟在第一线部队后面，随时准备展开救护。一个排的民军已经冲到了棚屋边缘，在暴雨一样的子弹中倒了下去。赵璇滢大为焦急，立刻命令队员："跟我一起冲过去，把他们救回来！"

敌人的子弹火炮一般狂扫过来。冲在前面的十几个队员中弹倒地，赵璇滢被一块石头绊倒，子弹从她头顶飞过，嗖的一声，钻进后面一名队员的脑袋。

余瑞祥命令身边的两名管带："你，带领全部人马，加紧从正面猛攻；你，带领人马绕过棚屋，从侧翼攻过去。"

此时，起风了，一阵阵狂风犹如波涛般朝敌人的营垒方向刮去。

借着风势，从正面进攻的民军，冲到棚屋跟前，准备跟敌人展开逐屋的巷战，可敌人在暗，自己在明，自己的人打不着敌人，敌人却能够从棚屋里准确地击中目标。

赵璇滢急令救护队员："大家分开，两人一组，包扎好伤员，抬下去！"

救护队员奔向伤员，笨拙地替他们包扎好伤口，抬起来，吃力地向后面运送。

子弹发出嗖嗖声响，在赵璇滢身边乱飞。突然，一颗子弹贴着她的头皮飞了过去。她感到一股热流从头顶迅速穿过，头一低，眼前隐隐出现了一团烟火，她灵机一动，高声叫道："放火烧，把敌人赶出棚屋。"

攻击棚屋的民军指挥官似乎也想到了火攻，但手里并没有可燃之物。

这时候，王俊财率领商团成员运送弹药过来了，知道民军急需放火，想起附近商户里有一些煤油，赶紧率领十几个商团成员，飞快地把油桶运上来了。他们沿着妇女救护队行走的路线，把油桶送了进去。

管带大喜过望，即刻提起一个油桶朝棚屋顶上扔去，随即对准油桶开了一枪，棚屋马上烧着了。民军见样学样，整片棚屋里下了一场煤油雨，并迅速燃烧开来。火借风势，顷刻之间，整片棚屋化成火海。

清军从棚屋里面逃了出来，子弹火网一样罩下来，死伤惨重。

敌人果然朝谌家矶方向逃窜了。余瑞祥命令一个队官：“你带领人马从姑嫂树绕过去，把敌人拦截下来。我随后亲率主力赶来会合，定将他们全部消灭！”

“我也要去！”赵璇滢正好抬着伤员过来了，连忙说道。

“你去干什么？主力在哪，救护队必须在哪！”余瑞祥拒绝道。

“可是，他们拦截敌人，有人受伤了，难道等死吗？”赵璇滢顿了一下，“何况，我们知道哪条路去谌家矶最近。”

余瑞祥沉吟道：“你除了带路和救护伤员，不能过问其他任何事。”

赵璇滢答应一声，火速收拢部队，与民军一道，朝目标方向奔去。

王俊财十分不解，问余瑞祥：“即使是带路，救护伤员，要跑那么远，应该是爷们的事，你怎么能放心交给她们，不怕耽搁时间吗？”

余瑞祥说道：“你要是知道了她的脾气，也会这样做。”

“如果她们到达的时候，清军已经跑了，怎么办？”王俊财担忧道。

“队官不会让清军跑掉。”余瑞祥说。

饶是如此，王俊财还是不放心，率领一部分商团成员，循着妇女救护队的足迹追了过去。

赵璇滢有点恼火：“余指挥官派你来干吗？”

“我知道有一条道路去谌家矶更近，想过来对你说一声。”王俊财说道。

“放心吧，我知道哪条路到谌家矶最近。”赵璇滢说道。

王俊财说道：“我们来一个约定，看谁最先到达谌家矶，怎么样？”

赵璇滢胸脯一挺，爽快地答应下来。

于是，王俊财率领商团，赵璇滢率领妇女救护队，与民军一起兵分两路，向谌家矶方向赶去。

一心要赶在王俊财的前面抵达谌家矶，赵璇滢不断地催促妇女队加快奔跑的速度。跑着跑着，她们听到从侧翼方向传来了一阵阵杂沓的脚步声。赵璇滢知道，清军已经逃过来了。

“赵队官，我们不能继续前进，得把清军引过来。”男队官说道。

“你下命令，我们跟着你。”赵璇滢回答道。

男队官立即带领人马，向敌人奔跑过去，选择一个隐蔽地方，迅速布设阵地，一见清军来到面前，一齐猛烈开火。

清军正慌乱地逃命，忽然听到枪声，生怕落入民军的埋伏圈，掉头朝相反的方向逃去。这一逃，刚好碰着王俊财率领的商团。

商团没有武器，探得了清军的动静，慌忙朝后面跑去。

遇见对手，民军竟然连枪都不放，回头就跑，一定是想把自己引向埋伏圈。清军朝另一个方向逃去。

清军一触即溃，别说那一个队的民军欢欣鼓舞，妇女救护队也劲头十足，在赵璇滢的率领下，一齐继续朝谌家矶奔去。抵达了目的地之后，民军依托凸起的山包设下埋伏，单等敌人过来。

人马刚刚埋伏好，敌人黑压压地冲了过来。男队官一声令下，所有的枪弹一块打向敌人。顷刻之间，敌人倒下了一大片。赵璇滢和她的队员们忍不住跳起身，欢呼雀跃。

敌人惊慌失措，赶紧又要逃跑，忽然发现阵地上有这么多妇女，顿时凶焰大炽，高声怪叫着，冲了过去。

“打呀，狠狠地打！”赵璇滢手里没有枪支，急得直吼。

敌人接连打了好几次败仗，被民军追得像兔子一样到处乱跑乱窜，眼下碰着这么多女人，色令智昏，竟然忘掉了后面还有追兵，丝毫不管民军用密集的子弹编织了一道缜密的火网，蜂拥着朝上面冲去。

千钧一发之际，王俊财率领商团成员冲了过来。

在追赶敌人的时候，商团成员捡了一些武器弹药。一看到敌人冲上了民军阵地，商团成员发出愤怒的咆哮声，拿了枪，对准敌人的背后就打。但有的人硬是拉不动扳机，有的人扣动了扳机，但被震得摔倒在地。

敌人感受到了来自后面的威胁，以为民军追赶过来了，再也不敢纠缠，掉头准备冲下来。但一下子看穿了西洋镜：赶到背后来的人连枪都不会打！敌人只分出一拨人马，去对付王俊财和他的商团，另一部分人马回身扑向民军阵地。

距离民军最近的敌人首先挨了子弹，身体重重地倒了地，随即沿着山坡快速滚下去。妇女救护队心里更是痛快，欢呼不已。民军一边怒吼，一边把填满仇恨的子弹无情地扫向敌人。

敌人万分恼恨，密集的子弹交织成巨大的弹幕，压制了民军的火力，冲到民军阵地前沿。另一股敌人将商团成员全部放倒之后，也掉头冲过来了。

“妇女队，给我上！”赵璇滢豪情万丈，赤手空拳，也想扑向敌人。

这时候，一声山崩地裂般的呐喊传了过来，从后面冲来了无数人马。

是余瑞祥率领大队人马追赶过来了。紧随其后的是其他商团成员、军政分府要员以及观战的民众。

敌人吓得魂不附体，没命地逃向三道桥。

余瑞祥早已派遣一支部队前去拦截敌人了。原以为率领人马赶来以后，会跟敌人有一场恶战，谁知敌人根本不敢接火，只是不顾一切地逃命。余瑞祥计算失误，不可能指望那支部队成功地拦截敌人，又不能让敌人逃掉，赶紧率领主力马不停蹄地尾追而去，一面派遣了一支小型部队抄近路去拦截敌人。可是，敌人逃得太快。民军一直追到三道桥，才逮住敌人的尾巴。此刻，敌人已经在第一道桥附近列成了阵势，专门等待着民军。

从桥那边传来了张彪的声音："余瑞祥，你这个叛逆，你以为你可以将本统制赶出汉口吗？告诉你，没门！本统制决不会再往北边后退一步！"

余瑞祥立即回敬道："张彪，我不会将你赶到北边去，而是要生擒活捉。"

说罢，准备命令队伍向敌人展开攻击。

军政分府主任詹大悲、商务总会总理王翔宇等军政商界的要人们随同民军一道追了过来。他们纷纷劝说余瑞祥："已经攻下了刘家庙、谌家矶，部队甚为疲劳，天又快要黑下来了，三道桥仅仅只是三座桥梁，左边是长江，右边是湖泊，部队殊难展开攻击。何况，张彪有恃无恐，肯定已经设好埋伏，不如暂时停止攻击，请求军政府派遣援军，共同制定一个妥当的计划，然后攻击敌人。"

余瑞祥有心要趁势攻下三道桥，现在看来，是不可能的了，只有把各部队列成阵势，准备明天一早发动攻击。

第八章　三道桥上初交锋

黎明，余瑞祥发出了命令：一支由百十人组成的敢死队，在一名队长的率领下，人人抱着一挺机关枪，向第一道桥迅疾地冲了过去。其余部队全都聚集在第一道桥南边的阵地上，等敢死队夺得第一道桥梁以后，在炮火的掩护下，冲过去消灭敌人，然后依托有利地形，布设防线。

桥对岸静悄悄的，一切都笼罩在微明的夜色里。余瑞祥站在一个凸起的小土包上，手拿望远镜，查看对岸的情势。

现在，北洋援军距离这里最多只有一天路程，不赶在他们抵达以前拿下并控制三道桥，民军将没有办法阻挡清军侵入汉口。对手也非常清楚这一点，一定会死守三道桥，等待援军的到来。

为了夺取三道桥，余瑞祥做好了两手准备：一手是偷袭；一手是强攻。

为此，余瑞祥做了精心部署：敢死队队员是从整个民军队伍里抽调出来的最富有战斗经验的人员，把民军最好的机关枪全部收集起来交给了他们。在他们还没有出发之前，主力已经在第一道桥南边埋伏下来了。在主力背后不远处，是大炮阵地，炮弹已经上膛，只等一声令下。

敢死队已经投入了行动。余瑞祥静静地注视着对岸。

敢死队队员交替掩护，摆开了很长的队形。

敌人还是没有任何动静。余瑞祥不仅没有一点轻松的感觉，心情反而更加沉重。他意识到，敌人或许正在等待敢死队逼近阵地的时候，突然展开攻击，这样一来，暴露在敌人火力网之下的敢死队将会受到巨大的阻力。

果不其然，敢死队快要接近敌人的时候，突突突，敌人的机关枪吐出一道道火龙，形成绵密的火网，凶猛地朝敢死队队员罩了过来。一些队员受伤了，一些队员牺牲了，更多的队员就地卧倒。在他们的面前，似乎结下了一道死网，任何人，只要再朝前进一步，就会倒下去。

“姐妹们，救人去！”赵璇滢从隐蔽之地跳出来，大叫一声，率领妇女救护队，向战场冲去。

余瑞祥发出了命令：“开炮！”

大炮发出了一声声愤怒的吼叫，炮弹像雨点一样落在敌人的阵地上。

敌人的机关枪稍稍遭到了压制。趁此机会，敢死队准备攻进敌人的阵地。但在最接近敌人阵地的第一拨队员刚猫着腰冲锋的时候，敌人的机关枪交织成一幅缜密的火网，不透一点空隙，朝着敢死队撒了过来。

在距离敌人的阵地只有十几米远的地方，堆满了队员的尸体，封住了紧随其后的队员前进的道路。他们不得不趴在尸体后面，朝敌人开火。

赵璇滢已经带领妇女救护队冲到了倒地的敢死队队员跟前。她们弯着腰，搜寻仍然活着的兵士，找到了，立刻清理伤口，进行包扎。

战斗如火如荼。民军的大炮仍在轰轰隆隆地怒吼着，密集的炮弹泼向敌阵。敌人一夜之间，修筑了一道弧形工事，用机关枪、步枪布设好了防线，在民军炮弹的喧嚣声中，敌人仍能将整个桥头阵地交织成密不透风的火网，继续将敢死队压制在当面，动弹不得。

余瑞祥很焦虑。该出动的人马，已经都出动了，除了埋伏在身边的时刻准备冲向敌人阵地的主力部队。这批部队只能在敢死队夺取了第一道桥梁的时候才能使用，要不然，只能是飞蛾扑火。怎么办？还有什么办法可想？

要是手里有水师，他可以命令水师绕过三道桥，在滠口登陆，把据守三道桥的敌军远远地包围起来，并切断滠口与三道桥之间的联系，挡住随时都有可能抵达此地的北洋援军。可是，他手里没有水师，清军才有水师。清军水师正在旁边虎视眈眈，清军的海军提督萨镇冰也率领海军舰队快要赶过来了。他只能命令敢死队不顾一切地展开冲锋，同时命令大炮继续猛烈地压制敌人。

张彪早已在三道桥后面布设了炮兵阵地。捕捉到民军大炮阵地的大体方位之后，清军的炮弹便朝民军大炮阵地倾泻过来了。

敌人防守严密，火力强大，余瑞祥越来越为民军能否拿下三道桥担忧了。

赵璇滢把第二名伤员抬下战场，回身一看，敢死队还是无法前进，急得直跺脚，大声叫道："推着兄弟们的尸体，冲过去啊。"

她跟几名妇女救护队员一道，再度冲向第一道桥梁。

敢死队队长果然推动着尸体，慢慢地朝敌人阵地方向推进。身后迅速组成一道滚动的人墙。

余瑞祥暗暗祈祷：哪怕只有一个队员登上了敌人的阵地，破坏了敌人的机枪阵地，就能为后续部队前进打开一道缺口。

赵璇滢来到了第一道桥。敌人的子弹更加猛烈，她匍匐在地，看到了那道快要接近敌人阵地的人墙，显得紧张而又兴奋。一时间，她竟然忘掉了自己的任务，再也不动了，目不转睛地看着流动的人墙，焦灼地等待着敢死队冲上敌人的阵地，将手里携带的炸药扔进敌群。只要前面火光一起，敌人的机枪阵地哑巴了，主力就会跃出隐蔽地，冲向第一道桥梁。那时候，谁还能阻挡得了民军接连夺取下面两道桥梁呢?

眼见敢死队队长快要接近敌阵了，只需要点火，炸药包将会把敌人的机枪阵地炸上天。赵璇滢热切地盼望着这一刻，余瑞祥热切地盼望着这一刻，所有的民军将士也都热切地盼望着这一刻。然而，队长突然停下来了，躺在那儿，好一会儿也没有动静。

“他死了！”赵璇滢、余瑞祥，以及所有民军将士的心都悬了起来。

赵璇滢眼里噙了泪水，心头蹿起一团怒火，试图扑向敢死队队长。忽然看到他身后的几个队员略微弓起身，想继续前进，但被一阵弹雨拦住了去路。

“不，他们没死，他们不能死！”赵璇滢吼叫妇女救护队，“冲上去！救人！”

她一跃而起，带领妇女救护队朝敌人的阵地方向冲去。

敢死队动不了，救护队失去了掩护，一上去，就是敌人的靶子，岂不是白白送死吗？余瑞祥心里一紧，顾不得喊叫，也顾不得下达命令，纵身跳出隐蔽处，很快冲到赵璇滢的跟前。

敌人的机枪转了向，一串串子弹凶猛地朝赵璇滢身边打了过来。几个妇女救护队队员倒下了。余瑞祥赶紧把赵璇滢扑倒在地。一粒子弹打在他的左臂上，顿时鲜血汩汩而出，刹那间染红了半条手臂。

民军一见战场指挥官冲了出去，跟着跃出隐蔽处，准备冲向第一道桥梁。

赵璇滢奋力地挣扎着，吼叫道：“拦住我干什么？冲过去，把伤员救出来。”

接连几滴鲜血滴落在她的嘴里。她略微一愣，赫然看到余瑞祥的手臂上鲜血淋漓，赶紧拿出救护包，为他清理伤口，进行包扎。

余瑞祥看到民军都跃出了隐蔽处，心里大急，一面挥舞着右手臂，一面吼叫道：“退回去！都退回去！”

民军将士谁也听不清他的话，继续冲向敌人。敌人的机枪宛如一台台收割机，气势汹汹地向民军碾压过来，民军将士犹如成熟的庄稼，一片片地朝地上倒去。

余瑞祥甩掉了赵璇滢的手，奋力地站起来，不停地挥动手臂，拼命地吆喝民军：“退回去！都给我退回去！”

终于，民军停止了前进，转头朝后退去。可是，目标已经暴露，退回原有的隐蔽壕，敌人的炮弹一旦打过来，民军只能白白送死。余瑞祥不得不命令部队继续后撤，一撤就撤到了刘家庙。

这时候，詹大悲、王翔宇幡然醒悟：如果昨天余瑞祥率领大军乘胜追击，势必可以顺利夺得三道桥，是自己不懂军事，干扰了余瑞祥攻击敌人的大计。心里深感愧疚。

“贤侄，昨天要不是我们阻拦，今天，民军断不会付出如此惨重的代价了。”王翔宇自责道。

詹大悲看到余瑞祥脸上没一点血色，心里一阵阵难过，只是默默地站在余瑞祥跟前，凝神看着红十字队大夫为他重新清理伤口。

余瑞祥心里何尝不后悔昨天没有攻击三道桥呢？可是，时间紧迫，他不能对过去了的事耿耿于怀，得出奇谋，一定要夺取三道桥，把敌人挡在汉口之外。

“局势发展到现在，我们不必再纠缠过去的事情，得正视眼下的现实。无论如何，我们必须想方设法，一定要尽快夺得三道桥，扼住清军进入汉口的咽喉。”余瑞祥说。

“情势的确很危急。还有一天，北洋军队就到达汉口了。”詹大悲担忧道。

他们商量了好一会儿，把军队的供应以及军队调动时候需要军政分府以及百姓、商会做的事情，都向他们交代清楚了，余瑞祥便准备召集各部将，商讨明天的作战方案。

王翔宇和詹大悲心情沉重地走出了临时总指挥部。

赵璇滢正在门口徘徊。她强忍着眼泪，陷入深深的自责。因为自己的鲁莽，害得余瑞祥受伤不说，民军也蒙受了惨重的损失。她替余瑞祥分担一些责任，可是又无能为力。她惦记着余瑞祥的伤势，想进去看他，但又不敢见他。

王翔宇看到了她，詹大悲也看到了她，他们都没有责备她。在当时的情况下，妇女救护队不避危险，奋力冲上前去抢救伤员，虽说鲁莽，但也鼓舞人心。

王翔宇在赵璇滢面前站住了：“进去吧。他马上要召集各路指挥官开会。”

赵璇滢感激地看了他们一眼，眼泪滚出了眼窝，步履沉重地进了临时总指挥部。

余瑞祥手臂上挨了好几粒子弹，并且伤了骨头。民军撤出阵地以后，红十字会的大夫立即为他动了手术，取出了子弹。大夫建议他好好休养一段日子。可是，他不能休养，敌人的援军明天将会抵达，他要趁敌人还没有准备好以前，放手作最后一搏，夺取三道桥。

在大夫替他治伤的时候，他强忍住疼痛，神色自若地跟王翔宇、詹大悲商议明天的安排。

王翔宇出去了，詹大悲出去了，大夫也出去了，余瑞祥这才觉得浑身上下疼痛难忍。他咬紧牙关，想挣扎着站起来，眼前一黑，差一点倒地。

一个人惊讶地大叫一声，扶住了他。

他站直了，慢慢地睁开眼睛，出现在他面前的是赵璇滢。他很想掩饰地说一句笑话。可是，他还没有说什么，赵璇滢眼泪就流下来了：“我很糊涂，很没用，不知道你的伤这么严重。”

“你不是替我包扎过吗？你应该知道，我的伤并不重。我只不过是坐久了，刚一站起来，有点头昏。”余瑞祥轻松地说道。

“都怪我。要不是为了我，你不会挨子弹。”赵璇滢依旧在流眼泪。

余瑞祥心里流过了一阵暖意。当年，他因为训练新军受了伤，回家休养，嫂子也是这样盈着泪望着他，楚楚可怜。那个时候，他的心里就隐隐一动，暗自下定决心以后要娶一个像嫂子一样的人：敢作敢为，又有同情心，有女人味。

再次看到嫂子楚楚可怜的样子，他的心弦竟然不知不觉地拨动了。他觉得自己太荒唐了，哥哥纵使写了休书，休掉了赵璇滢，那又怎么样呢？只要推翻了清朝政权，建立起了中华民国，父亲一准会改变想法，哥哥也会改变想法。而且，他相信，哥哥永远都不会忘记赵璇滢。

他说道：“不要把我的伤势告诉任何人。不打下三道桥，我决不会离开战场。”

赵璇滢点了点头：“战场太狭窄了，敌人的火力太猛烈了，要想打下三道桥，怕是不太容易呢。”

余瑞祥点了点头：“哪怕付出再大的代价，也在所不惜。”

“我带着妇女救护队，去救护伤员。”赵璇滢说。

第二天黎明时分，余瑞祥再一次站在指挥位置，命令炮队对三道桥方向敌军阵地实施覆盖性的打击。

轰轰隆隆，炮弹爆炸过后掀起的一阵阵浓烟，把整个天空都遮蔽得严严实实。

昨天晚上，参加会议的管带以上军官，提出了许多建议。然而，几乎每一个建议都无法落实。他们面临的敌人太强大了，他们面临的阵地又太狭窄，部队再多，也没有办法完全展开。最后，余瑞祥作出决定：先对敌人进行猛烈的炮火攻击，随后，敢死队人人头顶一床湿透的棉被，强行攻进敌人的阵地。

用湿透的棉被遮挡敌人子弹的主意是赵璇滢提出来的。她在救治伤员的时候，往往能在鲜血湿透的地方发现子弹，听余瑞祥说一定要想办法减少民军伤亡时，突然想起了这些事，问道：“如果子弹打不进被血液湿透的棉衣，是不是也打不进湿透的棉被呢？”

“这个容易，一试便知。”余瑞祥笑道。

当即，余瑞祥命令卫兵拿出一床棉被，在水里浸泡了半个多钟头，全都湿透了，放在约莫五十米开外，开动机枪朝上面扫了一阵。检查发现绝大多数子弹镶在棉被里面。

余瑞祥大喜过望，敢死队人人有了“护体神衣”。

敢死队员们是新挑选出来的精壮汉子，早已准备就绪，正埋伏在进攻出发阵地，在隆隆炮声中等待冲锋时刻的到来。赵璇滢带领部分妇女救护队队员跟在他们后面，随时实施救护行动。

太阳出来了。可是，硝烟漫天，阵地的上空根本见不到阳光。太阳时不时露出一张惨白的脸来打量这个被战火笼罩的世界。

余瑞祥竭力让自己保持镇定，可心里更加不安。他已经不能举起望远镜来观看对岸的动静。伤口痛得他几乎不能站立，但他依旧顽强地挺立在指挥位置上。

炮火一连轰击了好几个小时以后，停下来了。这时候，敢死队接到了出发的命令，人人头顶一床湿透的棉被，怀抱炸药包、机关枪，奋力冲向第一道桥。赵璇滢带了十几个救护队员，紧随其后。

敢死队刚刚接近桥梁，敌人的机枪响了起来。赵璇滢和救护队员迅速趴下，匍匐前进，任凭子弹在身体上空飞腾。一些队员火速卧倒，头顶湿透的棉被，同样匍匐前进。越向前爬，敌人的子弹打得越低，一颗颗子弹打在棉被上，发出一阵阵嗞嗞的声响，冒出一团一团轻柔的白光。

赵璇滢已经爬到了第一个倒下的敢死队员面前。湿透的棉被覆盖了他的全身，她只能隐隐约约看到棉被在不停地抖动，听到了痛苦的惨叫声。她掀开棉被，吃了一惊，赫然看到队员胸部以下到处血迹斑斑。

她打开急救箱，拿出了清理伤口的器材和药品。两个救护队员帮助赵璇滢处理完伤员，准备把他抬下战场。

“先把他放在这里，处理完全部伤员再说！”赵璇滢命令道。

“把他交给我吧。”传来一个熟悉的声音。

赵璇滢仰头一看，发现是王俊财，心头一阵欣喜，微微一笑：“好，我把他交给你了。”

“来几个人，把伤员抬走！”王俊财命令道。

他是看到赵璇滢率领妇女救护队经常出入枪林弹雨的战场，怕她有所闪失，带领部分商团成员过来协助妇女救护队的。

民军的大炮停止了轰击，漫天的硝烟慢慢飘散。已经能够隐隐约约看出敢死队快要抵达铁桥的中心了。如果敌人命令炮兵轰击铁桥，湿透的棉被将会失去作用，要是敌人向铁桥上扔手榴弹，敢死队员一样非死即伤。

余瑞祥暗自埋怨自己昨夜只考虑到子弹对敢死队造成的损伤，没有考虑到炮火一停，硝烟一飘散，敢死队员会暴露在敌人的眼皮底下。

必须迅速采取措施弥补。余瑞祥命令炮兵继续向敌人的阵地发动轰击。

这时候，敌人的大炮也响了，密集的炮弹宛如冰雹一般落在桥面上。许多炮弹掉进水中，激溅起一株株冲天的巨浪，迅速扩散开来，化作倾盆大雨。

湿透的棉被无法承受炮弹爆炸产生的冲击力，纷纷被掀起。弹片趁机呼啦啦地朝敢死队员身上钻去，痛苦的惨叫声淹没在密集的炮火声中。

余瑞祥再也看不清楚桥面上的情况。可他十分清楚，敢死队不复存在了，连带着妇女救护队、商团都有巨大损失。他一声惨叫，一口鲜血喷射而出，随即身子一歪，朝地面倒去。几个卫兵迅疾伸出手来，扶住了他。

敢死队没了，如果没有人继续冲锋，留在铁桥那儿的救护队和商团等于送死，一队民军自发组成第二批敢死队，一跃而起，冲向了桥梁。

危急时刻，余瑞祥恢复了知觉，赶紧喝止："回来，都给我回来！"

但他们一下子冲到了桥梁边缘。敌人的炮火轰击民军的炮兵阵地去了，不再攻击桥面。第二批敢死队员一冲上桥面，迅速捡起地上的棉被，披在身上，试图把妇女救护队队员和商团成员护送回去。

"我们是救护人员，不把活着的兵士救走，决不回去！"赵璇滢说道。

"救护队不走，我们也不走！"王俊财大声说。

第二批敢死队把心一横，决计不走。他们意识到桥面上没有落下炮弹，马上留下一拨人保护妇女救护队和商团继续救治民军；另一拨人马趁机向桥那边冲去。

敢死队很快冲上了敌人的阵地，接连用炸药包炸翻了敌人的几挺机关枪，紧接着，一个个提了机关枪，朝着敌人一阵猛扫。

依旧硝烟弥漫，即使面对面，也看不清对面的人。透过炮声的间隙，留守的民军听到了女人们的呼唤声，知道是妇女救护队回来了，一窝蜂地冲出阵地，前去迎接。

"你们终于回来了，真是太好了！"

"帮把手，把伤员抬走。我们还得到桥上去。"

立刻有人接过了救护队的担架，朝红十字会设立的战地医院送。

余瑞祥气息微弱，感觉到周围有异样，询问卫兵："又发生了什么事？"

"指挥官，救护队送伤员回来了。"卫兵回答。

"商团回来了吗？第二批敢死队回来了吗？"

“他们都没有回来。赵队长说，第二批敢死队已经冲上敌人的阵地了，救护队又去桥上了。”

余瑞祥大喜，立即命令民军主力火速朝第一道桥梁冲去。可是，为时已晚。

敌人的战场通信系统更为灵便，一旦得知民军已经冲上第一道桥梁，立即调转炮火，对准桥梁及其附近的阵地实施密集的轰击。

民军已经冲到了第一道桥面上，挨了炮击，一倒一大片。

这当口，王俊财在桥上遇到了赵璇滢。两人仍然各顶着一床湿透的棉被，在救护伤员。王俊财说道：“我们得赶快离开，否则，都会死在这里！”

“我要抢救伤员，不能走，你走吧。”赵璇滢说道。

“你必须走！敌人炮火太猛，继续留在这里，不仅救不了伤员，连我们都会死！”王俊财拉起她，不由分说，直朝后面奔跑。

此时，布设在第二道桥梁上的敌人迅速冲了过去，重新部署在原有的阵地上，对第一道桥梁的桥面实施猛烈扫射。

余瑞祥本以为能够趁机夺得第一道桥梁，瓦解敌人的抵抗意志，没料到，很快得到了最新消息：在敌人的炮火攻击下，民军伤亡惨重；而且，敌人恢复了原有的阵地，正疯狂发动反攻。

冲上敌人阵地的第二批敢死队员肯定已经跟敌人同归于尽了。

敌人如此恶毒，为了把守三道桥，连自己人的命都不顾了。怎么办？继续朝三道桥展开攻击，无异于去送死。可是，不拿下三道桥，北洋军队就会从这里攻入汉口。余瑞祥权衡了许久，终于下定了决心，为了保存力量，以便跟清军周旋，只有撤回民军，依托地形，布列防御阵线，迫使清军寸步难行。

除留下部分人马在原地固守待命之外，大部分民军撤到大智门一线，修筑阵地，以待敌人来攻。

下达了撤退命令以后，余瑞祥又昏厥过去，被卫兵抬到大智门。各路指挥官将队伍安顿下来以后，来到了总指挥部。余瑞祥仍然昏迷不醒。他们决定向军政府报告情况。

詹大悲和王翔宇也撤到了大智门。

詹大悲本希望民军今天能够占领三道桥，不料竟是一次更大的惨败：民军伤亡了几百号人，不仅没有建立尺寸之功，还把前沿阵地全部暴露在敌人的眼皮底下。更严重的是，余瑞祥竟然在这个时候昏迷不醒。

王翔宇跟詹大悲一样，在为自己没有事先察觉余瑞祥重伤在身而懊恼不已。

更加懊恼的是赵璇滢。

她懊恼自己没用，竟然被王俊财一拖，完全失去了反抗能力，置受伤倒地的兵士于不顾，离开了前线。

赵璇滢知道余瑞祥昏迷不醒，心里十分挂念，找了过去。

其时，王翔宇、詹大悲以及各路指挥官都在那儿，一个个垂头丧气，谁都不说话。猛然看到赵璇滢蓬头散发地走过来了，他们瞪大眼睛，吃惊地看着她：一个平时总把自己拾掇得清清爽爽的女人，怎么变成这副模样了呢？

王翔宇叹息一声，挡在赵璇滢面前："赵小姐，余瑞祥伤得很重，需要休息。"

赵璇滢说道："我不打扰他，只想告诉他，不夺取三道桥，他不能昏迷。"

"不错，不夺取三道桥，余瑞祥不能昏迷。"詹大悲说道，"可是，我们谁也不能骚扰他。"

"那么，你们什么都不做，坐等他醒来吗？"赵璇滢问道。

众人面面相觑。他们猛然惊醒，战场总指挥昏迷不醒，他们不能无所事事，一定要想办法把敌人挡在三道桥一线，不让敌人再朝汉口方向前进一步。简单商议过后，众位指挥官纷纷离开指挥部，督促部队修筑阵地去了。

赵璇滢重新安顿了救护队，来到临时指挥部，一个人守在余瑞祥身边。

余瑞祥脸色苍白，眼窝深陷，胡子拉碴，一副憔悴不堪的样子。赵璇滢心里一阵阵痛惜，端详着他的脸孔。时间一长，她竟然把他当成丈夫余瑞光，轻轻地抚摸着他的脸庞，轻轻地跟他说话。说着说着，她忽然意识到，这个人不是余瑞光，而是余瑞祥。她缩回了手，顿了顿，又开始说话了。

"我算是跟阎王见过面的人，他不敢收我，怎么敢收你呢？"她说。

说到后来，她再一次走神，又把他当成了余瑞光，向他诉说自己跟他结婚以后的幸福，末后，轻轻叹息一声，说道："我虽说有点恨你只听老爷子的话，不愿意支持革命党人，但在心里还是喜欢你。"

忽然，她感觉到余瑞祥微微动了一下，欣喜若狂："瑞光，你醒了吗？"

"我这是在哪里？"余瑞祥问道。

一听声音，赵璇滢立即醒悟过来，自己再一次把余瑞祥当成余瑞光了。她暗叫一声惭愧，余瑞光已经写了休书，为什么还要想到他呢？不要再想到他了！就是想，也只能想余瑞祥。余瑞祥多么能干，多么有骨气，多么有思想，谁有他那种虽千万人吾往矣的气魄呀！

赵璇滢紧紧地握住余瑞祥的手，说道：“你终于醒了。”

余瑞祥虽说没有亲眼看到，但可以判断得出来，在那种谁也顾不上谁的极端混乱情况下，赵璇滢和她的救护队、王俊财和他的商团当时都在桥上，一定凶多吉少。突然听到赵璇滢的声音，他以为自己也死了。

他露出一丝苦笑：“嫂子，我们可以在这里另外组织一支部队，还是由你当救护队队长，跟清军战斗到底。”

赵璇滢说：“我们只是没有夺取三道桥，并没有被清军打垮。全体民军都接受了你的命令，已经设防固守了。清军再也不敢向我们发动进攻。”

“我们并没有被清军打垮！是的，我们并没有被清军打垮。”余瑞祥激动起来了，一阵猛烈的咳嗽，脑子清醒了，原来自己正躺在一张简易的医疗床上，整条手臂都缠满了绷带，赵璇滢正关切地注视着他。

没死，赵璇滢没死，自己也没有死！余瑞祥大喜过望。他还可以继续指挥民军跟清军作战。他挣扎着想坐起身，但浑身疼得要命，汗珠汩汩而出。

赵璇滢吓了一跳，赶紧阻止他，说道：“你不要动。”

“三道桥。”又是一阵剧烈的疼痛袭遍了全身，余瑞祥再也说不下去。

赵璇滢说道：“我知道你放心不下三道桥。可是，你伤得太重，不能再动了。只要你想好了夺取三道桥的办法，我还去救护打头阵的队伍。”

余瑞祥心里还是放不下三道桥。不夺取三道桥，敌人只要架着大炮，朝这边一阵猛轰，势必会摧垮民军的阵地，随之便可以长驱直入。放弃夺取三道桥，在这边修筑阵地，别说手里只有区区数千兵马，纵使加上全部百姓，也难以在很短的时间里修筑成功。从三道桥开始，一步步设置阵地，用以层层阻挡敌人，为其他各地的革命党人起事赢得时间呢？

还有没有更好的办法挡住敌人的攻击？秘密派遣一支部队，前去切断滠口跟汉口之间的联系，把敌人挡在汉口之外？可是，面前横着的三道桥是一道难以逾越的坎。从别的地方绕道过去呢？北洋军队已经抵达了滠口！来不及了！那么，在三道桥这边埋伏一支人马，当清军大部队向汉口发动攻击的时候，突然出手，切断敌人后方跟前方之间的联系？似乎有道理。可是，在那儿应该埋伏多大一支部队？这支人马利用什么做掩护，才能瞒过敌人的视线？

余瑞祥思索了很久，对昏迷之前下达的命令略作调整：将兵力沿着三道桥到大智门一线挖掘纵深防御阵线，以节节抵抗敌人的攻击；发动民众，在靠近三道桥的己方阵地跟前，堆积山包，挖掘地下工事，用以埋伏人马。

赵璇滢心里还残存重新攻击三道桥的希望。现在，亲耳听到余瑞祥说要放弃三道桥，不免有些失落。

“我们真的不能夺取三道桥吗？”

“北洋军队已经兵临城下，继续攻击三道桥，我军除了增大伤亡之外，什么都得不到。”余瑞祥的神情颇有点无奈和黯然。

“只要民军不放弃攻击三道桥，等于卡住了北洋军队通向汉口的咽喉要道，北洋军队人马再多，武器再精良，炮火再厉害，也无可奈何。所以，我们一定要攻击三道桥。”一个熟悉的声音传进了余瑞祥和赵璇滢的耳朵。

两人愕然，循声望去，只见王俊林带着几个卫兵，精神抖擞地走了进来。

“你？”余瑞祥和赵璇滢都微微有点吃惊。

“觉得我应该在军令部做那些没完没了的文案，不应该到前线来吗？”王俊林脸上露出了兴奋的光，“不，我对那些工作厌烦透了，接到三道桥没有攻下来，民军反而损兵折将，连指挥官余瑞祥也身受重伤的消息，我立刻向军政府请战，得到批准，前来汉口接替余瑞祥担任战场总指挥官，全面负责对敌作战。”

第九章 再战三道桥

王俊林的确是奉了军政府的命令，前来接替余瑞祥担任汉口战场总指挥的。

中华民国湖北军政府一成立，他被任命为军令部副部长。虽说贵为军政府高官，但他在起事以前不是革命党人，起事成功以后，那些逃出去躲避的计划制定者、发起人纷纷跑回武昌，他只能处于从属地位，成天跟文案打交道，根本体会不到一点大权在握的乐趣。为此，他很佩服余瑞祥宁愿率部与清军作战的远见。

余瑞祥没有就任参谋部副部长，担任战场总指挥，率领民军杀向汉口，接连打了几次胜仗，收回了刘家庙，把清军残部赶出了汉口市区，极大地振奋了民军以及民众的信心。王俊林很羡慕，很敬佩，很想去汉口接替余瑞祥的位置。

使王俊林萌生这个想法的不仅是余瑞祥打了胜仗，还有一层原因：他父亲已经完全站在革命党一边，亲自带头并号召和组织商会，全力以赴为民军提供后勤补给；堂兄王俊财组织了商团，不仅负责维持汉口市面的秩序，带领商团为民军运送粮食弹药、抢运伤员，甚至在战斗最紧张的时刻，还拿起武器，直接冲上战场。如果是他接替余瑞祥的位置，王俊林相信，他一定会得到父亲和堂兄更多的帮助，建立比余瑞祥更大的功勋。可是，他清楚，民军一连打了好几个胜仗，军政府不可能临阵换将。他不能提出这个要求，只有更加留心汉口方面的战事，静待时机。

一想起父亲，王俊林马上联想到余昌泰。余昌泰这个人太顽固了，至今仍然不愿意支持革命党。余瑞祥参加革命党，他跟余瑞祥脱离了父子关系；赵璇滢参加革命党，他逼迫余瑞光休了赵璇滢。父亲的开明跟余昌泰的顽固形成了鲜明的对比。王俊林很想利用父亲支持革命党人做例子，来劝说余昌泰支持革命党。但一连去了好几次余府，余昌泰根本不跟他见面，更不跟他说话。他只好对着墙壁，把自己想说的话全部说了出来。

余雅芳知道王俊林进府，都会暗暗垂泪。她跟嫂子赵璇滢关系不错，如果嫂子还在府上，起码有一个人会替她说话，但现在她只能默默流泪。

接到余瑞祥第一次攻击三道桥失利的消息，王俊林隐约感觉到机会快要降临了。

他首先以帮助余瑞祥指挥作战的名义，提出了去战场的申请。

军政府还没有批准他的申请，一场更大的败仗随即传到武昌，甚至连余瑞祥本人也身受重伤。这时候，军政府不能不临阵换将。

王俊林如愿以偿，当上了汉口战场总指挥。

王俊林脑海里时不时会浮现余瑞祥收回刘家庙后的那幕情景——汉口军政分府派遣两个兵士骑着高头大马，身披红色绸带，喜气洋洋地跑到军政府报信。他们一路高喊：“余总指挥拿下刘家庙了！”沿途的民众听到消息，无不欢呼雷动，立刻放下各自手里的活计，到处奔走相告。几乎顷刻之间，整个武昌城都轰动起来了，沉浸在一片喜气洋洋的气氛之中。当两位报信人进入军政府大门的时候，黎元洪已经听到他们的喊叫声，率领全体军政府要员出门迎接："余总指挥真不愧我革命党人的柱石，有他在，清军休想踏进汉口！"

余瑞祥夺得一个刘家庙，便引起了武昌全城轰动。自己临危受命，颇有挽狂澜于既倒的气势，要是一举夺取三道桥，把清军远远地赶到了滠口，将会引发怎样的轰动呢？王俊林想象不出，暗中告诫自己，且用成功来检验。

即将离开武昌，王俊林决计去见一见未来的岳父大人（虽说余昌泰已经明确表示，不可能把女儿嫁给他，王俊林仍然觉得余雅芳非他莫属），把民军接连打了好几次胜仗的消息告诉他，让他明白，民军一定可以把宣统皇帝赶下龙椅。

余昌泰依旧不愿意见他。有余昌泰的严令，余府上下没有人敢跟他说话，是余瑞光出面接待了他。看到余瑞光消瘦憔悴，王俊林知道，他还在想念赵璇滢。

"你不能永远只听世伯的话，要有自己的主张。世伯不是说了，我父亲一定不会支持革命党吗？可是，我父亲一直率领商会全力支持革命党。余瑞祥率领民军过江去打清军的时候，我父亲更是竭尽全力地帮助他。老世伯看错了世道，你得醒一醒。军政府没有你的支持，一样能够支撑下去，但你首先失去了赵璇滢。她是一个好女人。她现在是救护队队长，在战斗中，冒着枪林弹雨，出生入死，救护伤员，赢得了民军的尊重。我知道，你心里还是惦记她。为了她，你不应该向世伯妥协。"

"逆贼！休想在我家煽风点火！"余昌泰生怕大儿子会受到王俊林的诱惑，再也忍不住了，冲出书房，破口大骂。

这几天，他虽说窝在府上，其实对外面的事情了如指掌。

刚开始的时候，他还出过门，哪里热闹，就去哪里指责革命党人是逆贼，军政府长不了，甚至闯过军政府，见过黎元洪，引经据典，责骂革命党人。他倒是希望有人把他抓起来，或者干脆砍掉他的脑袋，他将会因此成为清廷的忠臣而名垂千古。但革命党没有抓他，黎元洪没有抓他，老百姓也不理他。只要他一露面，原先聚集在一块热热闹闹说话的人马上一哄而散。他失去了跟人一争长短的机会，深受刺激，再也不愿意出门，整天窝在家里，派下人到处打听消息。

余府纱厂因为有一大批工人参加了民军，快要关门歇业。余瑞光虽说并不支持革命党，但军政府为了维持安定，准备出面帮助他解决问题。可余昌泰逼迫儿子不予接待，给军政府吃了一个闭门羹。纱厂算是彻底关门大吉了。

“世伯，我是为了余府好。”王俊林说道，“整个武昌，谁不支持革命党？谁不支持军政府？我父亲，我叔叔，我堂兄，他们也都在支持革命党。他们为民军运送粮食和弹药，还亲自上阵，支援民军跟清军作战。”

总是这些陈词滥调，王俊林觉得不够味，需要磨出一把快刀，狠狠地“屠宰”余昌泰，炮制了一条假消息：“甚至，赵世伯也支持军政府，支持革命党了。”

这条假消息果然很有杀伤力，对余昌泰打击巨大。余昌泰一心以为王翔宇不会支持革命党，结果王翔宇竟然差不多已成了革命党人。一心以为有自己坐镇，余府上下没有一个人敢支持革命党，谁知二儿子是革命党人，三儿子在革命军混了一天，大儿媳跑出家门，当革命党去了。好几个下人也跑出余府，投靠革命党去了，剩下的下人都在蠢蠢欲动。有事例在前，在余昌泰看来，赵嘉勋支持革命党人，并非不可能。他心里一急，一口鲜血又吐了出来。

余瑞光大惊失色，赶紧扶住他，失声叫道：“父亲！”

王俊林同样吃惊不小，连忙抢上前去，帮助余瑞光扶住余昌泰。

余昌泰愤怒地推开了王俊林的手，怒喝道：“滚开！你这个逆贼！今后永远都不要踏进我余府的大门。”

“世伯，你这是何苦呢？清廷不值得你留恋。”王俊林并没有滚开，继续劝说，“即使你对清廷再忠心，那又怎么样呢？你的儿子余瑞祥率领民军，已经收回了刘家庙，杀掉了几千清军，又是他指挥革命党人夺下了总督衙门。清廷会饶了余府吗？”

余昌泰苍白的脸上依旧露出不屑的神情，王俊林深知劝说无用：“我要去汉口打清军了，不跟你多说。你瞪大眼睛瞧着吧，清军一定会被我们挡在汉口之外，各地的革命党人一定会纷纷起事，清廷不久就会土崩瓦解。”

余老夫人、余雅芳、余瑞华一直惦记余瑞祥，惦记赵璇滢，听说王俊林进府，不敢出来见他，偷偷派遣下人探听王俊林说了什么。知道余瑞祥和赵璇滢都很好，大家放下心来。余瑞华则暗想道：“要是我不被父亲关在府上，是不是也会跟二哥和大嫂一样呢？”

余雅芳听说王俊林要去汉口跟清军打仗，越来越觉得他是一条真正的男子汉，暗暗发誓，除了王俊林，她不会嫁给别人。

王俊林匆匆出了余府，率领卫兵，来到汉口，找到了总指挥部。

“既然你是来接替我的，我向你介绍一下民军的整体部署以及清军的大体情况吧。”余瑞祥虽说很不情愿离开岗位，可是不得不接受现实。

“这样一来，我对夺取三道桥越来越有信心了。”王俊林笑道。

余瑞祥从嘴角挤出一丝苦笑：“当你全面了解敌我双方的整体情况以后，你一定不会再去夺取三道桥。”

这时候，王翔宇、王俊财陪伴詹大悲一块走了进来。

他们是得到湖北军政府传来的消息，特意前来探望王俊林的。

王翔宇得知儿子参加革命党的一些情况后，深感安慰。现在，儿子接替余瑞祥担任战场总指挥，他一定要帮助儿子取得更大的战功。他知道儿子跟余瑞祥相比，仍然不够成熟，不够稳重，考虑问题不够全面。因而，把侄儿王俊财一道带过来，希望能够帮上忙。

王俊财比王俊林年长得多，为人稳重。他一介商人，竟然在余瑞祥需要的时候，组建了商团，替民军运送弹药、粮草，冲上战场救护伤员。在战事最激烈的时候，派遣最精壮的商团成员拿起汉阳造，跟民军一道并肩作战。连汉口军政分府主任詹大悲都说王俊财是一个不可多得的将才。

本来，王翔宇是不希望王俊喜跟家族产业沾上边的。但是，老哥俩把主要精力都放在支持革命党上，王俊财又拉起了商团，一样无暇顾及家族产业，王俊喜与他们一道观战的时候，能提出一些好点子，令王翔宇对他的印象有所改观。于是，王翔宇把王氏家族的产业暂时交给王俊喜打理。不过，每一天，他都会抽出时间亲自查看账目，过问生意往来，不让王俊喜出现一丝一毫差错。

跟哥哥相比，王俊喜头脑更加机灵，目光更加锐敏。他虽然娶了一位非常漂亮的夫人，但为人风流成性，是各大妓院的常客。任何好玩的事情，他都爱凑一鼻子。王氏家族拥有很大股份的华商跑马场，只要有赛马会，他可以成天泡在那儿。汉口的戏院茶园，他闭上眼睛，都能一家家数出谁是当家花旦，谁会使出什么样的绝活。混这些事情，得花费大笔银两，伯伯、父亲把钱看得很紧，他只有向母亲伸手。现在轮到他打理家族的产业，他知道这不过是权宜之计，自己做得再好，也不太可能接管王氏家族的产业，决定趁机将家族的财产转移一部分出去，变成自己的囊中之物。

自从革命党人起事以来，他们的一切用度，几乎全部由商会负担。詹大悲很倚重王翔宇，任何事情都会主动跟王翔宇说。接到王俊林接任余瑞祥担任汉口战场总指挥的消息，他立即前往王府，把消息告诉给王翔宇。

詹大悲对余瑞祥说：“余总指挥虽说仅仅指挥民军打了几天仗，但已经打出威风，足以扬我民军之神威。希望余总指挥早点养好伤，民军需要你。”

余瑞祥说道："我时时刻刻准备着，愿意为民军献出一切。"

王翔宇连忙接过话头："虽说世侄因为受伤，不得不离开前线。可是，为了抗击清军，希望世侄帮助俊林，让他有能力跟清军打下去。"

"父亲，军政府都信任我，你怎么能不信任我呢？"王俊林有点不高兴了。

王翔宇说道："俊林啊，听说是你带兵第一个攻进总督署的，父亲非常高兴，知道你长大了，有能耐了。现在，军政府信任你，把这么重的担子交给你，我不希望你出任何差错。"

"我明白，父亲。"在众人面前，王俊林不希望父亲继续说下去。

王翔宇转过头，郑重地对余瑞祥说道："世侄，你一定要好好帮帮俊林。"

"世伯，三道桥一败涂地，证明我能力不够。"

"你不要这么说，胜败乃兵家常事。"不等余瑞祥说完，詹大悲打断了他。

余瑞祥说道："我在关键地点打了败仗，深感辜负了军政府的信任。"

"瑞祥，我父亲说得对，你应该帮助我，我们得研究一下究竟应该怎么对敌。"王俊林可不愿意他们继续纠缠过往的事情。他接任战场总指挥，明天一大早就要跟清军开战，得让大家看一看，自己是如何力挽狂澜的。

余瑞祥详细地谈起了三道桥方向敌我双方的部署以及自己接连两次使用不同的战术，都遭到失败的实情。詹大悲、王翔宇、王俊财、赵璇滢补充了民军撤出原有阵地之后的各种情况。

王俊林倒抽了一口凉气：看起来，要想攻下三道桥，的确困难重重。难道自己注定不能超越余瑞祥吗？不，余瑞祥干不成的事情，自己一定要干成！他倔强的脾气上来了。

余瑞祥继续说："根据这两天的交战情况，加之清廷的海军舰队和水师一直对我方侧翼造成威胁，北洋军队的前锋已经接近汉口，继续攻打三道桥，只会消耗我们的力量和时间，不可能取得任何实质性的战果。不如放弃三道桥，从三道桥南端开始一直延续到大智门，逐层修筑防御阵地，以迟滞敌人的攻击。只要我们把清军拖在汉口，其他地方的革命党人准会相继起事。"

"现在，湖南已经起事了。只要我们能多拖敌人一天，就会多一个地方起事。到时候，清军定会自顾不暇，我们不需要花费力气夺取三道桥，三道桥也会落到我们手里。"詹大悲热切地说道。

王翔宇亲眼看到过余瑞祥指挥民军争夺三道桥的情景，从生意人的眼光看，继续投资那儿，肯定得不偿失，而且，余瑞祥已经放弃攻击三道桥了，他不希望儿子继续纠缠这个地方，马上准备附和。

可是，王俊林反对：“不，我们不能依靠其他地方的革命党人起事，来迫使清军放弃三道桥。湖南原本跟我们约定一块起事，可是，我们起事了十多天，他们才响应。我们没有跟其他方面的新军约定过，谁能保证他们什么时候起事？我们一定要夺取三道桥，以我们为主，来主宰这场战争。”

众人陷入了短暂的沉默，在心里盘算着：湖南已经起事，等于已经倒下第一张骨牌，形成了一连串效应，放弃三道桥的确算不得什么大事。可是，万一第二张牌迟迟倒不下来，清军便可以通过三道桥源源不断地扑过来，汉口一马平川，指望百姓和民军在短时间里修筑的工事，怎能挡住敌人的铁蹄？

王俊林继续说道：“何况，我已经带来了一个炮队，也带来了一个标的人马，我们的力量得到了加强，夺取三道桥，多了一分把握。”

“三道桥只是一里路长的三座桥梁，左边濒临长江，右边是湖泊。人马再多，也无法展开。要是把人马全部布设在第一线，又容易遭到清军的炮火攻击。”余瑞祥提醒道。

“何况，清廷的海军舰队和水师已经对我们的侧翼实施过攻击。”赵璇滢虽说不懂作战部署，但听余瑞祥说起过这一点，补充道。

“我们可以想办法解除清廷的海军和水师威胁。”王俊林说道。

赵璇滢冷冷地瞥了王俊林一眼，心里想道：他该不会是脑袋发烧，烧糊涂了吧？水面全部被清廷的海军舰队和水师控制了，有什么办法解除威胁？

王俊林即刻面向王俊财，说道：“商团里面有船主，命令他们搜集木船，分成两个部分，一部分前去阻挡清廷海军舰队和水师的去路，另一部分装运一批民军，去偷袭滠口。这样一来，敌人的海军舰队和水师势必难以接近我军的阵地，我军面临的威胁必然会大大减轻；与此同时，三道桥之敌担心被我军截断后路，势必会抽调人马，去拦截我们的船队。趁此机会，我们可以集中炮火，猛轰三道桥上的清军阵地。守敌已经减少，我们的炮火又如此猛烈，三道桥想不落于我们手里都难！”

看到王俊林如此自信满满，王翔宇、王俊财、詹大悲都动了心。

余瑞祥蹙起眉头：如果王俊林的冒险战术成功了，的确可以改善汉口的局势；然而，一旦失败了呢？将会对民军造成空前的压力。

王俊财答应道：“我可以连夜召集木船，听从总指挥的号令。”

詹大悲和王翔宇毕竟老成持重，见余瑞祥半晌不说话，知道他心有疑虑，出于对他的信任，打消了支持王俊林的念头。

王翔宇告诫儿子道："你刚来接任，不太熟悉情况。余瑞祥一直身在前线，他说应该放弃攻击三道桥，你还是老老实实修筑防御工事为好。要知道，北洋军队很快就会叩击汉口的大门，在时间上，我们耽误不起。"

王俊林不快道："时间固然紧迫，但不在乎一天。我只要一天的时间。一天之内，我攻不下三道桥，自然会按照余瑞祥的计划布设防御阵地。"

继任者做了决定，余瑞祥还能说什么呢？他觉得自己有责任帮助王俊林指挥民军对三道桥发动最后一战。虽说他并不认为三道桥有攻下来的希望，但也不希望看到部队蒙受无谓的损失，要尽最大的努力，力争夺取三道桥。

王俊财召集商团成员，一夜之间集合了许多小木船，把它们分为两拨：一拨由王俊财亲自率领，伪装成渔船，黎明之际驶入长江，一面撒网，一面向清廷海军舰队和水师驻地方向推进；另一拨由王俊财的副手率领，木船上装载着由王俊林亲自挑选的兵士，朝滠口方向驶去。

天亮时分，朝滠口方向进发的船队被敌人发现了。敌人向木船猛烈开炮。为了把敌人的注意力全部吸引到木船上去，王俊林命令炮兵展开反击。

王俊财率领的木船遍布长江，挡住了水道，清军的军舰无法过去帮忙。把守三道桥的敌人得到消息，调整炮火攻击的方向，猛烈地向木船开炮。

冒着敌人的炮火，木船继续向滠口方向前进。

中午时分，王俊林接到了木船即将接近滠口的消息，命令炮兵掉转打击方向，轰击三道桥阵地上的敌人。半个时辰之后，敢死队头顶湿透的棉被，怀抱汉阳造和炸药包，奋勇冲向第一道桥梁。

敌人的机关枪发疯一样打向敢死队，敌人的炮火也猛轰过来。顷刻之间，桥面上落下了无数炮弹，敢死队全部死在桥面上。

敌人不是把炮火转去轰击木船了吗？怎么会有如此多的炮弹打过来？王俊林又纳闷，又生气，命令炮兵不停地向敌人的阵地开炮，同时抽调人马，组成新的敢死队，一队接一队地朝敌人的阵地冲去。

王翔宇虽说希望儿子能够旗开得胜，见此情景，他动摇了："既然无法攻下三道桥，应该立即停止攻击，在这一带布设防线。"

"已经引开了敌人的炮火，此时不多冲击几次，拿下敌人的阵地，就前功尽弃了。”王俊林继续命令部队向敌人发动冲锋。

余瑞祥被卫兵抬到前线，看到战场上的惨状，劝说王俊林：“分散敌人炮火的企图无法实现，应该赶紧撤出战斗，继续打下去，徒增伤亡，没有任何益处。”

“没到最后关头，怎能停止进攻？”王俊林继续命令人马向前面冲去。

民军犹如飞蛾扑火，一片一片倒了下去。

损失惨重，再不停止攻击，只会增大伤亡。詹大悲不能眼睁睁地看着王俊林一意孤行，赶紧劝说：“总指挥，保存实力要紧，你不能继续进攻了！”

“如果不继续攻击敌人，难道木船撤得回来吗？”王俊林说道。

王俊林很有心计。他不是不接受余瑞祥的建议，而是他太熟悉三道桥一带的地形了。他派出去的木船，名义上是为了引诱敌人的炮火，其实是为了让木船上的兵士寻找机会，偷偷爬上铁桥，将敌人炸死在三道桥上。

詹大悲等人参不透王俊林的心意，听了这话，做声不得，心想，牺牲一部分兵士换取另一部分兵士的生存，值得吗？

余瑞祥很快洞悉了王俊林的计策。余瑞祥以前不是没有想过，可是他知道，其中存在很大的变数，一旦敌人有所察觉，被派出去的人马会遭受厄运不说，更会令敌人察觉到民军情形不妙，反过来向民军展开反攻。那个时候，民军将会因为一着不慎，满盘皆输。要是王俊林一开始就把这个计划告诉他，他会提醒王俊林，或许就不会如此冒险了。看起来，王俊林对他并没有完全交底，他更得悉心观察阵地上的一举一动。

民军继续一拨接一拨地展开猛攻，一拨接一拨地倒在敌人的机关枪下。

“王俊林已经骑虎难下了。”余瑞祥在心里叹息道。

妇女救护队连续几天救护伤员，人员损失很大，队员早已筋疲力尽，此时正在后方休整。赵璇滢记挂着战事，更记挂余瑞祥，独自跟在余瑞祥身边观战。

看到仗越打越艰难，她忍不住数落王俊林：“有你这样打仗的吗？完全是要队伍送死嘛！”

“你什么时候当上指挥官了？”王俊林嗫嚅道。

突然，从铁道上打出了一连串子弹。紧接着，一辆火车冲了过来。清军的炮火正在轰击桥面上的民军，民军的炮火也在轰击清军，火车挨了双方的炮弹，可是仍然不管不顾，迅猛地冲了过来。只有两节车厢，一个车头。从车厢里射出的子弹，大部分溅落到湖泊里去了，也有一部分打在桥面上；从车厢里扔出了一串接一串的炸药包和手榴弹，全部落入湖泊。

余瑞祥心里叫苦不迭：敌人一定识破了木船的真正目的，便采用火车攻击的方法，试图将从木船上游回来的兵士全部消灭。

在火车后面，一定会跟上一支强大的军队。得赶紧命令民军布设防线，对付他们。余瑞祥正要向王俊林提出建议，火车已经迅疾地冲了过来，一发炮弹打中了机头。火车不得不停下来，紧接着发出一声惊天动地的爆炸，掀起的尘灰犹如一张从天而降的巨网，把整个阵地全部覆盖起来。

余瑞祥被震得浑身骨头咔咔嚓嚓作响，那条受伤的手臂越发剧烈地疼痛起来。他什么都听不见，什么都看不见，只是隐隐约约感觉到，周围一片慌乱。

他显然想不到，敌人会用火车轰炸民军的阵地。但是，他没有时间考虑这些，阵地已经被敌人毁掉了，如果不迅速撤到后面去，损失会更为严重。

王俊林在火车爆炸的刹那间被震晕了。他的希望也破灭了。就这么完了？不，不能，组织队伍，一定要拿下三道桥。这个念头一直在他脑子里熊熊地燃烧。

在尘灰和浓烟的笼罩下，原有的阵地不复存在了，受伤的民军正在痛苦、绝望地挣扎。许多老百姓，商团成员，军政分府的官员，全都分不清楚谁是谁了。能够喘息的人，脸上一片黝黑，身上一片昏黄。

一定要以牙还牙！敌人能用火车炸民军，民军一样可以用火车炸敌人。炸掉三道桥，把敌人挡在汉口以外。王俊林心里狠狠地想。

敌人在高声叫喊，从枪膛里发射出来的子弹在咆哮。紧接着，耳朵里灌满了民军和商团成员痛苦的哀号。那一声声哀号，撕心裂肺，令人惊悸。

很快，王俊林镇定下来，命令道："各部队迅速阻击敌人！"

他的声音虽大，但没有一个民军能听见。他们全都震懵了，一个个都在号叫着呢。敌人的子弹打过来了，他们本能地抬起头，只见敌人怀抱步枪，气势汹汹地卷了过来。民军更是魂飞魄散，吓得拔起脚一路狂奔。

"不准后退，排列阵势，阻击敌人。"王俊林挥起手枪，朝敌人打去。

敌人狂叫着扑了过来，余瑞祥别无选择，只能先帮助王俊林吆喝兵士进入阵地，抵抗清军的攻击。可是，兵士哪里听得进去？余瑞祥气愤至极，挥动着手臂，但一阵钻心的疼袭遍全身，人又昏厥过去。

赵璇滢连忙扑了过去，抱着他，急切地叫喊道："余瑞祥，你怎么啦？"

余瑞祥慢慢苏醒过来，一眼看到了赵璇滢："传我的命令，各部务必奋力阻击敌人。要不然，汉口将会落到敌人手里。"

赵璇滢赶紧放下他，跳起身来，吼叫道：“是男子汉的都不要跑，回过头来，打敌人去！”

可是，她的声音淹没在子弹的呼啸和众人的号叫声中。

赵璇滢急眼了，捡起一条汉阳造，朝着敌人扣动扳机。她听见了击针撞击枪膛的脆响，枪却没响，也没有子弹射出去，急得直跳脚。

王俊林见仍然刹不住民军败退的势头，逮住了一个管带，用手枪对准他的脑袋，怒骂道：“你再敢逃跑，老子崩了你！”

看到王俊林眼睛通红，面露杀机，管带把心一横，捡起一支汉阳造，一边冲向敌人，一边绝望地吆喝兵士：“兄弟们，别逃了，杀敌人去呀！”

“都给我听好了，不准后退，狠狠打击敌人！”王俊林趁机下达了命令，看到身边有一挺机关枪，冲了过去，开动扳机，子弹嗖嗖飞向敌人。

一些民军停止逃跑，站在那儿，一动不动。

王翔宇苏醒了，挣扎着试图爬起来，一粒子弹恰好贴着他的头飞了过去。他没有感觉到，依旧想站起来看看周围到底怎么样了。一个人把他扑倒了。

他慢慢地睁开眼睛，赫然看到詹大悲正压在自己的身上。他痛苦地说道：“詹主任，我养了一个没用的儿子，连累民军损失惨重，实在愧对军政府。”

詹大悲说道：“王总理，你别这么说。王总指挥是英雄。你看，他不是在那儿亲自操着机关枪打击敌人吗？要不是他，我们可真的全完了。”

他一边说，一边移过身体。王翔宇果然看到儿子在距离自己不远处打击敌人，一面不时地回过头来，命令兵士们拦截敌人。

“要不是令郎英勇无畏，民军很可能会全军覆没。”

“可是，他只能当兵士，不能当指挥官，更不能当总指挥。”王翔宇痛苦地流出了眼泪，“他这一来，民军的损失太惨重了。”

詹大悲沉默了一会儿，轻轻地叹了一口气：“胜败乃兵家常事。打了一次败仗并不可怕。民军只要牢牢把守在这里，一样可以把清军挡在汉口之外。”

王翔宇感到无地自容。他要为儿子的失误承担一部分责任，要亲自操起枪，去打击清军。他顺手从地面拿起一支汉阳造，瞄向清军，开动扳机。

詹大悲振奋不已：“大家看啊，王总理亲自操枪杀敌，你们难道不应该更加鼓起勇气吗？杀死敌人，挡住敌人，你们就是英雄！”

军政分府主任的话迅速传遍每一个人的耳朵。滞留在战场上的伤兵和商团成员纷纷捡起枪支，各依不同的地形，向敌人开火。

战斗持续了一个时辰，敌人无力突破民军的防御阵地，不得不退回去。

王俊林松了一口气，紧绷的神经松弛下来，差一点瘫软在地。到处堆积着民军兵士和商团成员的尸体，不远处，火车仍在燃烧，烟雾一阵阵地随风飘扬。

一股莫大的羞辱感直冲他的脑海，不能夺取三道桥，也一定要炸毁三道桥！王俊林命令部队收集炸药。

赵璇滢打不响第一支枪，捣鼓了一会儿，没有找到原因，只好把它扔到一边，捡起另一支枪，瞄向敌人，扣动扳机，还是没有打出一粒子弹。她又把它扔了，想要捡起第三支汉阳造，赫然看到余瑞祥身子一挺，又昏倒在地。

“余瑞祥！”她大叫一声，飞掠过去。

赵璇滢不能让余瑞祥再度清醒，跌跌撞撞冲下战场，找来了红十字会大夫。

此后，余瑞祥时而清醒，时而昏迷。赵璇滢再也不敢离开他，和红十字会的医务人员时刻守在他身边。他们很希望把他送往后方治疗，可是，他们一抬，余瑞祥就清醒，说什么也不下战场。

这时候，王俊林已经派遣一批人马调集炸药和火车去了。他来到余瑞祥身边，关切地询问他的伤势。

余瑞祥说道：“北洋军队估计已经抵达了三道桥对面，明天一定会大举进攻。为了有效地延滞敌人的攻击，你应该命令各部队加紧修筑工事，层层设防，一定要把敌人堵在刘家庙以外。”

“你放心，敌人明天肯定不可能攻到我们的阵地面前。”

一下子损失了众多人马，而且害得余瑞祥伤病加重，要不是王翔宇、詹大悲亲自杀敌，激发了民军的斗志，不仅阵地已经全部落到敌人手里，所有民军和商团成员也会遭到灭顶之灾。赵璇滢对王俊林非常不满，可是，王翔宇就在面前，她说不出更重的话，只是冷冷地问道：“你又打什么鬼主意？”

王俊林明白赵璇滢以及所有民军将士，包括父亲都对他很不满。他一定要在这里打一个翻身仗，洗刷打败仗带来的耻辱：“敌人可以用火车炸我们，我们也可以用火车去炸他们。”

儿子还没有说完，王翔宇呵斥道：“你又动什么歪脑筋！”

“我倒觉得这个方法可以一试。夺取三道桥无望，炸掉它，不是切断了清军攻击汉口的道路吗？”詹大悲说。

王翔宇愣了半晌，问余瑞祥道："贤侄，你觉得这样可行吗？"

在清军没有用火车来炸民军以前，倒是可以炸掉三道桥的。清军已经在民军阵地前面炸掉了一个巨大的坑，火车上得了铁路吗？不用火车，在敌人的炮火攻击下，根本没有办法把足以炸毁铁桥的炸药悉数运送到铁桥上去。余瑞祥委婉地说道："只要算准了爆炸的时间，倒不失为一条可行之策。不过，要把这边的火车道修通，需要花费不少时间。"

众人马上明白过来了：不可能用火车来炸毁三道桥。

于是，王翔宇越发对儿子是不是能够指挥民军感到担忧。詹大悲暗地里为自己没有深入思考便附和王俊林而微觉难堪。王俊林又失一计，只好调集所有的人马，在三道桥这边修筑阵地。

事情终于回到了预定轨道，余瑞祥略微松了一口气。

第十章

王俊林丢失刘家庙

部分民军、商团成员以及民众，忙碌了整整一夜，终于在靠近第一道桥梁的地方挖掘出了好几条战壕，组成了一个纵深不大的梯次防御阵线，布列好了汉阳造、机关枪、火炮，以及其他各种长短武器，准备抗击敌人。

这里，只不过是抵抗敌人的前哨阵地。王俊林非常清楚，北洋军队的前锋已经抵达滠口，在这里无法阻挡敌人的攻击，真正的战场，应该放在刘家庙一线。他同样非常清楚，如果不在这里遏制住清军攻击的步伐，一夜之间是不可能加固刘家庙一线的防御阵地的。因此，他希望在这里尽可能地把敌人拖得更久一点，以便主力部队和民众继续在刘家庙一线加固纵深防御阵地。

王氏家族的命运已经跟革命党紧紧地绑在一块了，王翔宇、王翔东兄弟别无选择，不得不竭尽全力为民军提供帮助。他们听说军粮不足，连夜召集人手，送了一大批粮食过去，并且不辞辛苦，督促另一部分商团成员为民军送饭送水送弹药，解除民军人手不够的隐忧。

詹大悲不仅几乎把整个汉口的民众都动员起来了，而且亲自投入到准备迎击敌人的战斗中。

他很清楚，即将到来的战斗一定更加残酷。他不敢怠慢，命令军政分府全体人员暂停其他工作，全都投入到阻挡清军侵入汉口这个中心任务上来。

现在，民军已经进入第一道阵地。这里是清军攻击汉口的必经之路，即将在这里进行的战斗会激烈到什么程度，詹大悲实在难以想象。

部队进入战壕以后，子弹上膛，炮阵列队，只要一声令下，就展开猛烈的反击。

因为自己的鲁莽，民军和商团成员损失惨重。王俊林可以想象，如果不是王氏家族鼎力支持革命党，他这个总指挥的处境该是如何尴尬。他一定要在接下来的防御作战中证明自己。

黎明时分，敌人的大炮突然发出了惊天动地的吼叫，滂沱大雨似的炮弹落在民军阵地上，掀起的尘土和硝烟，顷刻之间将刚刚露出一些亮色的天空涂成了一片漆黑。有的人受伤了，痛苦地哭叫；有的人被弹片削中要害，再也起不来。

民军炮兵部队指挥官请求用大炮反击。王俊林命令他们不得轻举妄动。

民军将士纷纷指责开来："这是什么战场指挥官，原来是我们攻击敌人，现在敌人攻击我们了，我们怎能无动于衷！"

王俊林没有理睬将士们的牢骚。他知道，北洋军队拥有先进的管退炮，拥有马克沁式机关枪，可以在远处打击民军，只有把敌人引到近处，让敌人的枪炮失去作用，才是最好的策略。他要静静地等着敌人攻到民军眼皮底下，然后突出奇兵，将敌人消灭在第一道防线上。

终于，敌人的炮声停歇了。

民军将士缓过劲来，从战壕里翘起了头，想看一看周围的情况，但一步开外竖起了黑色的壁障，什么都看不清。

“他妈的，闹什么鬼！”民军官兵纷纷骂道。

炮兵停止轰击，意味着步兵马上要展开进攻。王俊林知道，交战的时刻到了，极力睁大眼睛去观察阵地前面的情况，什么都看不见。他听到了官兵的牢骚，大声命令道：“各队队官注意，管好各自的队伍，不准喧闹，留心敌人的动静！”

“不准喧闹，留心敌人的动静！”阵地上到处响起了严厉的喝叫声。

片刻过后，阵地上再也没有任何响动了。

王俊林侧耳认真聆听，听到了一阵接一阵的脚步声，以及一阵阵喘息声。敌人果然发动地面攻击了！王俊林赶紧传令：“各部队等敌人靠近一些再行动！”

他的声音还没有落地，便响起了一声枪响，一团火光倏忽而起，又倏忽而逝。从敌人那边传来了一声凄厉的号叫。紧接着，阵地上就是一阵慌乱的响动。王俊林听清楚，也看清楚了，是阵地最前沿开的枪。

赵璇滢就在那儿。

遵照军政府的命令，赵璇滢把余瑞祥送回武昌治疗以后，回到了汉口，见到王俊林就说：“妇女救护队要到最前沿去。”

几乎是命令的口吻，不带一点感情色彩，也没有任何回旋余地。

王俊林本来考虑让妇女救护队休整几天，一看赵璇滢的架势，心知不答应她的要求，她是绝不会罢休的了。

前沿阵地这一声枪响，立即唤醒了整个阵地。随即，阵地上枪声连成一片。

王俊林放眼望去，硝烟已经飘散了，可以清晰地看到在最前沿的阵地上有很多尸体。赵璇滢和几个队员，正在战壕里替受伤的民军检查伤势，包扎伤口。没有受伤的民军仍然趴在战壕上，向清军开火。清军一边开枪还击，一边疯狂地朝民军阵地上冲。已经有一拨敌人冲到了阵地前沿，正要作势朝战壕里扑去，但倒在民军捅出的刺刀和打出的子弹之下。越来越多的敌人涌了过来。来不及换子弹的民军冲出战壕，挥动着枪刺，冲进了敌人的阵线。赵璇滢和妇女救护队站起身，准备冲上去救护被敌人打翻在地的民军。

“你们不要过来！”正在拼杀的民军立刻挡在她们面前，吼道。

“一定不能让赵璇滢她们遭受不测！”王俊林立即命令炮兵向第一道桥梁上的敌人开炮，阻其后续部队前进，同时从后面抽调一支人马，快速赶过去增援。

第一道桥梁附近的阵地上，民军跟清军的肉搏在继续。

“我们是救护队，不要拦着我们，我们要去救人！”赵璇滢和妇女救护队队员请求挡在她们面前的民军。

“好姐姐，你们回去战壕，不要让我们分心！”民军哀求道。

赵璇滢看到挡在面前的民军一个个被清军刺倒，另一批民军又冲了过来，一时悲从心来，一边哭，一边退回了战壕。

妇女救护队一退，民军施展的空间宽阔起来，人人闪转腾挪，奋力与敌人战成一团。很快，王俊林从后面抽调出的兵力，猛虎一般地冲了过来，见着敌人就是一阵猛烈的砍杀。敌人抵挡不住，不得不撤了回去。

把敌人赶回去了，民军一样付出了惨重的代价。如果把民军的战线朝后面挪移，在这里埋上一些地雷，或者布设一些陷阱，是不是可以用较小的代价，取得较大的胜利呢？王俊林想。他不需要考虑去什么地方弄这些东西，也不需要考虑是不是能够搞到这些东西，他知道，只要自己提出了要求，王俊财一定会想尽办法在最短的时间里把这些东西送到他的手里。

滞留在战场第一线的商团成员显然无法完成这项任务，刚刚乘木船回来的王俊财不得不从刘家庙一线抽调大批人员前来帮忙。

王翔宇看到这种情况，非常担心，赶紧跑过来对儿子说道：“身为总指挥，你得随时保持清醒的头脑，不要想到一出是一出。你会叫大家无所适从的。”

“父亲，战争从来没有按照一种办法打到底的。”王俊林说道。

“敌人用大炮一轰，万一把地雷阵引爆了，把陷阱也炸坏了，阵地上又没有人把守，敌人尽可以毫无顾忌地冲过来。刘家庙一线的战壕又没有加固好，民军还怎么抵挡敌人的冲击？”王翔宇说道。

詹大悲考虑了很久，慎重地说道：“也许，这样的确能打敌人一个措手不及。可是，我们还得预备在没有布设好陷阱、埋设好炸药之前，或者正在布设陷阱埋设炸药的时候，敌人就会发动进攻。”

王俊林不会不考虑这一点。他判断，敌人很快会展开新一轮进攻。要想让陷阱和炸药发挥作用，只能在天黑的时候偷偷干，以瞒过敌人的视线。

战场打扫完毕，被敌人破坏的阵地也得到了修补。一部分商团成员在王翔宇的带领下，把早已准备好的饭菜和开水抬上了阵地。民军吃了饭，喝了水，稍微缓过点劲来。王俊林给第一线部队补充了武器弹药，也补充了一些人员，各自进入阵地，等待敌人发动第二次攻击。

这一次，敌人改变了部署，用炮弹在前面开路，导引一批部队，推着一挺挺马克沁式机关枪，向民军的阵地冲了过来。

民军听见敌人的炮声，准备像往常一样躲到战壕里去，忽然发现敌人冲了过来，慌乱之中架起机关枪和汉阳造，还没来得及瞄准，敌人的机关枪扫了过来。

王俊林急忙命令炮兵对敌人展开猛烈的轰击。

敌人的机关枪稍微停顿了一下。把守最前沿阵地的民军队官抓住机会，指挥人马瞄准冲到最前面的敌人，一声声枪响，敌人的机关枪火力削弱了许多。

“太棒了！你们真是好样的！”赵璇滢兴奋地说。

“赵队长，你要是男人，我们谁都比不过你。”队官一脸笑意，反过来恭维赵璇滢，“你在这里，我们打仗都带劲！”

民军的炮兵阵地被敌人发觉了，敌人的炮火猛轰过去。民军的火炮要差很多，很快撑不住，不得不转移阵地。

已经有一批敌人冲到了民军的阵地前沿。敌人的机关枪和大炮渐渐失去了优势。一些民军将士手里的汉阳造出现了故障，打不响，眼看敌人已经冲到面前来了，不由分说，抡起枪杆子，照着敌人的脑袋一阵横扫。

第一批民军快要抵挡不住，王俊林命令预备队冲上前去，将敌人压了下去。

民军一直被动挨打，王俊林心里充满了恼怒。现在，王俊财已经率领商团，把炸药全都运到了阵地附近。王俊林决定向敌人展开夜间攻击，掩护部队埋设炸药。

天黑时分，得知前线一再遭到敌人攻击的消息，军政府派来了一支敢死队。

真是想睡觉，有人送枕头。王俊林大喜过望，命令敢死队做好夜间偷袭的准备。他把敢死队分成了三拨，分别指定了带队官长，连夜交替地偷袭敌人。

第一拨敢死队在二更天的时候悄悄启程。他们披着湿透的棉被，拿着炸药包、汉阳造，像影子一样朝敌人的阵线上摸去。很快，他们接近敌人的阵地了。敌人发现了，机关枪哗啦啦打了过来。敢死队员纷纷扑倒在地，任由密集的子弹打在棉被上，匍匐前进。几个敢死队员爬到敌人阵线的前沿，猛一拉炸药包，向敌人的阵线一扔，敏捷地翻身一滚，回到安全地带。

轰隆轰隆，几声巨响过后，四周的敌人惊醒了，冲上去救援。敢死队一击得手，毫不恋战，迅速回撤。

“不闹得你们一夜不得安宁，逼你们明日全部出来送死，我绝不罢手！”王俊林感到一阵快意。随即，命令第二拨敢死队冲向敌人的阵线。

这一次，敌人有了防备。当敢死队快要接近第一道桥梁的时候，敌人马上用机关枪和大炮轰了过来。敢死队无法冲向第一道桥梁，只有退回来。那边猛烈地攻击了好一会儿，没见这边有动静，渐渐沉寂下来。

不一会儿，第三拨冲上去的敢死队又唤醒了敌人的机关枪和火炮，子弹和炮弹再一次喧嚣不已。

三支敢死队轮换出击，惊扰得敌人一夜不能安宁。

乘此机会，王俊林命令王俊财将炸药偷偷地沿战壕运送过来。民军将士和商团队员一道，不仅挖好了陷阱，也埋设好了炸药。

天亮后，王翔宇、王翔东率领人马将饮食送到阵地。王俊林命令部队赶紧吃过早饭，准备杀敌。可是，等了好一会儿，敌人一直没有动静。王俊林决定进一步激怒敌人，命令炮兵向敌人展开轰击。

敌人被民军骚扰了整整一夜，一直担心民军有什么诡计，不敢率先发动进攻。民军大炮一响，敌人判断民军是在为步兵发起冲锋做准备，立即出动大批人马，在火炮和机关枪的掩护下，前来攻击民军的阵地。

布设在第一道战壕里的民军拼命抵抗，打退了敌人的攻击。

帮助民军埋设好了炸药以后，王俊财一直跟随在王俊林身边，想亲眼看一看炸药的威力。没料到，王俊林却放跑了敌人。他颇有些不解地问道：“敌人已经冲过来，为什么不命令部队撤退，把敌人全部埋葬在这里呢？”

“敌人跟我们交手数天，知道我们的斤两，这是在虚张声势，想试探我军的行动。等一会儿，他们准会出动更多的人马。把他们一块儿送去见阎王，黄泉路上也没那么寂寞。”王俊林微笑道。

王俊财不得不佩服王俊林深谋远虑。王翔宇、詹大悲都觉得王俊林成熟起来了，心里万分高兴。

王俊林不敢马虎，再一次检视民军的作战部署：现在，大多数部队都在第一道战壕里埋伏下来了，在第一道战壕之后的地域里，布设好了陷阱，埋好了炸药。一旦敌人大举攻击，民军极力抵抗一阵，随即向两边及后方稍作撤退，等敌人陷在陷阱和炸药阵里后，迅速扑过去消灭残敌。

过了好一会儿，敌人仍然没有大举发动攻击，王俊林心里犯嘀咕：敌人难道察觉到了我们的意图吗？不，敌人不可能察觉出来。他们在干什么呢？难道是在做大举攻击以前的准备吗？肯定是这样。敌人已经做过了一次尝试，觉得民军不可能设下埋伏，必定会抓紧时间集合更多的部队，来迅速夺得民军阵地。

湖南的革命党人起事了，江西的革命党人也起事了，清廷不能让这股风潮蔓延下去，一定会竭尽全力，首先剿灭武昌这个首义之区的革命党。不是说清廷已经任命袁世凯为湖广总督，率部前来镇压革命党吗？袁世凯老谋深算，没有十足的把握，一定不会命令部队展开大规模的攻击。

想到这些，王俊林越发觉得自己判断正确，越发希望更多的清军前来送死。

部队经过了漫长的等待，依旧看不到敌人的动静，心里越来越烦躁，阵地上传来一片轻微的责骂声。

王翔宇忍不住了，问儿子："敌人在搞什么名堂？为什么不来攻击？"

王俊林微微一笑，说道："清军动作迟缓，对我们不是也很有好处吗？敌人不着急，我们为什么要着急呢？"

中午时分，王翔东率领一拨商团成员挑的挑，抬的抬，将饭菜和饮水送上阵地。他们还没有来得及将肩上的担子放下来，突然，敌人的大炮喧嚣起来了，依稀毒蛇吐信似的，吐出一枚枚炮弹，嗖嗖地叫着，飞过了三道桥，落在民军阵地上。许多挑夫受了惊吓，挑子从肩上滑落下来，饭菜撒了一地。

敌人即将大举进攻了！王俊林万分欣喜，民军将士也万分欣喜，谁也顾不上这顿饭，全都在战壕里警惕地注视着敌人的动静。

在炮兵展开猛烈轰击的同一时刻，黑压压一片敌人，排山倒海地攻了过来。

"来得好！你们非得结伴去见阎王，休怪王某心狠手辣！"王俊林心花怒放。敌人的前锋一抵达汉阳造的有效射击范围，他立即命令民军向敌人展开反击。

敌人已经接近第一道战壕，王俊林接连下了三道命令：

"民军沿着指定的路线后撤！"

"点火手迅速点燃导火索！"

"炮兵轰击敌人！"

民军迅速跃出战壕，一边朝后面撤退，一边不停地回过头来阻击敌人。

冲到最前面的敌人稍稍减慢了前进的势头。后面的敌人冲过了第一道战壕，面前敞开了一个宽阔的空间，马上向两边分开，势如决堤洪水一般地朝民军展开追击。突然，一声接一声惊天动地的巨响，将已经冲进炸药阵地的敌人狠狠地掀上天空，然后重重地砸下来。敌人一片一片倒地身亡，爆炸掀起的尘土呼啦啦地盖了下去，把他们掩埋了。距爆炸中心稍远一点的敌人宛如挨了雷击，待在原地，不敢动弹。

趁此机会，民军掉过头来，密集的子弹毫不留情地扫向敌人。

敌人的马队距离爆炸中心最远。战马受到惊吓，四处乱冲乱撞。

民军继续朝敌人冲去，风扫残云一般，将敌人一片一片撂倒在地。

王俊林试图趁此机会夺占三道桥。然而，敌人设在三道桥的守卫部队并没有减少。民军一冲到敌人机关枪的扫射范围，行云流水般的追击随即画上了句号，在损失了许多人马之后，不得不撤退回来，再次进入第一道战壕。

现场一片狼藉，已经不能称其为战壕了。到处都是痛苦的哭叫声，到处都是洒落的尸体，到处都是敌人留下的枪炮。王俊林命令人马打扫战场，清点出很多枪炮，但多数毁损严重，根本无法使用。

民军一战杀敌无数，自身伤亡不大，救护队几乎没有伤病员，赵璇滢欢欣鼓舞。她跑到王俊林面前，说道："王总指挥，你只要多打几个像这样的胜仗，敌人肯定进不了汉口。"

"哈哈哈，这也是我的愿望！"王俊林仰天大笑道。

"你准备怎么打？"赵璇滢问道。

"人马先休整一下，我自会想出主意。"王俊林说道。

"你是说，你现在不打算派出足够的兵力防备敌人再度进攻呀？"赵璇滢吃了一惊，"余瑞祥曾经说过，失败的时候，应该保持头脑清醒，胜利之余，也不能太大意，必须提防敌人再度集合人马，展开攻击。"

王俊林哈哈大笑，打断了她的话："大约一个标的敌人葬在这里了，敌人到哪里去集中人马再朝我们展开攻击呢？"

"我觉得，小心没大错。"赵璇滢坚持道。

王翔宇虽不知兵，但是，商场跟战场一个道理，多几手准备，才能立于不败之地。他告诫儿子："赵小姐说得不错。只要民军做好准备，不怕敌人继续攻击。"

王俊林说道："敌人千里奔袭而来，必然人疲马乏，武器弹药难以供应。经过一天的试探性攻击以后，敌人倾其全力，集结了一个标的人马，目的在于一举攻破我军的第一道防线，迅速向纵深发展。现在被我们消灭了，敌人要想再集合如此之多的人马，至少也得一两天时间。”

詹大悲本想说，应该理智地对待敌人，但听王俊林的话，也觉得很有道理，就不做声了。

赵璇滢仍然不能释怀，见无法说服王俊林，便带领妇女救护队再度回到前沿阵地，要求队官警戒敌人。

天色非常阴沉，一眼望去，到处灰蒙蒙一片，看不清对面敌人的阵地。赵璇滢和妇女救护队员的耳朵里，灌满了民军和老百姓兴高采烈的说话声。忽然，赵璇滢听到了一声异样的响动。她举目望去，什么都看不见。担心敌人实施偷袭，她努力地去捕捉那个异常的声音，还是一无所获。

“你听一听，是不是有异常？”赵璇滢对队官说道。

“好像是。”队官表情凝重。

队官命令手下：“注意观察敌人，做好战斗准备！”

“队长，你看，敌人是不是出动了？”一个妇女队员发现了情况。果然，三道桥那儿出现了一大队人马。赵璇滢想跑去告诉王俊林，让部队做好迎战准备。可是，敌人已经展开了猛烈炮击。

敌人发动第二次大规模进攻了。王俊林赶紧组织部队迎击敌人，可部队一片慌乱，几乎找不到指挥官。

詹大悲和王翔宇在听见第一声炮响的时候，心里也是一惊。他们一样清楚，如果敌人发动了进攻，对民军来说意味着什么。他们不能让这种情况出现，赶紧吆喝商团成员和老百姓阻挡敌人。但谁还能听从他们的吆喝？

“回去！妇女救护队到了前沿阵地，詹主任和王总理他们都在战斗，你们怎么能逃离战场？”一个声音在慌乱的人群中间炸响。

逃跑的人群停了下来，经过短暂的踌躇之后，回头奔向战场。

敌人越来越多，越来越密集。他们一路不停地用机关枪扫射，所到之处，决不会留下一个活口。

民军的伤亡越发惨重。整条阵线支离破碎。即使是炮兵的猛烈轰击，也阻止不了敌人的前进。王俊林有点胆寒了，浑身上下从来没有这样寒冷过。

他下达了命令：“全部撤到后面的阵地上去！”

后面还在加固阵地，并没有组织有效的防御阵线，这一撤，等于为敌人闯进汉口打开了大门。队官对赵璇滢说：“你们先走，我留下来拦截敌人。”

“你是要为后面部署阵地赢得时间吗？”赵璇滢说，“我是救护队队长，哪里有战斗，我必须留在哪里！”她回头招呼救护队员：“都不要走，这里还在战斗，我们还要救护伤员。”

大部队一撤退，战线上的民军显得更加零星了。王俊财正要率领商团成员跟民军一道撤离，赫然看到赵璇滢和她的救护队还在战场上，赶紧命令商团成员留下来。其他人随着大军向后面撤去。

王俊林率领大军一撤到第二道战壕，立即命令部队停止撤退。可是，队伍一撤，人心重新慌乱起来了。沿途看到许多早期逃跑的民军和老百姓因相互拥挤导致重伤倒地，呻吟不止，民军战斗意志愈加涣散，刹不住后撤的车轮。

“停止撤退，火速布设防线。”王俊林大声命令。

一道又一道命令下达到各级指挥官手里，仍然不能阻止民军撤退的步伐。

王翔宇不由得为儿子一招失算，导致如此局面感到伤心。他知道军政府的纪律，了解《鄂州约法》的精神。儿子如果不能阻止大军撤退，火速将阵线稳定下来，刘家庙一旦落入敌人手里，儿子将会受到军法制裁。

他大声喊道：“弟兄们，前方打胜仗了，火速回去打击敌人！”

声音同样淹没在慌乱的人声之中。

詹大悲同样高声喊叫：“前方已经打胜仗了，都回来！”

他一面说，一面骑着马挡在道路中央，朝后面指去。

接连两次，都是父亲和詹大悲出头露面，才替他稳定了队伍，王俊林感慨万端，赶紧命令队伍进入战壕，准备拦截敌人。

这一天的战局变化实在太大了，他不能不考虑下一步的作战方略。

第一招已经失算，第二招能顺利挡住敌人吗？即使挡住了敌人，得付出多大的代价？挡不住敌人，到了刘家庙，又会遇到什么样的境况呢？

他曾经立过军令状，最低限度也要把守住刘家庙。刘家庙已经成了他心中最后的疗伤圣药。敌人还没有追赶过来，他打算把这里交给炮队标统全盘负责，亲自去刘家庙，在那儿建立总指挥部，统筹一切力量，坚守刘家庙。

交代完毕，他立即赶往刘家庙。在路上，他接到报告：敌人的海军舰队越过了商团木船队伍组成的拦截网，已经到了谌家矶，刘家庙已遭到袭击，死伤惨重，要求组织人马前去支援。

王俊林揪心不已。为了固守刘家庙，他火速返回第二道战壕，准备抽调出一些人马，亲自率领他们，奔向刘家庙。

“敌人很快会追到这里来的。这里的守卫部队太少，一旦失守，别说刘家庙，就是整个汉口，恐怕会全部落到敌人的手里。”炮队标统忧虑地说道。

“可是，我们没有援兵，眼下只能全力以赴保护刘家庙。敌人追到这里来了，你就用大炮轰击。”王俊林说道。

真是一着不慎，满盘皆输！詹大悲想起了余瑞祥：“要是余瑞祥没有受伤该多好啊！他为人稳重，绝不会犯如此重大的错误。王俊林求胜心切，又不能深谋远虑，致使民军陷入被动。”

要是换上别人，詹大悲一定会以军政分府的名义，命人把战场总指挥抓起来，执行军法。可是，战场总指挥偏偏是王俊林。自从革命党人起事以来，王翔宇率领王氏家族的核心成员一直帮助革命党人，汉口才有了今天的局面。王俊林是王翔宇的独子，唯一的骨肉，詹大悲不能这样做。他暗暗祈祷，但愿军政府能够早一点派遣能干的指挥官过来接替王俊林。

队官和王俊财率领人马依托巨大的弹坑，架着从敌人手里缴获的机关枪，不断地扫射敌人，一时间，挡住了敌人进攻的步伐。敌人不得不改变策略，用大炮猛烈地轰击他们。弹药快要打光了，队官盘算了一下，觉得王俊林一定在后面布设好了防御阵线，决计趁着敌人继续炮击的机会，率领队伍撤到后面去。可敌人很快组成了新的队形，又发动了进攻。

“赵队长带着救护队先撤，我和王团长率领人马交替掩护，不难撤到第二道战壕。”队官说道。

“你们在战斗，救护队怎么能走？”赵璇滢说道。

“救护队不走，我们谁也走不了。”

王俊财劝说赵璇滢：“你们留在这里，大家全部都得死。不如你们快走，我们随后撤出，尚可保全一些人员。孰轻孰重，你不会掂量不清吧？”

赵璇滢一愣，顿了一下，命令救护队：“抬着救治的伤员，撤！”

撤至第二道阵地，看到这里防守稀薄，赵璇滢心里一惊，赶紧询问原因。

炮队标统说道：“总指挥得到报告，刘家庙已经遭到了清廷海军舰队的轰击，抽调一拨人马增援去了。”

赵璇滢听队官说过，敌人根本没有后续部队，只不过是因为民军疏于防守，敌人凭借拼凑出来的人马，打了民军一个措手不及，致使一些民军发生动摇。王俊林又没有及时洞察出敌人的实情，致使民军自乱阵脚。要不是子弹快要打光，没有补给，那一个队的民军和王俊财的商团决不会撤退，自己也不会扔下伤员不管。原以为只要等待他们随后撤退过来，在第二道战壕站稳了脚跟，迅速调集力量，把敌人反击回去，谁知王俊林竟然进一步分散兵力。她心里怎能不恼火？

很快，队官带着残余人马过来了。情况发生了变化，该怎么办？放弃第二道战壕，立即赶去跟王俊林会合，在那儿挡住敌人，然后朝敌人发动反攻吗？

队官还没有思考成熟，敌人已经追了过来。队官只有和炮队标统一道，率领残余人马阻截敌人。

大炮距离敌人太近，无法使用。不一会儿，民军因汉阳造以及机关枪数量不多被敌人的火力压制得不能动弹。首先撤退到这里的民军军心动摇，赶紧离开阵地，向后狂奔。赵璇滢急忙阻拦，但哪里拦得住？

炮队标统眼看形势危急，急忙派出一支不大的人马，护送詹大悲、王翔宇、王翔东等人朝刘家庙退去。队官、王俊财、炮队标统率领余下的人马拼死抵抗。

敌人攻势猛烈，从第二道战壕上冲破了好几道缺口后，留下一部分人马将民军合围起来，另一批人马朝刘家庙方向奔了过去。

一个队的残余兵力、炮队和商团组成的联合部队跟敌人展开了混战。敌人虽说分散了人马，但毕竟武器装备精良，民军无法吃掉敌人，反而遭到压制。

忽然，从刘家庙方向传来了一阵剧烈的爆炸声。紧接着，天空中升起了一团浓烟，然后化作一道冲天的火光，照亮了渐浓的夜色。

“那是什么？”赵璇滢浑身一颤。

“也许，是王总指挥阻挡不了敌人的攻击，在撤出刘家庙的时候，把所有的辎重和弹药全部烧毁了。”炮队标统说道。

“啊！”赵璇滢惊呆了。

王俊财心里一阵疼痛，难过得什么话也说不出来。

队官长叹一声，没有做声。

继续留在这里跟敌人纠缠，只会被敌人包围被敌人吃掉，队官不得不率领部队朝后面撤去，一直撤到大智门一带，迎面遇上了王俊林。

赵璇滢悲愤地说道：“你断送了民军，断送了汉口。”

刘家庙维系着王俊林的性命与荣誉，他实在很想把守刘家庙。可是，他率领援军过去一看，民军死伤惨重，士气低落，战线难以弥合。他很想重振士气，但敌人的舰炮威力巨大，汉阳造、机关枪和快炮根本打不到军舰上去。

眼看着部队一片片倒下去，他真有点不知道如何是好。更为严重的是，敌人已经追上来了。区区残兵，怎么能经受得住敌人两面夹击？他只有后撤。在命令部队后撤的时候，他生怕辎重和弹药携带多了，延滞行动，又不愿意将它们留下来资敌，就命令部队炸掉那些弹药和辎重。

王翔宇、詹大悲察觉敌人数量不多，力劝王俊林一定把守刘家庙。但王俊林硬是下达了撤出刘家庙并烧毁辎重和弹药的命令。

在撤离的路上，王俊林看得出来，不仅父亲脸色忧悒，詹大悲脸色也很不好看。他心知他们对自己失望极了，但没有时间理睬他们，要紧的是撤离部队。

部队撤到了安全地域，跟赵璇滢相遇了，竟然受到赵璇滢如此严厉的指责。要是煽动起了父亲和詹大悲的情绪，他们一发作，自己恐怕真的众叛亲离了。

王俊林非常愤怒，厉声说道："赵队长，请你不要胡说八道。"

"敌人根本不像你想象的那样厉害。只要你仔细观察，不难发现，敌人根本没有后续部队。只要我们镇定下来了，即使撤离了刘家庙，也可以卷土重来，把它夺回来。那儿的武器弹药，那儿的辎重，是维持部队运转的命脉。你把它们都毁掉了，你这是断了民军的后路。你是在帮助敌人！"赵璇滢怒不可遏。

第十一章 余瑞祥受命再上阵

余瑞祥在医院仅仅躺了一天，军务部长孙武就陪同都督黎元洪前来探视，话里话外全部透露出一种信息：请他重返汉口去指挥民军对抗北洋军队。

军政府接到消息，知道汉口方面情况危急，连夜召开军事会议，研究对策。

大敌当前，战场总指挥王俊林举止失措，擅自决定烧毁了武器弹药和粮草，等同于绝了民军的后路，帮助了敌人，许多军政要员要求砍掉王俊林的脑袋，以申军纪，振奋军心。

可是，王俊林毕竟是王翔宇的独生子，王翔宇和整个王氏家族帮助革命党做了那么多事情，要杀王俊林，黎元洪难以做出决断。

但有一点是可以肯定的，王俊林不能继续担任战场总指挥。谁能力挽狂澜，挡住清军进攻的脚步？所有军政要员一致认为：余瑞祥在汉口连续作战多日，又是武昌起事时期的临时总指挥，富有作战经验，又熟悉汉口的情况，接替人选非他莫属。

可是，余瑞祥身受重伤，正在医院躺着。这个时候惊动余瑞祥，他们委实难以启齿。另派他人吧，孙武、蒋翊武倒是很有军事才干，而且是武昌地区革命党的首要人物，出马扭转颓势应该不在话下，但他们目前需要处理的事情实在太多，根本上不了前线；其他人，谁都没有余瑞祥合适。形势所迫，黎元洪不得不亲自出面，带着孙武、蒋翊武等军政要员，利用探视余瑞祥病情的名义，来到了医院。

一听前线危急，余瑞祥立刻要求出院，准备亲率一个标的援军，去汉口阻挡清军。

黎元洪满足了余瑞祥的要求，并指派知名的医疗人员，贴身照顾治疗他。孙武留下来单独跟余瑞祥商谈如何重新部署人马，在汉口挡住清军。孙武甚至向余瑞祥透露军政府有人提议杀掉王俊林以振奋军心。

王俊林草率地将刘家庙的粮草和弹药全部付之一炬，的确给民军造成了很大的困难。但是，余瑞祥相信，王翔宇、王俊财可以为民军提供后勤保障。为此，他极力劝说孙武不要对王俊林实施如此严厉的惩罚。

余瑞祥住院期间，哥哥余瑞光得到消息，曾经瞒着父亲，到医院探望过他。

为了确保工厂维持正常运转，商户继续营业，军政府动员了不少人进入余记纱厂，使得余记纱厂可以重新开业。余昌泰纵使再不愿意接受军政府的帮助，还是乐于看到余记纱厂起死回生的。他失去了把余瑞光关在家里的理由，余瑞光一走出家门，外面世界发生的一切，令他目不暇接，倍感新奇。

自从赵璇滢离家出走以后，余府上下死气沉沉，怕惹怒余昌泰，谁都不敢说一句对军政府有利的话。

一听说军政府陷入了危机，民军遭到了失败，余昌泰高兴得手舞足蹈。余瑞祥受伤的消息传回府上，其他人都很担心，余昌泰却哈哈大笑：“逆贼应该死在清军手里。对朝廷不忠，对祖宗不敬，对父母不孝，对兄弟不悌，何以为人？何以立世？他若不死，岂有天理！”

没有谁敢公开反驳他，只是谁的心里都沉甸甸的。余瑞光决计趁去纱厂的机会，偷偷去探望弟弟的伤势。

他不仅担心弟弟，而且担心赵璇滢。赵璇滢走后，他心里一直空空落落，只要听到女人讲话，他就以为是赵璇滢回来了；只要有女人打眼前经过，他就以为是赵璇滢。他有好多次都想把心一横，跑去汉口寻找赵璇滢，跟她一块当革命党。可是，脑海里倏忽之间浮现出父亲严厉的目光，好不容易鼓起的勇气顷刻消失得无影无踪。

看到弟弟差一点断掉的手臂，他愣住了。

余瑞祥却谈笑自若：“我只是被清军的子弹咬了一口，没什么要紧，很快就会好起来的。我还会上战场去杀清军。”

“什么时候才能不打仗啊？”余瑞光问道。

“当我们把宣统皇帝赶下龙椅，建立了中华民国的时候，就不会打仗。”

“我听说，清军比你们的人马还要多，还要厉害。”

“那只是表面现象。我们是为了建立中华民国，为了推翻专制的皇朝统治，得到了民众的广泛支持。我们的力量比敌人更强大。”

“只是，打仗太危险了，你要注意，可别让自己再受伤了。”

看哥哥吞吞吐吐的样子，余瑞祥清楚他想打听赵璇滢的情况，便把嫂子在战场上怎么冒着枪林弹雨救护伤员的事情说了一遍。

在战场上，赵璇滢竟然比男子汉还要勇敢、还要坚强！余瑞光深受震撼。

回到余府之后，余瑞光鼓足勇气，想开诚布公地跟父亲谈一谈，告诉父亲，自己要去帮助革命党，实在不能取得父亲的谅解，就像赵璇滢一样离家出走。但是，看到父亲威严不可侵犯的模样，他的勇气立马消失了一大半。

“是不是想告诉我，纱厂已经恢复了正常。我不要听这些话。只要你不帮助逆贼，你干什么都行。”

父亲的话让余瑞光堆积的勇气消失得干干净净。他再一次前往医院，试图从弟弟那儿再得到一些勇气，但弟弟已经带领人马到汉口去了。他叹息一声，准备离开。一位护士递给他一封信。他打开一看，赫然是弟弟的手迹。

余瑞祥离开之前，知道哥哥还会来找他。面临父亲的压力，哥哥虽说打心眼里同情革命党，但不敢支持；虽说一直深爱着赵璇滢，但不得不写出了休书。余瑞祥既怜悯，又理解。他希望亲自劝说哥哥放弃对父亲的盲从，可是没有时间了，只能草草地写了几句话，劝说哥哥一定要站在民众的利益上考虑问题，他一定会告诉嫂子哥哥曾经探望过自己。

“赵璇滢还爱我吗？”余瑞光问自己。

他决计拿出一些银两，捐献给革命党，证明自己没有辜负弟弟的希望。可是，他的打算竟然被父亲察觉了。

“朝廷大军已经打过来了，逆贼马上要完蛋了。”

“父亲，到处都有革命党人起事，朝廷会被推翻的。”余瑞光鼓足勇气说道。

“胡说！朝廷不会被推翻，逆贼会被镇压。”余昌泰咬牙切齿。

“可是，父亲，你不是也说过，袁世凯不是好东西吗？现在，袁世凯出山了，谁知道朝廷会发展成什么样子。”

“袁世凯不是好东西，但他现在正剿灭逆贼。”

乱套了，逆贼一闹事，整个世道全乱套了。一向对自己言听计从的大儿子竟然也要支持革命党了。不行，决不能让余瑞光迈出这一步。

余昌泰说道：“你要学余瑞祥当逆贼，可以，从老子身上踩过去。”

余瑞光只有闭上嘴，再也不说一句革命党的好话，更不敢支持革命党了。

征服了大儿子，余昌泰心里非常高兴。朝廷已经派遣大军打过来了，得做一点事情，让朝廷知道，在逆贼的窝子里，还有余昌泰在竭力支持朝廷。他不仅要走上街头，散布朝廷一定会剿灭逆贼的消息，而且要余府全体出动。

“瑞光，你到了纱厂，告诉工人，朝廷一定会剿灭叛逆。瑞华，你也老大不小了，应该出去，碰到谁就告诉谁，叛逆是兔子的尾巴，长不了啦！”余昌泰把两个儿子叫到面前，命令道。

紧接着，他把家里仅剩下的几个丫鬟下人都派了出去：“只要碰到熟人，告诉他们，不出十天，叛逆的脑袋都会被挂在阅马场！”

在医疗人员的护卫下，余瑞祥率领一标人马连夜赶到了汉口。

詹大悲接到军政府传过来的消息，知道余瑞祥带病重新担任战场总指挥，心里十分感动。

这一天，他实在烦恼透了。

按照军政府颁布的约法，王俊林委实够得上砍头。连王翔宇都知道这一点，所以私下里向詹大悲表态，不要管王家做过什么，军法怎么规定就怎么执行。但詹大悲不能这么做。可是，又如何向民军将士交代？如何提振民心士气？他只有指望军政府给出明确指示，但军政府竟然只字不提。好在余瑞祥回来了，一切都可以交给余瑞祥处理。詹大悲心里的烦恼顿时减轻了不少。

王翔宇其实打心眼里不愿意詹大悲按照军法处置儿子。他很想帮助儿子挽回损失，但毕竟从未进入行伍，不懂军事，不知从何着手。赵璇滢指责儿子的话提醒了他：民军的武器弹药和粮草都被王俊林付之一炬，民军想要重新把敌人赶回去，哪有弹药补充？哪有粮草供应？他可以号召商会，可以让侄儿王俊财全力以赴支援民军，可一夜之间，怎么搞到如此多的补给？

王俊林仍然不觉得自己犯下了多大的错误。他现在一心想沿大智门火车站一线重新布设防线，但队伍人心惶惶，仍在狂退不止。他一连枪毙了好几个兵士，终于把部队稳定下来了。

妇女救护队一停下来，赵璇滢立刻面见王俊林，问道：“你把粮草和弹药都烧了，部队打不了仗，怎么办？”

“各部队不是还携带了一些粮食和弹药吗？”王俊林说道。

“你应该清楚，能支持一天就不错了！”赵璇滢愤怒地说道，“过了一天，你让民军全部饿着肚子去打仗吗？”

王俊林这才意识到自己捅出了多大的娄子，内心出现了一丝慌乱。想到了父亲和堂兄，他想请求他们连夜弄来一批补给。没等他行动，王翔宇只身来到他的面前。

为了挽回儿子造成的损失，王翔宇交代王俊财，哪怕倾家荡产，一定要为民军搜集足够的弹药和粮食。紧接着，他来敲打儿子。

“你顺利的时候得意忘形，失利的时候手足无措。是你断送了民军！”

父亲责备儿子，为的是让他认识到自己的错误，但王俊林听不进去。他忍不住了：“父亲，作为总指挥，我采取的哪一项措施不是应该的？”

“你死到临头，连自己犯的错误都不知道吗？”王翔宇气得发抖。

“我怎么死到临头了？”王俊林很惊讶，也很窝火。

王翔宇越发生气，索性把军政分府和民军对王俊林的不满与怨恨全部说了出来，“你继续执迷不悟，等着军政分府把你抓起来，审判你，砍你的头吧！”

自己出生入死，军政府竟然想砍掉自己的脑袋！他们都是瞎子，看不到自己的功绩吗？王俊林越想越对军政府失望。

这时候，余瑞祥率领一标人马来到了汉口。詹大悲迎接余瑞祥到了临时总指挥部。王俊林明白所有人都把他当成了罪人。一气之下，他准备撂挑子。

余瑞祥很了解王俊林的心思，说道："刘家庙关系到汉口乃至整个民军的安危。其他的事情，我们先放在一边，先收回刘家庙再说。"

"你也认为我不应该放弃刘家庙吗？"王俊林问道。

"在清军大举进攻、刘家庙必然会丢失的情况下，为了防止资敌，将储存的粮草和弹药全部毁掉，可以理解。眼下，因为敌人的兵力分散，我们有收回刘家庙的机会。我已经从武昌带过来了一些武器弹药，够我们使用一阵子。我在启程之前，已经跟汉阳兵工厂取得了联系，可以从那儿抽调一批武器弹药过来。我们现在所缺少的是人手，是运送武器弹药和粮食的工具。"

"这一点，我可以竭尽全力帮忙解决。"王翔宇嘘了一口气，说道。

余瑞祥不过是为了稳定王俊林的情绪。一夜之间，要想搞到足够的武器弹药和粮食补给，谈何容易！孙武在和他谈话的时候，已经说得很明白。王俊林这一次造成的损失，即使杀几次头也不为过。为了王翔宇，他们不能杀王俊林，要王俊林戴罪立功，重新夺回刘家庙。看在余府跟王府几代的交情，自己跟王俊林的友谊，以及民军未来的分上，余瑞祥都不能不奋力一搏，帮助王俊林收回刘家庙。

决心已下，需要的是计划，是部署。余瑞祥询问王俊林部队的现状，王俊林掌握的情况跟余瑞祥收到的消息大相径庭。余瑞祥不得不花费很长时间让王俊林明白眼下的现实。

王俊林这才感到后怕。不过，一想起父亲说过军政府要对自己执行军法，便产生了怨恨情绪，很想抛开一切，不当革命党了。但余瑞祥说得有道理，男子汉大丈夫，已经走到了这一步，必须担负责任。自己负责，不就是刘家庙吗？总督署被自己第一个攻下了，刘家庙算什么？

余瑞祥稍微松了一口气。接下来，他必须稳定部队的情绪，调动全体民军的积极性。余瑞祥就是一块金字招牌，他只要到各军营走一圈，说几句鼓舞人心的话，立马把民军的作战意志激发出来了。

天快亮的时候，王俊财运来了一批弹药。余瑞祥将一半弹药交给了王俊林，命令他朝刘家庙发动进攻。同时，命令另一支队伍，掩护王俊林的侧翼。其他各部在各自的位置上，保持对敌的进攻态势。

王俊林率领队伍，在大炮的掩护下，向刘家庙发动了迅猛的攻击。敌人早有准备，机关枪依托险要位置，各种火器交叉部署，交织成一张绵密的火网，兜头朝民军撒了下来。王俊林情急之下，从一个民军战士手里夺过一挺机关枪，不顾一切地朝敌人阵地上扫射。民军精神大振，纷纷大声喊叫，一齐冲了上去。

掩护部队同时展开攻击，很快把敌人的注意力吸引过去了。趁此机会，王俊林率领人马突破了敌人的前沿阵地，趁势发展进攻，一举攻下了刘家庙。

敌人果然没有多少人马，王俊林暗暗为自己昨天的失策感到惭愧。他把刘家庙交给掩护部队防守，亲率一支民军追击敌人。

赵璇滢带领几个救护队员，一直跟着王俊林行动。收复刘家庙，部队损失不小。眼见得王俊林要去追击敌人，赵璇滢命令其他队员继续救护伤员，只带了一个队员跟随追击部队前进。

很快，王俊林率部追到了谌家矶造纸厂。敌人依托阵地，子弹暴雨般朝民军打来。部队的追击速度遭到了遏制。王俊林命令部队朝敌人展开猛攻。民军攻了好一会儿，枪声便越来越稀薄了。

"怎么回事？冲上去！"王俊林吼叫道，但他自己手里的枪没有子弹了。

赵璇滢见部队进攻乏力，伤亡越来越大，替一名伤员包扎好了以后，跑到王俊林面前，焦急地问道："你是不是没有子弹了？"

见王俊林一脸无可奈何的样子，赵璇滢心里明白准是这样，想起随断后民军从第一道桥撤退的情景，说道："既然没有子弹，肯定无法夺回谌家矶，只有赶快撤回刘家庙，补充了弹药以后，再度向敌人发动攻击。"

王俊林清醒过来，命令部队后撤。

余瑞祥的计划夺取刘家庙，是朝敌人的阵地打进一根钉子，等待时机成熟，再慢慢向敌人的阵地推进。忽然听到王俊林率领人马朝谌家矶追击敌人的消息，余瑞祥心里大惊：部队弹药不够，反而被敌人追击了，刘家庙岂不是又要被敌人夺回去？他赶紧命令一部分预备队火速朝刘家庙方向赶去。但为时已晚。

处在战线以外的敌人接到刘家庙告急的报告后，立即收拢人马，准备从谌家矶方向去增援刘家庙。但刚一抵达谌家矶，把守刘家庙的敌人败退过来了。两股敌人会合在一块，迅速在谌家矶设防固守，打了一会儿，民军颓势渐显。民军缺弹药！敌军马上反扑。这时候，民军竟然退了。敌人大喜过望，冲出阵地，一窝蜂地追赶过来。

王俊林命令主力保护救护队先行退却，自己收集了一些残余的弹药，留下来抵抗敌人。敌人用机关枪开路，民军无法抵挡，只有继续退却。这一退，队形立即大乱。

混乱的队伍一冲到刘家庙，就惊慌地叫喊："敌人的机关枪太厉害了，快点退吧！"

把守刘家庙的民军看到追击部队退回来，听到他们的喊叫声，不知道有多少敌人追赶过来了，心里早已着忙，哪里还敢抵挡？连敌人的面都没看到，便提了枪，放弃阵地，朝后方狂奔。

"站住！不准后退！"王俊林慌了，声嘶力竭地吼道，"进入阵地，准备阻击敌人！"

"你们还是男人吗？敌人还没过来呢，跑什么？"赵璇滢扯开嗓子叫道，希望能够帮助王俊林把士兵们稳住。

这些人已经丧失了斗志，只有一个念头——赶快跑离战场，哪里听得进任何话？王俊林制止不了退却狂潮，只有长叹一声，跟着他们继续朝后面撤退，迎面碰上了余瑞祥派过来的援军。

一看这个架势，援军知道刘家庙又丢掉了，为了挡住敌人的追击势头，迅速卧倒在地，排成一条阻击阵线。

敌人猝不及防，虽然攻势减弱，仍在不顾一切地向民军阵地猛扑。飞来的子弹无情地击碎了敌人的幻想，它们很快调过头，朝刘家庙方向射去。

经过一天的苦战，消耗了许多弹药和粮草，一切都回到了原点。余瑞祥心里充满了难以言状的愤怒。他真的不明白，自己反复交代，只要将刘家庙重新夺回来就可以了，王俊林为什么要继续进攻？他找来王俊林，狠狠地骂了他一通。

王俊林心里更加来气了，追击敌人，不就是想要消灭更多的敌人，夺回失地吗？值得你余瑞祥这么大动肝火？

詹大悲、王翔宇得知消息，赶了过来，准备向余瑞祥询问究竟。

余瑞祥再也无法发火了。不能让詹大悲、王翔宇知道这次失败的真正原因，要不然，只要他们朝王俊林发难，王俊林必然很难控制情绪，局面难以收拾。

"我没有想到敌人的反应竟然如此之快。"余瑞祥说道。

原来不是王俊林的责任。王翔宇、詹大悲松了一口气，心里涌出新的担忧：既然余瑞祥也回天无力，是不是意味着刘家庙再也夺不回来了？

余瑞祥检视了一遍手里可用之兵，盘点了一下民军武器弹药和粮草情况。王俊财虽说仍然在竭尽全力支持民军作战，虽说从武昌源源不断地送来了弹药，但敌人的进展比他想象的快得多。如果刘家庙今天不再失守，他或许可以依托刘家庙，跟敌人形成对峙局面，但刘家庙已经失守了，下一步该怎么办？继续夺取刘家庙吗？就是夺取了，后继无力，最后一样会得而复失。应该把目光从刘家庙移开，考虑一下到底从哪里入手，才能迫使敌人不再继续向前展开攻击。

最好的办法，无疑是切断敌人的后路。限于运输能力不够，敌人的援军并没有完全到达汉口，如果现在派遣一支人马，潜地里奔袭并占领黄陂，很可能会迫使攻进汉口之敌回救；即使敌人不回救，只要那支人马扼守在黄陂一线，与汉口民军遥相呼应，足以形成把侵入汉口之敌关在笼子里的态势，令其自行失败。

他思虑妥当，正要召集人员研讨自己的最新计划，赵璇滢走进来了。

她说："如果王俊林要去追击敌人的时候，我不跟着起哄，或者能够劝一劝他，刘家庙也许不会失守。对不起，最后不仅害了他，也害了你。"

余瑞祥不希望嫂子一直身陷战场，冷冰冰地说道："记住，你只不过是救护队队长，管好你自己的事，照顾好你自己的人，其他一切都不用你操心。"

"我……"赵璇滢望着他，差一点流出了泪水。

接到余瑞祥被军政府派过来重新担任战场总指挥的消息，赵璇滢心头涌起了一阵难以说清的情愫。她非常清楚余瑞祥在民军心目中具有怎样的地位，当然希望由他重新指挥民军。可是，她同样清楚，余瑞祥重伤在身，再度走上战场，他的身体将不堪负重。因此，她打定主意，要助他一臂之力。王俊林拿下了刘家庙以后，继续追击敌人，试图夺取谌家矶。她是赞同的，自以为这样一来，会改善对敌环境，带领一个救护队员，也跟了过去。没想到，竟是一场惨败。她心里有愧，暗地里责备自己，斗胆来向余瑞祥认错，谁知余瑞祥竟然如此冷酷无情，心里怎能不委屈？

余瑞祥心软了，低声说道："也许，我不该那样说，但你需要认清自己。"

"我会记住你的话，管好自己的事。你要保重，民军需要你。"赵璇滢擦了一把眼睛，一溜烟地出去了。

余瑞祥召集詹大悲、王翔宇、王俊林，告诉了他们计划："我们不能一再被敌人追着打，得主动出击敌人；要不然，就没有回旋余地。"

王俊林心里大为不满，问道："你一会儿说我们应该夺取刘家庙，一会儿又说要去黄陂切断敌人的后路。我们到底要干什么？"

"因为你一再丢失刘家庙，民军形势危急，才不得不这样做。"王翔宇说道。

"我明天率领一支部队去攻占刘家庙。"王俊林说，"如果再不成功，我亲自率领人马去黄陂切断敌人的后路。”

“你以为这是儿戏吗？”王翔宇愤怒地吼叫道。

王俊林冷笑道：“三道桥至今掌握在敌人手里，我们的部队难道飞去黄陂吗？”

余瑞祥当然不可能让部队飞去黄陂，他也没有这个本事。但是，民军里面，土生土长的当地人不少，而且，王翔宇当年的足迹遍布整个黄陂，知道哪里有小路可以到达黄陂。哪怕道路再狭窄，再僻静，一只山羊可以通过，就能够通过一支大军。关键在于出奇制胜，在于部队有没有胆略。

王翔宇比儿子更会领悟余瑞祥的意图，也比儿子更有决断能力。他确实对儿子一再误事感到伤心，感到恼火，愿意亲自率领商团，跟随民军一道行动。

抄近路直插黄陂，去偷袭敌人的后路之计，正式定下来了。

余瑞祥一面将这个计划报告给军政府，一面开始调集部队，为执行该计划做准备：主力是王俊林率领的民军；先锋部队是余瑞祥从武昌带过来的敢死队；炮队作为重型部队，在随后的行动中跟进。

正在紧锣密鼓地展开部署之际，余瑞祥接到了军政府的命令：停止偷袭黄陂的企图，首先解决刘家庙之敌。

敢死队已经准备完毕，但一直没接到出发的命令。余瑞祥一脸凝重，一个字也不说；王俊林似乎有些幸灾乐祸；王翔宇、詹大悲等人全都默不作声。指挥部里一片死寂。

“总指挥，我们什么时候出发？”敢死队队长问道。

“出发不了啦。”王俊林说道，“军政府命令我们尽快夺回刘家庙。”

现在，只有利用手头的人马，按照军政府的命令，再度向刘家庙发动进攻。主攻任务仍然交给了王俊林。好在通过王俊财的努力，部队获得了相对充足的弹药。王俊林信心满满，将弹药分配给所属各路人马，并下达了再度向刘家庙展开进攻的命令。

余瑞祥说：“这一次，虽说我们获得了较多的弹药补充，敌人恐怕也得到了加强。实在收不回刘家庙，不要强行跟敌人打消耗战，应退到大智门火车站一线修筑阵地，阻挡敌人的进攻。”

“我原先是高估了敌人的前进速度，以至贻误战机的。你也要重蹈我的覆辙吗？”王俊林道。

“前几天，袁世凯还没有出山，北洋六镇虽说领了朝廷的命令，但荫昌毕竟指挥不了他们，所以，真正跟我们拼死作战的只不过是张彪残部以及湖南、河南的援兵。现在，袁世凯已经出山了，北洋六镇绝不会行动迟缓。要是昨夜能够北出黄陂，切断敌人的后路，北洋六镇必将难以飞越三道桥，更不可能抵达汉口。可是，我们失去了最后的机会。你千万不要轻敌。”余瑞祥告诫道。

“北洋六镇果然有那么可怕吗？我倒要试一试他们的斤两。”王俊林说道。

“放弃你那冒险的念头吧。瑞祥叫你怎么做，你就怎么做；否则，军政府能宽恕你，你还能继续宽恕自己吗？”王翔宇呵斥道。

王俊林不再做声，领命而去。

“世侄，你为王俊林做了很多事情，我很感谢你。”王翔宇对余瑞祥说。

“世伯，你别这么说。我和俊林都是民军的一分子。我们都是在为军政府做事。”余瑞祥说道。

“我知道，要不是你，凭他放弃刘家庙，也是死路一条。你一直在给他机会，甚至不惜把他犯下的错误全揽在了自己身上。”王翔宇说到动情处，眼泪差一点流出来了，“但愿他能够明白过来。”

“其实，王俊林很勇敢，也很有本事。只不过，他考虑问题可能有一些欠缺。世伯，谢谢王氏家族的鼎力支持，要不然，我们更难以支撑下去。”

“你觉得，民军能抗住清军的进攻吗？”

“也许，最好的时机已经过去了。不过，只要我们尽可能拖得久一些，等其他地方的革命党人相继起事了，我们就为建立中华民国立下了不朽的功勋。”

王翔宇沉默了一会儿，说道：“无论怎么样，我都会跟民军同生死共进退。”

“世伯，即使我们这一次夺回了刘家庙，也肯定守不住，清军早晚会占领刘家庙甚至整个汉口。请你帮助詹主任动员老百姓，让他们离开汉口吧。这样，我们就可以毫无顾忌地跟清军周旋下去。”

“这样做，难道不怕民心有变吗？”

“总比让民众做无谓的牺牲要好得多。”

王翔宇的心情越来越沉重了。他虽说不愿意设想这一切都是儿子造成的，但是……这个儿子啊，真是成事不足，败事有余。要不是儿子率先参加了革命党，他至今还在革命党和清廷之间走钢丝，无论哪一方胜利了，他都不会受到责罚。现在，他再也没有中间道路可走了！

他都不知道自己到底是怎么离开总指挥部的。不过，已经清楚民军面临的危机，他决计按照余瑞祥说的去做。他自己是不会离开汉口的了，儿子犯下的罪孽，就由他这个做老子的来偿还吧。

王俊林率领一部分人马，在敢死队的配合下，再次向刘家庙发动了进攻。敌人固守阵地，利用大炮和机关枪，不断反击。王俊林毫不退让，经过三个多小时的战斗，终于再度夺回刘家庙。他不敢再追击敌人，命令部队修筑工事，准备挡住敌人有可能发动的攻击。

很快，敌人纠集了大量人马，凶猛地攻了过来。他们枪炮齐鸣，来势汹汹，锐不可当，一举突破了王俊林部的防线，凶狠地攻进其核心阵地。

正在侧翼实施助攻的敢死队得到消息，赶紧前来解救，终将敌人打退。

敌人还会发动更加猛烈的进攻，已经有很多将士倒下了，更多的将士受伤了，救护队已经忙不过来了，王俊林暗问自己：民军还能挡住敌人多少次进攻?

这时候，王俊财率领商团赶了过来。

商团本来在运送弹药和粮草，王翔宇告诉他们民军眼下遇到的危机以后，王俊财率领一批商团，携带粮食和弹药，过来帮助王俊林把守刘家庙。

敌人再一次发动了猛烈的攻击。天空很快便被硝烟和炮弹掀起的尘埃染得异常昏暗。越来越多的将士受伤了牺牲了，阵地又快要残缺不全了。

情况全都摆在余瑞祥面前。他无法抽调部队增援刘家庙，更没有力量派往其他任何方向。继续跟敌人拼下去，民军只会受到更大的损失。如果撤退，一旦被敌人追赶，恐将变成一场大溃败。余瑞祥必须考虑部队在撤退中如何保持队形的完整，如何不被敌所趁。

思虑周详以后，余瑞祥果断地下达了全线撤退的命令。

这时候，敌人准备再度向民军全线发动炮火攻击。在敌人的步队稍稍停止攻击，让炮队实施火炮攻击的间隙里，各路民军纷纷收缩阵线，向大智门火车站方向集中。

妇女救护队跑进火车站的时候，一个个气喘吁吁，东倒西歪，大多斜躺在地上不想起来。

“你们确实应该好好休息一下。”王俊林说道。

王俊林的拙劣表现令赵璇滢很不满。如今他这么一说，她仿佛受到了奇耻大辱，怒火中烧，腾身而起，吼叫道：“你敢看不起我们妇女救护队？”

她眼前一黑，差一点倒了下去。几个救护队员扶住了她。

“战争从来不是女人的事，你却带着妇女队上了战场。”王俊财感叹道，“凭这一点，谁敢小看你们？但是，你们毕竟是女人。你不要多想，俊林是关心你。”

王俊林顾不得再跟赵璇滢说话了，率领步队在大智门火车站前，依托商团先前挖掘的半拉子战壕，阻挡敌人的前进。

敌人的大炮持续轰击了半个多时辰，把民军的阵地全部变成一片焦土。随即，敌人的步队和马队展开了凶猛的攻击。不一会儿，民军的阵地被敌人全线突破。但是阵地上竟然没有一个民军，敌人恼羞成怒，催动人马，一齐朝大智门火车站方向攻了过来。

王俊林把守的阵地本来不太坚固，哪里挡得住敌人？敌人一冲，就全部垮了。

王俊财率领商团依托各个角落，等敌人走近以后，突然打出愤怒的子弹，将冲到最前面的敌人打倒了一大片。可是，敌人很快反应过来，一阵密集的弹雨，压得他们无法动弹。

为了保存力量，余瑞祥不得不再次下达了撤退命令：一路以王俊林的步队为主，一边抵抗清军，一边朝歆生路方向撤退；另一路由炮队和其他步队为主，向黄孝河方向撤退。

第十二章

王俊林投靠清军

炮队在撤退的过程中，行动缓慢，失去了步队的掩护，遭到清军火炮毁灭性打击，仅仅只有几门小型快炮撤下了阵地，但几乎不能再使用了。步队伤亡惨重，一路上到处都是民军的尸体和重伤号。赵璇滢很想率领救护队救治他们，可是，她们被奔跑的人流裹挟着一路向后狂逃，根本无法停下来。

余瑞祥把撤出来的民军清点清楚，准备重新部署防线，赫然发现，王俊林竟然失踪了。

“他本来已经率领步队撤离了阵地，看到商团落在后面，马上掉过头来，重新进入阵地，跟敌人展开血战。”王俊财说道。

“你撤离以后，看到他跟上来了吗？”余瑞祥喉头发紧。

王俊财痛苦地低下头，回答不上来。

余瑞祥可以想象得到，敌人一定会从四面八方，疯狂地扑向王俊林和他率领的人马，把他们撕得粉碎。

王俊林不会轻易倒下去的。也许，王俊林和他率领的人马仍在跟敌人继续战斗。余瑞祥命令一个标统带领一标步队杀回去，营救王俊林。

“我也要去。”赵璇滢请求道。

“他们是去救人。”余瑞祥说道。

“我也是去救人，决不会拖他们的后腿。”赵璇滢为自己不能在撤退的时候救护伤员感到痛心，一心想要弥补，立刻打断了他的话，态度很坚决。

得到了余瑞祥的同意，赵璇滢立即召集了十来个妇女救护队员，按照标统的编队，把她们分成两个部分，跟标统一道，从两个不同的方向朝王俊林把守的阵地冲去。很快，他们接近战场，但一片死寂。

“难道王俊林已经完了吗？”赵璇滢心里发紧，暗自叫道。

标统心里涌起同样的疑问，毫不犹豫地向被敌人接管的阵地发动了攻击。

天色渐近黄昏，敌人正预备休息。民军冲过来的时候，他们士气已经懈怠，难以布列阵势，抵挡不住，败退而去。

标统带领人马冲上敌人的阵地，到处都是民军官兵和敌人的尸体，不由得倒抽了一口凉气。

“姐妹们，大家分开，救护伤员，寻找王俊林！”赵璇滢命令道。

妇女救护队哗啦一声散开了，到处搜寻伤员。

“全部散开，寻找伤员，一定要找到王俊林！”步队标统下达了命令。

兵士们立刻分散开来，帮助救护队寻找伤员。没见一个能喘气的，更没有看到王俊林的踪影。这时候，敌人用大炮朝阵地上展开了报复性的轰击，标统不得不把队伍撤了下去。赵璇滢率领妇女救护队跟着他们一道回撤。

余瑞祥似乎不相信自己的耳朵："找不到王俊林，他的人马全部牺牲了？"

"是的，战场上没有一个活人，王俊林也不见了。"赵璇滢回答道。

"他能到哪里去？"余瑞祥几乎咆哮起来了，"怎么会不见了？"

"总指挥，敌人马上要攻过来了，王俊林无论是生是死，我们已经顾不上了。"标统冷静地说道。

余瑞祥不敢想象，如果王俊林真的遭遇不测，对王翔宇将会产生怎样的打击。他本来很想出动人马继续寻找他，听了标统的话，不得不收回这个念头。

现在，民军已经全部撤到了市区。繁华的市区，由一条条迷宫似的巷道，把高楼大厦以及低矮的平房勾连在一块。老百姓已经在詹大悲和王翔宇的动员下，陆续撤走了。余瑞祥准备命令民军依托有利地形地物，既各自为战，又相互配合，挡住敌人的攻击步伐，并把敌人引进死胡同，一点一点地吃掉他们。

余瑞祥刚刚传达了命令，王翔宇和詹大悲同时来到总指挥部。

民军这一次竟然败得如此迅速，如此窝囊，詹大悲、王翔宇感到痛心疾首。但他们都知道，余瑞祥已经尽了全力。如果一定要有人为民军的失败负责，这个人只能是王俊林！

王翔宇无法再责怪儿子了。

王翔宇正和弟弟王翔东一道疏散民众的时候，王俊财突然来到他身边，吞吞吐吐地告诉他，王俊林失踪了。王翔宇如遭到雷击，浑身瘫软，但他很快镇定下来，嘱咐王俊财不要把消息告诉给王府其他任何人。他知道余瑞祥为了营救王俊林，已经派遣民军前去攻击敌人了，他明白民军现在经不起折腾，他要告诉余瑞祥，修筑阵地抗击敌人要紧，因此急匆匆地赶到了余瑞祥的总指挥部。

营救部队安全地回来了，儿子仍然不知所踪。王翔宇不知道是松了一口气，还是心情更加沉重。

跟余瑞祥谈过话以后，王翔宇回到了商会大楼，继续组织商会成员动员老百姓离开市区或者帮助民军跟清军作战。一直忙到后半夜，他才回到王府。

王家是汉口首富，本来在租界修建了一幢气派豪华的大洋房，但是为了更多地接触华商，一家人平常都住在华界。汉口一发生战事，王翔宇就和弟弟商量好了，家族男性成员都要帮助民军，女性视情况转移到租界去。还没回到府上，老远便听到家里嘈杂不堪，他心头一凛，知道一定是儿子出事的消息泄露了。

果然，夫人正在堂屋里，拿了手帕不停地抹眼泪。

看到王翔宇回府，夫人双手一扬，哭叫声更大了：“俊林啊，我的儿啊，你为什么要去打仗啊，你现在在哪里啊？你要是不在了，我可怎么活呀。”

“谁说儿子死了？他只不过是跟队伍失去了联系，要不了多久，一定会回来。”王翔宇说道。

“为什么要俊林去打仗，余瑞祥躲在后面呀。”

余瑞祥怎么没打仗？为了王俊林，人家可是在枪林弹雨里反复冲杀了好几个来回，而且浑身都是伤。王翔宇还没开口，夫人又哭闹起来：“还有你，为什么要投靠革命党？是你害了儿子！你赔我儿子来！”

这时候，王俊财进来了，为王翔宇解了围。

自从组建商团以来，王俊财一直忙得前脚打了后脚跟，别说从来没在家里安睡过，就是想得到片刻空闲也是奢望。这一次回府，听下人说父母都去伯父家了，他赶紧赶过来，一听伯母责怪伯父，连忙说道：“伯母，不关伯父的事。俊林本来已经率领队伍撤出来了，他为了救我，重新杀回阵地的。”

王翔宇夫人眼睛里露出了可怕的光。她只是听下人说外面风传儿子已经被清军打死了，连尸体都找不到，根本不知道到底是怎么回事，马上哭叫起来。她一哭叫，王翔东和他的夫人以及小妾们立刻赶过来探问缘由纷纷劝慰。

她像一头老猫一样跳了起来，扑向王俊财：“你不是挺机灵的吗？为什么要我儿子救你？你是成心要我儿子死！”

王翔宇连忙说道：“不关他的事。儿子很快就会回来的。”

王翔东面露尴尬，不好说话。王翔东正室决计睁大眼睛看热闹，心里巴不得大嫂趁机剥夺王俊财掌管王氏家族的权力。王俊财母亲心里很不高兴，表面上却装作没事人一般。王俊财一动不动。

脸皮已经撕破，王翔宇夫人一发而不可收，说道：“你就是成心要我儿子死！他死了，你才可以真正当家！我不会让你如愿的！”

“夫人！”王翔宇厉声叫道。

王俊喜母亲越发高兴了。她希望事情闹得更大一些，这样一来，王氏家族的产业就有可能全部落到自己儿子手里。

王翔宇夫人越说越激动，晕了过去。

王翔宇叫人把夫人送回卧房，说道："民军已经退到了歆生路，从明天开始将是一场异常严酷的城市保卫战。为了预防不测，俊喜负责将整个家族的成员全部转移到租界去；俊财继续率领商团，帮助民军运送弹药和粮草，发动不愿意离开市区的民众跟清军作战去。我和翔东负责动员民众撤离。"

掌门人一发话，众人就此分开，各忙各的去了。

夫人还没有苏醒，王翔宇在房间走来走去，一刻也停不下来。儿子失踪，他一样痛苦，一样难受，一样需要发泄，但他不能。

老实说，他有点怨恨儿子：要不是儿子投靠了革命党，王氏家族何至于如此狼狈不堪？要不是儿子惊慌失措，汉口的局面何至于不可收拾？

儿子被清军抓住了，或者杀掉了，就当他是为革命党尽忠了。想到这里，王翔宇情不自禁地打了一个寒战。不，儿子是机灵的，当余瑞祥身受重伤的时候，儿子不是一点皮都没有被擦破过吗？儿子一定不会被清军抓住，他一定活着！

忽然，外面传来了一阵猛烈的炮击声，震得整个屋子都颤抖起来了。

敌人又发动攻击了。王翔宇看了看外面，天快亮了，他赶紧准备出门。

夫人惊醒了，一下子跳下了床，大喊大叫："我的儿子回来了！"

王翔宇赶紧把她抱住，不让她往外跑，说道："你清醒点，这是清军在打炮，不要出去。"

两个丫鬟冲进了房间。

王翔宇赶紧让丫鬟扶住夫人，不要让她乱动，自己却一头撞了出去，对一个下人说："快叫二少爷把全家都搬到租界去。"

他判断出清军的炮弹一时间打不到这里来，略微放心一些。

王翔东跑了过来："哥，敌人的炮火太厉害了，老百姓到处乱跑，没有一点章法。我和商会的人怎么都阻止不了，你快去看一看。"

王翔宇连忙随着弟弟一块奔出了王府。

到处是杂乱的脚步声，惊恐的叫喊声。他放眼看去，只见每一条巷口里，都涌出很多人，一个个扶老携幼，神色匆匆，朝另外一处的巷口跑去，但在那儿碰上了另外一群人，他们相互拥挤，不停地冲撞着，叫喊着。

王翔宇着急地问道："不是给每一条巷子的民众指定了离开的路线吗？"

"大家根本不听招呼，只要一看到有巷口，一个劲朝那儿跑。几乎所有的巷口都堵塞了。”王翔东说道。

“商会的人呢？”王翔宇问。

“商会的人被他们挤在核心，动不了。”王翔东说道。

所有的人都挤在那儿，有的人想朝这边跑，有的人想朝那边冲，谁也不听谁的。王翔宇试图钻进人群，劝说大家遵守秩序。一个壮汉接连不断地推搡着人群，顷刻之间，很多人被推倒在地。刹那间，哭叫声腾空而起，直冲云天。王翔宇、王翔东更加着急，不停地吆喝着，没有一个人听得见他们的话。

混乱之际，王俊财率领一部分商团成员奔了过来。他们手持汉阳造，接连朝天空放了几响，让民众停止了哭叫和吵闹。

“大家都是街坊，都是出城逃难的。如果不遵守秩序，全都挤在一块，清军一发炮弹打过来，一块玩完。”

从另一个方向传来一阵更为猛烈的炮击声，紧接着，大家听到了一片惊天动地的哭喊声。众人心里明白，这一定是逃难的民众挨了清军的炮弹，再也不敢拥挤了，在王翔宇和王翔东的指挥下，列成队形，快速离开了街道。

王翔宇对侄儿说道：“你怎么到这里来了？”

“我已经分出一批人马运输粮草和弹药去了。余瑞祥看到许多老百姓倒在敌人的炮弹下，命令我前来维护秩序。”

余瑞祥总是思虑周详，不会慌乱，王翔宇心里感叹道。他再一次想到了儿子。不过，还有许许多多事情等着他去做，他抑制了心头的思念。

神使鬼差，王翔宇竟然来到了歆生路。

这儿，敌人正在炮火的掩护下发起攻击。一发发炮弹，落在屋顶上，一爆炸就倒塌一大片，一阵阵灰尘和着硝烟冉冉升起，然后缓缓地连成一片，宛如拉上了一道黝黑沉重的帷幕，把整个天空都遮蔽了。

一颗炮弹落在他身边不远处。王翔宇没有意识到危险，继续朝前面跑去。一个人从屋顶上跳了下来，顺势把他朝一边推去。他跌倒在地，浑身骨头一阵剧烈的疼痛，差一点昏厥过去。他听见了一声剧烈的爆炸，眼前同时冒出了一团巨大的火光，刹那间，炮弹爆炸激溅而起的灰尘哗啦啦地撒满他全身。

他努力抑制住自己的痛苦，想看一看是谁救了自己，却听到了一个女人压抑着痛苦的叫喊声。

这是赵璇滢的声音。他分辨出来了，赶紧循着声音爬了过去。

“赵小姐，你还好吧？”他本能地想喊一声余少夫人，猛然想起余瑞光已经写了休书，赶紧改口问道。

“是王世伯吗？”赵璇滢说道，“我没事。”

赵璇滢率领几个救护队员，跟着一支民军，一直埋伏在距离第一道防线最近的屋顶上。

这支民军的任务，是当敌人突破第一道防线冲过来的时候，突然出手，将他们阻挡下来。赵璇滢强烈要求带领几个救护队员跟着他们。

战斗还没打响，赵璇滢发现有一个人从后面冲了过来，敌人的炮弹似乎在拦截他。她深感不妙，要想叫喊，下面的人肯定听不到，索性跳下去，顺势把那人推向一边。她没有受伤，但被炮弹震得五脏六腑都在翻腾。

敌人的炮弹越发密集了。敌人或许已经突破了前面的阵地，朝这边杀过来了。她说道：“王世伯，你退到安全的地方去吧，这里危险。我要去救护伤员。”

“侄女，你也要小心。”

赵璇滢不等王翔宇离开，重新爬上了屋顶。

赫然看到无数敌人正在炮火的掩护下，推着一挺挺机关枪毫无顾忌地冲了过来。敌人一冲到巷口，立刻分成两队，顺着房屋向前摸去。

带队的管带猛喊一声打，民军的枪支一齐轰响，子弹如雨点般砸在敌人身上。敌人倒下了一大片，连忙躲到屋檐下去，但从窗口又伸出了一条条火龙，愤怒地扫射着敌人。敌人又倒下了一片，赶紧退了回去，再一次召唤大炮猛烈地轰击整座房屋。

在赵璇滢重新爬回屋顶的时候，王翔宇跟着爬上来了。许多民军受伤了。赵璇滢和救护队员立刻替他们清理并包扎伤口。王翔宇从屋顶捡起一支汉阳造，一枪干倒了一个敌人。

他朝周围看了看，对管带说道：“右边有一个死巷子，把敌人赶到那儿去，再把巷子口一堵，一准可以把敌人全部干掉。”

赵璇滢笑道：“世伯，你要是不去经商，恐怕连袁世凯也比不上你。”

王翔宇问道：“难道我说错了吗？”

“王总理没有说错。我们就是为了把敌人赶到那边的死巷子里去。”管带说。

王翔宇想了想，又说：“敌人不去那边，我们要在这里等下去吗？”

“只要我们挡住了敌人的多次攻击，敌人势必改换路线，一头撞到那个死巷子口去。我们趁势把巷子口一合拢，敌人一个都休想逃掉。”管带冷酷地说道。

“其实，我们可以把敌人引到死巷子里去。”王翔宇说。

“前面的民军之所以能够坚持这么久，是因为他们接连派出几拨人马，将敌人引向了一道道死亡陷阱。这里继续使用诱敌之计，敌人恐怕不会上当。”

王翔宇点头称是。突然，在炮火之中，他隐隐约约看到王俊财带领一批商团成员和老百姓送饭菜来了。这是一个好机会。敌人一直被民军堵在前面，难以前进半步，现在，何不利用老百姓去引诱敌人呢?

王俊财一来到王翔宇跟前，王翔宇说道：“等敌人的炮火稍一停歇下来，你立刻率领商团朝侧边跑去，故意让敌人发觉你们，并且捉到你们。敌人不熟悉汉口路面，一定会要你们带路。你们借机把敌人带去死巷子。”

“王总理，你已经帮了我们很多，我们不需要你们冒险。再过一会儿，敌人就会发动进攻。”

管带话音刚落，敌人果然发动了攻击。大部分房屋被敌人的炮火打垮了。民军趴在没有倒塌的房子上面，商团成员躲在废墟下，陆续对准敌人开火。敌人再厉害，也是顾了这头顾不了那头，留下许多尸体以后，再一次铩羽而归。

敌人的这一轮攻击，不仅打断了王翔宇的话头，也将王俊财要告诉他们的消息打断了。

率领商团将愿意出城的老百姓送出城外之后，王俊财看到一大队人马从武昌那边开了过来，在最前面飘动着两面巨大的红旗，正中间各绣了一个巨大的“黄”字。他深感纳闷：这是谁，这么大的派头?

一个和詹大悲一样魁梧身材，眼睛炯炯有神，留着一撮小胡须的中年人居于队伍中间。他正错愕之际，那群人来到了他跟前。

“汉口商务总会和商团对民军贡献甚巨，黄兴深表感谢。”

原来是黄兴！王俊财知道，黄兴是同盟会里仅次于孙中山的人物，接连指挥革命党人发动过好几次武装起义。眼下竟然亲眼看到了黄兴，王俊财激动得不知道如何才好。黄兴向他伸出了手，询问前面的战况以及商团的情况之后，率领人马继续行进。

“黄兴先生真的来到了汉口吗？”王翔宇、赵璇滢、管带惊喜地叫道。众人都趴在废墟上，一齐抬眼望去，果然看到两面巨大的绣着“黄”字的旗帜。

“是黄兴先生来了！”众人激动地喊叫起来。

嗖，嗖，嗖，接连几发炮弹打了过来，紧接着，炮弹倾泻到民军把守的阵地跟前。管带立即命令人马隐藏起来，还是有民军受了伤，赵璇滢赶紧和救护队员爬了过去。王翔宇、王俊财以及商团成员各依地形，躲进废墟下面。

伴随着炮击声，敌人的地面部队再一次蜂拥而来。

赵璇滢正在包扎伤员，突然感到有一个人在靠近自己，向后一看，只见一个人挥舞手枪，一边冲，一边朝敌人开火。在他的后面，跟着一大群人，一路呐喊，一路开枪，子弹穿过敌人机关枪子弹组成的幕帏，准确地打在敌人身上。

那个中年人动作干净利落，很快冲到赵璇滢身边，敏捷地趴在地上，聚精会神地向敌人开火。是黄兴！王俊财描述的模样浮现在赵璇滢脑海。她很想喊一声黄先生，但喉头好像堵塞了一团棉絮，喊不出来。她抬眼一看，赫然看到余瑞祥、詹大悲，以及许多革命党首要人物，全都在开枪杀敌。

民军很快瓦解了敌人的攻击势头。

敌人不得不改变进攻路线，一头撞进了一条死巷子。管带赶紧率领人马冲了过去。王翔宇、王俊财不敢怠慢，率领商团成员赶上前去，牢牢地封闭了巷子口。

数百号敌人簇拥在一条巷子里，活像钻进风箱的老鼠，东奔西突，不论跑到哪里，迎接他们的都是猛烈的子弹和炸药包。不一会儿，敌人全部被消灭了。

“管带英勇无敌，值得赞扬。妇女救护队不惧枪林弹雨，救护伤员，堪称民军楷模。”战斗结束后，黄兴激动地夸奖道。

黄兴对王翔宇说：“王老先生对革命的贡献，革命党人永远都不会忘记。”

王翔宇感到很欣慰。他越发感到自己已经跟革命党融为一体，不可分割了。受黄兴的特别邀请，王翔宇陪同黄兴视察了整个民军阵地。一路上，他得知黄兴已经接替余瑞祥担任了战场总指挥，将总指挥部安置在满春茶园，全面指挥整个汉口的民军跟清军作战，眼帘不由得飘荡起在满春茶园上演的一曲曲精彩剧目，心想：黄兴在这里唱的大戏，一定更加精彩。

然而，继续走下去，遍地血腥几乎令他窒息。每一个地方，敌人都是先大炮猛轰，然后用机关枪开路，毫无顾忌地朝已经化作废墟的街道横冲直撞。几乎每一条街道，都成为敌人的坟墓，但民军一样损伤惨重，那一条条活生生的生命，转瞬之间消失不见。王翔宇难过得很想哭泣，很想流泪，可是，他不能不强忍住。

战场上同样涌现了许多可歌可泣的悲壮故事。那些宁愿战死故土也不愿意离开的老百姓，纷纷冲向前线帮助民军对付敌人。他们仗着熟悉地形，不理睬子弹和炮弹的呼啸声，把敌人引诱到民军阵地跟前。他们拿起各种各样的家伙，只要敌人冲到跟前，便和敌人拼命。民军再也不是一见敌人冲到跟前立刻拔脚逃跑的懦夫，他们像钉子一样，钉在各自的阵地上，有死无退。

民军旺盛的斗志，让王翔宇感到欣慰；民军受到的惨重损伤，让他感到揪心。唉，要是儿子没有将刘家庙的弹药和粮草全部付之一炬，民军现在的情势也许完全不同。一想到儿子，他就情不自禁地在心里问自己：儿子到底是落到敌人手里还是战死了呢？

夫人和家族是不是已经搬到租界去了呢？王俊喜是不是能够处理好这件事情呢？他很怀疑。不为别的，只因为王俊喜几乎跟王俊林一样，从小娇生惯养，游手好闲。要不是清军打到了汉口，王俊财必须带领商团支援民军作战，王翔宇真不愿意让王俊喜插手管理王氏家族的产业。

午夜时分，他径直去了租界王氏家族的院落。老远便看到那儿一片灯火通明，他顿感心里的石头落地了。

伯母记恨王俊财，王俊喜心中暗喜，决计想方设法取悦她，以取得她的支持，把王氏家族的财产全部控制在自己手上。虽说他已经利用直接管理家族产业的机会，偷偷把许多资金和财产转到自己名下，可是，他仍然不满足。王氏家族的产业这潭水实在太深了，他至今都搞不清家族到底有多少财产。都说王氏家族靠地产起家，但地产似乎仅仅占到很小一部分，机器厂、纱厂、造纸厂，甚至连钱庄，都有王氏家族的股份。不把这些东西全部搞清楚，全部弄到手，他不甘心。

他仍然喜欢女人，喜欢到处播散情种。即使在战争期间，他也改不了这个毛病。一个下人在妓院找到他，告诉他王府的状况，他这才一边吩咐下人去找大夫替伯母看病，一边赶回王府。

大夫忙碌了整整一天，总算让伯母情绪稳定下来了。王俊喜母亲一听大炮的轰击声心里就发怵，巴望着快一点躲到租界去。但王俊喜决不会让她先去租界，他一定要让伯母完全稳定下来，得到了她的许可，才搬家。

王翔宇对王俊喜刮目相看："你能保持这份定力，不愧是王氏家族的后人。"

王俊喜喜滋滋的，趁机说因为支持民军，家族银根越来越紧缩了。

王翔宇苦笑道："为了革命党，你尽力而为吧。"

从王老夫人的房间里传来一阵尖利的喊叫声。一个丫鬟慌里慌张地跑过来，说夫人又想起了儿子，在大哭大闹呢。王翔宇摇了摇头，挥手让侄儿离去后，自己转身进入了房间。

"你还我儿子！"夫人一看到丈夫，立即扑了过去。

"夫人，儿子会没事的。"王翔宇本想教训夫人，临了心里一软，"儿子怎么会有事呢？那么多革命党都没事，我也没事，儿子决不会有事。”

“还是父亲了解我，我的确没事。”王俊林幽灵一样飘进屋子。

王老夫人瞪大眼睛，看着儿子，然后迅疾地扑了过去，把他抱在怀里，又是哭，又是笑，又是在儿子身上拍打着，好一会儿都说不出一个字来。

“父亲，你和叔叔还在支持革命党吗？”王俊林问道。

“你回来了，真是太好了！”王翔宇高兴极了，“黄兴先生已经来到了汉口，在满春茶园设立了司令部。走，我带你去见他。”

“你要是再让儿子去当革命党，先把我杀了！”王老夫人吼道。

“父亲，母亲，难道你们不想知道我这两天到底在干什么吗？”王俊林一句话让王翔宇把预备斥责夫人的话收了回去，也成功地让王老夫人闭嘴了。

这两天，王俊林经历过炼狱般的考验和折磨。

他本来已经率领队伍向后撤退了，而且即将撤退到安全位置，然而，从后面传来了激烈的战斗声，竟然是堂兄王俊财率领的商团被敌人包围起来了，王俊林立即率领一拨人马前去解救。

很快，他率领人马杀进敌人的包围圈，打开一条出路，让王俊财率领商团冲了出去。紧接着，他率领人马也想冲出包围圈。但敌人越聚越多，把他和队伍团团包围起来了。急忙之中，他抽调出几个最精壮的民军兵士，充当敢死队，推了机关枪，迎着敌人一阵猛烈地扫射，其他的民军将士一边朝四周的敌人射击，一边沿着敢死队打出的通道向外冲。可是，冲来冲去，队伍还是冲不出去。

每一次冲锋过后，身边的民军将士都会少许多。王俊林感到了死亡的威胁，求生的欲望迫使他将部队全部集中起来，上了刺刀，将最后的子弹全部压进枪膛，迎着敌人疯狂地冲了过去。

哒哒哒，敌人的机关枪弹如雨下，民军一排一排倒地身亡。他的周围，再也没有多少人马。王俊林越来越感到死神正向自己逼近。他要跟死神赌一把，举起枪，带领剩下的民军，猛虎一般地冲向了敌人。

敌人突然从地上冒出来，排成密密麻麻的队形，围在王俊林的四周。

王俊林不管不问，继续端着刺刀，凶猛地冲向当面一个敌人。他狠狠地朝敌人刺去。敌人没有躲闪，也没有开枪，只是手略一扬，架起他的刺刀，然后一把将刺刀连同枪杆子夺了过去，刷地朝他头上猛扫过来。他感到一道寒光在头顶上一闪，一股寒潮从脚下冷飕飕地灌上了头顶，眼睛一闭，重重地倒了下去。

朦胧之中，王俊林看到了许多人，不是残缺了四肢，就是没了脑袋，他们不停发出一连串令人惊悸的惨叫。

王俊林惊恐地大叫一声，眼睛睁开，身子一蹿，不辨识方向地一阵狂奔。砰的一声巨响，脑袋撞在了一面冷冰冰的墙壁上，噗通一声，身子又重重地倒了下去。眼帘再次出现一个接一个幻境。他曾经指挥过的民军官兵在那儿痛哭流涕，看到他过来了，纷纷向他扑来，要他还给他们性命。他又是一声大叫，扭头就跑，结果，看见一张脸差不多快要紧紧地贴在他的脸上。他本能地一声惨叫，猛地朝那张脸上打去。但手被人捉住了，他感到了一阵阵钻心的痛。

那张脸上浮现了一抹笑意，松开手，说道："我知道，你是王俊林，汉口商务总会总理王翔宇的独生子。你本来不是革命党，但在那天晚上当上了叛逆。"

"你是谁？你为什么知道我？"王俊林本能地问道。

"我不仅知道你，而且知道余瑞祥。余瑞祥也不是革命党，但最终当了叛逆。不过，你跟余瑞祥不一样。你生来不是造反的料，为什么要造反呢？我大清军队已经南下，很快会将这些乱臣贼子全部诛灭。"那个人顿了顿，继续说道，"我本来可以杀了你，可是，我生性善良，别说杀人，看到下人杀鸡我都会发抖。是造反的逆贼逼迫我不得不硬起心肠，带兵上阵，诛灭他们。我想，你一定不会让我动手。你已经知道了死亡的滋味，为什么要死呢？是不是？"

"不，我是革命党，我不怕死。"王俊林硬着头皮回答。

那人笑了笑，又说了几句，在他身上轻轻地拍打了一下，扭头走了出去。

王俊林浑身不住地冒冷汗。难道那人说中了自己的心思吗？不，自己一当上革命党，从来没有想过要背叛。

自己是怎么成为清军俘虏的？是怎么来到这里的？那人是谁？清军为什么不杀自己？难道清军真的不愿意杀人吗？

那人离开之前所说的话一再在他耳边回响："我虽说不愿意杀人，但一定会杀叛逆。我知道，王氏家族都在支持叛逆，都要杀头。可是，我实在不忍心杀掉你，更不忍心杀掉他们。只要你回到朝廷这边来，我可以给你一个协统职位，岂不胜于在叛逆那边吗？何况，你已经落在我手里了。"

他是真的不忍心杀掉自己吗？王俊林不能不认真思考这个问题。他思索了许久，得出结论：清军都是北方人，不熟悉汉口地形，为了避免掉进民军的陷阱，需要找一个熟悉汉口地面的人帮助清军攻打民军。王氏家族是汉口首富，父亲又是汉口商务总会总理，只要王氏家族转而支持清军，等于割断了民军与汉口商务总会之间的联系，便于清军快速剿灭革命党。

真的调转枪口，去打革命党吗？想起自己为革命党做了许多事情，因为一着不慎，革命党就要杀他的头，王俊林的脑海里情不自禁地闪现出反戈一击的想法。可是，一想到要跟余瑞祥当对头，他便有点不寒而栗。他不愿意再想下去。

翌日下午，门又打开了，一帮清军过来了，架着王俊林，一直把他拖到了那人的跟前。

王俊林这才知道，那人竟然是清军第一军总统冯国璋！

“让你亲眼看一看，我是怎么消灭叛逆的。”冯国璋命令炮兵阵地向民军展开猛烈轰击。

顷刻之间，在王俊林的眼前，民军依托的房屋一片一片倒塌，趴在屋顶上、躲在角落里的民军随之全部埋葬在一片瓦砾之中。王俊林从来没见过这种威势，心里一颤，下面那家伙一泻，周围立马散发出一阵尿骚味。

“丢了刘家庙，革命党想杀我的头。其实，我一直希望重新归顺朝廷。”王俊林说道。

“很好。你重新投效朝廷，实乃明智之举。我给你一个协的人马，明天，你率领他们，去攻打叛逆。”冯国璋说到这里，稍微顿了一顿，“不过，你今天还要为本总统做一点事情：劝说令尊不要支持叛逆，转过来支持朝廷。朝廷一定不会辜负王氏家族的。”

王俊林正是奉了冯国璋的命令，前来劝说父亲不要继续支持革命党的。

因为儿子，王翔宇别无选择，不得不全力支持革命党。跟革命党接触的时间一长，王翔宇深感他们都是胸怀天下的英雄，正要跟革命党人共存亡，儿子却反过来劝说他重新投靠朝廷。一边是革命党，一边是已经重新归顺朝廷的儿子，到底何去何从，王翔宇必须重新计算。汉口迟早会落入清军之手，革命党可能也会遭到镇压，一旦王氏家族重新投靠朝廷，谁能保证，朝廷镇压了革命党之后，不会对王氏家族秋后算账？

谁也保证不了！而且，清朝一向对有过反心的汉人绝不会手下留情，王翔宇已经走到这一步，没有回头路可走了，只有继续跟随革命党人走下去，才可能有一条活路。

他很快做出了抉择，对儿子说道：“清廷对汉人猜忌太甚，我们已经反过清廷，清廷绝不会宽恕我们。你不要被冯国璋欺骗了，跟我一块去见黄兴、余瑞祥、詹大悲，凭我的面子，他们不会追究你的。”

“父亲，冯总统说了，只要我们归顺朝廷，朝廷一定会既往不咎。”王俊林见父亲无动于衷，提高了嗓门，“你不是没有看到，民军根本无法跟清军相比。清军只用大炮，就足以把汉口夷为平地。你不是一向精于计算的吗？你应该算得过来，立刻与革命党划清界限！”

王翔宇勃然大怒，一拍桌子，吼叫下人：“把这个混小子给我抓起来，送到军政分府去！”

“谁敢抓我儿子！”王老夫人母老虎大发雌威，张牙舞爪，一副随时都会扑上前去跟人拼命的样子。

“父亲，你不能执迷不悟，革命党是无法抵挡朝廷大军的。你应该像余世伯和赵世伯一样，不要因为支持革命党而变成千古罪人。”王俊林继续劝说父亲。

“你这个混小子！”王翔宇挥起拳头，试图朝儿子打去，但身子一挺，重重地倒了地。

第十三章 清军纵火烧汉口

即使没法说服父亲投靠清廷，一来慑于清军大炮的威力，二来打心底里对革命党人试图杀掉自己感到不满，王俊林依然投奔了冯国璋。

冯国璋似乎对王俊林无法劝说其父投靠清廷早有预感，没有责备他，详细地询问了汉口的房屋布置、民军的武器弹药、阵地构成，以及汉口的风土人情、汉口民众对民军的态度之后，痛痛快快地给了他一个协的人马，命令他加紧熟悉情况，准备第二天向民军展开进攻。

率领部队刚刚抵达孝感的时候，冯国璋见到了前来迎接他的张彪。张彪告诉冯国璋：他逃到刘家庙以后，亟须提振士气，补充粮草以及弹药，遂亲自出面去了商务总会，希望能够得到资助。但没人理睬他。汉口的革命党人起事了，商务总会上至总理、协理、议董，下至会员，一个个臂缠白布，痛痛快快地支持革命党，怎么能指望这样的商务总会轻而易举地改头换面，支持清廷呢？派遣王俊林劝说其父投效清军，主要目的在于警告商务总会，不要继续与清军为敌。

王俊林果然得到了一个协的人马。跟民军相比，这个协不仅人数多，武器装备精良，而且军事素养高出不知多少倍。王俊林心里快活极了，决定用这支部队在首战中一举压碎民军的阵线，在北洋军队建立自己的威信。

他接到的命令是在其他各部队的配合下，从歆生路一带朝满春茶园方向展开攻击，一举攻占民军总指挥部。

如何打好投效北洋军队以来的第一仗？王俊林思考良久，向冯国璋提出作战计划：先用大炮猛烈轰击民军阵地，随后，两翼部队向民军展开攻击，牵制民军的注意力，他趁机亲自率领主力部队暗地里插向满春茶园，将黄兴和余瑞祥等人全部生擒活捉。

冯国璋很欣赏这个大胆的计划，大笔一挥，签署了同意的命令。

王俊林心花怒放，决心不惜一切代价，把黄兴和余瑞祥生擒活捉。总统大人是不是会杀掉黄兴，他管不了，也不会管，但一定会请求冯总统网开一面，放余瑞祥一条生路。

要想成功偷袭满春茶园，必须穿越民军的好几个阵地。王俊林料想自己投靠清军的消息还没有传出去，决计在突破民军当面阵地以后，命令所属人马换上民军的服装，以前去保卫总指挥部的名义向满春茶园方向进发，瞒过沿途的革命党人。不过，必须为自己这几天的蹊跷失踪寻找一个不易引起革命党生疑的借口。他很快找到了借口：自己躲在死人堆里，等候清军撤退后爬出来，很想归队，但在慌乱之间，跑错了方向，沿途又要躲避清军的视线，所以一直拖到现在，好不容易跑了回来。

可是，按照这个借口，把队伍全都装扮成民军，显然不合适。他决定带上两三个人，化装成卫兵，其他的人马埋伏在身后，等待自己控制了民军前线指挥官，便突如其来地把部队拉上来，缴民军的械。

清军的大炮打得正起劲的时候，王俊林带着两三个兵士，化装成民军，偷偷从侧翼跑了过来。他们行动快捷，不一会儿便到了民军阵地前沿，但没有看到一个民军。王俊林感到很纳闷，头上突然出现了一个冷冰冰的枪口。

一个冷峻的问询声传进了他的耳鼓："说，你是不是投靠清廷了？"

是赵璇滢的声音。他惊喜万分："嫂子，你开什么玩笑？"

"谁跟你开玩笑？说，你这两天干什么去了？"赵璇滢冷冷地说道。

王俊林觉得枪口朝自己头上使劲地按了一下。他略微偏了一下头，只见一名队官站在赵璇滢身边，正是他手里的枪顶住了自己的脑袋，不由得万分恼怒，呵斥道："你一个小小的队官，胡闹什么？把枪给我拿开！"

"你不说清楚，他一枪打死你！"赵璇滢厉声说道。

赵璇滢带着几个救护队员，正在给前沿阵地的民军讲授如何自救，忽然看到有人从侧翼过来了，与队官一道设下埋伏，一举将偷偷摸过来的人擒获，不料竟是王俊林。王俊林来得太过蹊跷，她的心里接连打上了好几个问号。

王俊林心里暗骂，真是倒霉，怎么碰上这个女人！他赶紧把编好的理由说了出来。

"你觉得他说的有道理吗？"赵璇滢询问队官。

"在战场上，为了躲避敌人走错了路，或者走弯路，是司空见惯的事情。"队官回答道。

赵璇滢仍然有些狐疑。但她知道，为今之计，只有先让王俊林去见余瑞祥了，才能分出真假。王俊林仅仅带了三两个人，即使他投靠了清军，去见余瑞祥，料想也不会出什么大问题。

她请队官派几个人，把王俊林送往满春茶园。

赵璇滢、队官都放松了警惕，王俊林心里大喜。事不宜迟，他按照预先的计划，出其不意地夺过队官的枪，把他干倒在地。他一发出信号，那三个兵士分别扑向赵璇滢和两个民军，躲在后面的清军立即冲了过来。

队官一见王俊林举动异常，马上开枪。砰的一声，一粒子弹打在王俊林带来的清军身上。赵璇滢怒火冲天，与扑上前来的一个清军扭打成一团。两名民军见了，一个扑向另一名清军，一个直奔赵璇滢，试图救援她。

民军看到敌军冲过来了，立即开枪射击。密集的子弹挡住了敌人。

王俊林扑倒了队官，两人还在抢夺那条枪。那名民军卡住了跟赵璇滢扭打在一块的清军的脖子。赵璇滢直喘粗气，一看到王俊林，连忙朝他爬去。

“你这个叛徒！”赵璇滢一边爬，一边恶狠狠地骂道。

“我不是叛徒，革命党才是叛逆。你跟我一道，归顺朝廷吧。”王俊林说道。

王俊林发觉自己率领的清军竟然冲不上来，心里一咯噔：完了，还跟他们纠缠什么呀，要不快点逃回去，民军一压过来，自己吃饭的家伙恐怕保不住了。他赶紧松手，但队官扔掉枪，一把抱住了他的双腿。他扑倒在地，接连不断地蹬着腿，终于把队官的双手给蹬掉了，一个劲地朝回跑。跑到赵璇滢面前，脚差一点被她抱住了，赶紧一跳，跳开了，不顾一切地向清军阵地奔去。

队官爬起来的时候，王俊林已经逃远。队官捡起枪，扣动扳机。子弹呼啸着从王俊林头顶飞了过去。王俊林倒在地上，就势一滚，滚回了自己的阵地。

“呼叫炮兵，狠狠打击这些叛逆。”偷袭计划泡汤，王俊林怒气难消。

清军的大炮猛烈地打向赵璇滢所在的阵地。

赵璇滢明白过来了，王俊林这是想偷袭满春茶园，异常恼怒，对队官说道：“你一定要狠狠回击这个叛徒！”

“我会的。”队官说，“你到总指挥部报告去吧。”

“你另外派一个人去，我要亲眼看到你把敌人阻截下来！”赵璇滢说道。

余瑞祥正在满春茶园协助黄兴全面指挥民军对敌作战。接到王俊林已经投敌的消息，大吃一惊：这个王俊林，竟然投靠了清军，回过头来如此残酷地镇压民军，而且把主要矛头指向了满春茶园！自己得亲自出面，如果不能劝他重返革命阵营，就挡住他。

于是，他带领一拨卫兵，来到赵璇滢所在位置。

听了队官和赵璇滢的详细汇报，余瑞祥知道，王俊林是劝不回的了，必须好好教训他一下。王俊林打了胜仗就得意忘形，打了败仗就虚火攻心，利用他的弱点，先挫败他的锐气，继而彻底打败他。为此，需要改变原先的部署，不再一条街道一条街道地阻击清军的攻击，敞开一条道路，让王俊林率领人马攻下来，然后在他觉得最不可能的地方将他的人马包围起来，予以歼灭。

余瑞祥思谋一定，立即命令前沿部队全部撤到后面的一条条死巷子里，将主力埋伏在一条条死巷子的角落和屋顶上，亲自指挥一小部分兵力，把王俊林引诱到死亡陷阱。

王俊林率领人马在炮火的猛烈轰击下，凶猛地攻过来了。

余瑞祥的战术奏效，清军不可能有效地打击民军，却纷纷倒在各个角落发射出来的子弹之下。继续攻击只能徒增伤亡，撤退的话又心有不甘，王俊林怒火万丈，趁着炮击停歇下来的间隙，朝民军这边吼了起来："赵璇滢，你不要执迷不悟，要像我一样迷途知返。女人应该待在家里，不能抛头露面。难道你不觉得，你本来有一个幸福的家庭，被你的糊涂给葬送了吗？你回去吧。只要你回去，我可以保证，余瑞光世兄还是会接纳你的。余昌泰世伯也会接纳你。你为什么要跟余瑞祥一样，一定要搞得众叛亲离呢？"

"王俊林，没有人会像你一样，放着人不做，却去做狗。"余瑞祥的声音传到了王俊林的耳朵。

王俊林原以为对面只有赵璇滢，没想到，余瑞祥竟然赶了过来，这不是非得要难为自己吗？

为了掩饰内心的慌张，王俊林笑了起来："原来是余世兄。世兄，你一向很有见识，如今怎么糊涂了呢？你当叛逆，结果老世伯跟你脱离了父子关系；你指挥叛逆跟朝廷作对，结果你连自己都保护不了，受了重伤。清军强大无敌，你继续抵抗是没有出路的。总统大人宽大仁慈，只要你投效朝廷，必定会得到重用，岂不好过当叛逆吗？"

余瑞祥笑道："王俊林，你要做人，立刻回到这边来，民军还是会接纳你。你要做狗，谁也不拦你，你放马过来，看能不能再前进半步！"

王俊林不再废话，立即命令炮火猛烈地朝余瑞祥身边打了过去。

炮火攻击下的房屋已经化成废墟，王俊林命令队伍朝民军的阵地上冲了过去。这一次，竟然没有多少人拦截。

"余瑞祥是想算计我呢。"王俊林没有取得突破性进展的喜悦，反而十分凝重，命令人马停歇下来，再一次架起大炮，朝前面又轰击了好一会儿，随后出动人马重新展开攻击。

这一次，果真遇到了迅猛的抵抗。经过一场艰苦的拼杀，王俊林总算把民军赶出阵地，赶向了后方。

大炮显示了强大的威力，王俊林如法炮制，自此以后一路都是先用大炮猛轰，然后率领人马猛攻，逼迫民军节节败退。

前面是一片死巷子，王俊林心想：只要把民军全部赶进去，就可以用炮火将他们彻底歼灭。这样，就容易劝说余瑞祥迷途知返了。

王俊林利令智昏，命令人马勇猛地朝前冲去。

民军距离死巷子越来越近了，王俊林已经感觉胜利在望。然而，突如其来的，他发现在死巷子的屋顶上，影影绰绰地晃动着一些人影。想在这里设下埋伏吗？王某熟悉地形，岂能上这个苕当？他命令清军兵分两路，去断绝民军的后路，将民军包围起来。

突然，从民军阵地上传来了激烈的枪声。王俊林抬头一看，只见身边到处都晃动着民军，子弹在到处翻飞。原来余瑞祥在死巷子里设下了埋伏，得赶快撤离，要不然，准会被民军全部消灭。但清军已经被民军分割包围在一条条巷子里，到处都是民军充满仇恨的子弹，哪里能够逃得出去？

这时候，王翔宇来到了余瑞祥身边。

因为儿子投靠清军，王翔宇心里一急，昏厥过去。天亮时分，他清醒过来时王俊林已经不在眼前。他神情恍惚，希望儿子没有投敌，希望自己只不过做了一场梦。但分明听夫人说道："你醒来就好。我觉得儿子没有错。革命党肯定长不了。跟北洋大军一打仗，总是败退。儿子投靠清军，我的心里反而更踏实。"

"不！"王翔宇痛苦地流出了眼泪。然而，他已经阻止不了儿子。夫人告诉他，儿子已经走了，到清军那边去了。

王翔宇决不能投效清军，投效朝廷。他清楚，无论自己再怎么帮助清军，朝廷在战胜民军以后，肯定会对王氏家族秋后算账。他不能做这种自掘坟墓的事情。况且，革命党人在越来越多的省份起事了，到处燃烧着革命的烈火，即使汉口有失，清军受到许多羁绊，肯定打不到武昌去，中华民国一定会建立。儿子目光短浅，智量不够，看不到这些。

儿子对民军的情况了如指掌，为了防止儿子带领清军偷袭民军，王翔宇来到满春茶园，见到了黄兴，知道余瑞祥已经亲自去前线阻挡王俊林了。于是，他来到余瑞祥身边，要给儿子当头棒喝。

余瑞祥看到王翔宇来到了前线，叫道："世伯。"

"瑞祥。"

两个人再也没有多余的话了，却彼此都能理解对方的心思。

王俊林的声音远远传来："余瑞祥，你以为几条死巷子就可以困住我吗？不可能，我拥有一万雄兵，上百门大炮，你要是再不撤退，休怪我无情！"

余瑞祥正准备说话。王翔宇却先开了口："王俊林，你这个畜生，别白日做梦了。你要是还想做人，快点给我回头。"

"父亲，你怎么又跑到前线来了？"

虽说遭到民军暗算，但王俊林手里握有大炮，可以随时对民军实现猛烈的攻击。可是，父亲竟然来到了前线，还有余瑞祥、赵璇滢，他们都跟他有千丝万缕的联系，哪怕现在是对头，父子之情，世交之谊，他不会忘，他下不了手。

寻思了好一会儿，王俊林命令人马各自抽调精兵强将，组成敢死队，人人推着机关枪，吐出一道道火舌，疯狂地卷向民军的阵地，打开了一道缺口，人马死亡无数，总算冲出了民军的包围。

好不容易把战线稳定下来，王俊林想起这一天的战斗，费尽心机，损失了无数人马，虽说也杀伤了大量民军，但毕竟还是回到了原点，一切等于零。不能让冯国璋对自己失望，得想一个万全之计，尽快消灭民军。

王俊林还没有拿出妥当的办法，冯国璋就派人前来问询了："你不是很熟悉汉口的地形和民军的情况吗？难道真的想不出破敌的良策吗？"

冯国璋对王俊林还算客气。因为冯国璋很清楚，王俊林虽说打了败仗，但跟其他各协相比，还是略胜一筹的。其他各部付出了极大的伤亡，却难建尺寸之功。更可气的是，他们竟然根本搞不清楚民军到底躲在什么地方，经常遭到冷枪冷炮，都不知道人是怎么死的。

在接到报告时，冯国璋暴跳如雷，仔细思索了对策：放火！将整座城市连同革命党人全部烧个精光。但他不能担负毁灭城市的罪责，要把这个责任推到王俊林身上去。这个花花公子，想出风头，想当官，就必须承担相应的责任。他又不能直接告诉王俊林采用火攻的办法，只能一次又一次催逼王俊林尽快夺取民军的阵地。

面对冯国璋一再催逼，王俊林脑海里浮现出火攻总督衙门的那一幕。他很想如法炮制，但总督署跟汉口完全不同，难道要把整个汉口都付之一炬吗？他打了一个寒战，不敢再想下去了。为了给自己壮胆，他命令人马再次发动了攻击。

余瑞祥率领民军推进到了原来的阵地。王俊林的进攻势头已经遭到遏制，他决定把民军像钉子一样钉在这里，动摇王俊林继续进攻的信心，逼迫王俊林犯错，以便抓住机会，狠狠地教训他。

对王俊林，余瑞祥一样充满了复杂的情感。他痛恨王俊林在关键时刻投靠了清军，又难以割舍王俊林跟自己的兄弟之情。

看到王翔宇一夜之间苍老了许多，余瑞祥深感内疚：当时要是自己设想得更周到一些，王俊林怎么会被清军活捉，并且投靠清军呢？他叹了一口气，安慰道："世伯，你放心做自己的事情去吧，王俊林只不过是暂时受到了清军的蒙蔽，他一定会幡然悔悟的。"

“都怪我，要是我冷静一点，不要过分激动，命令下人把他捆起来就好了。”王翔宇为自己的失策感到懊悔。

王俊林率领人马再一次发动了攻击。

得到王俊林投靠清军的消息，王俊财也赶过来了。他不能让王俊林继续错下去，决计面对面跟王俊林作战，让他亲眼看一看，兄弟是怎么相残的。

队官正指挥民军拼命抵抗清军的攻击。王俊财突然率领一部分商团赶来增援，让他感到轻松了不少。

赵璇滢正救护伤员，看到王俊财率队过来了，连忙迎上前去。

“王俊林在前面吗？”王俊财问道。

赵璇滢说道：“是的。”

王俊财立刻命令商团朝敌人展开射击，自己却沿着瓦砾的沟道，朝敌人的阵线摸去。

“你回来！”赵璇滢急了，赶紧喊道。

队官一看，连忙起身，朝王俊财追了过去，试图把他拦回来。

民军和商团成员一见，以为是要全线向敌人发动反击，纷纷朝敌人跟前爬去。敌人只顾朝废墟展开攻击，不防备民军会爬向他们。等到敌人发现民军的踪迹，为时已晚，机关枪和大炮都因为民军距离太近而不能使用，民军的汉阳造却是近身攻击的好武器。一番冲锋，民军奋然跃入敌人的队形。

王俊林一见肉搏战中讨不了便宜，命令部队后撤。王俊财并不放松，率领商团追击。

敌人逃开一定的距离，就可以实施猛烈的炮火攻击。赵璇滢见多了阵仗，深知这一点，赶紧吼王俊财回来。王俊财刹不住势，继续朝前猛跑。这一跑，竟然又冲进了敌人的阵线。赵璇滢喊不回王俊财，带着救护队员，追了上去。

冲过来的是商团和妇女救护队，继续组织清军反扑的话，赵璇滢和王俊财要么在混战中被杀，要么被活捉。不论哪一种结果，都是他不愿意看到的。王俊林只有命令部队继续后退。

终于脱离了跟商团和妇女救护队的接触，王俊林嘘了一口气。

又经过一天的战斗，损兵折将无数，依旧没有建立尺寸之功，要是冯国璋问起来，自己该怎么回答？王俊林一想到这些，心里不免发虚。

烧，烧掉民军赖以仰仗的房屋，民军将会变成自己砧板上的肥肉，自己想怎么剁就怎么剁！从哪里烧起呢？对面有父亲、余瑞祥、赵璇滢和王俊财，他们都是与自己关系密切的人。绕开他们，从花楼街烧起吧。

主意一定，王俊林即刻命令人马朝民军展开佯攻，急令在花楼街一线攻击民军的部队，火速搜集煤油之类的引火物品。

清军提了油桶，在大炮和机关枪的掩护下，分头冲进街道，将一桶桶煤油朝屋子泼去，随即打去一梭子子弹，一条条火舌立刻腾空而起，在天空中呼啦啦地翻腾。火焰越来越大，迅速形成一道巨大的火墙，把渐渐有些昏暗的天空照得犹如白昼。一阵阵寒风吹来，吹动着火头，大火便向四周扩散。

民军赶紧从躲避处逃了出来，没有来得及和不愿意逃离汉口市区的老百姓也从屋子里跑出来，无头苍蝇一般到处乱跑。几乎每一个方向，都竖起了一堵强大的火墙，断绝了他们逃生的道路。

清军推动机关枪，吐出另外一条条火舌，朝拼命乱跑的民军与老百姓吞噬而去。

余瑞祥正指挥部队加紧抵抗清军的攻击，忽然看见从侧面蹿起了一团耀眼的火光，大吃一惊：不好，失火了！

王翔宇开始觉得很蹊跷，观察了一会儿，低沉地说道："也许，这是清军纵的火。"

余瑞祥心头一凛：怪不得这边的敌人只是用炮火攻击，却并没有出动多少部队发动进攻呢，原来是为了掩护他们在花楼街那边纵火。是谁纵的火？一定是王俊林！余瑞祥又痛恨，又恼火，命令一部分人马前去花楼街救援。

"花楼街的战斗一定会更惨烈，我要去！"赵璇滢说道。

赵璇滢赶到花楼街的时候，在她的面前，完全是一片人间地狱！火龙卷起长舌，凶猛地吞噬着一切。一座座房屋在烈焰和火光中熊熊燃烧，一个个活生生的民军兵士和老百姓在火海中不停地挣扎，一群群民军像狂躁的野象一样东藏西躲，好不容易逃出火海，迎面碰上了敌人的子弹，一阵一阵惨叫声，一阵一阵喊叫声，不停地冲击着她的耳鼓。她感到震惊，感到愤怒，声嘶力竭地大喊："王俊林，这就是你干的好事！"

率队前来救援的是一位民军标统。他立即命令人马展开，从侧后向敌人实施攻击。

一阵突如其来的子弹，打倒了很多清军，减轻了受到攻击的民军的压力，使他们趁势向敌人展开反扑，打破了王俊林把纵火地带的民军全部消灭的梦想。他恼羞成怒，指挥清军攻了过来。

标统火速命令人马依托另一侧的房子，抗击敌人的进攻。这时候，打从火海逃出来的民军毫不留情地向清军展开了反击。很快，清军的攻击势头便被阻挡下来了。但是，民军已到了强弩之末，再也无力把清军赶出花楼街。

王俊林稳住阵线之后，幻想大火就此熄灭，但风吹着火头，哗啦啦作响，疾速向四周扩散。越来越多的火星落到四周的街道上，引燃了更多的房子。王俊林心里一阵胆寒，想命令清军救火，可是，风越刮越大，火势越来越猛烈。他救不了火，步伐踉跄地退到一边，浑身上下泛出一阵阵寒意。

王俊财率领商团冲了过来。一时间，水管、水龙头、水桶、脸盆、脚盆，所有能够盛水的东西，纷纷上阵，朝大火扑去。火越烧越旺。

标统眼看商团成员正在救火，留出一部分民军继续跟清军对峙，亲率另一部分加入到救火的行列。

这是攻击民军的最好时机，但王俊林心怯了，他竟然不知所措。清军看到有人在救火，用机关枪狂扫过去，救火的人倒下了，很快被火舌吞噬了。王俊林猛然醒悟过来，飞快地冲过去，开动机关枪，朝向救火人员开枪的清军扫射过去："畜生，不准打救火的人！"

他突然把枪一扔，抱头痛哭起来。

朦朦胧胧之中，感到有人向他走来，王俊林慢慢地松开双手，举目望去，是冯国璋派来的传令兵。冯国璋得到王俊林已经夺取了花楼街的消息，特意派遣传令兵前来向他表示祝贺。

无能，只有无能之极的蠢材才会使用付之一炬的办法夺得对方的阵地！事实上，夺得了什么呢？什么都没有得到，却让一片繁花似锦的花楼街消失了，而且大火越来越凶猛，朝着其他方向蔓延。王俊林懊悔不已，决定发动清军救火。

可是，清军竟然发出了一声声欢呼。他们看到侧面不远处燃起了一片火光，紧接着，无数点火光在夜空中燃烧起来了。

花楼街就是这么烧起来的！难道清军在放火烧大街了吗？

一定是这样，自己放了一把大火，不仅打击了民军，而且还得到了总统大人的嘉奖，其他的队伍岂有不纷纷效仿的道理呢？不能这样，要不然，整个汉口都会被彻底烧毁。

王俊林飞快地跑去向冯国璋求情："总统大人，我请求您下达命令，不要继续放火烧汉口的街市了。要不然，会烧掉整个汉口的。"

"我下达过火烧汉口的命令吗？"冯国璋问道。

王俊林一愣，说道："卑职为了夺得民军的阵地，没有听从总统大人的命令，率先放了一把大火，请大人治罪。"

冯国璋哈哈大笑道："王协统夺得了民军的阵地，何罪之有？至于你觉得各部不该纷纷效仿你的做法，得你自己说给他们听了。要不然，大家都希望得到嘉奖，却被你一个人独占，大家眼红，你在队伍里也没法干了。"

王俊林无话可说。这时候，他明白冯国璋早就打好了借自己的手纵火烧毁民军阵地的算盘。他决不会再下令部下纵火了，他不能亲手毁掉汉口。

然而，一回到指挥部，王俊林赫然发现部下已经在四处纵火了。他心里滚过一阵悲凉。难道王氏家族积累几代的财富，也要随着这把大火全部化为乌有吗？他想到了父亲，想到了列祖列宗。他已经隐约看到，自己成了千夫所指的罪人，无论走到哪里，迎接他的都是痛骂与唾弃。

凭什么自己要遭受世人痛骂呢？难道余瑞祥和那些民军不应该遭到痛骂吗？他们不抵抗，自己就不会放这把火。王俊林的心肠又硬了起来，他已经烧出了第一把火，如果被逼无奈，他还会烧出另外一把火。

这时候，人人知道放火凶手是王俊林。王翔宇大叫一声"畜生！"一头栽倒在地，身体一下子垮掉了，再也不能露面，躺在床上连动弹都很困难。

大火已经从歆生路烧到了满春茶园。指挥部顷刻之间陷入大火的包围之中。其他方向，火势一样凶猛地朝前翻滚，一直烧到了四观殿，军政分府马上要变成火龙的口中之物。为了稳定部队，有效地阻止清军的攻击势头，民军各级指挥官全部上了战场，缩短战线，在张美之巷、水塔、六渡桥，满春茶园一线跟敌人展开了激烈的对抗。

"敌人已经发疯了，我们不能让汉口毁于一旦。"余瑞祥心想。

为了保住汉口，余瑞祥非常希望把民军全部撤到汉阳去，但这样一来，民军很可能会更加被动，遂踌躇不定，不敢建议黄兴下达撤退命令。

得知武昌起事的消息以后，黄兴立即从上海动身赶往武昌，雄心勃勃，准备指挥民军先光复湖北，然后直捣黄龙，将宣统皇帝拉下马，谁承想刚到汉口，竟然碰上如此混乱的局面。他亲自指挥民军，也难以挡住清军的攻势，甚至在清军纵火焚烧汉口的时候，也想不出好办法扑灭大火。

黄兴走出总指挥部，亲眼看到敌人的机关枪、管退炮与熊熊燃烧的烈火，差不多完全击碎了民军的作战意志，许多民军惊慌失措，吵吵嚷嚷，不住地逃跑。他挥着大刀，一边带头冲锋，一边喝叫道："是男儿，都给我冲上前去，放倒敌人，你们才有活路！”

民军一愣，转过头来，哇哇大叫着，跟在他身后，不顾一切地冲向敌人。

敌人采取两面包抄战术，朝民军扑了过来。烈火在民军侧翼呼啦作响。黄兴稳定了队伍，立刻命令他们躲在废墟上，背对着烈火，向敌人开枪射击。敌人的子弹与熊熊大火一道，交织成一张整体火网，炙烤着民军，吞噬着民军。

余瑞祥在六渡桥指挥民军作战。眼睁睁地看着民军在敌人猛烈火力的绞杀下一片片倒下去，他想把部队撤到汉阳去，沿着汉水和长江布设阵线，阻挡敌人的进攻。只要汉阳和武昌安如磐石，依旧可以号召天下起来反抗清廷。

可是，余瑞祥早已不是总指挥了，没有权力把民军撤出汉口。

手臂上的伤口痛得越来越厉害了。这两天，他得不到休息，也没有时间关照自己的伤情，俨然一部永远不会生锈的机器，不停地出现在最危险的战场上。整个汉口，最繁华的地带都被清军放火烧掉了。他开始还能指挥部队和商团有条不紊地救火和反击敌人，但火头越来越多，火势越来越猛，已经无法扑灭，民军也丧失了应有的战斗意志。他只能以个人的能力，顽强地支撑着。

蓦然，他隐隐约约看到前面出现了一个熟悉的身影。是王俊林！

“这个祸害！”余瑞祥咬牙切齿，立即举起枪，朝王俊林指去。手臂一阵剧烈的疼痛，他咬紧牙关，想把枪举稳，但枪不住地跳舞。一直担任敢死队队长的队官便带着人马冲了过来，赵璇滢和两名妇女救护队员跟他们在一起。

“瑞祥，你怎么啦？”赵璇滢见余瑞祥浑身大汗淋漓，关切地问。

“我没事。王俊林过来了。”

赵璇滢抬起头，没有看到王俊林，但借着火光看到有一支人马从侧翼绕了过来。她相信余瑞祥说的话，心知王俊林一定是想要活捉余瑞祥，大骂道：“王俊林，你这个丧心病狂的混蛋！”

“赵队长，你保护余总指挥离开。兄弟们，跟我来，堵击敌人！”队官把手一挥，带领人马迎着清军冲了过去。

“我不走！”余瑞祥说道。

赵璇滢见队官已经率领人马跟敌人接上火了，劝说余瑞祥：“王俊林一心想置你于死地，你应该快点离开。”

“我一念之仁，铸成大错。让我跟他做个了断吧。”余瑞祥说道。

这时候，一群民军从另一边潜地里朝王俊林所在的方向攻了过去。余瑞祥认出领头人是詹大悲，既万分高兴，又担心他的安全，赶紧吩咐赵璇滢："我这里不要紧，你告诉队官，让他去保护詹主任。"

来了一支生力军，余瑞祥的安全是没有问题的了，赵璇滢立刻去救护伤员，并向队官传达余瑞祥的命令："余总指挥命令你保护詹主任。"

队官率领人马一离开，余瑞祥立即命令民军加紧攻击。

双方正打得难分难解之际，黄兴率领一支人马赶了过来。王俊林抵抗不住，不得不退了回去。

"利用敌人暂时撤退的机会，我们撤到汉阳去吧。"余瑞祥提议道。

"是啊，民军极度混乱，只有撤到汉阳，获得歇息的机会，才能全面恢复战力，以便再跟敌人决一死战。"队官说道。

"撤回汉阳也不简单。我没有想到，民军竟然如此不堪！"黄兴叹息道。

众人一片沉默。

詹大悲说道："为了拖住清军，我们把部队撤到汉阳去。黄总指挥，黎都督已经派遣人马，准备迎接你去武昌商议今后的战守之计，你先回去武昌吧。这里由余副总指挥负责，先把部队撤到汉阳，以图恢复。"

黄兴思虑再三，接受了詹大悲的意见，渡过长江去了武昌。

余瑞祥命令王俊财收集渡江船只，其他各部队尽快向六渡桥、玉带门一线靠拢，以便全力挡住清军的攻击，随时可以集中人马撤到汉阳。

"王世伯一直支持革命党，要不要把他也撤到汉阳去？"赵璇滢问道。

余瑞祥长叹一口气："王世伯已经撤到租界去了，没有危险，我们暂时顾不上他。"

这时候，王氏家族正面临一场严重的危机。王俊喜暗中把许多财物据为己有，生怕日后被王翔宇发觉，正在想办法怎么向王翔宇解释。王俊林的一把大火烧毁了汉口繁华地带，也把他的一切罪恶勾当全部掩盖住了。他万分高兴。

当王俊林命令人马放第一把火的时候，王俊喜正在一个来自苏州的妓女身上折腾。那个妓女名叫海棠，深得王俊喜的欢喜，很想王俊喜为她赎身，纳她为妾，帮王俊喜想了许多挖掘王氏家族财产的主意。王俊喜对她更是言听计从，并且允诺，战争一停下来，便纳她为妾。大火烧掉了很多商户的门面、住房及其他财产，海棠便怂恿王俊喜暗地里鼓动那些商户，要求王翔宇赔偿损失，趁机把王氏家族的产业全部抓在手里。

王俊喜回去王府，准备先看一看情况，择机实施海棠谋划的大计。

王翔宇已经病倒在床。王俊喜可以放心地实施计划了。小商户早就跑得无影无踪，大商户跑到租界安营扎寨了。王俊喜一家一家地去找，名义上是为王俊林火烧汉口向商户赔不是，实际是挑动各位商户向王氏家族索赔。

商家们约定好一块来到王府。王翔宇仍然不能下床，王翔东出面接待他们。

“我们相信王总理，为了恢复汉人的江山，跟着王总理一道支持革命党，但现在全部财产都被烧得精光。要是真的被清军烧了，我们也不好多说。可是，是被令侄烧的呀。王总理总应该给我们一个说法吧。”商户们齐声说道。

王翔东说：“眼下，兄长卧床不起，一时半刻，也没有一个好办法。只有请诸位先回去，王氏家族一定会给诸位一个满意的说法。”

众人不好相逼，准备告退。王翔宇却在下人的搀扶下，走了出来。

自从儿子放火烧街以来，王翔宇心如死灰。可是，他得为儿子的行为负责。王氏家族到底有多少财产在大火中化为灰烬，他已经不需要知道了。自己带领商户为革命党出生入死，害大家落到如今的结局，他决定以死来替儿子赎罪。

王翔宇坐在椅子上，说道：“诸位，王某教导无方，导致整个汉口遭到犬子的荼毒。我不会推卸罪责，犬子现在已经是清廷的鹰犬，王某实难让他谢罪。王某只有代替犬子向大家谢罪了！”

说完，他噗通一下，跪倒在地。不仅下人慌了，所有商户也慌了，纷纷想阻拦他。但他在跪地的那一刻，已从怀里掏出一把匕首，刺进了自己的心脏。

第十四章　民军退守汉阳

余瑞祥将全体民军一撤到汉阳，立刻马不停蹄地勘察地形，部署部队，准备拦截清军有可能对汉阳发动的进攻。

汉口陷落，清军立刻在硚口一带布设炮兵阵地，猛烈的炮火，隔着汉江漫无目的地打向汉阳。民军在撤离过程中，早已军心不稳，时时遭到清军炮击，军心更加涣散。与此同时，民众的热情也在慢慢消失，到处弥漫悲观无助的气息。

现在迫切需要一个一呼百应的人物挺身而出，把汉阳民众动员起来，造成声势，提振民军的士气。可是，到哪里找这个人呢？余瑞祥有些束手无策。

汉阳地面，最有号召力的人物是赵嘉勋。此人跟余瑞祥的父亲一样，死硬的保皇派，一向视革命党为洪水猛兽，被革命党人软禁在家，巴不得革命党早点被镇压，岂肯帮助革命党稳定人心？汉阳革命党人呢？一见民军撤退过来，倒是十分热情，提供了不少帮助，可根本没有力挽狂澜的人物。余瑞祥只能依靠自己，勉力提振士气，稳定民心。然而，收效甚微。

赵璇滢熟悉汉阳民情，带领妇女救护队冒着枪林弹雨救护伤员的事迹在汉阳传开之后，汉阳人都以她为荣，她能不能试一试？

很快，赵璇滢来到余瑞祥面前，问道："余副总指挥，你找我，是不是有什么需要我做的？"

"你应该非常清楚我们的处境。如果不能尽快稳定军心民心，清军只要发动一次进攻，我们很可能会丢掉汉阳。"余瑞祥说道。

"我知道，希望我能够帮助你。"赵璇滢慎重地说道。

赵璇滢骑上余瑞祥的战马，手提喇叭，满大街地吆喝："我是赵璇滢，土生土长的汉阳人，民军妇女救护队队长。我本是汉阳知府的女儿、武昌名士的儿媳，从来衣食无忧，但是，革命党誓把清朝皇帝拉下马，恢复汉人江山的主张，吸引了我。我抛弃一切，加入了革命党。我随着民军开到汉口的时候，得到整个汉口民众的支持。民军虽说被北洋军队赶到了汉阳，但是，民军并没有失败。我们汉阳人应该像汉口人一样，为建立中华民国，人人起来支持民军！"

她一路吆喝下去，立刻引起汉阳民众的热烈反应。一时间，民众热情高涨，带动着民军渐渐恢复了信心。自此，民军需要什么样的帮助，基本都能得到满足。

有赵璇滢鼎力相助，余瑞祥得以在最短的时间里稳住了局势。汉阳商务总会为民军募集了许多粮草和其他作战物资，帮助民军日夜在汉江南岸沿线巡逻布防，严防敌人渡过汉水，为民军减轻了不少压力。余瑞祥能腾出手来，精心构筑汉阳沿线的防务。

初步防御计划：在汉江南岸沿线，特别是南岸嘴到十里铺一线，先在江边拉上有强电流通过的铁丝网，紧挨着铁丝网朝内陆区域延伸，布设一个宽大的地雷阵，随后修筑一道高大的防御墙。

要落实这项计划，不仅需要大量麻袋、铁丝、修筑工具，而且需要大量人力。汉口交战方酣之际，汉阳商会得知汉口不可避免地会落到清军手里，便已经跟汉阳革命党人取得联系，提前收购了大量麻袋以及铁锹、镐头、小推车等用具。汉阳革命党人也曾经在商务总会的帮助下，对民众实施过动员。现在，赵璇滢的举动把整个汉阳民众的热情全部激发出来了，余瑞祥一声令下，商会便立即组织民众，帮助修筑防御墙，架构铁丝网，布设地雷阵。

敌人的大炮不断地轰击着汉阳。那无数发炮弹发出的令人心颤的吼叫声，但再也没有惊吓着民军与百姓，他们反而把它当作了背景音乐，越发精神亢奋，构筑防御体系更加进展神速。

这时候，军政府已经在阅马场修筑了一座拜将台，军政府都督黎元洪决定翌日仿照刘邦拜韩信为大将的故事，在那儿为黄兴举行拜将仪式。余瑞祥接到了前去武昌参加拜将仪式的邀请。

黄兴刚刚从汉口动身回武昌，军政府便已经就授予黄兴战时总司令的职位达成了一致。在此之前，黎元洪曾经派遣密使到战场征求过余瑞祥的意见。

余瑞祥亲眼看到过黄兴在炮弹横飞的战场上，手舞大刀，镇定自若地指挥民军跟敌人作战，也亲眼看到过黄兴对凝聚部队战斗力所起的巨大作用。更为重要的是，黄兴作为同盟会里仅次于孙中山的第二号人物，得到了革命党人的公认，有黄兴出任战时总指挥，在大敌当前的情况下，无疑是最好的人选，余瑞祥毫不迟疑地支持黄兴出任战时总指挥。

部队刚刚撤到汉阳，一切工作千头万绪，余瑞祥不能为了参加一个仪式，而让汉阳的备战工作停顿下来。他非常担心王俊林会说服冯国璋率领清军冒险渡江，已经将敢死队以及所有的精锐部队在沿江一线展开成战斗队形，准备随时迎击敌人。虽说仅仅只有几门小型快炮，他以这些快炮为基础，以仅有的机关枪为依托，用地雷阵为掩护，全面摆开了反击清军渡江作战的态势。

身为副总司令，余瑞祥提前还得搭建战时司令部的架子，方便作战指挥。在踏访汉阳的地形时，他发现古琴台距离沿江一线最近，可以就地查看敌情，随时关注敌情，了解部队的最新动向，便把战时总司令部设立在古琴台。

部队在紧张的备战当中度过了一天一夜，敌人并没有发动渡江作战。余瑞祥暗中嘘了一口气。紧接着，他得到消息，清廷的海军舰队已经宣布起义。清军失去了来自水面的安全保障，一时半刻难以渡江。他心里的一块石头完全落了地。

现在，余瑞祥可以从容地指挥民军和老百姓修筑和构建汉阳的整个防御工事。他不再局限于在南岸嘴到十里铺一线修筑防御墙，为了防止清军在民军防守的薄弱环节渡江，余瑞祥决定在蔡甸到汉阳城区一线严密设防固守。

汉阳到蔡甸有大约六十里路，沿途有许多山脉，可供民军把它打造成坚固的防御阵地。可是，余瑞祥手头没有那么多部队；目前所能派遣出去的只有一个营。他命令该营火速前去三眼桥，在那一带加紧修筑阵地。

前几天，鉴于时局危急，黎元洪向已经响应武昌起事的各省份发出了告急求援专电，并且很快得到回应：湖南军政府已经派遣了两个协的民军前来救援，不日即可到达武昌；从其他各地赶来的援军，也已经陆续上路。等各路援军陆续抵达汉阳之后，汉阳的防守会有更大的改观。

黄兴在阅马场接受了黎元洪授予的战时总司令职位以后，率领战时司令部其他成员连夜渡过长江，赶到了汉阳。余瑞祥率领卫兵前往码头迎接。

见余瑞祥疲惫不堪，黄兴感动地说："余副司令，这两天辛苦你了。"

余瑞祥笑道："黄总司令身负重任，一定可以指挥民军挡住清军的进攻。"

"不，我们不仅要挡住清军的攻击，还要反攻汉口，接下来，集中力量向北京进攻，把宣统赶下龙椅。"黄兴豪迈地说道。

余瑞祥带着黄兴一行人去汉水南岸视察修筑防御墙的情况。

从对岸打过的炮弹带着火星，在天空中画出了一道道灿烂的弧线，甩头掉进漆黑一团的夜幕里。炮声时而稀疏时而密集。黄兴和他的随员们仿佛什么都没有看见，什么都没有听见，一边说着话，一边朝沿江一线走去。

面前呈现出一片热闹非凡的场景。无数老百姓和民军官兵甚至僧人，在沿江一带忙碌不止：有的在挖掘土层，有的朝麻袋里装黄土，来来回回地在沿江一线奔波，已经堆砌起来一道初具模型的宽大城墙，还有人正在城墙之外埋设地雷、布设铁丝网。

敌人的炮弹不时落在人群中间，人群没有惊慌，继续有条不紊地各干各事。

黄兴说："余副总司令真是军事天才！可以想象得到，一旦阵地修筑成功，清军就是铁齿铜牙，也休想咬得动。"

天快亮的时候，他们回到了战时总司令部。其时，敌人的大炮击中了司令部的一角，人员正紧张地抢救重要的物资和资料。

“钟子期和俞伯牙两位老祖先在这里睡不安稳了，我们应该换一个地方，免得惊扰了他们。”黄兴打趣道。

余瑞祥把司令部选在古琴台，一方面是为了稳定军心，另一方面是为了便于就近指挥各路人马布设防御体系。现在，各项工作进入正轨，是时候将总司令部转移到一个安全的地方了。余瑞祥向黄兴提出了把司令部迁到归元寺的建议。

黄兴点头同意，派遣余瑞祥率领人员前往归元寺接洽。

归元寺主持云岩法师似乎拥有未卜先知的本领，对余瑞祥说：“阿弥陀佛，施主如果需要老衲做什么，不妨直说，老衲一定竭尽全力。”

余瑞祥感激道：“如此说来，只有惊扰大师，惊扰各位佛爷了。”

“施主为了恢复汉人江山，行的是大义，走的是大道，即使佛祖在世，也一定会鼎力相助。”云岩法师双手合十，说道。

在云岩法师的陪同下，余瑞祥巡视了一遍归元寺，定出了把总司令部设在昭忠祠、把总粮台和弹药供应基地设在归元寺里的初步计划。

总司令部搬到了昭忠祠，恢复了应有的秩序。虽说仍然忙碌不休，黄兴可以抽出时间思考一下其他的事情。在他眼里，最重要的事情是进一步取得商务总会以及有名望人物全力支持。汉口那边有王翔宇，汉阳最知名的人物是赵嘉勋。

赵嘉勋之所以知名，不仅因为他是清朝的汉阳知府，而且因为赵氏家族的榨油坊辐射到了汉口、武昌，影响深远。黄兴很想劝说赵嘉勋支持革命党。

怎么能让赵嘉勋支持革命党呢？他决定让余瑞祥和赵璇滢一道去劝说赵嘉勋。

余瑞祥不是不希望劝服赵嘉勋，而是知道这件事很难成功。所以，一到汉阳，哪怕急需强力人物帮忙稳定民心，他也没有试图去劝说赵嘉勋。如今，黄兴提出了要求，他虽说觉得不太容易成功，也希望去试一试，派人把赵璇滢找来总司令部，以便黄兴亲自跟她谈话。

在敌人的大炮轰击下，民军以及修筑阵地的民众时时会被弹片击中。赵璇滢把妇女救护队分散开来，一直在救护伤员。听到召唤，她立即赶赴总司令部。

请赵璇滢坐下之后，黄兴笑道：“回到了汉阳，是不是感到更加亲切？”

赵璇滢说道：“我身为妇女救护队队长，不管到什么地方，都是为了救护伤员，只要伤员需要我，我在哪里都感到亲切。”

黄兴哈哈大笑：“革命党人不是机器，都是有血有肉有感情的人。汉阳是你的娘家，你的出生地，你的父母都在汉阳，你怎么能感到不亲切呢？虽说这里离我的老家湖南还很遥远，但我似乎闻到了老家的空气，心里一样感到亲切。我更加坚信，我一定能在这里挡住清军，消灭清军。”

赵璇滢一愣，一种亲切感竟然真的涌上心头，眼前走马灯似的浮现出父母、哥哥、弟弟、嫂子的身影。

自从嫁给余瑞光以后，她一向很少回去娘家。母亲常常刁难哥哥，哥哥却一向逆来顺受。嫂子是王翔东的女儿，一样被母亲羞辱。她不想看到这些，总是不回娘家。收到余瑞光的休书之后，她更是忘了自己还有娘家。

她说道：“要不是黄总司令提起，我真的忘了我还有娘家，还有父母。”

“人嘛，谁没有父母呢？你动员民众的时候，不是也说到了你的父母吗？为什么不回家看一看呢？”黄兴说道。

赵璇滢确实提到了父亲，那不过是一个符号，没有任何色彩。她真的不愿意回去面对家人：“我父亲不支持革命党，我是革命党人，跟他谈不拢，不想回去了。何况，我还有很多事情要做。”

“你可以暂时不用管伤员的事，还是回家去看一看吧。”黄兴劝道。

看到赵璇滢不理解，余瑞祥解释道：“黄总司令的意思是，我和你一块到赵府探望一下世伯，尽量劝说他支持军政府，支持革命党。这样，对进一步稳定汉阳的局势，会有很大的帮助。”

纵使心里不乐意，赵璇滢不得不在几个卫兵的护卫下，硬着头皮和余瑞祥一道回去赵府。赵府大门口把守着一排民军兵士，严禁任何人随意出入。看到余瑞祥和赵璇滢，火速跑去通报赵嘉勋。

庭院仍然保持得很干净，但几乎没有人走动，下人已经不知道跑到哪里去了，只有偶尔吹过的一阵微风骚动了树梢，发出一点声响，才显出一点活的气息。

赵璇滢心里很不是滋味，从后院里响起了一阵激动的声音：“是我的宝贝女儿回来了吗？”

母亲的声音令赵璇滢感到更不舒服了。不过，她面露微笑，继续和余瑞祥循着声音的方向走了过去。很快，他们走近一座外观极为精致的被树木掩映的屋子。卫兵在门口站立着，再也不进去了。

一个略显苍老的女人从侧边出来了，一看到赵璇滢，赶紧把她抱在怀里，一个劲地哭着。

“父亲呢？”赵璇滢推了推母亲，问道。

周莹莹眼睛一瞥，看到了余瑞祥。

余瑞祥说道：“伯母好。”

周莹莹惊讶极了：“你怎么把我当伯母呀？”

“哈哈，我说呢，姐姐参加了革命党，就应该是这个样子。花木兰，不，花木兰也没有姐姐威武。瑞祥哥，你不是民军总指挥吗？你的手怎么啦？受伤了吗？”一个欢快的声音从另一侧传了过来。紧接着，一个二十一二岁的青年轻快地跳到他们面前，不停地打量着余瑞祥。他是赵嘉勋的次子赵承博。

周莹莹恍然大悟，站在面前的是余瑞祥，不是余瑞光。女儿和余瑞祥都是革命党，再也不是从前的女儿和世侄了。

“如果你觉得当革命党威武，你也可以当革命党呀。”赵璇滢微笑道。

“赵家不允许逆贼进门，把他们都赶出去！”从里面传来了怒吼声。

周莹莹立即变了脸色。赵璇滢径自冲进屋子，赵嘉勋坐在一把太师椅上，脑后拖着一条长长的辫子，身穿官服，显得颇有些威严，也颇有些滑稽。

赵璇滢冲到父亲面前，说道：“那些世代受到清廷重用的达官贵人，都投靠了革命党。你不就是一个汉阳知府吗？为什么这么顽固？”

“住嘴！”赵嘉勋突然跳了起来，一巴掌打在赵璇滢脸上，怒骂道，“孽畜，你不守妇道，列祖列宗的脸都被你丢尽了！余府休你的时候，你已经不是我女儿了。”

周莹莹随后进来了，大惊失色，失声大叫：“老爷！”

“你给我住嘴！”赵嘉勋吼了夫人，又骂女儿，“你这个叛逆，休得在我面前散布谣言！朝廷已经派兵打过来了吧？已经把你们赶到汉阳来了吧？你们等着，你们会死无葬身之地的！”

在武昌起事之前，他参加了瑞澂主持召开的讨论会。鉴于汉人对清政府极端不满，他极力主张不要对革命党人大开杀戒，应该采取安抚政策。他在汉阳加强戒备，命令军警严密监视一切可疑分子。杀掉了三个革命党人之后，他提升戒备等级，与新军标统一道，商议对付革命党人的办法。防止激发革命党人起事，他采取了很多安抚措施，对所有的新军大加笼络，并且时刻提高警惕，一旦武昌那边有事，便立即带领人马前去救援。

赵嘉勋日夜不得安宁，等待了两天，跟武昌竟然完全失去了联络。他意识到不妙，决计立即带领军警前去武昌，没想到，汉阳的革命党人也起事了，并且很快闯进了知府衙门，活捉了他。

他以为自己会死在革命党人手里，但革命党人没有杀他，只是逼迫他参加革命党，支持革命党。他决不会当叛逆，被软禁在家。他手下的人马，顷刻烟消云散，身边只有家人和一些下人。他不准家庭成员剪辫子，不准家庭成员放足，不准家庭成员议论朝廷的是非，不准家庭成员说革命党人的好话。在他的严令下，赵家形同坟墓，许多下人都开溜了。

赵承博曾经跑出去了一回，一跑出去，竟然心血来潮，加入了民军。赵嘉勋怒火攻心，痛骂、斥责都不管用，拿起鞭子，准备抽打赵承博的母亲，嫌她教坏了儿子。赵承博从此再也不敢出去了。

整个赵氏家族，只有赵承彦可以自由外出，因为要经营榨油坊。

赵承彦同情革命党人。但是，他不能违抗父亲的命令，不敢支持革命党人。听说余瑞祥和妹妹赵璇滢都参加了革命党，虽说几乎每一天都要经受周莹莹与李香香的严厉监视和盘问，他还是瞒着他们给革命党人提供了一些资金援助。

赵嘉勋不想知道外面的事情，但外面的事情总会传到他的耳朵里去。不是儿子赵承彦告诉他的，是革命党人告诉他的。余瑞祥参加了革命党，是指挥革命党人攻下总督衙门的临时总指挥；女儿已经离开了余府，参加了革命军，担任了妇女救护队队长，来到汉阳的时候，是她沿街号召民众全力以赴支持民军……这些，都是革命党人告诉他的。

刚一听说余瑞祥是革命党，赵嘉勋感到格外震惊，觉得革命党人在欺骗他。听说女儿离开余府，也参加了革命党，他更不相信这是真的。

自从汉阳革命党人起事以来，他对大儿子发出了第一道指令：“去，打听一下，赵璇滢是不是真的当了叛逆。”

得知女儿真的参加了革命党，他怒骂道：“不遵妇道，没有廉耻，不配当我女儿！”

还有一个可怕的消息等着他：王俊林也是革命党人，正在汉口指挥民军跟清军作战。这么说，几乎整个王氏家族的成员都在支持叛逆，都是叛逆！

这个世界究竟怎么啦？一夜之间，谁都当叛逆吗？即使他们都当叛逆，自己也决不当叛逆，赵氏家族的其他成员也不许当叛逆，于是，他对家庭成员管得更为严厉了。小儿子一向对什么都好奇，第一次跑出去见了革命党人，竟然说他加入了革命党，把赵嘉勋气疯了，好在他有的是办法不让小儿子再生异心。

后来，赵嘉勋终于听到了一个好消息：王俊林投靠清军，掉过头来打民军了。他感到很痛快，也希望余瑞祥和赵璇滢幡然醒悟。但余瑞祥和赵璇滢就是醒悟不了，他心里的火气一天比一天大。

民军被王俊林一把火烧到汉阳来了。赵嘉勋心情愉快极了。让叛逆们统统死在朝廷的铁拳之下吧！他在心里咆哮。

他经常可以听到从汉口打过来的炮声，越发急切地盼望清军赶快渡过汉水，把民军全部消灭光。他不再需要革命党人告诉他消息，开始主动打听消息。他经常一天要询问大儿子好几遍清军到底打到哪里了。

赵承彦暗地里修筑过工事，但不能告诉父亲，敷衍道："民军已经加强了戒备，清军只是在汉口那边打炮，恐怕一时半刻打不到汉阳来。"

希望清军快一点打过汉水是一回事，清军何时能打过汉水却是另一回事。身为汉阳知府，赵嘉勋知道这需要一个过程，不过心中有希望、有盼头，精神比以前好了许多。

这时候，他赫然发现赵府已经被夫人搞得乱七八糟。当年在知县任上，周莹莹和李香香一直陪伴在他的身边，夫人有夫人的威严，妾有妾的风范。她们不仅雨露同沾，而且还顾及着远在汉阳的另一个妾和儿子。从那个时候开始，他对夫人和李香香异常放心，把家里的事情全部交给她们处理。没想到，她们竟然都是装出来的，暗地里让刘芳芳和大儿子赵承彦饱受委屈。联想到女儿当上了革命党，他把一切怨恨都发泄在夫人和李香香身上。这两个女人每天承受着他的谩骂，也不分辩。倒是刘芳芳过意不去，时常在赵嘉勋面前说一些她们的好话，赵嘉勋便越发觉得对不住赵承彦和他母亲。饶是如此，常年养成的习惯还是改不了：夫人还是赵府主宰，刘芳芳还是受气的小媳妇。

现在，赵嘉勋亲耳听到赵璇滢鼓吹造反，终于找到了发泄对象，一巴掌打在女儿脸上，等于是打在夫人心上。这一巴掌下去，赵嘉勋痛快了，或者从来不打女儿的手尝到了打脸的滋味，一时控制不住，一面骂一面又本能地扬起来，朝赵璇滢打去。

父亲从来没有打过自己，赵璇滢突然挨了一记耳光，也是懵了，怔怔地看着父亲，一点意识都没有。

"老爷！"周莹莹没有住嘴，又是一声大叫，赶紧朝他扑去。李香香听到动静，来到堂屋，一见周莹莹扑向了赵嘉勋，不由分说，也想上前去帮忙。但赵嘉勋的手已经像蒲扇一样打向女儿的脸。

赵璇滢清醒了，瞪着父亲："你还想打我？"

余瑞祥手疾眼快，一把抓住了他的手，说道："世伯，赵璇滢是革命党，是赵家的光荣，你不能打她。"

"逆贼！我要替你父亲教训你！"赵嘉勋气得浑身哆嗦，挣扎着抽出手来，向上一扬，要打余瑞祥。

赵璇滢说道："你有完没完？"

"父亲，你不能不讲道理。"赵承博飞身前来，挡在余瑞祥面前，"瑞祥哥是民军战时副总司令，除了黄兴，民军里面数他的官最大。你怎么能教训他呢？"

"畜生！"赵嘉勋呵斥小儿子，"你是不是经常跑出去？"

赵承博的确经常跑出赵府。偷偷走出赵府，亲眼目睹民军纪律严明，赢得了民众的支持，一时好奇，提出加入民军的要求，被父亲知道后，连累母亲受到鞭打，他只有表面上顺从父亲，暗地里还是会跑出去支持革命党。

自从母亲挨了鞭子之后，赵承博有点害怕父亲了。要是父亲没有察觉出赵府完全被他母亲和赵璇滢母亲控制了，好像使唤下人一样使唤赵承彦和赵承彦母亲，他仍然可以支持赵承彦，暗中帮助赵承彦母子。现在，事情好像反过来了，他母亲和赵璇滢母亲每天都会遭到父亲的责骂甚至是鞭打，常常以泪洗面。他并不觉得母亲她们一定值得同情，但再也不敢太放肆，太随心所欲，担心父亲会像对待母亲一样对待自己。

"如果我像你一样天天被关在家里，活着还有什么意思呀。"赵承博说道。

"畜生！"赵嘉勋话没说完，一股热血猛地朝喉头翻涌，眼睛一翻，差一点倒在地上。

余瑞祥赶紧从背后扶住他。周莹莹和李香香手忙脚乱，屋子里一片混乱。

刘芳芳听到喧闹声，忐忑不安地走了过来。她本来不敢出现在这种场合，但这段时间，府上的任何事情，赵嘉勋都要她出面才肯点头，硬是把她赶上了架子。她知道自己并没有真正在赵府建立起威望，一旦赵嘉勋不在跟前了，府上依旧跟往常一样，周莹莹和李香香当着家呢。

"叫大夫呀，快去叫大夫呀！"周莹莹和李香香一齐吼叫道。

赵嘉勋已经清醒了。

余瑞祥说："世伯，如果我是叛逆，我背叛的是清廷，但忠于汉人，忠于国家。难道你没有想过，你忠于清廷，就是背叛汉人吗？你应该出去看一看。从今天开始，我可以下命令，让你随时可以走出赵府。你不是希望看到清军打过汉水，打到汉阳吗？告诉你，我不会让清军跨过汉水的。我会率领民军打过汉水，重新收回汉口，挥师北上，直捣北京，把宣统从龙椅上赶下来。"

"逆贼！朝廷是不会被你打垮的，你等着吧，朝廷一定会将你碎尸万段的。"赵嘉勋声嘶力竭地咆哮道。

父亲是不会支持革命党的，现在回了一趟家，回去可以向黄总司令交差了，赵璇滢再也不愿意跟父亲僵持下去了，转身朝门外走去。

余瑞祥也觉得待在赵府不过是浪费时间，跟着出了门。

这时候，赵承彦从外面进来了。他每天都要出去好几趟，只要府上有事，都是他出去处理。榨油坊里有事，也是他打理。当民军败退到汉阳以后，赵嘉勋越来越感觉到民军很快就要失败，更是要求大儿子每天都要向他报告战争动态。

“你们？”赵承彦乍一看到余瑞祥和赵璇滢，不由得大吃一惊。

余瑞祥和赵璇滢停下脚步，说道：“怎么啦，难道不认识吗？”

“我没有想到，你们会来。”话还没有说完，赵承彦就听见父亲的喊叫。

赵承彦不得不向余瑞祥和赵璇滢充满歉意地点了点头，朝堂屋里走去。

周莹莹想追上女儿。她一朝外走，马上听到赵嘉勋在堂屋里谩骂，再也不敢乱动了，倚在门边，眼泪流了出来。

赵承博可管不了那么多，跟在余瑞祥和赵璇滢后面，穿过了庭院，追上了他们，说道：“你们不能多留一会儿吗？承彦哥哥一定有话要对你们说。”

余瑞祥和赵璇滢看着赵承博，说道：“你是不是也有话要说？”

“是呀，我也有话要说。”赵承博说道，“其实，我很想跟你们一样去打仗。可是，我一听到枪炮声，吓得双腿发抖，赶紧要逃。”

赵璇滢亲昵地摸了摸弟弟的脑袋：“只要你想到，在战场上，你不杀死他们，他们就会杀死你，你就什么也不怕了。”

赵承博笑道：“这是魔王做的事，我做不了。”

赵璇滢生气了，扬起手，朝弟弟打去。

但赵承博笑着跳开了。他跳到余瑞祥面前：“瑞祥哥，你可以送给我一把枪吗？”

“如果你要去打清军，我可以给你一支枪。”余瑞祥说。

“我才不去打仗呢，我不当魔王，也当不了。”赵承博说。看到余瑞祥和赵璇滢想教训他了，他赶紧挥了挥手，说道，“算了，不说这些了。告诉我，汉口到底烧到了什么程度？”

余瑞祥痛惜地说道：“清军才是魔王。他们几乎将汉口最繁华的地段全部烧光了。”

“我听说，是王俊林放火烧的，对吗？”赵承博又问。

“只有王俊林这种反复无常的小人，才做得出来。”赵璇滢痛恨地骂道，“总有一天，我们会抓住他，砍掉他的脑袋，为汉口百姓报仇。”

“哎呀，你就是魔王，除了砍头，还能说什么话呀？”赵承博惊讶地叫了一声，忽而一本正经地说道，“其实，也不是我要问你们，是嫂子要问你们的。她一直问哥哥，哥哥总是不肯告诉她。”

“王芝英？”赵璇滢和余瑞祥心里一惊。

王芝英要是知道汉口是被王俊林放火烧掉的，该怎么想呢？余瑞祥又想起了王翔宇。王翔宇知道是王俊林纵的火以后，口吐鲜血，昏倒在地，再也没有起来。余瑞祥不得不命令几个卫兵把王翔宇送回了租界的王府。现在，王翔宇怎么样了？还有，王俊财怎么样了？他们都还好吗？余瑞祥遥望着汉口方向出神。

“瑞祥。”余瑞祥听到一声喊叫，只见赵承彦已经站在自己面前了。

“谢谢你对民军的帮助。”余瑞祥说道。

赵承彦警惕地朝后面看了一眼，说：“不能为民军做更多的事情，非常抱歉。我有一个不情之请，希望你们亲口告诉我夫人，王氏家族现在一切平安。”

余瑞祥和赵璇滢愣住了。

赵承彦苦笑道：“她知道汉口被烧，一直很担心王氏家族。自从我娶了她，她一直没有真正快乐过。我无法给予她需要的东西，只能让她陪我一道受苦。我怎么能告诉她王府的真实情况呢？”

“你知道了什么？”赵璇滢问道。

“我知道王氏家族的很多财产都被大火烧掉了，我也知道是王俊林放火烧掉的，我还知道很多商户到王府寻求说法，王翔宇世伯为了替儿子谢罪，当着商家的面，在府上自杀了。”

余瑞祥和赵璇滢格外震惊。余瑞祥紧紧地抓住了赵承彦的手：“谁说王世伯已经自杀了？”

赵承彦说道：“在民军全部撤到汉阳之前，因为芝英非常担心王府的安危，我就派了一个精明的伙计去了汉口。他亲眼看到世伯自杀，还亲眼看我岳父也在世伯的身边。但是，我不能告诉芝英。因为世伯对她太好了，视她为亲生女儿。我担心她听到消息后会受不了。”

忽然一个身影冲了出来，摔倒在地，接连不断地翻滚着。

“夫人！”赵承彦突如其来地大喊一声，飞快地冲了过去，抱起了地上翻滚的人。

赵璇滢吃了一惊，赶紧奔了过去，帮助哥哥扶住了嫂子。王芝英脸色苍白，眼睛慢慢地睁开了，望着丈夫，眼泪不停地往外流。

“夫人！”赵承彦急切地喊道。

“你为什么要瞒着我？”王芝英缓缓地张开了嘴。

“我没有瞒你。”赵承彦的心在流血，眼泪一直不停地流，啪嗒啪嗒地掉在了王芝英的脸上。

王芝英绽开了一抹凄厉的微笑：“伯父自杀了，王家的产业差不多快要完了。我父亲是不是也快要死了？我母亲是不是也快要死了？”

夫人每说一句，赵承彦心里都像刀割一般生疼。

赵璇滢心里抽搐不止。她知道，嫂子自从进入赵家的门，一直没有快乐过，一直受到母亲的压制，跟赵承彦一样，默默地承受着。支撑着嫂子坚强地生活下去的是哥哥的善良、刘芳芳母亲的坚韧以及王氏家族对赵府的关照。他们是三根支撑王芝英生活下去的支柱。现在，一根支柱已经轰然倒塌了，嫂子心里承受的压力已经到了崩溃的临界点。

她连忙帮助哥哥把嫂子扶起来，说道：“没有，嫂子，王氏家族还没有完，也不可能完。你哥哥王俊财还在，你父亲还在，你母亲还在，你弟弟也在，还有……”

赵璇滢很想说还有王俊林在，可是她不愿意说出王俊林的名字。因为，在她的心中，王氏家族的一切灾难都是因王俊林而起的。

王芝英挣扎着从丈夫和赵璇滢手里站起来了。

她看了看余瑞祥，看了看赵承博，说：“我知道，你们都在骗我。我要去看一看伯父，我要去看一看父亲，我要去看一看母亲，我要去看一看哥哥、弟弟、我的一家人。”

一边说，王芝英一边踉踉跄跄朝外面走去。

赵璇滢和余瑞祥面面相觑，很想说话，但喉头被堵住了，一个字也说不出来。

已经很长时间了，夫人王芝英有点神情恍惚。看到夫人这个样子，赵承彦心头涌起一种不祥的预感。他赶紧拦住夫人：“你回不去汉口了，汉江已经被封住了，没有办法回去汉口。”

“不，你骗我。”王芝英认真地看了他好一会儿，说道，“没有人封住汉江，谁也不会封住汉江。我伯父死了，我父亲死了，我母亲死了，我哥哥死了，我弟弟死了，王家没有一个人了。我要回去。我要为他们下葬。”

王芝英越说思维越混乱，越说越神志不清。

余瑞祥心里滚过一阵悲哀。他万万料不到，这一次到赵府来，竟会碰到如此棘手的事情。

赵璇滢扶着嫂子，说道："没有，王氏家族的人没有死。你要想去汉口，我陪你去。我陪你过汉口。哪怕天崩地裂，我也会陪着你去汉口，让你亲眼看一看，你父亲、你母亲、你哥哥、你弟弟都还活着。"

余瑞祥低垂着头，一声不吭。为了王芝英，为了赵璇滢，他竭尽全力，也要把王芝英送到汉口去。

赵承彦一听妹妹的话，吓了一大跳，赶紧阻止道："你不要胡说，你难道不知道吗？汉水已经封住了，不能过江了。"

他还有一个消息没有告诉妹妹。

得知王翔宇自杀身亡的消息之后，他立即向父亲报告了。虽说父亲对王翔宇帮助革命党仍然耿耿于怀，但也为世兄的死亡感到难过，嘱咐赵承彦派人前去王府吊唁。下人回来报告：王翔东竟然也一病不起。

"我要过江，我要去汉口。"王芝英拉着赵璇滢的手，说道，"璇滢，只有你不骗我，你愿意帮助我，你带我一块回娘家吧。"

不等赵璇滢说话，王芝英忽然松开她的手，说道："我知道，你也不愿意帮助我。那好，我一个人回汉口，谁也别拦我。"

话音还没有落地，她突如其来地朝外面冲去，脚下一崴，怆然跌倒在地。

第十五章 反攻汉口

一连半个多月，清军依托布设在硚口一带的炮兵阵地，日夜不停地向汉阳兵工厂和归元寺等地发动炮击。民军则利用布设在龟山上的炮阵，隔江向清军实施炮火反击。双方的炮弹把空中的鸟儿驱赶得一干二净。

这段日子，双方的步兵都没有投入行动。清军大多数是旱鸭子，一直在搜寻渡江船只，训练渡江作战技巧。趁此机会，民军在汉阳城区到蔡甸一线长达六十里地的战线上布设防御阵地，架设铁丝网，埋设地雷，修筑掩体墙，加固阵地防御体系。

从湖南开来两个协的援军一来到武昌，立马受到武昌全体军民的热烈欢迎。他们雄赳赳气昂昂地渡过长江，开赴汉阳，投入黄兴麾下。随后，从各独立省份里，由商会以及其他各种组织建立起来的铁血军团、救国军团、敢死队等各种非正规部队，也陆续开到汉阳，纷纷加入民军。

这期间，为了增强作战能力，黄兴和余瑞祥一道，对撤离到汉阳的民军进行了整编，并实施了扩军计划。

为了确保汉阳安全，民军除在六十里长的战线上布列防御阵地以外，在归元寺附近留有足够的预备队，以便随时展开救援行动。得益于汉阳商务总会的全力支持，设立在归元寺的总粮台和弹药供应基地里面，已经堆积了足够的粮食、弹药和其他作战物资。为了方便及时将这些物资送到第一线作战部队，从归元寺到琴断口，每隔半里或者一里地便修建了一座兵站。汉阳兵工厂加大了生产力度，每天都有新出产的大批武器弹药源源不断地运到归元寺。

随着民军作战能力的不断增强，总司令部已经不满足于仅仅固守汉阳，正式考虑反攻汉口的可能性。

综合各方面得到的情报，黄兴判断清军部署在汉口的部队一共两万人左右。迄今为止，已经有十余个区域或者省份宣布独立，成立了军政府，清廷焦头烂额，再也不可能有更多的兵马投入过来。在兵员数量上，清军跟民军相比，并不占优。连日阴雨绵绵，道路泥泞不堪，湖北湖南的民军适应这种气候特点，对他们作战的影响不大，北方佬必然很难适应，作战能力由此会大打折扣。汉口商务总会和汉口的民众都支持革命党，一旦民军反攻汉口，他们是最可靠的内应。考虑到这几点，黄兴觉得，可以适时向汉口发动攻击，收复汉口了。

但余瑞祥觉得，清军训练有素，武器弹药更为先进。民军则大部分是新兵，即使是从湖南开过来的援军，人员固然不少，军事素养不比湖北民军要好多少，武器弹药亦远远比不上清军，用于防御，或许可以阻挡敌人，用于进攻，一旦出现了异常情况，后果不堪设想。

“作战嘛，兵力与武器弹药固然是事关成败的重要因素，但不是唯一因素。我综合考虑了各种情况，深信反攻汉口一定不在话下！”黄兴说道。

“总司令打算怎么反攻？”余瑞祥问道。

“战场上，还有什么比消灭了敌人更重要的呢？”黄兴说道。

余瑞祥担心的正是这个。他连忙说道：“敌人军事素养高，武器弹药好，即使我们要反攻汉口，也不应该直接攻击敌人的主力部队，而应该攻击敌人的后方，将敌人困在汉口，再慢慢地消耗敌人。奈何一定要与敌人硬碰硬呢？”

“你的想法确实稳妥。但是，我们已成全体革命党人关注的焦点，如果不能在最短的时间里夺回汉口，势必会影响整个革命党人的士气。”黄兴说道。

跟总司令部其他成员商量，不能达成一致，黄兴把自己的打算向军政府作了报告，试图得到军政府的支持。但军政府里很多人不赞成反攻汉口。他们觉得民军只有区区两万兵力，难以用于进攻，把守防御阵地，挡住清军的攻击，以防护武昌的安全，在全国造成武昌仍然控制在革命党手里的印象，号召天下响应起义，才是最为稳妥的。

黄兴即使无法说服众人同意自己，还是准备干下去。思考成熟后，他召集总司令部各位主要成员开会。

“我已经筹划了很长时间，决计明晚组织部队反攻汉口，收复失地。”

黄兴开宗明义地点出了会议的主旨，每一个人都感到不可思议。

迄今为止，各方的意见仍然没有统一，黄兴竟然决定了反攻汉口的具体日期，而且采取的是通报的形式，而不是商议，大家心里当然有想法。

看到众人冷场了，余瑞祥说道：“总司令，说说你的计划。”

黄兴说道：“我事先已经派遣工程营勘察过地形，决计在五里墩架起两座浮桥，作为主攻方向，在南岸嘴架一座浮桥，作为助攻方向。在明晚十点，各部队一同行动，偷渡汉水，攻入汉口。”

众人相互打量了一眼，仍然谁也不做声。

余瑞祥问道：“这段时间淫雨霏霏，的确为我们偷渡汉水创造了有利条件。可是，黄总司令，我们应该选派哪几支部队偷渡汉水，攻击汉口呢？”

“我准备派遣一支湖南援军作为主攻部队，湖北民军作为助攻部队。为了确保成功，务必将全部炮兵都调集到主攻方向上；同时，将另外一路湖南民军编成预备队，跟在主攻部队后面，一同渡江。我打算亲自跟随预备队一块渡江，以便指挥全体部队的行动。余副总司令留守，全盘负责处理一切事务，并跟我保持联络，随时调集部队，支持我的行动。”

余瑞祥沉思了一会儿，说道：“黄总司令的计划固然周全，可是，真要渡江反攻，不应该让湖南援军担负主攻任务。毕竟，援军初来乍到，并不熟悉汉口的地形，不如派遣湖北民军作为主攻，似乎更恰当一些。”

“都是民军，谈什么湖南援军，湖北民军？”黄兴断然地说。

余瑞祥权衡再三，说道：“我认为应该放弃反攻计划，改派一支奇兵，从青山渡过长江，偷偷攻击谌家矶，截断清军的后路。执行这个计划，并不需要使用太多的兵力，动员起来比较容易，而且，谌家矶远离前线，敌人的防守必然薄弱，成功的把握会大得多。一旦我军攻占谌家矶，势必造成敌人的恐慌。届时，我们再伺机渡过汉水反攻汉口，更易成功。”

“不错，余副总司令的计划一旦成功，就可以切断敌人的退路，把敌人围困在汉口市区，任凭敌人如何进攻，我们都可以置之不理，令其军心涣散，自取灭亡。”众人附和道。

黄兴似乎早有准备，不等众人话音落地就截断了话头：“清军长途远征，必然会竭尽全力保护后勤保障线路畅通。况且，你们原先曾经做过切断敌人后路的尝试，并没有把敌人挡在三道桥。”

三道桥之战，是余瑞祥心底永远的痛。他虽说深知这一次偷袭谌家矶，跟当初决战三道桥大不相同，但是，心里的伤疤被人无情地揭开，他只有无言的沉默。

黄兴历数攻打谌家矶面临如何困难，从五里墩渡江如何容易，迫使众人做出了最后的抉择：从五里墩和南岸嘴渡江攻击汉口。

黄兴是一个有心人，早就调集了许多船只，分散在汉水南岸的各大码头上，并且按照工程营的设计，给每一条船只都编好了编号，选择在敌人难以注意到的位置，进行搭建浮桥演练。

赵璇滢来到汉阳以后，又吸收了一些妇女加入到她的队伍，简单地培训过后，几人一组，跟随各队一道行动。其时，赵璇滢正在十里铺，突然听说部队要反攻汉口，不允许妇女救护队随同行动，连忙跑去昭忠祠请战。

“黄总司令，为什么不让妇女救护队上阵？”赵璇滢气鼓鼓地问道。

“妇女救护队是一支经得起考验的部队。但是，你还得正视现实，你们不可能跟得上部队的行军作战速度，会影响部队行军作战。”

“妇女救护队曾经跟随部队拦截过敌人，对部队的行动没有丝毫影响。”赵璇滢反驳。

“赵璇滢同志，晚上行动不比白天，困难更大。”

“只要有仗打，妇女救护队一定要上阵，不管白天还是晚上！”赵璇滢说道。

碰上这样的主，黄兴有点无可奈何。但是，无论赵璇滢说什么，他都不予理会。赵璇滢不能如意，试图拉着余瑞祥帮她求情，但余瑞祥不理她的茬，她只好生气地跑了。

傍晚，夜色朦胧，到处一片昏暗，各种船只陆续从隐蔽之地开了出来，根据工程营的统一调配，迅速在五里墩搭起两座浮桥，在南岸嘴搭起一道浮桥。部队马上要出发了，黄兴在余瑞祥的陪同下，检阅了各渡江部队。

所到之处，每一个民军的手臂上，都系了一条白布带，手拿钢枪，宛如一棵棵青松，傲然挺立在北风之中。

黄兴满意极了，说道：“半个月前，我们被敌人狼狈地赶到汉阳；现在，我们的力量壮大了，夺回汉口的时候已经到来。你们是民军精英，也是夺回汉口的希望。我跟你们在一起，向汉口发动攻击，不拿下汉口，永不言退！”

“攻击、攻击、攻击，不拿下汉口，永不言退！”民军爆发出狮子般的吼叫，把四周嘈杂的声音都淹没了。

“很好！”黄兴庄重的脸上绽开一丝微笑，随即命令道，“出发！”

这时候，从龟山炮兵阵地上爆发出一连串惊天动地的喧响，无数颗炮弹，闪烁出一团一团的火光，嗖嗖欢叫着，飞过汉水，飞往汉口清军的营地。从武昌方向，也隐约传来了密集的炮声，一阵紧似一阵，无断无绝。

在大炮的欢送声中，民军在湖南协统的带领下，快速冲向浮桥。

天仍然下着细雨，北风呼啸，卷起民军的衣服，将雨点凝聚成一把把钢刀，和着凛冽的风，狠狠地刺进民军的肉体。波涛拍打着船帮，浮桥好像一条悬空的丝带，在风的吹拂下，不住飘荡。民军一踏上浮桥，顿觉晃晃荡荡，顽强地保持平稳，向对岸冲去。汉口那边，清军全都龟缩在房间里烤火。民军协统一渡过汉水，立即命令人马杀向敌人的营垒。敌人猝不及防，连武器也来不及拿，慌忙逃跑。民军乘胜追击，每打下一块地方，都按照事先的约定，燃烧起了一片火光。

黄兴正在五里墩，听见对岸响起了零零落落的枪声，紧接着，看见一片片火光。第一拨部队已经达成目的，黄兴心里大喜，赶紧催促预备队快速跟上去。

冷风冷雨抽打了许久，预备队作战意志一点点涣散，迟迟疑疑，不敢过江。

“成败在此一举，快，冲过去！”黄兴不住地怒吼，但声音淹没在风声、雨声、波涛声之中。

真的被余瑞祥说中了，不应该让湖南的援军打头阵。黄兴心里说道，更加着急，拔出手枪，一边朝天空放枪，一边大声吼叫：“都说湖南人是驴子，只知一往无前，绝不畏畏缩缩。你们是湖南驴子，都给我冲，别给湖南人丢脸！”

忙乱了好一阵子，第一批预备队总算勉强过江了。一登上汉水北岸，立马陷入泥泞之中。他们磕磕碰碰，吵吵嚷嚷，总算进入了街道。街道上一样泥泞不堪，难以下脚。北风刮个不停，雨下个不停，透心般的寒意袭遍全身，预备队叫苦连天。看见前面的一团团火光，他们纷纷扬扬冲过去，放下武器弹药，你挤我撞，烤起火来。

黄兴过了汉江，立刻收拢人马，准备向敌人发起攻击，但军心已经涣散，一时半刻，他哪里收拢得了？心下万分恼火。

这时候，最先渡江的人马已经打出了很远。黄兴举目望去，只见前面火光飞溅，枪声如爆炒的豆子，心知清军已经醒悟过来，朝民军展开了反击，队伍再组织不起来，第一拨队伍很快就会抵挡不住了。

黄兴一怒之下，抓起一个畏缩的兵士：“跟着我，往前冲！”

总司令亲自上阵，总算把队伍收拢了。

第一拨民军一直挺进到歆生路，在那儿遭到敌人的顽强抵抗。民军孤军突出，没有侧翼掩护，也没有后续部队跟上来，很快便陷入从刘家庙方向冲过来的一拨敌人以及被打散和躲藏起来的清军的包围。民军抵抗不住，只有朝后面撤去。

察觉到这种情况，黄兴心里更急。他下意识地朝南岸嘴方向望去，只听见从南岸嘴那边传来猛烈的机关枪声，但没有火光。

完了，计划要失败了！黄兴知道这意味着什么，心里一阵寒冷。

一定要把清军赶出汉口！黄兴不顾一切，喝令预备队火速冲上前去。

但预备队动作迟缓。当第一拨民军快要撤退过来的时候，他们更是不敢上前，甚至一看到成群的清军跟了过来，一窝蜂地扭头回撤。

“站住！就地展开成战斗队形，挡住清军！”黄兴愤怒地吼叫道。

这一次，无论黄兴采取什么措施，都不可能阻止后退的潮流。他无计可施，只有跟随部队一道撤向汉阳。

部队一旦失去控制，越发混乱不堪，浮桥上也是你挤我撞，你推我搡，其中一座浮桥受不了，轰隆一声垮塌了。噗通噗通，民军像饺子一样掉进汉水，有的淹死了，有的被船只撞死了。

黄兴赶到江边，怒火冲天，放声大骂：“你们哪是湖南驴子，完全是一群没人放的羊羔！”

他必须立刻把这群“羊羔”组织起来，把他们带回汉阳，否则，大家全都得挨清军的枪子。他立刻找来协统，一人一把枪，各揪住一个不听招呼的士兵，枪口顶住他的脑门，喝令他保持镇定，随后整顿好秩序，带领队伍通过了浮桥。

清军追了过来，站在北岸，见民军一团慌乱，以为民军是为了引诱他们上钩，谁也不敢轻举妄动，眼睁睁地看着民军撤回了汉阳。

余瑞祥一直守在总司令部。亲眼看到第一拨部队发出了攻击得手的信号，他立即调集兵力，准备直接支援黄兴的行动。但不妙的消息接踵而至：“南岸嘴那边的攻击势头被敌人阻止住了，部队怎么都过不了江。”

已经渡江的部队没有侧翼掩护，后果不堪设想。余瑞祥把司令部的工作交给参谋长李书城，骑上战马，奔向南岸嘴，准备亲自组织部队过江。

一路走去，南岸嘴的枪声已经稀稀落落了。难道说部队已经全部渡江了吗？余瑞祥心想，继续不停地朝南岸嘴奔去。到了那儿，竟然发现全体人马猬集在一块，再也没有组织攻击了。

“怎么回事？为什么到现在还没有冲过浮桥？”余瑞祥问道。

“敌人的火力太猛了。”民军指挥员回答。

“难道你们手里拿的是烧火棍吗？组织部队发起冲锋！”余瑞祥命令道。

恰在这时候，余瑞祥接到报告：五里墩方向的民军已经败退而回。

余瑞祥不得不先命令部队原地待命，立即调查部队不能过江的原因。

原来是该部指挥官在这天结婚，根本不在前线，也没有组织任何偷渡训练和有效的攻击措施。余瑞祥勃然大怒，命令兵士将指挥官抓起来，送交军务部处理。

黄兴回到司令部，一屁股坐下去，脸色严峻，可怕得吓人。司令部里不断地响起的电话铃声和着人的说话声，丝毫也没有进入他的耳朵。

“想不到，一个完好的计划，竟然被他们破坏了！”黄兴愤怒地吼叫道，“将士不用命，指挥官无能，哪有一点革命党的气概？！”

“我已经调查清楚了，南岸嘴方向是因为指挥官忙于结婚，没有组织有效的攻击，部队一直未能渡江。”余瑞祥说道。

“岂止是南岸嘴，过江的部队临阵怕死，指挥官一样无能！”黄兴说道。

那是湖南援军。余瑞祥不做声了。

沉闷之际，赵璇滢急匆匆地跑进司令部，嚷道："黄总司令，我请求下一次反攻汉口，你一定要把妇女救护队派出去。"

黄兴注视了她好一会儿，说道："果然巾帼不让须眉！很好，下一次行动，我一定让你们上！"

"总司令放心，我一定不会让你失望。"赵璇滢高兴地说道。

"下一次，我将以南岸嘴为主攻方向，一定要收复汉口！"黄兴眼里闪烁着必胜的光彩。

南岸嘴的敌人破坏了民军的渡江企图以后，一定不会提防民军再次从那儿渡江，的确可以收到出其不意的效果。余瑞祥虽说仍然不愿意反攻汉口，但面临新的情况，他也觉得反攻并非完全不能成功。

余瑞祥说道："敌人对我们有了警惕，势必会派遣最熟悉汉口情况的王俊林为指挥官，阻击我们下一次进攻。整个民军，只有我最了解王俊林，如果一定要反攻，我愿意带领人马前往。"

"余副总司令能够亲自率队反攻汉口，实乃民军之大幸！"黄兴喜出望外，"你先带领一个标的人马过江，随后我会陆续给你增派人马。"

湖南民军反攻汉口失败，部队损失严重，作战意志薄弱，他们一回到汉阳，黄兴便命令协统把人马带去了琴断口。湖北民军在汉口之战中蒙受的伤亡更加严重，如今虽说补充了不少，从全国各地也开来了不少队伍，但作战能力同样不够，能快速抽出一个标的精锐力量，实在不太容易。

黄兴顿了一下，对赵璇滢说道："赵队长跟余副总司令是老熟人，彼此了解。这一次，赵队长可以放心一展才能。"

"妇女救护队不是驴子，也会义无反顾！"赵璇滢回答道。

天黑时分，人马调集到位，黄兴陪同余瑞祥来到南岸嘴，命令大炮向敌人的阵地展开猛烈的轰击。

赵璇滢已经收拢妇女救护队，把队员们配属给各营，做好了过江的准备。

余瑞祥组织了一支敢死队，在炮火的掩护下，从浮桥上朝对岸冲锋。清军依托江堤，布列了一道机关枪阵地，吐出致密的火舌，宛如张开血盆大口的蟒蛇，疯狂地吞噬着前面的敢死队员。一个敢死队员倒下了，另一个敢死队员迅速补充上去。

赵璇滢带领几个妇女救护队队员，跟随敢死队行动。风在吹，雨在下，子弹在浮桥上翻飞，敢死队员在冲锋，受伤牺牲的人不住地跌倒。浮桥晃动不止，赵璇滢和救护队员踉踉跄跄，顽强地保持平衡，在弹雨纷飞中救护伤员。

余瑞祥改变战术，把敢死队分成两拨，相互交替掩护。不一会儿，敢死队冲到了对岸。敌人的机关枪一直喧闹不停，把敢死队员压在当面，再也前进不得。余瑞祥大怒，命令随队行动的快炮对准敌人一阵狂轰滥炸，打退了敌人。敢死队凶猛地冲向两翼，为后续打开了一道宽阔的道路。

余瑞祥即刻率领全体人马过江，风扫残云一般扑向敌人，一举抢占了龙王庙，迅疾地朝敌人的核心阵地冲去。

敌人的机关枪再一次喧嚣开了，密集的子弹收割机一样狂奔过来。一时间，民军无法动弹。余瑞祥抽调一批人马，分成两组，从两翼去包抄敌人，亲率主要部队在正面牵制敌人。

很快，余瑞祥得到报告：实施两翼包抄的部队无法前进了。

正面进攻受阻，两翼包抄亦不能成功，反攻汉口眼看又不能成功。余瑞祥心里有些着急，正准备重新组织有效攻击，敌人那边的枪声突然停止了。

“余世兄，别来无恙乎？”从敌人那边传来一个非常熟悉的声音。

余瑞祥抬头看去，就着一片火光，只见王俊林从对面阵地上微微翘起了头。他慢慢地举起手枪，准备瞄准那颗脑袋。

王俊林迅速缩了回去，声音继续在死寂的天空中回荡：“余世兄，我猜，你肯定想杀掉我。但是，我不能让你杀掉。你我是世交，你如果杀了我，一辈子都不会安心。我也不能杀你，我杀了你，也会一辈子都不安心。我们应该跟先前一样，走进同一个阵营。”

赵璇滢一听，禁不住勃然大怒：“王俊林，你这个贪生怕死的混蛋，不光瑞祥要杀你，我也要杀你！杀了你，我们谁都不会皱一下眉头！”

“嫂夫人，你想杀我，可以！不过，我得先问你，你学会开枪杀人了吗？”王俊林嘿嘿一笑，说道，“嫂夫人，你不该上战场，回家跟余瑞光世兄好好过日子吧。女人家，为什么要上战场呢？难道叛逆里面，真的没有男子汉吗？”

“王俊林，你这个反复无常的小人。今天，我一定要取你的性命。”赵璇滢怒吼道，从地上捡起一把汉阳造，瞄向王俊林所在的地方。

王俊林又是一声嘿嘿的笑：“嫂夫人，你不可能杀得了我，余世兄也杀不了我。昨天夜里你们的人过来大闹一通，得不到便宜，今天更别想得到任何好处。你要是不回去跟余瑞光世兄过日子，恐怕永远也回不去了。”

“凭你这种不入流的东西，难道留得住我吗？”赵璇滢怒骂道。

王俊林哈哈大笑道：“嫂夫人，我确实不入流，但可以把你留下来，也可以把余世兄留下来！而且，昨天夜里，如果有我在，一个叛逆也休想回去。”

昨天夜里，王俊林赶回租界王府奔丧去了。知道父亲的死因，他异常痛恨那些商户，命令兵士：只要看见那些商户走出租界，一律格杀勿论。

逼死王翔宇，那些商户都知道王俊林不会善罢甘休，谁也不敢再露面，甚至不敢到王家去吊唁。

王俊林很想把父亲的丧事办得风风光光，但叔叔王翔东为日后赔偿那些商户和百姓的损失，不希望把哥哥的丧事办得过于奢华。何况，战争还没有结束，大操大办，显然不合时宜。王俊林不能不打消了原先的念头。

清军这段时间正在积蓄力量，为攻击汉阳做准备。民军一夜之间打到汉口来，清军差一点招架不住。冯国璋赶紧召回王俊林，命令他率领清军，在汉水北岸密切注视民军的动静。

王俊林接到命令，立即来到龙王庙。

民军曾经从这里发动过猛烈的攻击，虽说没有登陆过，但王俊林了解民军的战法，知道民军一定会再度从这里攻击汉口，命令清军加强戒备。果然，民军发动了攻击。为了避免伤亡太大，他决计先竭力抵抗，再放民军进入汉口，将民军包围起来予以消灭。他正自以为得计，没料到，前来攻击汉口的民军指挥官竟然是余瑞祥。

他虽说投靠了清军，但仍然对余瑞祥、赵璇滢怀有一种复杂的情感，既想打败他们，又不想伤害他，试图维系过去的交情。

“王俊林，王世伯因你而死，你怎敢大言不惭！”赵璇滢愤怒地呵斥道。

王俊林把父亲的死因全部怪罪到商户和民军头上。暂时无法向商户下手，正想找民军算账呢。赵璇滢的话令他勃然大怒：“没有你们，我父亲不可能死。我要把你们这些叛逆统统杀光！”

余瑞祥叹息一声：“王俊林，你遇到任何事情，只会责怪别人。你怎么没想到是你逼死了王世伯呢？”

王俊林冷冷地说道：“余世兄，你终于露面了！”

“你不是一直在等我吗？我岂能让你失望？”余瑞祥说，“我们谁也不可能再相信谁，接下来，恐怕唯有一战，才能解决我们的恩怨。”

“是的！”王俊林说道，“但是，我不希望你们死在我手里；我相信，你们同样不希望我死在你们手里。”

“不，我们是敌人！是敌人，死在对方手里，无怨无悔。”余瑞祥话音刚落，立刻命令兵士展开攻击。

一时间，机关枪的吼叫声，兵士的咆哮声，受伤人员的惨叫声，连成一片，直冲云霄。很快，敌人被迫向后退去。民军两翼部队合拢，继续向前展开攻击。

敌人没有经受重大的损失，民军为什么会轻而易举地攻进敌人的阵地？余瑞祥心里涌起了一团迷雾，命令人马放慢了攻击步伐。

突然，从后面传来密集的枪声。敌人已经朝留守龙王庙的民军发动攻击了。这是反攻部队退回汉阳的必由之路，一旦后路被敌人截断，民军将会极度危险。是继续向前攻击，还是立即回撤？继续向前进攻，一旦攻破了敌人的防线，敌人势必会把攻击龙王庙的部队撤下来，民军的后路便安如磐石。而且，黄兴不是说过，会陆续派遣人马过江的吗？后续人马也可以打开被敌人关闭的通道。可是，王俊林已经有了防备，并且很可能在前面布设了一个陷阱，反攻汉口的时机不复存在，他一头跳进去，除了付出难以想象的伤亡，还能得到什么呢？余瑞祥迟疑了一会儿，命令部队后撤。王俊林率领人马从前面和两翼压了过来。

余瑞祥留下一部分人马阻挡敌人，亲率主力朝后撤退。

王俊林本打算采取诱敌深入的计策，将余瑞祥的人马进一步引诱到市中心，然后切断他的退路，逼迫他投降。谁料余瑞祥很快便醒悟过来了。余瑞祥要是撤回了汉阳，前面的努力不是白费了吗？王俊林赶紧率领部队冲了过来。凭借强大的火力，清军很快冲破余瑞祥留下的人马组成的阵线，马上要追上民军主力了。王俊林突然接到了一份告急消息：上关和灰面厂方向亦有民军攻过来了。

全国各地到处都在滋生反叛朝廷的火种，清廷再也无法派遣后续部队南下，清军基本上采取守势。在六十里的漫长战线上跟民军展开对峙，还要调集兵力，准备进攻汉阳，清军显然没有多余的机动兵力对付民军的反攻，只有依靠王俊林到处堵塞漏洞。

湖南民军第一协撤回汉阳以后，黄兴命令他们防守琴断口一线。

协统率领人马到达琴断口之后，听说余瑞祥率领一个标的人马从南岸嘴渡江攻向汉口，想到此前自己功败垂成，萌发了再次突袭敌人的想法。他向黄兴请战，请求再次率领人马攻打汉口，以便策应余瑞祥的行动。

得到批准，湖南民军第一协协统率领人马，从琴断口渡江，一口气打到了上关和灰面厂。清军防守松懈，兵力不足，民军所到之处，清军望风披靡。黄兴接到战报，赶紧调集部队，准备从湖南民军打出的缺口源源不断地开过去，力图彻底打败清军，全面恢复汉口。清军更加吃不消了，又打出王俊林这张牌。

即将把余瑞祥和他的人马全部包围，王俊林不想错过机会。可是，他领教过冯国璋的威严，既不敢申辩，更不敢公开抵制，只有抽出一部分人马，命令他们尽快赶往上关和灰面厂一带救援，自己则一定先把余瑞祥留住再说。

余瑞祥感到敌人的追击速度和火力都小了许多。王俊林想干什么？试图把自己这批人马全部滞留下来，一网打尽吗？这么一想，后撤速度更快了。

很快，余瑞祥把人马撤到靠近汉水的沿岸，一举歼灭了试图合围把守在江岸一线民军的敌人。

没有后顾之忧，余瑞祥的心思又活动开了：是王俊林虚张声势，还是民军从其他方向打过来了？已经攻进了汉口，回撤之路也有了保障，不如继续派出一些部队，对敌人作试探性进攻。

他思虑一定，命令部队沿着江岸一带布设阵地，抽调出一拨人马，向敌人展开了凶猛的进攻。

王俊林没有料到余瑞祥在率部逃跑途中，还会发动如此强力的攻击，不做提防，人马纷纷扬扬倒下了一大片。

余瑞祥一击得手，迅速做出判断：王俊林已经抽走一批人马，去对付从其他方向攻过来的民军了。事不宜迟，他命令民军全面猛攻。王俊林抵挡不住，急令炮火猛烈地轰击民军的阵线。民军伤亡惨重，眼见得无法坚持，余瑞祥只有命令部队后撤回汉阳。

王俊林留下一支部队加强龙王庙一线的防守，率领主力，朝上关赶去。

途中，他接到消息：他派出第一拨部队不久，民军已经撤回汉阳。

难道任由叛逆在自己眼皮底下来去自由吗？王俊林怒骂道："民军能攻击汉口，我为什么不能攻击汉阳？如果不能一举攻进汉阳，王某誓不为人！"

可是，究竟从哪个地方攻进汉阳呢？从龙王庙或其他地方渡江，部队来回奔跑很费神，不如就近在灰面厂渡江，直接攻击琴断口。琴断口的民军刚刚退出去，一定意识不到自己会打到他们的老窝里去，正可以收到出其不意的奇效。思虑成熟，王俊林赶紧向冯国璋作了报告。

冯国璋已经调集了足够的船只，准备先从新沟偷渡汉水，与蔡甸的清军会合，一同从侧翼攻击汉阳。接到王俊林的建议，反复研究了从蔡甸攻击汉阳的路线，觉得派遣一支人马从灰面厂渡江，在琴断口站稳脚跟，等于是朝民军的心脏里打进了一根钉子。为此，他欣然同意了，命令工兵赶往灰面厂一线，偷偷地架设浮桥。

在大炮的掩护下，王俊林率领清军跨过浮桥，向琴断口展开了攻击。

这一着，的确大大地出乎民军的意料。湖南第一协民军刚撤回来，正在休整，仓促之间组织队伍拦截，被打了一个稀里哗啦，只有节节后退。

王俊林率部乘胜追击，很快夺取了一大片阵地。随后，他命令人马停止攻击，布列防守阵地，准备长期坚守。

黄兴接到消息，大惊失色，赶紧调集兵力，试图趁敌人立足未稳之际，把他们赶回汉口。

这时候，余瑞祥已经率领人马撤回汉阳。听说敌人从琴断口攻进来了，他要求黄兴派遣这支部队前去阻挡。

要是当初听从余瑞祥的建议，派遣这一个标从南岸嘴向汉口发动攻击，湖南第一协有了侧翼掩护，决不至于功亏一篑。现在，余瑞祥再度派遣该标前去增援琴断口，黄兴毫不犹豫地批准了。

标统临行之前，余瑞祥说道："我估计，攻击琴断口的敌军指挥官仍然是王俊林。你不要跟他正面交锋，先搞乱他的思维，让他不知道你会从什么地方下手攻击他，他才会落进你设计好的圈套。"

"既然王俊林在那儿，我也要去！"赵璇滢顾不得休息，请求道。

"赵队长了解王俊林，去了可以帮助标统提防他的诡计。"黄兴点头赞成。

标统率部来到琴断口，把余瑞祥的指示传达给湖南民军第一协协统，两人便开始商议对付王俊林的办法。他们决定把队伍划分成两个主要部分，一部分严密把守防御阵地，一部分埋伏在阵地的后面，并不主动攻击敌人，等待王俊林沉不住气了，再展开小规模出击，彻底搞乱了王俊林的思想，然后集中人马，大举攻击敌人，把敌人赶回汉口。

王俊林一面派遣人马跟赵嘉勋取得联系，希望赵嘉勋帮助他全面了解汉阳民军的军事部署，并且收买一些有可能变节的革命党人，一面命令人马修筑阵地，准备抵抗住民军的攻击。

如此一根巨大的钉子打进民军的脖子上，民军岂会好受？民军一不好受，准会迅速出兵，试图拔掉这根钉子。王俊林不敢继续贸然前进，希望把钉子扎得更深一些。知道革命党的援军已经开过来了，他立即命令部队做好战斗准备。但一直等了半天，也没见到民军采取任何行动。

民军一定有阴谋！王俊林觉得民军可能采取的战法有两种，要么抄自己的后路，要么迫使自己离开原阵地。有浮桥与灰面厂相通，而且留有足够的守备部队，民军肯定无法抄自己的后路。他们最大的可能是引诱自己离开阵地，然后集而歼之。

冯国璋命令王俊林率部渡江攻击琴断口之际，派遣另一伙清军偷偷在新沟渡过汉江，即将跟蔡甸的清军会合。自己只要留在这里，就是一枚关键的棋子，在清军最需要的时候，给予民军致命一击。他决定把人马牢牢扎在这里。

一天快要过去了，民军还没有发动攻击。民军是不是想夜间突然发动攻击？要是这样的话，可得小心了，如果不加强戒备，一旦民军展开攻击，很有可能会被他们打一个措手不及。

王俊林下达了命令：所属部队不准入睡，对民军保持攻击态势，一旦民军有任何动静，立刻予以反击。

子夜，从远处响起了枪声。王俊林接到报告：民军呈多路队形，声势浩荡地攻了过来。

王俊林一边命令部队阻击，一边从其他方向迅速抽调人马赶去增援。

清军一发动反击，民军的枪声马上不响了。

民军还是不禁打嘛，王俊林不免笑了。但笑声还没有落地，从另一个方向又传来一阵枪声。他得到急报：民军又发动了异常猛烈的攻击。

王俊林立即抽调一部分兵力前去支援。不久以后，民军的枪声又没有了。

就这样，从后半夜开始，民军便一直不停地骚扰清军，搞得清军人仰马翻，疲于奔命。上当的次数一多，王俊林逐渐醒悟过来：民军是故意骚扰，直到把他的人马拖垮了，拖累了，再突如其来地发动致命一击。

一定是余瑞祥的诡计！王俊林马上改变部署：只留下一部分人马应付民军的骚扰，其他人马分批歇息。

黎明时分，民军再度发起攻击。王俊林仅命令阵地上的清军予以反击。

突然，民军好像神兵天降，一下子涌出无数人马，一阵凶猛的攻击，迅速攻破了清军前沿阵地，然后气势磅礴地朝清军核心阵地攻了过去。

王俊林大吃一惊，急令各路人马赶去救援，但人人睡得稀里糊涂，谁也分不清民军是从哪里打过来的。

清军费尽心思，使用猛烈的炮火反击，总算遏制了民军的攻击势头。

自此以后，王俊林率领的清军与民军在琴断口一线保持拉锯战，虽说互有胜负，但谁也无法赶走谁。

三眼桥方向，清军与民军拉开了极其惨烈的战斗序幕。王俊林部被标统的人马拖住了，无法挥师向美娘山展开攻击，以便与蔡甸方向杀过来的清军一道合击三眼桥；标统也无法抽调人马前去帮三眼桥的民军遏制清军的攻击势头。

第十六章　弃守汉阳

这两天，清军向三眼桥一线展开了猛烈攻击。

天一直下着细雨，道路泥泞不堪，敌人的大炮无休止地向民军纵深地带凶猛轰击，民军的补给线时常遭到破坏，浴血奋战的将士吃不饱饭，喝不上水，睡不上觉，体力跟精神极度疲惫，非战斗减员急剧增加。

三眼桥一再告急，黄兴忧心如焚，想方设法为前线提供补给，并且从其他方向调集了一些人马前去增援。但在敌人的炮火攻击之下，补给品到达前沿阵地便所剩无几，前来增援的人马很快便伤亡殆尽。如果把布设在沿江一线的民军调往前线，清军一旦看出端倪，大举渡过汉江，整个汉阳防线将会岌岌可危。黄兴无论如何不愿意看到这样的结局，最后不得不与余瑞祥商量，派遣他奔赴三眼桥一线，全盘负责处理该方向的一切军务。

一到达前沿，余瑞祥立刻深入阵地，详细了解了从汉阳通往前沿的道路情况以及敌我双方交战的态势，调整了部署：利用汉阳商务总会的帮助，从十里铺到三眼桥之间接连开辟了几条补给线；把人马分成几拨，一拨在原有阵地上继续抵抗清军，其余几拨分散开来，在原有阵地以及通向汉阳的险要地段，埋设炸药包和地雷，准备后撤之时，把清军引进去，消灭他们。

开辟了多条补给线，总算勉强能将食物以及作战物资送达前线将士手里。余瑞祥意识到把敌人引进地雷阵的时候到了，果断地下达了撤退的命令。

民军一路后撤，敌人随即展开追击。进入一个险要路段，轰！轰！轰！响起了一阵接一阵惊天动地的爆炸声，刹那间，无数条粗大的黑色柱子直冲云天，然后哗啦啦地落到地上，把追赶过来的上千清军全部掩埋了。

趁此机会，余瑞祥命令人马展开反攻，重新收复了那些阵地。

民军暂时稳住了阵线。现在，余瑞祥最担心的是，一旦王俊林不顾一切地从琴断口方向朝美娘山展开进攻，民军便会背腹受敌。

趁三眼桥之敌新败，一举彻底解决，是破解困局的良策。可是余瑞祥手里没有足够的人马，思虑良久，想到琴断口有湖南一个协的民军，还有一个标的湖北民军，决计从那儿调出一些人马火速赶赴三眼桥，协助自己。

余瑞祥始终对琴断口方向心存顾忌，遂亲自前去协商调兵之事。

一到琴断口，余瑞祥立即把湖北民军标统和湖南民军第一协协统召集起来，询问了他们当面之敌的动向，说出了自己的打算。

“三眼桥之敌已经遭受重创，抽调湖南第一协前去帮助，一旦成功，的确可以极大地缓解汉阳面临的压力，甚至从此可以把敌人赶出汉阳。我十分赞同。”标统说道，“不过，王俊林也不好对付。以我的一标人马和湖南第一协加在一块，尚且不能把他赶出琴断口，一旦他知道了我军的行动企图，趁机发动攻击，我只有一个标的兵力，恐怕难以抵挡。更令人担忧的是，敌人冲破我军阵地，赶往美娘山，局势将会变得更加复杂。”

余瑞祥说道：“这就是我为什么要来到这里的原因。无论我们的行动多么机密，王俊林都会察觉到。我们不必隐瞒他，可以主动把我们的计划告诉他。”

湖南第一协协统疑惑地望着余瑞祥。

标统欢快地说道：“是呀，王俊林熟悉我们的战法，我们大造前往三眼桥的声势，他准会觉得我们是虚张声势，要引他上当。他不动更好，他一动，我把人马埋伏在险要路段，好好敲打他一下。”

“你很了解我的心思。”余瑞祥微微一笑，“赵璇滢最熟悉王俊林，她跟你在一起，可以为你提供一些参考意见。”

王俊林所率清军虽说被压制在琴断口，不敢向其他方向发展攻击，但心里时刻抱有这样的计划。得到湖南民军调往三眼桥的消息，他思虑了很长时间，决定先派遣一部分兵力尾追湖南民军，如果没有埋伏，便直接向美娘山展开攻击；有了埋伏，命令那部分人马挡住民军的攻击，自己率领大军赶上前去，给民军来一个反包围。

尾追湖南民军的人马果然遭到了埋伏，而且很快被消灭了。民军甚至对他设防固守的阵地也发动了凶猛的攻击，要不是人马顽强抵抗，琴断口很可能会重新落到民军手里。

果然是余瑞祥的诡计！王俊林再也不敢朝美娘山前进一步。

湖南第一协抵达三眼桥的时候，清军开来了增援部队，用猛烈的火力攻击民军的阵线，两军再一次陷入了胶着状态。

王俊林探明了民军的现状，主动向民军发动了攻击。民军只有一个标，人马太少，不容有失，余瑞祥再次赶往琴断口。

余瑞祥一到琴断口，赵璇滢马上跑来见他：“余副总司令，见到你真不容易！”

他料事如神，而且有担当，英勇无畏，从容不迫，所有男子汉应有的美好品质，无一不在他身上得到了完美展现。赵璇滢再也没有想过曾经的丈夫余瑞光，余瑞祥似乎已经完全把余瑞光从她的心里排斥出去了。她甚至想到过自己是不是喜欢上余瑞祥了。这个念头刚一浮现出来，她吓了一跳。他是自己的小叔子呀，怎么能有这种想法呢？她强烈地抑制自己，想把这个想法消灭掉。刚开始，很管用，但后来，随着余瑞祥在她心目中的形象越来越清晰，她便再也无法消灭了。

“听说，你为标统提了一些很好的建议，确实不错！”余瑞祥笑道。

“余副总司令是不是想给我一支队伍，让我直接与敌人厮杀？”赵璇滢问道。

“你在战场上的角色是谁都替代不了的。有了你，民军伤亡再大，也可以很快恢复作战能力。我可不敢让你冲锋陷阵。”余瑞祥说道。

“赵队长，余副总司令来了，你难道没有好的建议吗？”标统问道。

标统的话提醒了她，余瑞祥再次来到琴断口，不是为了见她，而是为了阻挡王俊林部的进攻。赵璇滢想起汉阳之战还没开打之前，余瑞祥提出的攻击谌家矶、断绝敌人后路的计划。

她感慨地说道：“如果黄总司令当初听从余副总司令的建议，该有多好呀！”

余瑞祥触动了心思，凝视着虚空，过了一会儿，说道：“前两天，黄总司令曾抽调出一批人马，从青山渡江，去攻击谌家矶。结果，道路泥泞不堪，部队根本无法展开有效行动，又被敌人发觉了，遭到了敌人的拦截，不得不退了回来。昨天，试图第二次向谌家矶发动攻击，敌人已经加强了戒备，民军刚渡江，便被敌人发觉，我军几乎无一生还。”

赵璇滢惊呆了，好一会儿也说不出话来。

标统叹息道：“作战最要紧的是把握时机，时机已经过去了，只会留下无尽的遗憾。”

“是啊，时机一去不复还。”赵璇滢也是一声叹息。

余瑞祥朝标统看了一眼，再看着赵璇滢，说道：“清军已经打到我们眼皮底下来了。如果我们的武器弹药可以供应得上，如果民军全都听从调令，也许可以挡住敌人的攻击。”

赵璇滢清楚民军眼下处境艰难、危险环生。尽管已经宣布独立的省份答应派出援军，但到目前为止，最大的援军只有湖南两个协的人马。湖南民军一抵达汉阳，一直在战斗，从来没有时间休息，更谈不上休整。因而，湖南民军不仅心生怨言，也常常不听黄兴的指令。湖北民军作战的时间更长，江西派遣的援军数量有限，其他前来增援的人员数量更少。所以，在六十里战线上，民军捉襟见肘。再加上民军几乎全是新兵，不懂得战术和利用有利地形，牺牲很大。尤其是自己这边，王俊林的人马是一支劲旅，要是王俊林攻向了美娘山，民军的处境将更为艰难。

“我一定会协助标统把王俊林钉在这里。”赵璇滢望着余瑞祥说道。

她这才发觉，余瑞祥消瘦多了，也似乎苍老多了，一脸的胡须，一头蓬乱的头发，苍白的脸上还有一些浮肿。他的一只胳膊仍然缠满绷带，吊在脖子上，显得非常疲惫。赵璇滢心头隐隐泛起一种冲动，很想伸出手来，去抚摸他。

这时候，一阵阵炮声和机关枪的声音，直冲耳鼓。三人本能地抬眼望去，只见从通往汉阳城区的方向上腾起了一阵阵浓烈的硝烟。

王俊林已经迫不及待地想朝美娘山发动进攻了！

民军虽说依托险要地形，修筑了坚固的防御阵地，布设了大量的陷阱，挡住了清军的攻击，可是，敌人的炮火过于猛烈，民军损失越来越重。继续战斗下去，要不了两天，一个标的人马便会被清军彻底打垮。余瑞祥隐隐为即将到来的局面感到担忧。

这时候，王俊林派人给余瑞祥送来了一封信。

信中写到，你我用兵的路数，大家心知肚明。你我现在的目标和手里掌控的部队，彼此清清楚楚。我只需持续猛烈地展开炮火攻击，你们就会死无葬身之地。识时务者为俊杰，即使你不为自己着想，也要为你的家族着想，不要执迷不悟。限你一个时辰之内给出正面回答。否则用大炮将你们轰平。

“看起来，王俊林已经知道余副总司令来到了琴断口。”标统担忧地说，“如果清军在三眼桥方向加强进攻，那边很可能挡不住。”

“我来之前，已经有了妥善安排。”余瑞祥简单地说道。

“也就是说，我们这边已经成了关键？”赵璇滢问道。

余瑞祥点头道：“王俊林已经被我们逼急了。我们正好可以利用他急于向美娘山发动进攻做点文章。”

很快，王俊林接到了回信：我保证，无论你怎样攻击，都不可能从民军阵地上走出半步。

王俊林一把撕碎了那封回信：“我轰平了你的阵地，就可以来去自由！”

炮兵向民军的阵地轰了整整一个上午，王俊林这才命令敢死队推着机关枪，气势汹汹地朝民军阵地冲了过去，很快便从民军阵地上打开了缺口。

一踏上民军阵地，王俊林禁不住哈哈大笑起来：“余瑞祥，你在哪儿？”

突然，从侧翼响起了枪声。王俊林吃了一惊，赶紧循声望去，只见那儿晃动着一些民军的身影。只有可怜的一点人马，就想引诱王某上当吗？王某一定要直取美娘山！王俊林留下一部分人马阻挡民军，自己率领主力部队，朝美娘山进发。

眼前是一个比较宽阔的地带。一眼望去，到处都是一丛丛衰败的杂草，在风儿的吹拂下，左右摇晃，时而裸露出赭黄色的土壤，时而把土壤遮蔽得严严实实。民军不可能在这里设下埋伏，王俊林命令部队快速前进。部队将要闯过这片开阔地了，突然，前面响起了一阵阵巨大的爆炸声，紧接着，一缕缕浓烈的硝烟伴随着尘雾一道飘上了天空。刹那间，痛苦的喊叫声弥漫着空旷的原野。

上当了，落进了余瑞祥布设的圈套。王俊林迅速反应过来。已经来到这里，难道退回去不成？王俊林心肠一硬，喝令部队继续前进。但子弹交织成了巨大的壁垒，当头压下，还有许多手榴弹像蝗虫一样飞进了他的队形。王俊林气急败坏，赶紧喝令炮兵轰击民军，可是，炮兵还没有来得及开炮，竟被民军消灭了。从后面传来了更为可怕的消息：民军已经包围了留守琴断口的部队。

只有傻子不顾后路，王俊林命令部队迅速后撤。

撤退竟然非常顺利，王俊林不由得后悔了：余瑞祥并没有多少人马，一定是故作神秘，引诱自己上当的，为什么不冲过去呢？这么一想，他率部再度掉过头来朝前面攻击前进。

余瑞祥率领民军追过来了。一见王俊林竟然率部打回来了，余瑞祥深知敌人有了防备，立即命令民军停止追击，就地组织防御。

这时候，虽然汉阳商务总会动员了很多百姓为民军提供后勤补给，但在敌人大炮的袭击之下，后勤补给常常遇到极大的困难，归元寺主持云岩法师命令僧众全体上阵，为民军运送后勤补给品。

恰好和尚们送饭菜来了，见此情景，从清军侧翼猛扑过去，奋勇冲进敌人的队形，将一桶桶饭菜劈面朝清军头上扣去，奋力去抢夺清军的武器。

余瑞祥一见敌人的队形大乱，立即命令民军冲上前去。

近在咫尺，清军的大炮、机关枪都派不上用场，他们不得不扔下武器，同民军与和尚扭打。此时，清军已经连续作战了半天，早已精疲力竭，一片片人马被打翻在地。

王俊林看着前面的人马陷入包围，料想是突围不出去的了，又不知道民军到底是打哪里来的，更不知道还有多少民军赶来支援，连忙命令其余部队后撤。

眼见得胜利在望，没料到竟然莫名其妙地败了，王俊林心里十分懊恼。冯国璋催问战况，不得不硬着头皮回答，提出建议：“目前，我军跟叛逆在三眼桥一带陷入胶着状态。请求总统大人继续派兵从灰面厂渡江，前来琴断口，不仅可以合围三眼桥的叛逆，而且还可以迅速向十里铺方向展开进攻。”

冯国璋没有明确表态，王俊林忐忑不安。冯国璋的语气里，蕴含了浓重的火药味，他可不敢引燃这个火药桶。他很清楚，如果不能在短时间里令冯国璋改变对他的看法，他的前程将会画上一个休止符。他在心里万分痛恨余瑞祥，决计再度组织人马，朝民军阵地发动进攻。

这时候，赵承彦突然来到王俊林面前。

王俊林派出的密使通过结识赵承博，轻而易举地进入赵府，见到了赵嘉勋，把王俊林派他来的目的告诉了赵嘉勋，并呈上了王俊林的亲笔信。

赵嘉勋决计帮助清军赶走并且消灭革命党。昔日很多在他手下当差的部属，为了保住已有的地位，不得不见风使舵投靠了革命党。现在，清军兵临城下，他拿得稳，那些家伙一定会动摇继续支持革命党的信心，转而寻找投靠朝廷的途径。他可以把他们介绍给王俊林的密使。

很快，几个已经投靠革命党甚至在民军担任一定职位的家伙相继来到赵府。他们名义上是劝说赵嘉勋投降革命党，实际上是向赵嘉勋表明自己为形势所迫，其实心里一直向着朝廷。

赵嘉勋为手下和密使做了中间人。一些帮助过民军埋设地雷的家伙，说出了地雷阵的布设情况。密使掏出一大把银票，嘱咐他们加紧收买有可能叛变的革命党人，在暗中做手脚，使地雷阵失效，并瓦解民军的士气。

赵承彦察觉到赵府藏有清军密使，暗地里找到余瑞祥和赵璇滢，告诉了他们。

余瑞祥十分震惊，决定迅速出击，把密使以及参与密谋的人员全部控制起来。他交给赵璇滢一支人马，命令她暗地里带回赵府，到处搜索，找不到密使的踪影。王俊林已经知道了民军阵地的全部情形。赵璇滢不由得倒抽了一口凉气，去赶紧抓那些参与谋划的人。一个又一个家伙被她秘密抓起来了，拖到了琴断口前线阵地。余瑞祥对他们进行审讯，命令前线阵地加强了戒备。

赵承彦说道："其实，我真的不希望看到自己的兄弟和亲人自相残杀。"

"但是，为了建立中华民国，为了推翻清朝统治，我们只能作殊死战斗。"余瑞祥说道。

告别了余瑞祥，赵承彦立即去王俊林的营地。没容他开口，王俊林先说道："你该不会是想从我这里打探情况，然后告诉余瑞祥，好让他来攻打我吧？"

"如果余瑞祥用这些下作手段获得情报，他早把你打趴下了。"赵承彦说道，"我不希望看到你们兄弟相残，更不希望看到你为了达成目的，不择手段，祸及家人。你已经把我父亲给拖进了灾难。难道王世伯的死没让你清醒吗？”

“我父亲是被革命党人害死的，我必须向革命党人讨还血债。”王俊林说道，忽然想起了赵承彦前面的话，“你说，我把赵世伯拖进了灾难？”

“你派出密使跟我父亲接触，联系了一些人。他们有的根本不是真心要投靠清廷，是革命党故意抛出的钓饵。”

王俊林已经接到密使的报告，知晓了民军的阵地编成、地雷阵的埋设位置及其整个布局，还有一些革命党人已经动摇了，在暗中向他送秋波。这些，都让他感到十分痛快。现在看来，竟然都是假的了。自己怎么没有想到，革命党一直派人监控赵府，难道会容许陌生人随意进出赵府吗？王俊林气得差一点吐血。

他急切地问道：“赵世伯现在怎么样了？”

“要不是余瑞祥和我妹妹是革命党，我父亲的脑袋恐怕早就搬家了！”

王俊林长长地出了一口气。

赵承彦继续说：“我这次来，是想告诉你，你不要为清军卖命了。这样，你、余瑞祥、我，永远都是好兄弟。”

王俊林笑道：“你觉得有可能吗？”

劝说不了王俊林，赵承彦回到赵府，更加密切地关注父亲的动静。

在女儿回府搜查的时候，赵嘉勋便已经意识到是怎么回事了。不用说，一定是大儿子辜负了自己的一片苦心。他勃然大怒，当场就想把大儿子打翻在地，可是，赵承彦竟然不在府上，他只有像一头被关在笼子的猛兽，在屋子里急促地走来走去。谁也不敢招惹他，全都屏住呼吸，不敢乱动。好不容易等大儿子回府了，赵嘉勋不由分说，一连气扇了他好几个耳光，怒骂道：“畜生！你是不是支持过叛逆？是不是把王俊林的事情全部告诉了赵璇滢？”

打骂声惊动了王芝英。她飞快地冲过来，惊讶地大叫一声，发疯地扑过去，抓起赵嘉勋的手，一口咬了下去。赵嘉勋痛得要命，连甩了几下，也没有甩脱，鲜血淋漓。赵承彦大惊失色，赶紧把夫人拦住了。其他人跑出来，慌慌张张要去拉人，乱成了一锅粥。

三眼桥的战局亦变得混乱不堪。从蔡甸源源不断地开来了清军，他们的力量一加强，继续不断地朝民军实施凶猛的攻击。

为了缓解三眼桥一线民军面临的压力，黄兴不断地调集人马，前去支援。

关键时刻，民军不能懈怠，更不容有失，但湖南第一协早已人疲马乏，得不到休息，甚至连饭都吃不上，上上下下一片怨言。

“湖南人该死吗？哪里危险，我们就到哪里去，没有休息，没有食物。我们为什么要战？让湖北人跟清军作战去吧！”

为了防止民军哗变，协统只有遵从官兵的意愿，既不向黄兴请示，也不向余瑞祥报告，悄悄率领人马撤离战场，渡过长江，来到武昌两湖书院。湖南第二协协统得到消息，也率领全协人马来到了武昌。三眼桥一线顿时门户洞开。清军轻而易举地攻占了三眼桥，并趁机接连拿下了美娘山、仙女山、锅底山、扁担山、磨子山等各个要隘，朝十里铺方向急速推进。

余瑞祥仍在琴断口指挥人马跟王俊林部周旋，忽然得到三眼桥被敌人占领的消息，大惊失色，赶紧将部队交给标统，亲自抽调一批人马，前往磨子山，连夜展开攻击。清军立足未稳，不提防民军反攻过来，立刻秩序大乱，被迫退出磨子山。余瑞祥一击得手，趁势扩张战果，一鼓作气地朝扁担山攻去。

黄兴接到消息，深恐前线会产生连锁反应，忧心如焚，一面向军政府告急，一面亲自跑到十里铺，试图调集军队重新收回已经失去的要隘，但军心已经动摇。黄兴费尽全力，也不能调集军队支援余瑞祥。

余瑞祥接连攻下两座山头，距离到三眼桥已经不远了。翘首盼望的援军，一直没有出现，他不能再朝前发展进攻，要不然，准会遭到敌人的包围。

这时候，王俊林接到了冯国璋的命令：火速率领人马，连同从灰面厂开始渡江的一批清军，赶去与正从三眼桥一线冲过来的清军会合，朝十里铺展开攻击。冯国璋还告诉他，另一路清军正在龙王庙、玉带门一线向汉阳展开渡江作战，汉阳已经是一颗熟透的桃子，马上要落到清军手里，希望他依仗熟悉汉阳地形的优势，为朝廷扫灭叛逆建立首功。

王俊林眼前闪动着获胜的光亮，立即率领人马，用密集的弹药打向民军。

长期作战，人马损失严重，如今余瑞祥又带走了一批生力军，标统支撑不住，只有朝后面撤去。很快，标统和赵璇滢都退到余瑞祥身边。

“你们怎么到这里来了？”余瑞祥急切地问道。

“王俊林发动了猛烈的攻击，我们抵挡不住了。”

余瑞祥心里一阵悲哀。他知道，即使重新夺回了三眼桥，也不能挽回前线战局的整体失败。不能再抱有任何不切实际的幻想了，应该指挥部队朝十里铺方向撤去，依靠那一带的有利地形和布设的地雷阵，跟清军作最后的决战。

仅仅这样做就够了吗？只要王俊林还活着，他就是汉阳的威胁，得把王俊林的头拧下来！余瑞祥打了一个寒战。余家跟王家是世交，他跟王俊林从小是最要好的朋友，他真的下得了手吗？为了革命党，为了汉阳，为了中华民国湖北军政府，下不了手，他也得下！

余瑞祥命令标统率领一部分人马撤向十里铺，沿着已经布设的地雷阵一直向后延伸，重新布设成一个宽大的地雷阵。赵璇滢带领妇女救护队协助标统，自己率领剩余人马，攻击王俊林部。

王俊林正率领人马不停追赶，突然遭到民军反击，恼羞成怒，命令队伍全部展开，大炮、机关枪、步枪一块上阵，炮弹和子弹蝗虫般铺天盖地。

透过硝烟，王俊林竟然再一次看到了余瑞祥，大声喊道："余世兄，汉阳防线已经被打成一面筛子，叛逆马上要被全部消灭。难道你还想负隅顽抗吗？"

余瑞祥道："王俊林，你以为你们胜利在望了吗？不！你们的末日已经到了。你要想不葬身汉阳城下，立刻调转枪口，打清军去。"

王俊林哈哈大笑起来："余世兄，你不是在做梦吧？"

"你试一试就会知道，到底是谁在做梦。"余瑞祥说道。

真是不到黄河心不死！王俊林心想：余瑞祥手里并没有多少人马，集中兵力，攻破了他的防线，逼得他走投无路，届时，他只会跟自己一样，重新投靠朝廷。何况自己已经收买了民军的一个标统，得到了十里铺方向地雷阵的全部资料，也得到了那个标统的承诺，会将地雷阵的引线全部剪断，王俊林信心十足。

战斗持续了一天，民军阵地的枪声越来越稀落了。把民军赶出最后一道要隘的时机到了，王俊林命令人马加强攻击。

余瑞祥果然抵挡不了，率领人马后撤，一直撤到了十里铺。

这时候，黄兴已经来到了十里铺，正在部署民军加固阵地。跟黄兴一会合，余瑞祥便把自己的全盘计划告诉了他。为了让标统有时间布设新的地雷阵，黄兴从各处调来了一些民军，加入到抵抗清军的阵线。在黄兴和余瑞祥共同指挥下，民军硬是一连两天把清军挡在阵地面前，不得再前进一步。可是，民军也伤亡无数，防御阵地随时都有被敌人撕开的危险。

余瑞祥说："黄总司令，你应该回到总司令部。"

黄兴凝视着余瑞祥，重重地在他肩头上拍了一把，说："保重！"心情沉重地带领几个卫兵骑上战马，急匆匆地向城区奔去。

清军再一次展开了凶猛的进攻。最后时刻已经来临，余瑞祥横下一条心，能抵挡多久就抵挡多久，为民军和民众撤离汉阳赢得时间，实在抵挡不了，按照预定计划，把王俊林部引入地雷阵，让他再也不能对民军构成任何威胁。

交战了一天，阵地已经残缺不全，余瑞祥不得不率领人马朝城区方向撤退。

撤了一程，标统和赵璇滢出现在他面前。他们是布完了地雷阵，担心余瑞祥的安全，赶来支援的。

"王俊林已经追过来了，你快点离开，我要把他引进地雷阵。"余瑞祥说道。

赵璇滢问道："难道真的要让王俊林死在地雷阵吗？"

"他不死，一定会跟叛徒勾结起来，对民军造成巨大的威胁。"

王俊林率部追了过来。在他们后面，唯一的通路就是那片地雷阵。

赵璇滢大声说道："王俊林，你要是有血性，立即悬崖勒马，再也不要为朝廷卖命了！"

王俊林道："你们已经无路可走了，还执迷不悟，大言不惭，真是可笑！"

赵璇滢怒骂道："你死到临头，不知悔改，真是愚不可及！"

余瑞祥本来设计好了要跟王俊林同归于尽，但赵璇滢横插进来，难道两人都要陪着王俊林一块死吗？得把赵璇滢调开。他说道："王俊林，你不要得意！你从来没有赢过我，今天，你一样赢不了我！"

"我们是世交，我一生都赢不了你，又有什么关系呢？"王俊林说道，"今天，我倒要亲眼看一看你怎么逃出我的手掌心。"

余瑞祥命令赵璇滢率领妇女救护队，跟随标统，朝王俊林的侧翼冲过去。自己则指挥另一拨人马，朝着地雷阵一路狂奔。

王俊林一心要想活捉余瑞祥，率领人马向余瑞祥尾追而去。

趁此机会，标统率领人马冲出了清军的包围圈。赵璇滢暗称惭愧，回头一看，余瑞祥竟然冲进了地雷阵，这才明白余瑞祥是要跟王俊林同归于尽，大喊一声："我也来了！"

飞快地往回跑。妇女救护队员一见，赶紧掉头跟了过去。标统稍微愣了一会儿，大喝一声，带领人马折身朝回跑。

这时候，余瑞祥已经率领人马冲进了地雷阵，命令几个卫兵脱离队伍，准备找寻预留的引线，将它们点燃。

卫兵四下寻找了好一会儿，怎么都找不到引线，急得满头大汗。

不一会儿，王俊林带领人马全部进入了地雷阵。

余瑞祥并不知道卫兵还没有找到引线，计算时间，还有几十秒钟，便可以跟王俊林一同倒在这片土地上了。他突然停了下来，镇定地面对着王俊林："很好，我们终于可以面对面地最后说几句话了。"

"不，我不希望你死。我知道，我落到你手里，你也不会让我死。我们有的是机会说话。"王俊林也笑了。在他的眼里，余瑞祥已经深陷包围，无路可逃，等待他的只有一条路——被自己捉住，劝他投靠朝廷。

"不，没有机会了。"

从清军与民军的背后，突然各冲过来一支人马。清军猝不及防，还没有反应过来，那两路人马便已经冲进了核心。一路正是标统带领的残余兵力，赵璇滢和她的妇女救护队；另一路竟是归元寺的和尚。

和尚们一直在运送补给。他们清楚地看到清军突破了十里铺一线的防线，民军不断地朝后溃退。感到大势已去，也向后面撤退。忽然听到后面传来激烈的枪战声和乱糟糟的追击声。还有不怕死的民军！和尚万分激动，冲了过来。

一个和尚轻声说道："地雷阵已经被叛徒毁掉了，副总司令还不快走！"

余瑞祥暗地里叹息一声，只有趁王俊林被打了一个措手不及的机会，率领人马冲破了阻拦，撤向汉阳城。

标统率领残余人马断后。赵璇滢没有听从余瑞祥的命令先撤，为了吸引王俊林，带领妇女救护队向她们重新布设在侧翼的地雷阵方向撤去。

王俊林知道地雷阵全部被破坏，哪还想得到赵璇滢重新布设过地雷阵呢？率领清军紧紧追赶赵璇滢。一声接一声的爆炸，掀起了巨大的尘雾，将进入地雷阵的清军全部送上了天。

侥幸逃出一条生路，王俊林率领剩余人马沿救护队的足迹追赶。这时候，一批被王俊林收买的民军反戈一击，朝余瑞祥、标统、赵璇滢打了过来。

如果不把这些凶恶的敌人全部阻截下来，谁也别想进入城区。标统深知这一点，喝令人马停止撤退，用仅有的火力阻击敌人。和尚们亦奋勇地冲进敌阵。

在他们的掩护下，余瑞祥和赵璇滢终于率领部分民军冲进城区。

整个城区一片慌乱。从龙王庙和玉带门渡江的清军，在南岸嘴、五里墩一线跟民军展开了最后的血战。一批又一批民军正在朝武昌撤去。许多民众携带着一家老幼和家财，慌慌张张地朝渡口奔去。

一眼看去，到处都是败退的民军和神色慌张的老百姓，余瑞祥连忙询问黄兴的下落，得不到准确消息，只能带着赵璇滢一块朝归元寺奔去。

“你们这些逆贼，难逃朝廷的法网！”

响起一个刺耳的声音。两人抬头一看，只见赵嘉勋身着知府制服，在大街上对着每一个人，声嘶力竭地叫骂。

“逆贼！朝廷大军打过来了，你们快快投降，要不然，一定会得到报应！”赵嘉勋看到了余瑞祥和赵璇滢，冲了过来，破口大骂。

自己还在前线跟敌人奋战，城里却变成了这样一副模样！他们顾不上理睬赵嘉勋，继续朝归元寺奔去。

“真没想到，撤离的秩序竟然如此混乱。”赵璇滢痛苦地摇了摇头。

余瑞祥说道：“你去看看还有多少队伍，传我的命令，让他们尽可能拖住王俊林的清军，争取渡江时间。”

余瑞祥扭头奔向归元寺。总司令部已经撤走了，黄兴只留下几个传令兵，负责向余瑞祥传达最后的命令：组织愿意渡江去武昌的百姓和民军，火速撤走！

他赶紧把身边的卫兵全部派到各个方向，了解各方向的实际情况，并催促民军维护撤离的秩序。

身边一个人也没有了，远处的嘈杂声、敌人大炮的轰击声、机关枪的射击声，余瑞祥都已经听不见了。他感到分外的落寞，分外的寒冷。他脸色木然，神情虚脱。他不知道自己是怎么迈动脚步的，也不知道自己到底要到哪里去。

恍恍惚惚之际，他听到了一声惊天动地的爆炸。他感到脚下的大地在颤动。举目望去，只见前面有一团巨大的火光在跳跃，在飞腾。

那是民军的总粮台和弹药供应基地。是负责后勤补给的人员为了避免资敌，把剩下的武器弹药和粮草都引爆了，毁灭了。

他分辨出一阵奇怪的声音，下意识地朝那团巨大的火光跑去。一队队僧人，身披袈裟，双手合十，嘴里念念有词，围绕火光走了一圈，然后坐了下来。

云岩法师出现了。他神色自若，一样双手合十，迈着稳健的步伐，巡视一圈，看到余瑞祥，说道：“阿弥陀佛，副总司令。”

余瑞祥问道：“云岩法师，你这是要干什么？”

“阿弥陀佛。老衲尘缘已了，该归于西方乐土。”

“云岩法师！”余瑞祥心里一颤，惊讶地叫了一声。

云岩法师又是一声阿弥陀佛："余副总司令，民军虽遭挫折，仍然大有可为。在老衲归于西方乐土之前，能跟余副总司令相见，说明我们有缘。老衲请余副总司令以后在战场上，虽说该杀的要杀，但还是尽量减少杀戮为好。"

余瑞祥点了点头，一个字也说不出来。

云岩法师缓缓地走进了火场。大火迅速从脚下烧到了他的全身。云岩法师缓缓地坐了下来，脸色一直肃穆得很，双手依旧合十，嘴里念念有词。

"云岩法师！"余瑞祥大叫一声，情不自禁地跪倒在地，流出了眼泪。

僧人们脸不改色，一个个保持原先的姿态，嘴巴里不停地念着。大火依旧在哔哔剥剥地响，火光继续在闪烁。

穿透那团火光，余瑞祥的眼帘，浮现出云岩法师从容不迫的身影。又是一阵剧烈的爆炸传了过来。余瑞祥略一迟疑，朝声音传过来的方向望去，什么也看不见，眼睛里只有那团火光和云岩法师的身影。他缓缓地站起身，转过头去，想看清楚到底发生了什么事，但眼帘依旧只有那团闪烁的火光，彤红的袈裟，云岩法师宝相庄严的模样。

第十七章 临时停火

余瑞祥率领最后一批民军和老百姓撤出汉阳，来到武昌以后，立即参加了军政府主持召开的军事会议，商讨武昌战守大计。

汉口和汉阳相继失守，清军不仅可以利用布设在硚口一线的炮兵阵地对武昌实施跨江轰击，而且可以在龟山架设大炮，直接炮击武昌城，并随时可能渡江攻击武昌。此时武昌城人心惶惶，情势万分危急，全体民军指挥官理当与军政府步调一致，尽力稳定军心民心，动员一切力量阻挡清军攻击武昌。然而，关键时刻，民军指挥高层竟然意见不一，引发了不小的争论。

原因在于，阳夏战事正酣之际，江浙革命党人相继组建了军政府，并且通过协商，准备组成东南联军，一块攻打南京。为此，各已经起事的省份都派去了援军。谁能担任联军总司令？无疑需要一名深孚众望的人物。江浙革命党人经过商议，认为黄兴在革命党人心目中享有崇高的地位，联军总司令非他莫属，于是派出代表前来汉阳会见黄兴，邀请他出任东南联军总司令。黄兴就任民军战时总司令，接连丢掉了汉口、汉阳，深感湖北民军战斗力薄弱，难以抵挡清军的攻击，自然希望去南京另建功业，力主放弃武昌，率领民军顺江而下，等待拿下南京以后，时机成熟了，再率领军队打回武昌。

武昌乃是首义之区，对全国各地革命党人的影响力无可代替，一旦武昌有失，全国的革命形势将会变得一团糟。余瑞祥说道：“此去南京，路途遥远，粮草供应必然非常困难，不可预知的因素也一定很多。纵使我们排除重重阻力，到达了南京，如果届时南京已经被联军打下来了，我们此行还有什么意义呢？眼下，虽说汉口和汉阳都落入敌手，整个长江水面都在我们的控制之下，清军要想渡过长江，除了需要首先扫除我水面部队对其造成的威胁之外，还要花费很长时间收集渡江器材。我们正好可以利用这段时间，沿长江一线部署防御阵地，扩大民军队伍，加强训练，最终，定能挡住敌人渡江攻击武昌的企图。”

“余副总司令言之有理。我们虽然新败，只要团结一心，措施得当，以长江天险为依托，仍然会有一番作为，实在不必冒险东下。”其他人赞同道。

可是，黄兴依旧固执己见：“诸位之意只不过是舍不得离开武昌。武昌固然是首义之区，但我们更应该看到，革命形势已经发生了变化，革命中心已然转移到江浙一带，我们不能抱着武昌这块招牌不放，要把目光放远大一些，去主动适应这种改变，融于革命的洪流。”

黄兴虽然无法说服众人，但他心意已决，带着军政府拨给他的二十万银元，以及李书城等少数几个人去了南京。

赫赫有名的民军战时总司令一走，武昌城里顿时充满悲观失望的气息。人心摇动，谣言四起。稳定军心民心，确立民军总司令，成为军政府面临的首要任务。革命党人一致推举，并由军政府都督黎元洪批准，由蒋翊武接替黄兴的职务。不再称战时总司令，改为护理总司令，余瑞祥仍然担任副总司令，全盘负责武昌防守工作；并授命蔡济民等人组织一支维稳部队，在城里加强巡逻。

孙武制造炸弹不慎爆炸，引发俄国警察搜捕，蒋翊武慌忙之中逃离汉口，准备逃往天门。途中得到革命党人已经起事的消息，他立即掉转头来，赶回汉口，进入武昌，担任军政府顾问。在接受护理总司令的职务以后，蒋翊武与余瑞祥一道火速将战时护理总司令部设在宝通寺，随即调整部署：从金口到青山一线的数十公里战线上，设立防御阵地，并在机动位置部署了两个协的兵力，作为机动兵力，随时展开增援。

民军还没有完全部署到位，清军设立在龟山的炮兵阵地发了威。蒋翊武立刻命令蛇山炮队，隔江向敌人的阵地展开反击。民众惊慌失措，扶老携幼，纷纷逃离武昌。不到一天，昔日人声鼎沸、荡漾着革命激情的阅马场一带，已经没有多少人的踪迹，宛如一座鬼城。

民军一败退到武昌，余昌泰便隐隐看到了革命党人的脑袋被朝廷摘掉的美好前景，不由得兴奋莫名，比往常更加活跃，到处发表革命党即将被镇压的言论，企图煽动民众跟革命党拉开距离。

自从革命党起事以来，他一切活动的基轴，都是忠于朝廷，仇视革命党。连儿女的婚姻大事，都服从于这个目的。他逼迫大儿子给赵璇滢写休书，取消王俊林与小女儿的婚约，都是为此。得到王俊林已经重新投靠清军的消息，顷刻之间，余昌泰对王俊林的态度发生了颠覆性变化，对小女儿说道："你一天到晚愁眉苦脸干什么？还想嫁给王俊林是吗？他又归顺朝廷了，他跟你的婚约，还是有效的。"

一下子便让余雅芳的情绪上来了。余昌泰心里更加快乐，趁热打铁，接连写了两封信，一封给二儿子余瑞祥，另一封给赵璇滢，希望他们也像王俊林一样，悬崖勒马，弃暗投明。他没有收到任何回复。

这两个浑身反骨的逆贼想一辈子当叛逆，谁也阻止不了，由他们去吧。余昌泰再也顾不上他们了。他希望以王俊林重新归顺朝廷为契机，煽动那些背叛朝廷的政府要员重新归顺朝廷，急急忙忙跑去军政府，找黎元洪，找其他军政要员，劝说他们投降朝廷。

碍于他是一代名士，一开始还有人跟他辩论，试图说服他支持革命党。时间长了，黎元洪以及其他军政府要员们再也不愿意看到他，不准他进军政府的大门。

余昌泰火了，站在门口怒骂："什么民主，什么共和，全是假的！想当年，我在慈禧老佛爷面前，什么话都敢说，她不仅没有治我的罪，反而放了我。你们连慈禧老佛爷都不如。国家到了你们手里，绝不可能更好一些！"

民军被打回了武昌，余昌泰更是欣喜若狂，一直守候在城门口，无论看到哪一级指挥官过来了，都会大叫："看到了吧，这就是背叛朝廷的下场！如果你们执迷不悟，继续与朝廷为敌，一定会死无葬身之地！"

很多民军官长不理不睬，好像没有听到，只顾催促人马赶路。也有一些官长恶狠狠地回骂道："老东西，小心老子一枪毙了你！"

忽然，他看见赵璇滢带了一队妇女开过来了。她们的衣服血迹斑斑，人消瘦得不成样子。他仿佛挨了重重一击，呆在那儿，好一会儿都没有反应。赵璇滢走到了他面前，余昌泰问道："你还是不肯回头吗？"

赵璇滢心里颇不痛快，说道："世伯，你是不是想回头支持革命党？"

"呸！什么革命党，都是叛逆。叛逆从来不会有好下场。你们已经被赶回武昌了，很快连武昌也待不下去，天下之大没有你们的立足之地。你别一条道走到黑，应该像王俊林一样，归顺朝廷。"

"你放心，不推翻清廷，我们革命党人永远都不会停下来。"赵璇滢说道。

余昌泰气得跳了起来："你一个女人，看你变成什么样子了？还像一个女人吗？你要是归顺朝廷，我还可以接纳你当我的儿媳。"

"你要是没有别的事，请不要耽误我。"赵璇滢说完，率领妇女队扬长而去。

余昌泰气得指着她的背影，又是一阵痛骂。

突然，一个熟悉的声音钻进了他的耳朵："父亲，我们退回到武昌了，没什么了不起！武昌就是清军的坟墓。只要清军胆敢攻击武昌，一个也别想活着回去。你放眼看看全国的局势吧，到处都是革命火焰，清军是扑灭不了的。革命的火焰很快会将朝廷烧得灰飞烟灭。"

余昌泰被儿子抢白了一阵，很想破口大骂，但余瑞祥已经从他的眼帘消失了。

"逆贼，你们是秋后的蚂蚱，蹦跶不了几天，还敢如此嚣张吗？"余昌泰指着儿子的背影怒骂道。

不多久，清军向武昌城开炮了。余昌泰更加卖力地劝说那些叛逆投靠清军，看到任何一个人，都会劝说他跟叛逆划清界限。

在父亲的一再逼迫下，余瑞光也不得不劝说熟识的人别再支持革命党。不过，他不敢像父亲一样到大庭广众之下鼓动人们反对革命党，只是劝说余记纱厂的工人们，不要再盲目支持革命党了。

“如果不是革命党，你的纱厂早倒闭了！”工人们说道。

一个回合，他便败了。从此，无论父亲怎么逼迫他，他都不鼓动任何人反对革命党了。

受父亲逼迫，余瑞华同样准备加入鼓动的队伍。他出门遇见昔日的同学们，懵懵懂懂之中，竟然在他们的裹挟下，再次来到军政府。

阅马场已经没有行人，宛如一片被人遗弃的坟墓，到处是人们逃离武昌时候留下来的痕迹。

“难道真像父亲说的那样，革命党快要玩完了吗？”余瑞华暗问自己。

一眼望去，军政府的上空，腾起了一阵浓烈的烟雾，他的同学宛如发动冲击一般，冲进了烟雾，从军政府救出了许多物资。余瑞华神情恍惚，暗问自己：“我该怎么办？是劝说他们不要帮助革命党，还是帮助他们呢？”

他回答不了，潜意识地朝军政府跑去，帮助同学们扑灭火焰，抢救物资。

余瑞华亲眼看到一枚枚炮弹落在附近，激起一团又一团黑烟。很快，一大队人马从军政府里面跑了出来。领头的正是鄂军都督黎元洪。黎元洪要去哪里？没容他想清楚，黎元洪便慌慌张张地钻进了轿子，准备离去。

耳边响起了一个熟悉的声音：“你们知道害怕，要逃跑吗？别跑了，无论你们跑到哪里，朝廷都会抓住你们，将你们碎尸万段。”

是父亲的声音！余瑞华一阵战栗，很想赶快离开，但脚底下竟然像生了根一样，一动不动地站在那儿，眼睁睁地看到父亲冲了过去。

余昌泰堵在轿前，一把扯开了轿子的帘子：“黎协统，你立刻命令叛逆们停止抵抗，乖乖地向清军投降，祈求朝廷的宽恕吧。”

“余老先生，念你一向行事乖张，本都督不跟你计较了。请你快点离开，我要去办公。”黎元洪说道。

“你跑不了，无论你跑到哪里，都会被朝廷捉住。”余昌泰继续说。

旁边有人拉开了余昌泰，轿子立刻风一样地刮走了。

余昌泰愤怒地骂那人：“孙武，一切都是你的错！你辜负了朝廷的恩典，留学日本，却不思报国，当了叛逆。你等着，朝廷一定会抓住你，将你凌迟处死的！”

原来他就是孙武。有关孙武的传说，早已灌满了余瑞华的耳朵。他激动不已，很想跑上前去表达仰慕之情，但父亲站在那儿，他不敢行动。

孙武笑道："余老先生，革命党人都很敬重你，无论你怎么看待我们，也无论你对我们做过什么，我们都不会计较。可是，请你记住，你是汉人，我们是在恢复汉人的江山。你可以不直接参与起事，但请你以后不要继续蛊惑人心。"

"我是汉人，更是朝廷的子民，眼里只有朝廷，没有叛逆。叛逆的末日很快就要到了。"余昌泰说道，"你罪恶滔天，只有死路一条。"

"你放心，朝廷自顾不暇，我死不了。"孙武喝令几个卫兵将余昌泰拉开，好腾出路来，进入军政府。

这时候，清军的一发炮弹嗖的一声飞了过来。孙武赶紧将余昌泰一推，迅速压在他身上。卫兵又朝他们压了过去。

"快趴下！"一个人风驰电掣一般地冲了过来，把余瑞华压倒在地。

一声剧烈的爆炸过后，余瑞华清醒过来，推了推压在身上的人，朝余昌泰和孙武方向看去，只见两个卫兵鲜血淋漓，还有一个卫兵已经不能动弹。

"你们都是怕死鬼！你们怕死！"余昌泰在卫兵的搀扶下勉强站起来了，放肆地嘲笑道，"你们等着，朝廷会用大炮把你们全部炸死。"

"放开他！他既然不知死活，不要管他！"孙武火冒三丈。

孙武指着死亡和受伤的卫兵，大声说道："你睁大眼睛看一看，我们谁怕死了？要不是因为你，这几个兄弟不会受伤，更不会死！清军在用大炮轰击你，要你死，我们却牺牲了自己的兄弟来救你。你可以继续谩骂我们，你可以继续想干什么就干什么。我们不是不能够杀你，也不是不能够关你，但我们不愿意这么做。我们如果被你骂倒了，算你真有本事！"

话音还在空中炸响，孙武进入了仍在冒着烟雾的军政府。

余瑞华心里有一种东西在强烈地撞击着。他很想喝彩，很想冲进军政府，跟革命党同生共死，但一看到父亲，没来由地一阵胆寒，什么都不敢做了。

余昌泰怔了半晌，朝军政府骂道："不，这一切都是你们这些叛逆造成的。要不是你们犯上作乱，朝廷就不会出兵镇压你们，就不会有那么多人死亡，不会有那么多人受伤，更不会有百姓流离失所。你们才是罪魁祸首！"

他恍惚被什么东西狠狠地击打了一下，身子一抖，朝地上一蹲，双手捂脸，痛哭不已。

原来父亲竟然还会哭泣！余瑞华感到格外震惊。他很想去安慰父亲，但最终还是一动不动。一阵寒风吹过，余昌泰抬起头，看到了小儿子，神情一阵尴尬，缓缓地嘘了一口气，朝他走了过去："走，离开这里。"

余瑞华机械地跟着父亲一路走向余府。两个人谁也不说话。

"我没有听从父亲的吩咐去鼓动同学们反对革命党，父亲会怎么对待我呢？父亲怎么不再冲进军政府去呢？黎元洪跑到哪里去了？"余瑞华心里接连滚过了许多个念头。虽说父亲一再要他忠于朝廷，不能当叛逆，但已经参加过革命党，被革命党生死无畏的英雄气概所激励，余瑞华时时会产生强烈的冲动，要走出余府，要当革命党，要像二哥一样，要像大嫂一样，但在父亲的严令下，他丝毫不敢有所行动。

自从担任护理副总司令以来，余瑞祥一刻也没有歇息过，马不停蹄地奔跑在长江沿线的阵地上，指导各路民军修筑阵地，严密监视对岸敌人的行踪。

两岸炮声隆隆，余瑞祥最忧心的是敌人会在何时何地渡江进击武昌。在如此漫长的防线上，只要敌人在某处登陆成功，对民军将造成致命影响。他一定要趁敌人未展开行动的这段宝贵时间，把防御阵地修筑好，把部队训练好。为此，他专门从各部抽调出一部分军事素养过硬的人员，来训练新扩充的部队。阳夏之战期间，余瑞祥发现了几员能征惯战的猛将，他决定从他们当中挑选一个人来，全权负责督促训练新扩充的军队，并命令赵璇滢亲自带领一批妇女救护队队员，保障训练人员不受任何伤害。

修筑阵地所需要一切物资，正在紧张地收集和调配之中。余瑞祥已经对地雷阵的布设、防御火力的布设、民军的配置做出了周密计划，需要很长时间付诸实现。每一个环节，他都要亲力亲为，绝不敢再出现任何一点纰漏。

余瑞祥忽然接到蒋翊武打来的电话，说司令部里有一些事情急需他回去商量。余瑞祥丝毫不敢怠慢，快马加鞭，回到了宝通寺护理总司令部。

赵璇滢因为要向司令部反应部队的训练保障情况，也赶了过来。

蒋翊武正在司令部里焦灼不安地来回走动，一看到余瑞祥进来了，马上说道："刚刚接到消息，军政府遭到敌人炮击，黎都督离开了军政府，带着卫兵，准备到葛店去办公。"

余瑞祥吃了一惊，说道："眼下民众人心惶惶，军心不甚安稳，黎都督不在军政府坐镇，对士气将会是一个很大的打击。"

"我请你回司令部，是为了把他追回来。"

"我去追他。"余瑞祥准备带领卫兵去追赶黎元洪。

刚刚转过身，余瑞祥大脑一阵晕眩，双眼发黑，重重地朝地上倒去。

赵璇滢刚好进来，马上冲了过去，把余瑞祥扶住了。蒋翊武大吃一惊，再也顾不得追赶黎元洪，急切地唤来军医，为余瑞祥看病。

军医检查过后，说余副总司令只不过是身体极度疲劳，需要休息。

不久，余瑞祥苏醒了，挣扎着想起来。

“你好好休息一会儿。有什么事情，可以交给别人帮你处理。”赵璇滢说道。

“不，我要亲自去追赶黎都督。”余瑞祥说道。

“黎都督怎么啦？”赵璇滢惊愕地问道。

听蒋翊武说出了事情的原委，赵璇滢心里冒出一团火，大声说道：“我去，一定要把黎都督给捉回来，送到军政府。”

“胡闹！”余瑞祥气息仍然很微弱，“黎都督不是逃兵，更不是敌人！”

赵璇滢不得不刹住了脚步，说道：“可是，他这个样子，很不像话嘛。”

“黎都督这样做是有些欠考虑。”蒋翊武说道，“但是，他是都督，作为部属，我们只能劝他回来。”

余瑞祥挥了挥手，说道：“还是我去吧。”

他试图站起来，颤颤巍巍的。赵璇滢心疼了，说道：“我听你的，只是劝说黎都督回到军政府。”

蒋翊武见状，心知余瑞祥是不可能去追赶黎都督的了，自己也不能离开总司令部，只好批准赵璇滢的请求：“黎都督不愿意回军政府的话，你不要勉强。”

随即，蒋翊武命令两个参谋人员跟赵璇滢一道，率领几个卫兵，骑着快马去追人。

一行人出了宝通寺，快马加鞭，朝葛店方向奔去。约莫追了一个时辰，前面隐隐约约出现了一大队人马。赵璇滢心知黎元洪一定身在其中，暗想：“黎都督跑得真快，带了这么多人马，这会儿就到了王家店！”

已经能够清晰地看到他们的影子。拿枪的，不拿枪的，拥挤不堪，慌乱不堪。这些家伙，已经远离了敌人的炮火，还是如此惊慌，哪里有一点军人的样子！赵璇滢一面纵马追赶，一面大声喝道：“站住！都给我站住！”

前面的人反而加快了步伐，几乎贴着地皮飞起来了。

余瑞祥正在劳心劳力，你们远离战火，竟然跑得这么快！赵璇滢越想越生气，掏出手枪，朝天就是几响，再一次大声喝道：“站住！都给我站住！”

立即，前面的人排成一列，拉动着枪栓，准备开枪。

赵璇滢愤怒至极，喝道：“瞎了你们的狗眼，没看清楚我是谁吗？”

她一马当先，冲破了卫队排列的阵线，跑到大轿子面前，跳下马来，说道："是黎都督吗？我是妇女救护队队长赵璇滢，请黎都督出来说话。"

轿子的门帘打开了。黎元洪一只手扶着帘子，微微探出了头，脸色苍白，神情颇有点紧张。

黎元洪认识赵璇滢，一看到她，自然放下了戒心，说道："原来是赵队长。你不在救护队，追到这里来，有什么要事吗？"

赵璇滢说："武昌城里，民心不安，军心不稳，正需要都督坐镇军政府，维系民心军心。都督怎么能听信小人之言，跑到这里来了呢？请都督不要做瑞澂，快回去军政府。否则，不仅敌人会耻笑你，民众也会唾弃你。"

黎元洪说："军政府遭到清军炮击，不能办公了。我要到葛店去，指挥全体民军跟清军作最后的战斗。"

赵璇滢气得眼睛冒火："即使都督觉得在军政府安全没有保障，可以在刘家祠堂办公，为什么一定要去跑去葛店？"

黎元洪说道："赵队长，你应该知道……"

赵璇滢不准备再听他分辩，把余瑞祥和蒋翊武的叮嘱抛掷脑后，手一伸，便要把黎元洪从轿子里面抓出来。跟随她一块前来的参谋人员大惊失色，赶上前来，说蒋总司令和余副司令正等着我们回去回话呢。

赵璇滢收回了刚刚伸出去的手，说道："希望黎都督还是回去军政府。"

黎元洪一见赵璇滢伸出手来，不由得脸色微变，自知呵斥不了她，又不能伸手阻拦，卫兵都被赵璇滢率领的人马挡在外层，心想一场难堪是免不了了。所幸的是，跟随赵璇滢一块追来的参谋人员只说了一句话，便令她收回了手。

赵璇滢虽说不准备动手，但也不会退让，说完那句话，便摆出一夫当关万夫莫开的架势，一动不动地挡在轿子门口。

黎元洪尴尬不已，过了好一会儿，终于说道："赵队长一片苦心，我心领了。我已经来到了王家店，再要回去，人马也很劳顿，不如请赵队长回去告诉蒋总司令和余副总司令，我暂时在王家店办公。等过几天，武昌城里局势稍有好转，我一定会回去武昌。"

蒋翊武、余瑞祥再三交代过，不能强迫。既然黎元洪无论如何不愿意回到军政府，赵璇滢也不能强行把他带回去，只能顺坡下驴，说道："既然如此，希望黎都督不要继续朝前走了。我领了命令，会到这里来找你的。"

说罢，赵璇滢留下参谋人员，率领几个卫兵，赶紧打马朝宝通寺奔去。

黎元洪从赵璇滢语气里听出了威胁的味道，联想到自从被架上湖北军政府都督的宝座以来，动辄受到革命党人掣肘，不由得暗自叹息。他实在不敢招惹赵璇滢，只好命令人马停留下来，在王家店安营扎寨。

很快，赵璇滢回到了宝通寺司令部。

余瑞祥已经完全清醒了，精神仍然很差，只能半倚在椅子上，处理各处发送来的急电。

赵璇滢人还没有进入司令部，声音就传进了蒋翊武和余瑞祥的耳朵："黎都督定是贪生怕死之辈。要不是你们有言在先，我真恨不得把他抓回来！"

余瑞祥和蒋翊武放眼望去，赵璇滢已经走进来了，噘着嘴巴，气咻咻的。两人对视了一眼，询问赵璇滢带回了黎都督的什么话。黎元洪已经在王家店安顿下来，不会再跑到葛店去了，多少让他们心里好受了一些。

"人人都说黎都督在海战的时候，是如何如何不惧枪林弹雨，可见是神化他了。他就是一个胆小鬼。"赵璇滢大发牢骚。

"不得胡说。"余瑞祥呵斥道。赵璇滢果然不再说话了。余瑞祥似乎觉得这样对待赵璇滢有些不近人情，补充道："黎都督事关军政府的安危，他在王家店办公，很安全很好。"

"是呀，他真要留在军政府，万一出事，也不好交代。"蒋翊武帮衬道。

赵璇滢心知他们这样说，都是为了平息自己心里的怒气。算了，黄兴走了，不是也没有对民军产生多大影响吗？黎元洪走了，也不可能影响得了民军，真正的革命党人，是不会受到任何外来影响的。何况，黎元洪并没有走远，还在王家店，有事情向他汇报，只不过多跑几步而已。

这时候，一个卫兵前来报告：王俊财陪同一个外国人在司令部门外求见。

这外国人是汉口万国商会会长，奉了英国政府的命令，在各国政府私下里跟袁世凯达成了协议之后，前来寻找革命党人履行停火协议。

中华民国湖北军政府一成立，立刻向驻汉各国领事发出照会。照会的要点是希望各国严守中立，不要支持清廷，革命党可以保证其在华的既得利益。但一旦发现其在暗中支持清廷，便以敌国对待。

能够继续享有在华既得利益，自然会博得各国驻汉领事的欢心。不过，他们得采取更为实际的态度，希望趁机找到并推出新的代理人，以便获得更大的利益。在民军跟清军作战期间，他们名义上严守中立，事实上一直在向清廷施压，迫使清廷让袁世凯出来收拾残局，以把整个华夏神州交给袁世凯为条件，希望他接受革命党人的主张，建立新的国家政权。据此，他们暗中跟袁世凯单方面达成停火协议。紧接着，他们希望革命党人签字画押，以便协议立马生效，但不能以政府的名义出面，于是找到了万国商会会长。

万国商会会长跟王翔宇关系密切，熟悉王氏家族每一个成员。

王翔宇自杀身亡，王翔东一病不起，王俊财承担起支撑王氏家族的全部重任。汉口被清军占领，王俊林立下了汗马功劳，冯国璋饶是对王氏家族恨之入骨，也不得不安抚他们，希望他们支持清军。王俊财并没有因为清廷的安抚而改弦易辙，继续暗中为退守汉阳的革命党人提供粮草和有关清军的情报。

在清点家族产业时，王俊财赫然发现弟弟王俊喜在代管期间，有许多账目不明不白。他私下里询问那些产业的去向，王俊喜一口咬定他不会出任何差错。王俊财追得紧，王俊喜的母亲王周氏出面了，准备在府上大闹。王俊财不得不收手，要不然，惊动了父亲，万一有个好歹，他真的难以交代。

王俊林母亲一样对家族产业很上心。她准备亲自插手家族产业，天天催逼王俊财尽快将账目交代清楚，这样她可以早点拿出一些财产，送给冯国璋，为儿子谋一个更好的前程。

汉口最繁华的地段都被王俊林烧毁了，伯母不去救助那些因此而生活不下去的商户和百姓却说出这种话来！王俊财心里很不满，想告诉伯母，伯伯是因为清军而死的，怎么能送钱给清军呢？但他说不出口。毕竟，伯母是一个女人，为了儿子纵使做出再错误的决定，也是可以理解的。

王俊喜却不愿意了，说道："哥哥，你总说我管理账目有问题。我认了，纵使有问题，也是我的能力不够，我本来不是做生意的料，是你和伯伯硬让我接手的嘛。王俊林烧毁了那么多产业，你还要听伯母的话，准备把财产交给他。你这是干什么？"

王俊喜不仅自己跟王俊财胡搅蛮缠，还动员母亲跟着起哄。这样一来，王俊财好像风箱里的老鼠，在王俊林母亲和王俊喜两边都受气，日子越来越不好过。更让他不好过的是，从汉阳那边传来消息，姐姐王芝英已经疯了。

赵嘉勋重新回到知府任上，一头扎进扫平叛逆的云雾里，对家里的一切不管不问。

赵承彦一直很想陪夫人去王府探亲，但没有成行。后来，大舅子过来了，他劝说王俊财把夫人带回娘家看一看。

“伯父已死，父亲一病不起，为了财产，家里闹得不可开交。姐姐要是看到这些情况，病情会更加恶化。”王俊财说道。

赵承彦只能把王芝英送到外国人开设的医院里去治疗一段时间。

在这样的环境下，王俊财只能独自承担着一切责任，默默地忍受。

此时，汉口商务总会已经处于瘫痪状态，没有人能够理事了。当万国商会会长接到命令，要去武昌跟革命党交涉的时候，他需要寻找一个带路人。王翔宇已死，王翔东病倒了，王俊财无疑是最好的人选。

王俊财的确很希望这场战争快点结束，他好快点解脱。于是，他欣然陪同万国商会会长来到了武昌。

见到了余瑞祥，见到了赵璇滢，王俊财心头抑制不住一阵激动，马上想把自己知道的一切全都告诉他们。可是，他清楚自己的使命，只有先强压下心头的激动。

王俊财为双方做了介绍以后，万国商会会长笑道：“蒋总司令，余副总司令，鄙人深感荣幸，能够在这里见到你们。希望我的到来，能够为你们送来一丝福音。”

万国商会会长拿出一纸协议，说：“这是各国领事不愿意看到贵国继续交战，跟袁世凯大人交换意见后达成的协议。只要中华民国湖北军政府黎元洪都督的大印往上面一盖，明天一早就可以生效。你们有三天的停火期。停火期间，不能做与备战相关的任何事情。”

蒋翊武、余瑞祥相互打量了一眼，接过那纸协议，仔细看了，上面已经盖上了袁世凯的大印，只等黎元洪的大印一盖，便能生效。自从跟清军开战以来，民军一直没有得到很好的休息，的确需要休整，需要休息，即使不扩军，不备战，也要利用这宝贵的三天时间，让民军将士好好休息。

可是，黎元洪已经跑到王家店去了，此去王家店路途遥远，把黎元洪叫回来或者把大印取过来，即使老外愿意等，无疑也会暴露出军政府主要领头人已经胆怯的事实。

余瑞祥说道：“既然会长先生不辞辛苦，来到了武昌，我们应该略尽地主之谊，准备一些便餐，先吃了饭再办事。再说，黎都督目前在王家店，离这里有十几里地，通知黎都督来到这里，也得一段时间。等会长吃完饭，黎都督定会来到这里亲自盖上他的大印了。”

万国商会会长在中国待了多年，深知中国人的礼节，果然准备留驻一会儿，吃顿便餐。余瑞祥立即通知下去，准备晚饭。

“人是留下来了，可是，怎么把黎都督的大印拿过来？”余瑞祥私下里问总司令道。

蒋翊武道：“时间已经来不及了，更不能让老外知道黎都督已经逃跑了。我们还是通知正在军政府临时负责一切事务的孙武部长，让他火速找人刻一个黎都督的大印吧。”

说完，蒋翊武亲自给军政府打了电话。

菜肴很快准备妥当。蒋翊武忙着督促孙武刻印及处理各项军务。余瑞祥陪同万国商会会长和王俊财一边喝酒吃菜，一边谈论汉口、汉阳、武昌方面的局势、民军的情形以及社会各界对战争的态度。不知不觉，一个时辰倏然而逝了。

“承蒙余副总司令盛情款待，鄙人已经吃饱喝足，不知道黎都督是不是已经来到这里了呢？”万国商会会长当然忘不了自己的使命。

蒋翊武面带笑容地走了过来，脸上找不出一丝慌乱的表情，说道：“黎都督带人检查沿线的防御阵地去了，还没有赶回来。我跟他联系上了，他说大印仍然留在军政府，已经跟军务部孙武部长联系妥当，他会全力办成此事，请会长先生去军政府一行。”

“如此甚好。从明天起，你们可以停火三天。”

第十八章 曙光初现

余瑞祥一头倒在行军床上，躺了两天两夜。第三天早晨醒来的时候，他还以为自己只是小憩了一会儿，准备率领卫兵去前沿查看部队执行停火协议的情况，顺便看一看部队的训练进度。

余瑞祥不太相信北洋军队会完全遵守停火协议。在他看来，袁世凯之所以主动提出停火，只不过是因为他手下的队伍早已人困马乏，全国各地的革命党人相继起事，使得清廷无力抽调足够的兵力来攻击武昌，北洋军队既要补充粮草和弹药，又需要获得喘息时间，他才不得不请求洋人帮忙，炮制出这么一个东西，以便利用这三天的时间补充能量，让他的北洋军队能够在即将来临的战斗中处在主动地位。民军也不可能老老实实地执行这个协议，也得好好准备。所谓兵者诡道也，不可不察，束缚自己手脚的事情，余瑞祥是绝对不会干的。

然而，他一跳下行军床，蒋翊武笑道："余副总司令一向深入前沿，确实太累了，一连休息了两天，可养足了精神？"

"什么？我一连睡了两天吗？"余瑞祥大吃一惊。

蒋翊武笑道："两天在人生长河中只不过是弹指一挥间。"

余瑞祥说道："我已经耽误了两天时间，得尽快到前沿去看看。要不然，明天清军一旦发动进攻，我们恐将陷入被动。"

"余副总司令请放心，我们已经做好了准备，如果清军胆敢渡江南犯，我们一定会把他们全部打到江里去喂鱼。"蒋翊武稍微顿了一顿，调换了口吻，"不过，也许，根本打不起来，和平会一直持续下去。"

余瑞祥吃惊不小。自从加入革命党以来，他一直把建立中华民国当成自己的奋斗目标。为此，即使身负重伤，他也义无反顾走上战场。他几乎从来没有想过，如果他还活着的时候，没有把皇帝拉下马，没有建立中华民国，他会停止跟敌人作战。

他说道："除了跟敌人战斗下去，我实在想不出还有什么办法能够建立起中华民国。"

蒋翊武笑了："你一向只喜欢跟敌人作战，从来不过问政治，难怪你不知道。我们这一次能跟北洋军队迅速达成协议，并不是袁世凯一厢情愿，而是我们早已跟袁世凯有了接触，彼此达成了默契。"

"革命党早已跟袁世凯有了联系吗？"余瑞祥不仅是吃惊，简直是震惊了。

"可以这么说吧。"蒋翊武说道，"你应该知道，建立中华民国并不是一件简单的事情，必须由相继起事的各地革命党人相互协商，共同确定建立中华民国的种种相关重大问题。在汉阳战事最激烈的当口，各独立的省份已经派出代表，除一部分留在上海负责联络南方革命党人之外，大部分代表来到了武昌，在汉口租界展开讨论与磋商，达成了一致，决定在武昌建立中华民国中央政府，推举黎元洪都督暂时履行中华民国临时大总统职务，虚位以待袁世凯反正。”

“这么说来，岂不是要把中华民国临时大总统拱手送给袁世凯吗？”余瑞祥跳了起来，比在战场上听到敌人抄袭了自己的后路还要惊惧。

蒋翊武说道：“你如果一定要这么理解，并不算错。”

余瑞祥悲愤不已：“把清朝的走狗推上中华民国临时大总统的宝座，他袁世凯会把中华民国带到什么道路上去？”

蒋翊武说道：“我也不太赞同把中华民国临时大总统让给袁世凯。可是，我们不能不仔细考虑一下民军的实力。我们接连打了两次败仗，武昌危在旦夕，一旦清军发动攻击，武昌到底能坚守多久，谁也没有把握。我们投身革命，早已抱定粉身碎骨的决心，可以在战斗中粉身碎骨。但我们都粉身碎骨了，谁来建立中华民国？其他各省的革命党人虽说也相继起事了，但跟清军相比，我们的力量依旧很弱小。更重要的是，革命党内部并非铁板一块，各人有各人的心思和盘算。黄兴不就是一个很好的例子吗？他知道革命党人已经初步决定在武昌建立中华民国，但还是认为革命中心已经转移到江浙一带去了，抛开我们，去了南京。不管怎么说，袁世凯也是汉人。如果我们能够跟袁世凯取得一致，只要他逼迫宣统退位，成立中华民国，岂不是比我们流血流汗继续跟清军作战要好得多吗？”

“不，这不对！这肯定是不对的！”余瑞祥激动地说道，“我们要实现理想，只有依靠我们自己，绝不可能假手他人。袁世凯先是出卖戊戌变法的豪杰，现在如果又出卖清廷，以后肯定会出卖中华民国。我们不能依靠袁世凯，得依靠我们自己。清军并不可怕。汉口、汉阳相继失守，并不全是因为我们的力量不够，而是因为我们在战略上出现了错误，我们的内部也出现了一些问题。只要我们正视现实，消除了这些问题，一定可以大有作为。”

然而，不管余瑞祥说得多有道理，他也无法扭转局势。

蒋翊武一样无法扭转局势。因为他比余瑞祥更加清楚眼下革命党内部存在的最大问题：拜张之洞大办洋务、大搞实业所赐，武昌有了足够的银两可以支撑民军跟清军继续打下去，但其他各省的民军都缺乏银两。在黄兴抵达南京之前，南京已经被民军攻下来了，各地民军聚集南京，连粮草供应都很困难，更不要谈发出军饷了。各地革命党想尽办法，也筹措不到银两，连向外国人借贷，也变得非常困难。没有足够的银两，怎么能够跟清军打仗？

更可怕的是，各省代表来汉口开会之前，本来说好了，留在上海的那部分代表，只不过是负责通讯联络，把武昌方面革命党的情形以及各省代表会议的精神传达给江浙一带的革命党，但那些代表竟然在江浙革命党人的唆使下，决定在南京建立中华民国，并且准备推举黄兴为大元帅，全面负责中华民国的内部事务。

这是怎么啦？革命还没有成功，各路革命党人不寻思尽快推翻清朝，却只想争权夺利，抢夺建立中华民国的主动权！没有武昌首义，哪来的天下响应？武昌的地位难道还会受人怀疑吗？余瑞祥厌恶地说道："我们不能任由那些家伙乱来。我们可以放弃一切，但一定要凝聚力量，先打败了清军再说。"

蒋翊武说道："我佩服你的胆略。可是，你毕竟太不了解政治。也许，我们可以用条件来约束袁世凯，让袁世凯遵循我们的规矩。"

"大敌当前，连革命党内部许多要人都在为自我打算，我们还能约束袁世凯吗？"余瑞祥问道。

蒋翊武回答不了。他当初担任文学社社长的时候，虽说与孙武领导的共进社同为反对清朝统治的革命组织，但在很多问题上立场与观点都不一样，因为共同的革命理想，使得他们接连召开几次会议磋商以后，达成了一致，这才有了武昌首义。如今，革命尚未成功，不仅湖北革命党人的态度没法保持一致，全国革命党人更是为了各种各样的原因一直争吵不休，对此，他感到失望透顶。

余瑞祥心里翻滚着一层层波澜。因为清廷血腥屠杀革命党人，唤醒了他对革命党的同情，才义无反顾地投身革命。没想到，到头来，革命党人竟然轻信袁世凯，并且为了争权夺利，而不顾中华民国的千秋大业，这样的人能成什么大事？他很想马上退出革命党，却又放不下革命党人追逐的目标。也许，有的人只是祭出一个颇具煽动性的幌子，号召别人出生入死，为自己捞取个人利益。但也有人是民族的脊梁，民族的精英，为了民族的大业，不惜牺牲一切。既然总是要有人去奋斗去牺牲，那么，由自己去奋斗去牺牲吧。什么各省代表，什么袁世凯，统统见鬼去吧，自己要先去沿江一线勘察情况。

于是，余瑞祥走出了宝通寺，来到了训练营地。

这些日子，赵璇滢一直率领妇女救护队巡视训练场。

看到余瑞祥过来了，赵璇滢赶紧迎上前去，望着他生机勃勃的脸庞，心里涌过一阵快意："能够再一次看到余副总司令，真是太好了。是来检查训练情况的吧？我得把标统喊过来。”

“不用，先跟你说一会儿。”余瑞祥顿了一下，很有些怅惘，“我心里一直觉得空空落落的，似乎不知道到底该怎么办。”

赵璇滢问道：“难道休息了两天，你对革命党的前途感到失望了吗？”

“也许，不是失望，是一种说不清道不明的感觉。”余瑞祥仰天叹息一声，收回目光，看到赵璇滢一脸的不解，把蒋翊武告诉自己的内容转述给了她。

赵璇滢一听，杏眉倒竖，一边跺着脚，一边愤怒地骂道：“民军一直在跟谁打仗？不就是袁世凯的北洋军队吗？他们屠杀了多少革命党人，怎么能让袁世凯当中华民国临时大总统呢？那些代表是不是脑子进水了？”

“也许，这就是政治。”余瑞祥脸上浮现出痛苦的色彩。

“你可以不必理睬那个狗屁停火协议！”赵璇滢愤恨地说道。

自从听了蒋翊武说的那些话，余瑞祥实在苦闷极了，伤感极了，浑然忘掉赵璇滢是一个炮筒子，只需要一点火星，就会爆发，只想着要快点见到她，跟她好好谈一谈。在他心里，已经把赵璇滢当成了唯一可以说心里话的人。

余瑞祥理智地说：“我们只有区区几万人马，缺少大炮，缺少船只，能插上翅膀飞过长江跟清军作战吗？”

赵璇滢呆了好一会儿，说：“原先，你哪怕身受重伤，明知道清军强大得多，还是带领民军上了战场。现在怎么退缩了，变成胆小鬼了？”

余瑞祥心里波涛汹涌，许多话堵在喉头，一个字也说不出来。

赵璇滢急了，催促道：“你不应该是这个态度，你应该下达命令！只要你下令，我敢肯定，民军一定会打过长江去的！”

余瑞祥不能也不会下这样的命令。无论政治最后把民军拖进怎样的境地，民军是不能率先打破停火协议的，不管明天是不是继续停火，民军需要休息，需要训练，他不能让民军再一次受到创伤。

赵璇滢意识到自己失态了，抑制了内心的愤怒。注视着余瑞祥，从他紧蹙的眉头和一脸落寞的面容上，她可以体会得到他的内心有多么苦痛。

这时候，蒋翊武派遣人马找到了余瑞祥，告诉他从明天开始，延长十五天的停火期限。黎元洪都督返回了军政府，准备召集人马商讨接下来的局势。

“难道说，我们革命一场，是为袁世凯做嫁衣裳吗？”赵璇滢问道。

余瑞祥不置可否，摇了摇头，准备回去司令部。他低着头走了几步，忽然停下来对赵璇滢说："妇女救护队有非常机灵的人员吗？"

赵璇滢赶紧说道："妇女救护队什么人都有，只要余副总司令有差遣，绝不会耽误你的大事。"

余瑞祥点了一下头，说道："你抽出几个精明队员，派去汉口和汉阳，分别跟王俊财、赵承彦接上头，摸清清军的情况。另外，你转告标统，请他把队伍全部拉出城外，找一个合适的地方，训练渡江战斗。"

"你是要标统进行渡江作战吗？"赵璇滢高兴地问道。

"我总觉得，我们跟袁世凯之间的距离相差太远，不可能无限期实现停火。一旦战争开打，我们必须首先派出一部分人马，从青山渡过长江，偷袭谌家矶，进而攻击三道桥，切断清军的后路。"

黎元洪一回到军政府，各省代表会议的意见、江浙革命党人从上海发过来的电报，雪片一样飞到了他的手里。他知道上海方面的代表已经单方面作出决定，要在南京建立中华民国临时中央政府，并推举他黎元洪为大元帅。对上海方面的做法，黎元洪心里非常不满，决定次日召集武昌首义人士，商讨对策。

"如果革命党人都能跳出狭隘的个人利益，一心献身革命事业，革命哪有不成功的道理？只可惜，一些革命党人太注重个人利益了。"余瑞祥回到总司令部听了蒋翊武的详细介绍，叹息道，"当初，我们要是注重个人利益，决不会推举黎元洪出来当都督。"

蒋翊武深有同感地说道："谁说不是呢。上海方面本来只是联络机构，但现在竟然擅自决定了中华民国中央政府所在地和中央政府临时负责人。"

蒋翊武又说："不过，这一次，他们不再坚持推举黄兴担任大元帅，想到了黎元洪都督，不能不说是一个进步。"

"这令我想到了武昌起事的情景。"余瑞祥淡淡地说道。

"革命党人群龙无首，所以暂时需要一个人出来主持大局。"蒋翊武继续说道，"也许，等孙中山回国，一切又不一样了。"

"革命党人在内部纷纷扰扰，什么事都做得出来，在外部总是幻想着跟袁世凯媾和。"余瑞祥没有接他的腔，有些愤愤然，"即使袁世凯逼迫清帝退位了，他能够按照革命党人的意图，来建立中华民国吗？"

蒋翊武说道："只要推翻清朝统治，实现了革命，就是一大胜利。"

"可是，我仍然对袁世凯不抱希望。我已经让赵璇滢转告标统，把敢死队拉出城外，做渡江准备去了。一旦战事重开，敢死队可以从青山渡江，攻击谌家矶，进而攻占三道桥，切断清军的后路，确保武昌方面能够打败敌人。”

蒋翊武虽说有些不赞成余瑞祥的做法，但余瑞祥已经命令下去了，而且自己已经决定辞去总司令一职，便什么话也不说，算是默许了他的主张。

余瑞祥这一夜怎么都睡不着。他的脑海里竟然一再浮现出了父亲的身影。虽说自从起事以来，父子二人已经脱离关系，但在对待袁世凯一事上，他竟然跟父亲是一致的。他想，父亲如此具有远见，要是他能够支持革命党人，一定有能力迫使革命党人放弃跟袁世凯媾和的意愿。

第二天，余瑞祥和蒋翊武在卫兵的护卫下朝军政府赶去。

宽阔的阅马场上，冷寂极了，几乎看不到人的踪影，只有清军大炮轰击过后的废墟，在阳光的冷射下，异常清冷。树叶早已掉光，凛冽的寒风吹过，树枝发出飒飒的声音，单调而又刺耳。余瑞祥的心情越发沉重起来了，他觉得有些寒冷，手臂上的创伤还没有完全愈合，仍然隐隐作痛。蒋翊武的情绪也不高，一路上无话。一路走过，只留下了一阵嘚嘚的马蹄声。

军政府举目在望。突然，一阵声音硬生生传进了余瑞祥的耳鼓，是父亲。门口的几个卫兵拦住了正要闯进去的余昌泰。他闯不进去，便在门口大嚷大叫。

余瑞祥心头一热，连忙跳下战马，朝父亲走去。

余昌泰看到了儿子，猛虎一般地冲了过来，一把揪住了他的衣领，大声吼道：“逆贼，你连逆贼都做不好，你还配做人吗？”

蒋翊武跳下马，赶紧劝解：“余老先生，请你松手，有话可以慢慢说嘛。”

余昌泰认出了蒋翊武，松开揪住儿子的手，改变了痛骂对象：“姓蒋的，你们这些逆贼，为什么不像男子汉一样，跟朝廷打下去，却要抬出袁世凯来当你们的总统？真是岂有此理！袁世凯早就该杀！你们比袁世凯还不如！这就是你们的革命！这就是你们所要建立的中华民国！放屁，统统都他妈的是放屁！你们只不过是为了自己，为了争权夺利。要是为了国家，你们应该一直跟清军打下去。可是，你们这些逆贼被清军打怕了，不敢再打下去了。你们连逆贼都当不好，还配做人吗？猪狗不如！”

余昌泰越骂越激愤，越骂声音越大。几拨接到开会通知的革命党人陆续赶了过来，听到他的叫骂声，谁也不吭气。余昌泰眼见得人越来越多，更加精神抖擞。

突然，余昌泰看到了黎元洪。他赶紧分开人群，奔向黎元洪，手一伸，准备揪住黎元洪的衣领。

黎元洪不等他伸出手，先露出了笑脸："余老先生的话，黎某都听清楚了，黎某相信，在场的每一位也都听清楚了。如果余老先生还有什么指教，请进去，我们可以好好听一听老先生的教诲。"

自从被革命党人推上都督的宝座，并且痛下决心，跟革命党人同生死共进退以来，黎元洪便一直跟革命党人站在一起。军政府遭到清军的炮击，他虽说怕死，但也没有逃避责任。他本来接受了一些革命党人的建议，为了安全，要去葛店办公，是赵璇滢骂醒了他，他在王家店停留下来，办了几天公。

自打起事得到天下响应以来，黎元洪意识到武昌这个首义之区应该肩负起建立中华民国的责任，因而，力举邀请各省代表到武昌开会研究成立中华民国的相关重大事项。与此同时，江浙方面的革命党人也在积极运作，希望上海能够发挥决定性作用，同样邀请了各省代表去上海开会。在黎元洪和湖北军政府的坚持下，各省代表转道武昌。这时候，汉阳之战失利，武昌置于清军的炮火之下，各省代表只好转移到汉口租界去。

各省代表做出的决定，基本上符合黎元洪心里的愿望。没料想，留守上海的代表，那些只能发挥联络作用的代表，竟然擅自开会另起炉灶，搞出了建都南京，让黎元洪当大元帅的方案。

离开了湖北，黎元洪还能控制得了天下的局势吗？何况，在南京，有黄兴、宋教仁这些老资格的革命党人，从黄兴在阳夏保卫战期间表露出来的刚愎自用个性来看，黎元洪觉得自己会被架空。黎元洪绝不愿意成为别人手里的牵线木偶，他宁愿让袁世凯当上大总统，也不愿意让黄兴他们凌驾于自己之上。

因而，一得到消息，他立即决定召集军政府要员开会，应对这个局势，同时告诉各省代表：不能贸然答应上海留守代表越权搞出的一套方案。为了避免上海方面单独宣布那套方案，他连夜向上海方面发出了电文，要他们澄清谣言。

在这里遇上了余昌泰，黎元洪脑海里迅速浮现出利用他为自己说话，征服所有湖北革命党人的计划。

余昌泰热切地期望清军早一点打过长江，消灭所有叛逆。为此，他还命令自己的大儿子和小儿子为迎接清军进入武昌做准备。

接到父亲的指令，余瑞光很烦恼。他仍然想着弟弟和赵璇滢，生怕清军打过长江之后，捉住他们，砍掉他们的脑袋。他很想见弟弟和赵璇滢，劝说他们归顺朝廷，但又知道自己无论怎么劝说，都不可能打动他们的心。对于父亲的要求，他只敷衍塞责，并没有真正执行。余瑞华在街道上很少能够见到人影，也做不了任何事情。

余昌泰对两个儿子都感到失望，对老夫人更加失望至极。

因为老夫人一再吹冷风："你一天到晚盼望清军快点打过来，清军真的打过来了，你能得到什么好处？祥儿是革命党人，是民军副总司令。清廷会饶过你？"

"妇人之见！我一心为着朝廷，朝廷岂能辜负我的一片苦心？别再提那个畜生，他已经不是我儿子。我巴不得他被清军千刀万剐。"

平素只要丈夫一发火，她立刻闭口不言。这次，丈夫如此恶狠狠地咒骂儿子，余老夫人护子心切，跟他争吵起来："你这个老东西，祥儿怎么说也是你的儿子呀。"

"什么儿子，他怎么不学王俊林？要是他跟王俊林一样重新投靠朝廷，我还认他是我儿子。他不像王俊林一样，我就天天咒他死。"

余昌泰在家里的威信消失殆尽。不过，家里的事情再大，也是小事。朝廷跟叛逆对阵的全盘局势，无论如何是要掌握在胸的。身为一代名士，余昌泰自然有办法了解清楚清军和民军的动态。一听说革命党人竟然期待袁世凯反正，要把中华民国临时大总统的宝座交给袁世凯，他心里一沉：这些叛逆可真想得出来呀，倒也不可小觑呢！

对袁世凯其人，余昌泰可谓知根知底。最初，朝廷要袁世凯做处理高丽问题的全权代表，结果，日本人一打高丽，他抵抗不了，偷偷跑回国来。朝廷要袁世凯编练新军，他却把北洋军队变成了自己的，弄得朝廷硬是插不上手。变法期间，袁世凯出卖变法主将。袁世凯眼里只有自己的利益和盘算，根本没有君王，没有法纪，也没有其他任何东西。因此，余昌泰曾经上书朝廷，杀袁世凯以谢天下，以绝后患。可惜朝廷不听他的逆耳忠言，到了现在，竟然让袁世凯当上了内阁总理，全权负责朝廷一切内外事务，等于是把江山交到了他手里。在这种情况下，革命党人要袁世凯当大总统，他岂有不干的道理？

怪不得清军不再攻击武昌呢，原来不是为了集结力量，而是袁世凯打着利用革命党人为自己当上总统造势的算盘。

余昌泰准备以一己之力瓦解袁世凯的图谋，先给王俊林写了一封信，派遣下人去了一趟汉阳，希望王俊林能够举兵攻打武昌，并且信誓旦旦：一旦王俊林占领了武昌，他立即把余雅芳嫁过去，并且为他们举办一个体面的婚礼。

王俊林非常乐意马上跟余雅芳喜结连理。虽说他每一天都巴不得眼睛一睁，就接到向武昌发动攻击的命令，第一军总统冯国璋也渴望立即打到武昌去，扫平叛乱之源，立下不世之功。可是，袁世凯几乎每一天都会给冯国璋发一份电报，询问冯国璋履行停火的情况。王俊林怎敢擅自发兵进击武昌？

冯国璋一向受到袁世凯信任，不可能反对袁世凯，革命党内部却有很多人反对袁世凯。只要煽动了革命党的情绪，让革命党内部乱起来，觉得非跟袁世凯拚下去不可了，这样袁世凯就不可能当上中华民国临时大总统，清廷从此安如磐石。

余昌泰做出了决定，立刻跑去军政府，打算求见黎元洪，鼓动革命党人继续跟清军打下去。可是，卫兵竟然连大门都不让他进。现在，黎元洪请他进入军政府，他当然欣然从命，在黎元洪的陪同下，进入了军政府会议室。

余昌泰说道："你们当叛逆，我历来持反对态度，并且希望朝廷快一点剿灭你们。这个态度永远都不会改变。你们如果跟朝廷一刀一枪地干下去，即使失败了，砍头了，抄家灭族了，我也敬重你们是英雄，只不过是你们走错了道路。现在，你们不敢打了，竟然要把袁世凯推出来当首领。他是什么人，我最清楚不过。他可以接受你们的要求，把宣统皇帝赶下龙椅，当中华民国临时大总统甚至是永久的大总统。但你们别指望他会跟你们想象的那样，真正建立起中华民国。他要建立的是他自己的王国。你们如果一定要跟他合作，只能说明你们不是为了共和，而是为了你们自己的利益，生怕继续打下去，你们什么也得不到。"

黎元洪说道："余老先生说得颇有道理。我们要建立的是中华民国，跟袁世凯所想要建立的国家大不相同。但是，我们的力量相差悬殊，应该怎么做呢？"

余昌泰哈哈大笑道："你们永远只是一群乌合之众，一群被眼前利益驱使的逆贼！你们根本没有是非，只会尔虞我诈，争权夺利。你们把袁世凯送上大总统的宝座吧！我相信，这样一来，宣统皇帝一定会退位。不过，接下来，你们一定会变成袁世凯的眼中钉肉中刺，他会使用各种手段来屠杀你们。这就是你们的下场！"

说完，余昌泰起身准备离开。革命党人面面相觑，似乎都被他的话打动了。

一个革命党人拦住了余昌泰，说道："请余老先生谈一谈你的高见。"

余昌泰没有坐回原来的位置，说道："你们无路可走。你们投降朝廷，才是唯一正确的道路。要不然，你们抵抗是死，跟袁世凯合作也是死。这就是你们的宿命。你们逃不掉的。"

"不，我们可以抵抗！"余瑞祥腾身而起，大声说道，"我们打了败仗，可是，还能跟清军继续打下去。全国到处都在起事，到处都有我们的同盟军，我们可以不依靠袁世凯，跟清军战斗下去。"

余昌泰嘲笑道："只怕别人没有你一样的胆略！"

说完，余昌泰头也不回地出了会议室，精神抖擞地离开了军政府。他已经撒播了火种，等着革命党人展开激烈的争斗吧。

余昌泰果然把与会人员推向了十分为难的境地。虽说恢复汉人的统治是革命党人起事的一个理由，但他们的主要目的是为了建立中华民国，实现民族共和。他们的确担心袁世凯会成为另一个皇帝。但不跟袁世凯合作，民军可以跟北洋军队继续打下去吗？余瑞祥倒是很有信心，但别人却没有信心。

黎元洪本来以为余昌泰一搅和，可以促使革命党人万众一心，先跟留驻上海的各省代表交涉，确定在武昌建立中华民国的大计，然后再拿出妥当的办法来处理跟清军以及跟袁世凯的关系，结果却颠倒了：处理跟清军以及跟袁世凯的关系成了第一位，在武昌建立中华民国的想法却遭到了忽视。他颇有点无可奈何。

余瑞祥更加无可奈何。他越来越觉得，这些革命党人并不像自己原来想象的一样高尚，更没有远见，他们太关注自己的得失。他在心里长叹一声，索性不再说话，只是呆坐在那儿。

革命党人争论了许久，还是无法达成一致。黎元洪不得不强行出手，把议题拽向了预定的轨道。

这当口，上海发来电报，历数在南京建立中华民国的好处，并且直指武昌革命党人的痛处：武昌已经处在清军的炮火威胁之下，各省代表连开会都找不到安全的地方，怎么能保证首都的安全？万一清军渡江，武昌再次败落，怎么办？

黎元洪无言以对。其他革命党人一样无法再为建都武昌呐喊了。

越来越不成体统了！余瑞祥难以相信，各省代表都在汉口，竟然由上海留守的联络机构决定了在什么地方建立中华民国，以及由什么人来担任中华民国首要领导。

在南京建立中华民国已经成为定局，余昌泰的话加快了湖北革命党人特别是黎元洪要跟袁世凯联合的想法。

看起来，以后的主动权恐怕会全部落到袁世凯手里了。自己到底做了一些什么？像其他的革命党人一样，帮助野心家和阴谋家袁世凯夺取了满人的江山吗？余瑞祥暗问自己。

革命党人打下的江山，一旦到了袁世凯手里，袁世凯会使用什么样的招数对付革命党人呢？离间、暗杀、杀戮，所有血腥的手段，统统都会使用上。不仅余瑞祥担心，其他革命党人一样担心。在这一点上，余昌泰的确朝革命党人心里打进了一颗钉子。

革命党人虽说心里疼了，但仍然没有破釜沉舟跟清军决一死战的决心。他们认为，纵使他们可以不惜抛头颅洒热血跟清军血战到底，但各省代表已经拿出了妥协方案，中华民国终究还会交给袁世凯。

会议终于结束了，余瑞祥怀着极度痛苦的心情，走出了会议室。

这是不是意味着战争就此结束了呢？不，政治上的较量与权谋，往往需要动用军事手段。当袁世凯希望逼迫革命党人做出更大让步的时候，一定会命令北洋军队放马过江，攻打武昌。民军真的能够赢得战斗吗？汉口的失败，败在王俊林的叛变和纵火；汉阳的失败，败在湖南民军擅自撤离前线，瓦解了军心；武昌难道会失败吗？加快进行战争的准备，武昌仍然大有可为。余瑞祥走出军政府，准备先查看敢死队的训练情况，然后去沿江一线视察。

一个下人正在军政府大门口等待着余瑞祥，要交给余瑞祥一封信，说是他去汉阳的时候，王俊林写给二少爷的信。

余瑞祥马上把父亲来到军政府与王俊林的信联系在一块了。看起来，是王俊林告诉父亲袁世凯的事情了。不过，在余瑞祥看来，事情还没有发展到那一步，也许会出现很大的变数。先不说孙中山还没有回国，他也不相信所有革命党人都愿意把中华民国交到袁世凯手上。眼下，他不愿意想得太多太远，蒋翊武已经向黎元洪都督提交了辞呈，他得做好准备，在北洋军队发动攻击的时候，竭尽全力把他们挡下来。

他打开了王俊林写来的信，只是朝上面扫了两眼，便一把将信件撕掉了，团成一团，扔在地上，告诉下人："如果再次去汉阳的话，转告王俊林，只要是战争一开，余某人绝不留情！"

说完，余瑞祥骑上战马，风驰电掣一般地跑向敢死队的训练场地。

标统已经把敢死队集结在南湖一带。工程营正利用船只和麻袋在宽阔的南湖水面上架设浮桥，以作渡江训练之用。赵璇滢带领妇女救护队帮助维持秩序。

看到余瑞祥精神抖擞地奔了过来，赵璇滢万分高兴，迎上前去，问道："军政府是不是已经做出决定，停火期满，立刻跟清军开战呀？"

余瑞祥说道："也许，在袁世凯跟革命党人讨价还价的时候，双方还会较量几个回合，但大规模的战争，恐怕已经打不起来。"

"一定要把用鲜血打出来的江山送给袁世凯吗？"赵璇滢愤恨地问。

余瑞祥沉默不语。这不需要他回答，他也回答不了。他只能告诉赵璇滢，王俊林给他写过信。王俊林在信上说，本来，只要清军一打过武昌，革命党立刻土崩瓦解。他很留恋他跟他们之间的交情，担心他们会在清军的攻击之下死于非命。现在好了，不仅停火了，而且他们很快会再度走到一块。他们仍然可以回到过去的时代，仍然是好朋友，仍然能在一起畅谈他们的理想他们的事业。

“他以为他是谁？我们现在还活着，竟然是他的恩赐了？真不知道天有多高地有多厚！实在狂妄至极！”赵璇滢骂道。

“王俊林不知道自己，很多革命党人也不知道自己。”余瑞祥说道，“但是，我们知道自己是谁，必须时刻保持清醒，要做好准备，一旦清军胆敢向武昌发动攻击，我们立即出兵，渡过长江，切断敌人的退路。”

“你想过没有，你这是在替那些只考虑政治问题的人充当炮灰。”赵璇滢说道，“我真没有想到，参加了革命党，竟然会是这样一种结果。”

余瑞祥苦笑道：“那些被困难吓倒的人实在不少，我无力唤醒他们彻底抛弃跟袁世凯联合的幻想，只能用我们自己的力量，来证明我们的存在，来证明革命党仍然有跟敌人战斗下去的勇气与资本。”

赵璇滢望着余瑞祥，叹息道：“我忽然想起了你父亲。他在多年前就识破了袁世凯的真面目，革命党人却对袁世凯充满幻想，真是太傻太天真了。”

余瑞祥眼帘浮现出父亲在军政府门口和会议室里破口大骂革命党人的情景，心里一阵苦笑。他本来以为可以向她倾诉自己看到的一切，谁知仅仅只是开了一个头，已经让赵璇滢对革命党的前景感到失望了，他不想继续告诉她负面的消息，免得她更加伤感、更加困惑、更加苦痛。她的快人快语，她的果敢，她的风风火火，她在战场上那股倔强劲，都让他感到温暖。现在，除了赵璇滢，他几乎没有可以倾诉的对象。但他不能再倾诉了，否则，赵璇滢会像自己一样感到孤立和无助。

赵璇滢察觉到他心里蕴藏了难以想象的痛苦，她很想替他分担。可是，她分担不了。她本来对这场革命充满希望，现在却感到非常别扭。她多么希望自己立刻脱离革命党，当回一个无忧无虑的人啊。可是，她知道，余瑞祥不会脱离革命党，她只能留在他身边，想办法帮助他安慰他，让他感到一些温暖。

沉默了好一会儿，赵璇滢说道：“一旦重开战火，我会跟随敢死队过江，亲眼见证他们一举攻占谌家矶，切断敌人的后路，让袁世凯尝到失败的滋味。”

“你是一团火，走到哪里，都会在哪里放射光芒。”余瑞祥露出了笑容，即刻精神大振作，说道，“也许，到了那个时候，革命党人会有另外一种考虑。袁世凯的如意算盘恐怕打不成了。”

“你这是在干什么？”赵璇滢笑道，“用你的手，试图力挽狂澜吗？”

“不仅仅是我，还有你，是用我们的手力挽狂澜。”余瑞祥说道，“为了建立我们所希望的中华民国，为了打破革命党人对袁世凯的幻想，我们只能前进，决不后退，只能胜利，决不能失败！”

赵璇滢心里荡漾着一股激情，默不做声，一直静静地望着他。

余瑞祥察觉到了，低下眉头看着她，心里流动着一种暖洋洋的情愫。他竭力把这种情愫压了下去，张了张嘴，想问赵璇滢在想什么。

赵璇滢迅速回过神来，说道：“其实，当你告诉我他们竟然准备让袁世凯当中华民国临时大总统的时候，我已经对中华民国不抱任何希望。我不是为了中华民国。我留下来，只是为了你。”

第十九章　谁主沉浮

袁世凯终于登上了中华民国临时大总统的宝座，余瑞祥心里好像打碎了五味瓶，酸甜苦辣咸各种滋味一齐翻滚不休。

回想起这段时间革命党人与袁世凯之间的纵横捭阖，以及革命党内部各派系之间的你争我斗，他实在厌烦极了，很想抽身归隐。可是，因为对革命党实现共和的理想仍然心存幻想，同时对袁世凯抱有很深的警惕，他只能隐忍不发，继续在革命队伍里待下去。

事实上，革命党人似乎并没有与袁世凯进行多少有分量的谈判，完全是在向袁世凯俯首投降！绝大多数革命党人认为没钱，也没有任何国家愿意给革命党提供实质帮助，买不来武器装备，招不到新的兵员，发不出军饷，乃至无法维持机构的运转，只能向袁世凯妥协，以求恢复汉人的江山。可是，余瑞祥仍然觉得，全国各地革命党人纷纷起事，清廷已经千疮百孔，摇摇欲坠，只要革命党人横下一条心，可以因为获得商界以及民众的支持，继续战斗下去，直到彻底推翻清朝统治。革命党人之所以向袁世凯妥协，是因为他们目光短浅，太看重个人的得失，放大了暂时的困难，夸大了敌人的力量，忽视了社会各界的支持。

孙武在南北和谈刚刚开始之际，专门跑去南京极力鼓动来自全国各地的革命党人推举他担任陆军部次长。结果，因为担任民军战时总司令时期在一系列问题上跟孙武意见相左，已经内定为陆军部部长的黄兴对孙武的要求根本不予理会。孙武碰了一鼻子灰，跑回武昌以后，一气之下，竟然以共进社为班底组织了一个民社，公然拉起了抗衡同盟会的大旗，并得到了黎元洪的支持。当初，孙武受伤，蒋翊武逃亡天门，刘公不知去向，革命党人仓促起事，并没有谁争着抢着要去当军政府都督，反而推举了屠杀革命党人的黎元洪出面维持大局。现在可好，革命尚未成功，孙武竟然为了谋一个职位，干出如此勾当！

唉，他们各怀肚肠，要是把这种自我盘算全部用到跟清军作战当中去，清军再多，有何惧哉?

江浙革命党人更不像话！为了造成革命中心转移到东南方向的事实，他们不惜无视原则，背着各省代表，竟然决定了建立中华民国的所有重大事项。

至于黎元洪，屈服于江浙革命党的意志，同意中华民国建都南京，自己成了有名无实的副总统，跟原来的传言大相径庭，于是，跟孙武一道，拉起了民社的旗帜，造成了革命党的重大分裂。这也罢了，你黎元洪既然已经跟孙武绑在同一辆战车上，就应该跟孙武好好合作下去。但在革命党人发出倒军务、倒孙武、倒黎元洪的呼声时，竟然为了稳固自己的职位，一句“我这个都督是给孙武当的”把祸水全部引到了孙武的头上，使得由一部分革命党人组成的群英会发动了针对孙武的暴动，黎元洪趁机镇压了群英会，又罢免了孙武的职务，甚至还绑架了蔡济民，把自己的亲信以及那些旧官僚安插在军政府重要岗位上。

再看一看中华民国政府各部长次长名单，武昌作为首义之区，只有黎元洪当上了有名无实的副总统，其他职位全部给了非首义人士，尤其令人惊愕的是，那些立宪派旧官僚竟然占了超出一半的席位。

无论如何，事情已经发生了，必然会出现相应的后果。余瑞祥很担心，尔后黎元洪、孙武还会做出什么事情来。

孙中山的威望无人可以替代。他一回到上海，各省代表立即选举他为临时大总统，正式确定在南京建立中华民国，国旗、国体一应重大事项均得以确认。这一点，令余瑞祥感到欢欣鼓舞。可是，袁世凯一看民国总统没有自己的份了，勃然大怒，立即命令清军对革命党发动攻击。

余瑞祥早有准备，一接到消息，立即命令敢死队从青山渡江，偷袭谌家矶，切断清军的退路，同时命令蛇山炮队轰击汉阳、汉口方向的清军。

行动迅速，出击果敢，敢死队很快夺取了谌家矶，并趁势向三道桥一线展开攻击。

余瑞祥接到报告，火速命令一个协的人马前去支援。

三道桥被民军拿下来了之后，冯国璋赶紧将王俊林部从汉阳抽调过来，向民军后背展开猛攻。

民军早就提防清军会来这一手，协助敢死队夺取三道桥以后，协统命令一部分人马预先在王俊林部的必经之路设下埋伏，挡住了该部。双方一直激战好几天，清军还是不能夺回已经失去的阵地。

迫使清军把注意力集中在刘家庙、谌家矶、三道桥一线上，余瑞祥命令部队收集船只，准备先行渡过长江，从玉带门、龙王庙一线登陆汉口，先解决汉口之敌，然后收拾汉阳的清军。

浮桥搭建起来了，命令已经下达，晚上十点整，部队即将准时渡江。这时候，中华民国临时大总统孙中山为现实所迫，答应把屁股还没有坐热的宝座让给袁世凯。袁世凯得偿所愿，立刻下达停火命令，革命党这边，下达了同样的命令。

余瑞祥怒火迅速蹿上脑门：“民军已经切断了清军的退路，占据了有利地位，不趁此时收回汉口，一举打垮敌人，振奋民心和军心，全力扫除清廷，还跟袁世凯订立什么协议！”

他火速赶到军政府，面见黎元洪，说道：“黎都督，卑职今夜渡江，定当一举收回汉口。一旦达成目的，清军必然胆寒，形势将会大变。”

黎元洪说道：“余副总司令的进取精神固然可嘉，但既然已经下达了停火命令，你大可不必妄生事端。”

“这不是妄生事端。袁世凯根本不可靠。我们不能因为遇到一些困难就把革命成果拱手交给袁世凯，那样会断送革命的。”余瑞祥吼叫道。

“余副总司令，请你不要用旧眼光看待袁世凯，好不好？比如我，一开始也是不支持革命党的，后来不是能够跟革命党人同生死共进退吗？只要袁世凯当上了中华民国临时大总统，他一定会遵守我们之间的协议。”黎元洪说道。

余瑞祥争辩道：“黎都督，袁世凯一向依靠出卖起家，怎么能够跟你相提并论呢？”

黎元洪摇了摇手，说道：“好啦，好啦，余副总司令，中华民国已经建立起来了，我们必须听从中华民国临时大总统的命令。”

“你不是副总统吗？将在外，君命有所不受。只要你发话，我听你的！”

黎元洪苦笑道：“我是副总统又怎么样？我能决定得了什么？我在湖北军政府，不在南京！”

余瑞祥仰天一声长叹，说道：“你们会把中华民国断送掉的！”

他怒气冲冲地跑出军政府。

已是傍晚，天空中下起了小雨，而且刮起了一阵阵北风。寒冷的北风好像一把把犀利无比的刀子，掀开了余瑞祥的衣服，凶猛地刺向了他的全身。他遍体鳞伤，苦不堪言。

余瑞祥悲愤满腔，仰起头，对着天空大叫：为什么革命党人这般懦弱？为什么革命党人这般幼稚？所有的困难，难道不应该自己克服吗？

一天，只要一天的工夫，湖北民军定会占领汉口！

为了这一天，余瑞祥已经筹划了很久，也准备了很久，眼看即将达成目的，一纸命令，果真能让他停手吗？兵法云：将在外，君命有所不受。自从蒋翊武被迫辞职，民军一直握在余瑞祥手里，中华民国临时大总统远在南京，他难道不能指挥人马连夜渡江、攻打汉口、造成既定事实吗？万一失败了呢？历史需要他承担责任，他决不推辞！

余瑞祥精神一抖，赶紧骑上战马，火速奔向前线指挥部。

倏忽之间，余瑞祥来到了前线指挥部，跳下战马，一阵旋风一样地刮进了指挥部，人还没有进去，声音就传进去了："命令各部队马上渡江！"

然而，没有任何动静。

他吃了一惊，大声吼叫道："传达我的命令！"

"余副总司令，你的命令没有办法传达下去了。"一个声音飘进了他耳朵，竟然是原护理总司令，军务部副部长蒋翊武。蒋翊武继续说，"黎都督太了解你的个性了，知道你会不顾一切地下达攻击命令，所以，命令我先赶过来阻止你。"

"蒋副部长，这是把清军赶出汉口的大好机会，难道你忍心让它白白溜走吗？"

蒋翊武说道："我对袁世凯没有好感，可是，临时大总统孙中山已经下达了停火的命令，作为下属，我们只能停火。"

"临时大总统不知道前线的局势，但我们知道。为了中华民国，为了革命党人的奋斗目标，我们还是打过长江去吧。"余瑞祥争辩道。

"全天下都希望我们停火，我们不能冒天下之大不韪。"蒋翊武顿了一下，补充道，"要不然，我们会受天下人的指责和唾弃。"

无法下达攻击命令，余瑞祥无计可施，神情落寞地走出了前线指挥部。

一切已成定局。只要袁世凯逼迫宣统皇帝退出龙庭，他就可以走马上任中华民国临时大总统。革命党人流血流汗打下来的江山，便会轻而易举地落到双手沾满革命党人鲜血的袁世凯手里。这跟余瑞祥当初的想象天差地别。唉，要是当初不掺和着起事，就不会置身这种叫人无可奈何的环境之下了。

"畜生，你有本事参加叛逆，为什么没有本事叛到底？"

是父亲的声音。余瑞祥下意识地抬起头，循着声音发出的方向望去，只见一个身影正走向自己。他分辨得出来，果然是父亲。从晃动的身影上看出，父亲走得很踉跄、很吃力。他很想赶上前去，扶住父亲，或者投到他的怀抱里，痛痛快快地大哭一场。然而，他还是站住了，一动不动地望着父亲走到了自己面前。

自从得知革命党人要跟袁世凯谈判以来，余昌泰一直密切留意局势的发展，并时刻希望通过自己的努力，破坏革命党人跟袁世凯之间达成妥协。可是，眼见得革命党人跟袁世凯打得越来越火热，而且革命党人的代表和袁世凯的代表已经在上海进行和谈，他心里明镜似的，自己再也不可能发挥多大的影响力了，唯有寄希望于革命党人能够认清袁世凯的真面目，下定决心，跟清军继续战斗下去。他一再向革命党人渲染袁世凯的劣迹以及自己对袁世凯做出的判断，但革命党人丝毫不理睬他。他非常失望，简直失望透顶。突然看到民军跟北洋军队打起来了，他无比欢喜，赶紧点上一炷香，庆祝老天保佑，袁世凯终于不能完全掌控局势。听说儿子亲自指挥，民军敢死队已经切断了清军的退路，他更加欢喜。在他看来，只要这两方面的人马继续打下去，清廷才有可延续下去的希望。他原来一直希望清军快一点消灭革命党人，现在却刚好相反，迫切希望革命党人快一点消灭清军，剪除袁世凯的党羽。

为此，革命党人取得的战绩，令余昌泰感到欣慰。他巴不得革命党人快一点渡江，没想到忽然听到一个可怕的传言：革命党人不可能继续跟袁世凯打下去了，孙中山和革命党人已经同意，让袁世凯当中华民国临时大总统，双方已经停火，正等着袁世凯威逼宣统皇帝退位。

余昌泰大哭特哭了一场，哭朝廷用错了人，哭张之洞在湖北埋下了革命党人叛逆的祸根。他觉得，革命党人并不是人人都一条心，余瑞祥一直想跟袁世凯打下去的，这一点还是像老子，把袁世凯这个人看得非常清楚。儿子现在肯定已经接到了停火的命令，要是自己跑去给儿子鼓鼓劲，儿子真的出兵渡江，那革命党人跟清军便只能继续打下去了。他一跃而起，脚下装了弹簧般朝外面弹射。

可把一家人吓了一跳。余瑞光赶紧阻拦，余老夫人也赶紧阻拦。

“我去找余瑞祥，只要他继续跟清军打下去，我还认他是我儿子。”余昌泰抛出一句话，人射了出去。

余老夫人和余瑞光一眼识破了余昌泰的心思：老头子哪里是想认回儿子，只不过是想破坏袁世凯跟革命党人之间的协议。战争打了两个多月，他们虽说既不参与战争，也不打听战争，但生活日益艰难，是不争的事实。他们和其他民众一样希望战争能停歇下来，很想劝阻老头子。但老头子飞走了。

还好，民军并没有完全放松战备。余昌泰暗自庆幸来得正是时候，一头撞进指挥部，却没有看到余瑞祥，只有蒋翊武气定神闲地坐在那儿。他想好了的一套说辞，在蒋翊武面前自然不管用。他气急败坏，转身便去找余瑞祥。

余昌泰把早已想好的说辞，像大炮一样瞄准儿子，凶猛地开火，试图一举征服他，让他俯首帖耳。这轮炮火威力十足，直把余瑞祥轰得木呆呆的，什么表情也没有。

儿子竟然呆头呆脑，完全换了一个人，余昌泰更加怒气冲天：“你没有一点骨气！将在外，君命有所不受，你为什么不率领人马打过长江去？只要你一打过去，北洋军队根本抵挡不了。你难道要把民军全部交到袁世凯手里吗？你怎么向那些死去的革命党人交代？”

余瑞祥望着父亲，仍然面无表情，一动不动。他当然知道父亲的用心跟自己完全不同，可是，他能说什么呢？他很想打袁世凯，但蒋翊武坐在指挥部，他无法下达命令。他只能眼睁睁地看到大好局势白白地糟蹋掉。

仿佛明白了儿子的处境，余昌泰仰天叹惜一声，说道："你即使不能率领人马渡江去攻打汉口，也应该去刘家庙帮助敢死队。"

余瑞祥眼睛一亮：是呀，敢死队只认自己的命令，而且，赵璇滢也在那儿。我只要一去刘家庙，毫无疑问，标统会继续发起进攻。战火根本没有办法停下来。可是，敢死队以一己之力，真的能跟清军相抗衡吗？

要敢死队承担违反停火命令的责任吗？在那里，有他最信任的标统，还有赵璇滢。余瑞祥想到这里，心里一阵疼痛。

迟疑了一阵子，他终于下定决心，连夜渡江，亲自去指挥敢死队，跟清军做最后一次较量。他赶紧离开父亲，准备去江边找寻船只渡江。

恰在这时候，蒋翊武急急忙忙地跑了过来。

"我们一块过江去，阻止敢死队继续跟清军作战。"蒋翊武说道。

余瑞祥心里咯噔一响，只要此人在，自己不可能指挥人马跟清军作战。他下意识地问道："怎么回事，敢死队还在进攻吗？"

"是的，敢死队仍在进攻。"蒋翊武顿了一下，接着说，"这个标统太胆大妄为了。违抗军令，是要杀头的！"

标统如果因此而被杀头，革命党又少了一条有血性的汉子，无论如何，得保住他。余瑞祥说道："也许，是赵璇滢突然袭击，控制了标统，标统不得不命令人马继续进攻的。"

"赵璇滢？"蒋翊武点头道，"确实，标统或许没有胆量违抗军令，但赵璇滢什么事都做得出来。"

"十四万人齐解甲，宁无一个是男儿！"余昌泰大声叫道，"你们身为男人，没有一个人敢跟北洋军队打下去，唯有赵璇滢这个女人，你们岂不感到羞愧？赵璇滢真是好样的！你们连一个女人都不如，还有脸去制止一个女人吗？"

蒋翊武不理睬余昌泰，只顾拉了余瑞祥一个劲地朝江边奔去。

两人带领一支小型卫队，登上一艘火轮，朝着对岸驶去。远处，闪烁着一团一团的火光，枪炮声不断地传到了他们的耳鼓。两人心态迥异，望着火光在夜空里摇曳，在夜空里不断地朝南方推进。

要是连夜发动渡江作战，敌人一定会很快被民军赶出汉口。余瑞祥心想，不由得更为革命党人在关键时刻放弃了大好机会而感到难过。

“你知道，我也不愿意跟袁世凯媾和。可是，临时大总统已经下达了停火命令，我们除了遵守之外别无选择。”蒋翊武顿了顿，又说，“要是袁世凯登上中华民国临时大总统的宝座以后，背信弃义，我一定不会跟他善罢甘休。”

这就是一心要推翻清廷的文学社社长！他的眼光跟其他革命党人一样短浅。他们难道不知道与其以后悔恨，不如现在跟袁世凯做最后的战斗吗？余瑞祥心里说道。

两人在龙王庙上了岸，在卫队的保护下，奔向战斗最激烈的地方。

那儿，一大片火光，把天空照耀得宛如白昼。但突然没有了枪声。人在老远，蒋翊武和余瑞祥都看到双方的阵地上，各挺立着一个人影。余瑞祥一眼认出了是赵璇滢和王俊林。

原来，敢死队切断了清军的退路之后，冯国璋不仅要指挥清军跟已经进入汉口的民军作战，而且担心民军会选择其他方向再度渡江攻击汉口，造成夹击清军的局势，便趁着战线初步稳定下来的局势，把王俊林的人马摆设在沿江一线，预备抵抗民军有可能再度发动的渡江作战。这时候，他们忽然接到命令：前线一律停火。冯国璋松了一口气，王俊林更是欣喜若狂。

虽说跟余瑞祥在战场上可以打得天昏地暗，谁也不会让着谁，可是，王俊林心里仍然记挂着他们曾经拥有的感情。现在，终于可以重叙旧情了，王俊林便幻想着再一次见到余瑞祥的时候，自己第一句话到底应该说什么。没想到，他接到消息，有队伍连夜向清军阵地展开了攻击。

民军竟然敢违抗停火协议，擅自向清军开火！清军已经放松了警惕，哪里是民军的对手？王俊林连忙集合部队，前来救援。他很快探明了民军的指挥位置，率领人马挡住了清军败退的狂潮以后，立即吆喝民军指挥官，质问他为什么要违反停火命令。没想到，赵璇滢竟然好像幽灵一样突然出现在他眼前。

“谁说停火了？这里还在打仗！”赵璇滢冷冷地说道。

“你一个妇女救护队队长，有什么权力指挥战斗？”王俊林大吃一惊，厉声责问道。

“我有权力指挥人马进攻吧？”

王俊林又听到了一个声音，循声望去，发现余瑞祥最欣赏的标统正与赵璇滢站在一起，马上明白过来，冷冷地呵斥道：“你违反停火命令，难道不怕杀头吗？”

“脑袋掉了碗大一个疤，有什么了不起的？不杀尽清军，我绝不罢手！”

赵璇滢不等标统说完，马上阻止了他：“王俊林，你以为革命党都愿意停火吗？我告诉你，不把袁世凯消灭掉，我永远不会停止战斗。”

老远听到了赵璇滢的声音，蒋翊武心里一急，打马飞快地冲到她面前，大声命令道：“赵队长，你不过是妇女救护队队长，无权指挥部队。标统，我命令你立刻停止攻击。”

赵璇滢瞥了他一眼，说道：“你已经不是总司令，没有权力下达命令。”

蒋翊武说：“我是黎元洪都督的特别代表，代表黎都督命令全体民军立刻停止攻击。”

“将在外，君命有所不受。机会就在眼前，不杀尽清军，不能收兵。”

蒋翊武、余瑞祥一块来到眼前，仗是不可能再打下去了，王俊林乐得在一边看好戏。他火上加油道：“我就知道，大嫂是一个天不怕地不怕的人，什么事都做得出来！”

赵璇滢愤怒地瞥了他一眼，命令道：“给我狠狠地打击敌人。”

“不许乱动！”蒋翊武跳下战马，挡在赵璇滢的面前，厉声呵斥道，“你超越职权，抢夺指挥权，违反军令，每一条都是死罪，怎敢继续放肆？”

余瑞祥跟着跳下了战马，站在蒋翊武的身边，一句话不说。

“不关赵队长的事，是我下命令继续进攻的。”标统挺身而出，站在蒋翊武面前，说道，“要处罚，我一个人担着！”

说罢，他举起手枪，对准自己的太阳穴，开了一枪。

“标统！”赵璇滢大叫一声，扑了过去，抱住他的尸体，大哭起来。

余瑞祥脸色突变，飞快地扑上前去，蹲下身体，凝视着标统血迹斑斑的脸，双手发抖，嘴唇不住翕动。

“你走开！”赵璇滢愤怒地说道，“标统为我而死，我要为他报仇！”

“结束了，一切都结束了！”余瑞祥叹息道，“你别再想着为标统报仇了，好好活着，就是对标统最好的报答！”

赵璇滢明白，余瑞祥早已看出她是为了标统，故意把进攻清军的责任揽在自己身上。标统是为了救她，才开枪自杀的。她望了一眼余瑞祥，再看看标统，禁不住放声大哭。

余瑞祥叹了一口气，缓缓地站起来。

王俊林嘿嘿一笑，走过来跟余瑞祥套交情："我说过，我们终究会走到一块来的嘛。你们看，我们都参加过首义，最后的确会把清朝皇帝赶下了台，都归于袁世凯大总统领导，这是天大的好事呀！我们谁都没有走错路，只不过是兄弟之间闹了一点小矛盾小误会。现在好了，一切都解决了。"

"你这个叛徒，亏你有脸说出这种话来！"赵璇滢轻轻放下标统的尸体，怒骂一声过后，命令敢死队，"为标统报仇，攻击敌人！"

敢死队一阵骚动，却没有执行她的命令。

赵璇滢急得直跳脚，怒目圆睁，瞪着余瑞祥，吼道："余瑞祥，标统是你的心腹爱将，难道你不想为他报仇吗？"

余瑞祥冷静地说道："标统已经死了，你要好好活着，不要胡来！"

"住口！你不想为标统报仇，就不要阻止我！"赵璇滢怒喝道，命令标统的卫兵，"标统就是死在他们手里，你们想报仇，就把他们抓起来！"卫兵稍一迟疑，一拥而上，将蒋翊武、余瑞祥捆了起来。

"赵璇滢，你知道你这是在干什么吗？"蒋翊武挣扎着，愤怒地吼叫道。

余瑞祥恨不得大赞一句干得好，但蒋翊武就在身边，他赞不出口，只有低垂着头，默不做声。

王俊林没想到赵璇滢竟然做出了如此吓人的举动，也惊呆了，赶紧准备退回去，但人已经来到了赵璇滢的面前，岂容他逃得了？几个士兵已经冲了上去，把王俊林抓住了。

赵璇滢冷笑道："我超越职权，抢夺指挥权，违反军令，每一条都是死罪，再多加一条死罪，无非一死，有什么可怕的？"

她喝令人马："先把他们都给我看住，等我把清狗全部消灭光了，再回来跟他们说话。"

赵璇滢虽说没有指挥过作战行动，但标统早已部署完毕。她现在只需分出一些人马看住蒋翊武、余瑞祥、王俊林，自己率领剩余民军，按照预定计划穷追猛打，朝敌人的阵地猛攻过去。

在出面跟民军指挥官相见之前，王俊林已经做出了妥当安排。他相信，民军的攻势很快会被已经反应过来的清军阻挡住。能够在这种情况下跟蒋翊武、余瑞祥相见，他感到不可思议，笑话道："想不到，我们都成了大嫂的俘虏。"

蒋翊武狠狠地瞪了他一眼，说道："王俊林，如果不是已经达成了停火协议，恐怕你现在说不出这种笑话了。”

余瑞祥心里既感到快慰，又感到沉重。他很想像赵璇滢那样，率领民军把清军打个落花流水，但是他知道，目前的情况，王俊林没有做好万全的准备，是不会出面的。何况，停火协议已经达成，赵璇滢即使率领民军暂时取得了一些胜利，真的能够迫使孙中山、黄兴、黎元洪等人做出新的选择吗？

想通这些问题，余瑞祥不仅后悔自己原先一直希望跟清军打下去，更后悔没有及时制止赵璇滢了。

王俊林没有理会蒋翊武，对余瑞祥说道：“我们都被大嫂抓住了，一家人嘛，无所谓丢脸不丢脸，连累蒋总司令也被抓住，你难道不觉得过意不去吗？”

余瑞祥痛恨王俊林给民军带来了巨大的损失，一声不吭，也不看他。

从今以后，会跟王俊林一样，听命于临时大总统袁世凯。多大的讽刺！从前的朋友，变成了敌人，现在又要走到一块去，一想到这个，余瑞祥感到说不出的别扭。

王俊林继续说道：“我很奇怪，我们好不容易见面了，你怎么不理睬我呢？你觉得我不如你，看不起我，是不是？我的确不如你，那又怎么样？我们不是都成了大嫂的俘虏吗？哪怕岳父大人跟你脱离了父子关系，我仍然认你是我舅子。岳父大人不是曾经解除过令妹和我之间的婚约吗？我一投靠清军，他立马收回成命，一旦建立中华民国，岳父大人感到清廷无望了，应该也会收回脱离父子关系的声明，我们就是一家人了。而且，大嫂还是大嫂。余大哥不会让大嫂离开他，至今还想着大嫂呢。是不是？我们都是一家人。”

余瑞祥一直闷头不说话，王俊林准备挑衅蒋翊武了：“蒋总司令也成了大嫂的俘虏，未免有点不妥。毕竟，蒋总司令跟我们不是一家人，是不是？”

蒋翊武冷冷地说道：“王俊林，你不说话，没人把你当哑巴。”

“我是大嫂的俘虏，心里痛快，怎能不说话呢？而且，你和余瑞祥也成了大嫂俘虏，说明在大嫂眼里，我们是一路人！”

蒋翊武冷笑道：“我们永远不是一路人。我永远鄙视你这个叛徒。”

“我们都是叛徒。”王俊林哈哈大笑道，“我们能再次走到一起，足以证明我们都是叛徒。难道你们不是叛徒吗？你们是！你们还不如我呢。我是叛徒，我承认；你们是叛徒，你们却不承认。”

余瑞祥再也忍不住了，厉声说道：“王俊林，你是革命党的叛徒，我们不是。我们走到一起，是因为我们已经推翻了清廷。”

“我也为推翻清廷出力了。”王俊林又是一阵哈哈大笑。

天快亮了，激烈的枪战声渐渐有些减弱。他们都知道这意味着什么，可是，谁都不提这个事，似乎都在刻意回避，刻意让自己置身事外似的。

一阵急促的马蹄声穿过了枪声组成的帷幕。王俊林停止说话，只见熹微之中，一大群人骑着战马风驰电掣般奔了过来。

人越来越近，被簇拥在正中间的赫然竟是黎元洪！

“胡闹，谁这么大的胆子，把你们都绑起来了？”黎元洪说道。

从他身边冲出了几个卫兵，准备为三人松绑。

王俊林挣扎着说道：“这是大嫂给我绑上的，我不需要你们松绑。要松绑，也得大嫂亲手为我松绑。”

余瑞祥冷笑道：“王俊林，别自作多情，换上我，早已一枪把你毙了。”

“我宁愿你枪毙我。”王俊林笑道。

黎元洪是来阻止敢死队继续跟清军继续作战的。

在赵璇滢喝令卫兵捆绑他们的时候，蒋翊武带来的一个卫兵偷偷逃走了，连夜乘坐火轮，回到武昌，向黎元洪报告。

黎元洪一直担心余瑞祥和敢死队不会遵守停火命令。余瑞祥受到蒋翊武控制，不能随意乱动，他很放心。但敢死队远在汉口，接连接到几次停火命令，都没有停止进攻，令他焦虑，他只有派遣蒋翊武、余瑞祥一块到汉口做工作。没想到，敢死队标统自杀后，赵璇滢竟然如此胆大妄为，不仅带领人马继续进攻北洋军队，而且捆绑了蒋翊武、余瑞祥，甚至连清军协统王俊林也给绑起来了。兹事体大，他不得不率领军政府要员过江来到汉口。

孙武去南京谋求出任陆军部次长遭拒以后，心怀怨恨，回到武昌，添油加醋地向黎元洪汇报了南京之行受到的羞辱。南京方面无视武昌首义之区的作用，置首义元勋的利益于不顾，黎元洪心生不满。在孙中山跟袁世凯展开和谈的时候，他公开站在袁世凯一边，并支持孙武等人组织民社，跟南京革命党人拉开了距离。如果仅仅为了执行孙中山、黄兴的停火命令，黎元洪或许还会有一些犹豫。但是，因为要投靠袁世凯，黎元洪不能不极力执行停火令。

他本来可以派遣孙武前来执行这项命令，可是，蒋翊武这个人太可恶了，不仅背地里敢指使孙武偷刻他的关防大印，而且经常跟他别苗头。他顺势把这趟差事交给蒋翊武，一旦蒋翊武不能阻止敢死队，他可以名正言顺地收拾蒋翊武。

蒋翊武果然无法劝阻赵璇滢，黎元洪心里大喜。不过，现在不是考虑怎么收拾蒋翊武的时候，最主要的任务是先让赵璇滢停止攻击。黎元洪思虑成熟，随即带领孙武和一大队人马，急切地奔向汉口来了。

卫兵已经为蒋翊武、余瑞祥、王俊林松了绑，黎元洪马上询问赵璇滢的去向。听了蒋翊武的回答，在众人的簇拥下，急急忙忙赶赴前沿阵地。

民军的攻击势头遭到遏制。赵璇滢一直站在最前沿，命令民军朝敌人展开攻击。就着渐渐升起的太阳，可以非常清楚地看到战场上尸骨累累。

孙武骑着战马，从黎元洪的身边迅速蹿了过去，挥舞着手枪，接连对着天空放了几枪，高声呵斥道："赵璇滢听令：立刻停止攻击！否则，军法无情。"

赵璇滢不理不睬，继续率领部队，朝敌人的阵地冲去。

孙武急切地拍打战马，旋风一样地冲了过去。清军的子弹击中了他的马，战马扑倒在地，把他狠狠地摔了下来。几个卫兵飞快地抢上前去，试图扶起他。孙武挣扎着站了起来，人已经站在赵璇滢当面，挡住了她的去路："赵璇滢听令，火速命令部队停止攻击。"

赵璇滢声嘶力竭地吼道："为什么不继续打下去？为什么要把革命党打下的江山送给袁世凯？为什么在作战的时候，你们不亲临一线，现在却跑出来指手画脚？"

"不要再问为什么，立即停止攻击，否则，军法无情！"孙武吼叫道。

赵璇滢猛然推开了孙武，要率领敢死队继续冲向敌人的阵地，但余瑞祥浑身落寞地站在了她的面前，硬生生地挡住了她的去路。他不能继续让赵璇滢跟孙武对抗下去了。黎元洪出面的那一刻，他已经意识到，战争已经结束。

"难道你真要阻止我为标统报仇吗？"赵璇滢浑身一颤，问道。

"是的。"余瑞祥说道，强压着即将夺眶而出的泪水，"无论过去发生过什么，一切都结束了。他们不再是清军，要不了多久，会变成中华民国的军队。"

"他们换一个马甲，就不再是清军了吗？"赵璇滢目不斜视，一直注视着余瑞祥。

余瑞祥心里难受极了，但尽量保持一副若无其事的神态。

赵璇滢心里微微发抖。她俨然已经看到了余瑞祥内心的痛苦，慢慢移开目光。她赫然发现，黎元洪、孙武、蒋翊武、蔡济民，几乎军政府里的头面人物都齐齐整整地环列在她面前。她张了张嘴，很想说些什么，忽然感到民军已经停止了攻击。静心听去，果然枪声炮声都听不见了。她感到有些窒息。她很想冲到黎元洪跟前去，大声质问这是为什么。可是，一触及余瑞祥落寞的表情，她把手枪朝天空一扔，泪水奔涌而出，回转身，一把推开了黎元洪，飞快地跑开了。

结束了，战争结束了。她是被人出卖了，还是革命已经取得成功？接下来她究竟应该怎么办？她的脑子乱极了，风不能让她清醒，也不能让她停止脚步。她只有继续不断地狂奔。

余瑞祥的心也碎了。他很想大喊大叫，很想像风一样从眼前这帮革命党人的面前消失，然而，他的脚好像被人用钉子牢牢地钉在了地上，不能动弹。他只能木头一样地站立着，没有意识，没有思维，什么都看不到，什么都听不到，整个世界是如此空旷而寂寥。

军政府的各位要员们全都嘘了一口气。

“战争终于结束了。中华民国很快就要建立起来了。”黎元洪说道。

“我们必将在袁世凯大总统的领导下，进入一个崭新的时代。”王俊林欢快地说道，“我们终究再次走到一块来了。”

他满脸笑容，打开双手，想跟在场的每个人来一个亲密拥抱，但几乎每一个人都冷冷地站在那儿，毫无表情，默默地拒绝了他。他们都不会忘记王俊林叛变之后给革命党带来的伤痛，都不能原谅王俊林的过去。但王俊林丝毫不觉得尴尬，依旧满脸笑容，对着余瑞祥说：“余世兄，我早就说过，我们仍然会走到一起的嘛。”

余瑞祥仿佛没有听见，仍然一动不动，眼睛看着虚空，似乎想从虚空中看出中华民国的前景，结果什么都没有看到。

自己要退出革命党吗？可是，退出了革命党以后，真的能找到一方净土吗？不，应该对袁世凯保持警惕，只有继续留在革命党里，才有资格知道袁世凯会采取什么样的行动。革命还没有成功，一场更大的风险就在前面，自己难道不应该为革命党保持一份力量吗？无论多么委屈，多么艰难，还是留在革命党里面吧，留下来，才有未来，否则，一切都是空幻的。其他那些革命党人呢？无论他们要表演什么，不必理睬他们，让他们尽情表演去吧，自己憎恶政治，憎恶向袁世凯摇尾乞怜，自己要保持正气，这是余瑞祥最后的底线。

第二十章 各怀心思

宣统皇帝被赶下龙椅，袁世凯在北京就任中华民国临时大总统，民军和北洋军队再也不需要厮杀了。王俊林心里非常高兴。局势一缓和下来，他便迫切希望跟余瑞祥重续过去的感情。

其他革命党人对他怀恨在心，王俊林感到无所谓，并不打算修复跟他们之间的关系。但跟余瑞祥的关系，不仅需要修复，而且还要比过去更加牢靠。他的确背叛过革命党，可是，那又怎么样？形势逼人嘛！纵观天下，谁不在背叛？袁世凯背叛清廷，得到了天下；革命党人背叛了他们的精神，换得天下安定。现实就是如此残酷，谁也左右不了，谁也不要把自己打扮得太高尚。

为了跟余瑞祥重续感情，王俊林的确很费了一些心思。可是，余瑞祥根本不领情，甚至不愿意跟他见面。他现在可是留驻汉口的原清军最高军事指挥官。很多人巴结他都来不及，但余瑞祥硬是令他一连吃了几次闭门羹。

王俊林虽说大权在握，但手还伸不到武昌那边去。因为武昌至今仍然掌握在那批革命党人手里。

他很识趣，不仅没有想过要去管武昌那边的事情，也没有想过要到武昌去跟革命党人拉关系套近乎。要说拉拢，他只要拉拢余瑞祥。在革命军里面，他觉得，唯有余瑞祥才是顶天立地的男子汉，值得他拉拢。黎元洪怎么样？孙武怎么样？不是在革命党人正跟袁世凯和谈期间，屁颠屁颠地跑到袁世凯那儿去抱大腿了吗？而且，他们还窝里斗，黎元洪亲手把孙武排挤出了军政府。他们觉得他们比自己高尚，比自己革命，事实上，他们甚至更卑鄙。

在余瑞祥那里碰了再多的壁，王俊林还是没有放弃。不过，他不能继续朝死胡同里钻，得改变策略，充当和事佬，把余府一家人重新捏合在一起，以此改善跟余瑞祥的关系。当然，他不仅只是希望改善与余瑞祥的关系，还有赵璇滢。老实说，他很有点佩服赵璇滢，如果她是男儿，他觉得，他跟她的关系绝不会下于余瑞祥。如何充当和事佬呢？这得首先要做通老人家的工作，让他们接受已经逐出门墙的子女。从哪里入手呢？先去武昌余府，准会碰上那些革命党人，而且也不方便，王俊林把第一站放在汉阳赵府。

清军攻占了汉阳以后，赵嘉勋重新坐上了知府的交椅，一番闪转腾挪，很快稳定了人心，初步恢复了汉阳民众的生活秩序。他鼓动民众和商户支持清军，以便打击革命党人，甚至准备把赵家榨油坊的收入全部交给清军，以作表率。

父亲一心要拯救濒临灭亡的朝廷，赵承彦管不了，但不愿意眼睁睁地看着父亲葬送赵家的全部产业。他找到许多理由来搪塞父亲，到最后能够给予清军的，也只不过是区区一千多两银子。

赵嘉勋时时刻刻盼望清军能够迅速收复武昌。没料到，忽然停火了。他心急如焚，立即面见冯国璋，说道："武昌现在一日数惊，一旦朝廷大军横渡长江，攻打武昌，一定会以摧枯拉朽之势，一举将叛逆全部消灭。冯总统正是建立不朽功勋的时候，为什么要停止攻击，让叛逆养成气候呢？"

没有一个将领不希望建立不朽的功勋，冯国璋尤其如此。在接到停火命令以后，他仍然率领清军跟民军交战了好几天。为此，袁世凯非常恼火，一连发了十几次措辞强硬的电报，迫使他不得不停止攻击。眼下，赵嘉勋的话听起来再入耳，冯国璋也只能无可奈何。

赵嘉勋火速向朝廷发出折子，精细地描绘民军受到惊吓、整个武昌处于一片混乱的现况，断定清军一旦渡江，必然会不费吹灰之力将叛逆全面消灭。可是，朝廷竟然没有丝毫回应。他毫不气馁，仍然一天一道折子发往北京。过了一段时间，冯国璋代表袁世凯前来训斥他。

这时候，赵嘉勋耳边响起了世交余昌泰所说的话，醒悟过来：袁世凯果然不是一个好东西，竟然养寇自重！

赵嘉勋再次向朝廷发了一道折子，直接点出袁世凯在利用革命党跟清军交战来获取自己的利益，不可能真正为朝廷出力，希望朝廷砍掉袁世凯的脑袋，任用干臣，前来镇压革命党，以力挽狂澜。

他知道折子会落到袁世凯手里，发出去之后，整天坐在知府衙门，等待袁世凯派人前来取他的首级。首级还在，他却听到了一个石破天惊的消息：袁世凯已经跟革命党人达成了协议，即将逼迫宣统退位，当上中华民国临时大总统了。

赵嘉勋心灰意冷，绝望极了，整天躲在府上，再也不愿意出门。

那一天终于来临，赵嘉勋没有叹息，没有眼泪，没有任何意识。

他继续把自己幽禁在府上，虽说沉默不语，但无法心如止水，几乎每一天，家里的事情，朝廷的事情，一一在眼前闪现，令他心烦意乱。

"世界已经无可留恋，还是遁入空门吧。也许，只有那儿，才是理想的安身立命之地。"一个声音在内心强烈地引导他，让他情不自禁地走出了赵府，径直朝归元寺走去。

王俊林到达赵府的时候，赵嘉勋已经出了门。赵承彦正要跟着父亲，恰好碰到王俊林进门，不得不打消了那个念头。

这段时间，父亲一直精神恍惚，赵承彦生怕父亲会出什么事情，不敢远离家门，总是在暗中观察父亲。赵承博却快活极了，不打仗了，可以想去哪里就去哪里，想干什么就干什么，家里难以看到他的踪影。

王俊林询问赵世伯怎么样了。赵承彦一声叹息："父亲一直不肯说话，刚刚才出门。"

王俊林问道："他到哪里去了？"

赵承彦已经派了一个下人远远地跟着父亲。可是，下人还没有回来报告消息，他回答不了。

因为赵嘉勋一直不言不语，府上没人敢大声说一句话，异常沉闷。一听说王俊林来了，周莹莹与李香香欣慰万分，愣是忘了她们是怎么对待王芝英的，赶紧出来相见，你一言我一语，把赵嘉勋乖张的行为说了一遍。

王俊林说道："我这次来，是想劝赵世伯想开一些，中华民国已经成立了，不可能再回到清朝，总是生活在清朝的影子里，有什么用呢？只会害了自己。眼睛长在前面，是要向前看的，生活也是需要向前的，家里总是死气沉沉，怎么行呢？应该恢复到从前的状况嘛。"

"谁说不是呢？"周莹莹说道，"可是，老爷就是想不通。唉，我可怜的女儿。"

"伯母放心，我会劝说世伯跟赵璇滢骨肉团圆的。"王俊林说道。

下人回来报告，说老爷正朝归元寺走去。老爷这是要干什么？出家吗？老爷可万万不能出家，老爷一出家，赵府的天就塌了。

王俊林跟赵承彦一道出了赵府，朝归元寺方向奔去。

一路上，放眼望去，到处都是被战火摧毁的凄凉景象：被炮火拦腰切断或者打断枝丫的大树，在寒风中瑟瑟发抖；被击毁的房屋，有的全部倒塌，成为瓦砾，有的倒了一半，伸出残破的躯体。归元寺只剩下老藏经阁、大雄宝殿、罗汉堂等几个地方茕茕孑立。离归元寺越来越近，王俊林没来由地感到浑身一阵冰凉，情不自禁地准备打马回去。但是看到赵承彦着急的样子，他强打精神，继续前进，和赵承彦一道急匆匆地奔向大雄宝殿。

赵嘉勋跪在那儿。归元寺新任方丈双手合十，打坐在蒲团上。

"赵施主，请恕老衲不能接受你。"方丈说，"归元寺在战火中已经焚烧殆尽，赵施主堂堂一代知府，这里真的不适合你。"

“弟子看破尘事，诚心遁入空门，烦请大师收留。”赵嘉勋恳求道。

“阿弥陀佛。赵施主，真的很抱歉，归元寺确实不适合你。如果赵施主真的看破尘事，只要心在寺庙，哪里都是寺庙，何必一定要到归元寺呢？”方丈说道。

赵嘉勋轻轻地叹息一声，说道：“多谢大师指点。”

他缓缓地转过身来，朝王俊林、赵承彦等人瞥了一眼，宛如没有看见他们一样，低首走了出去。

“父亲。”赵承彦喊道，很想追赶上前去。

王俊林一下子把他拉住了。两人跟在赵嘉勋身后，让卫兵们牵着马匹，一道缓缓地走出大雄宝殿。

赵嘉勋围绕归元寺转了一圈。昔日善男信女麇聚的情景再也看不见了，破败的房子，残缺的树木，坑坑洼洼的地面，一堆堆的瓦砾，在冷风中低声饮泣，一切都显得那么萧条。战火摧毁了归元寺，也摧毁了他的理想，摧毁了世间美好的一切。他缓缓地仰起头。

终于，赵嘉勋走回了赵府，径直去了书房，门敞开着，双手合十，打坐在地面上，一动不动。他很想静下心来，眼帘却不断浮现出归元寺被战火焚烧之后的惨状。他的内心一阵悲痛。“值得打这场战争吗？革命党人得到了什么？清廷得到了什么？最后的赢家是袁世凯。难道清廷和革命党人之间的战争，是为了帮助袁世凯取得天下吗？”这些问题在他心里翻滚不休，令他无法安宁。

既然已经决定遁入空门，为什么还要为这些尘世中的事情黯然神伤呢？方丈不愿意接纳他，是他对归元寺伤害太深，是他不能完全静下心来一心向佛吗？他问自己。但是，他无法回答。他明显地感到有人走进来。赵嘉勋不想知道他是谁，连眼皮都没有抬一下，仍然静静地坐着。

“世伯。”王俊林的声音钻入他的耳鼓，赵嘉勋仍然没有动静。

王俊林继续说道：“其实，你已经尽力了，大可不必内疚。战争停止了，中华民国已经成立起来了，这是无可更改的事实。你可以不做袁世凯的官员，可以对袁世凯不满，可是，你总得需要一个温暖的家吧？你的女儿，赵璇滢也希望回到你的身边。一切都该回到原点了。”

赵嘉勋依旧不看他，心里又翻滚起来。家庭值得留恋吗？女儿值得留恋吗？是女儿这些革命党人把大清江山断送了，他早已不认女儿了。周莹莹、李香香又是那么歹毒，虐待赵承彦和他的母亲，逼疯王芝英。赵承彦和他母亲又太软弱，小儿子玩世不恭，对什么都不放在心上。乱，整个赵府怎一个乱字了得!

“世伯，赵璇滢很想回来看望你。”王俊林继续说，“你觉得她不守妇道，败坏了门风，再也不打算认她，是吗？不，余府不是真的休了她，而是想用这个办法逼迫她退出革命党。现在，余府一定会重新接纳她。”

可是，这些话还是像一阵风一样从赵嘉勋的耳边吹过，引不起一点响动。

王俊林劝了好一会儿，都不会得到回答，只有静静地退了出去。赵府上下全部聚集在堂屋里，一见王俊林垂头丧气地出来了，知道没有起作用。周莹莹、李香香立即冲进书房，一把鼻涕一把眼泪，劝说赵嘉勋打消出家的念头。赵嘉勋好像入定的老僧，任由她们哭闹个不停，丝毫不为所动。

赵承博回到府上，知道了事情的始末，忍不住冲了进去，说道：“父亲，你觉得这样做好玩吗？你要是觉得好玩，我陪着你一块玩就是。”

说完，他一屁股坐在地上，双手合十，嘴巴里叨絮不休，一会儿说这，一会儿说那，当然不是念佛诵经。

赵嘉勋依旧保持原样，似乎除了菩提子，没有任何东西能够唤醒他。

一家人合计片刻，不得不把赵承彦和他母亲推去书房。赵承彦和母亲站在赵嘉勋的两边，默然肃静。刘芳芳的眼泪在缓缓地流淌，赵承彦心里悲伤不已。

赵嘉勋抬起眼睛，看到了大儿子，看到了赵刘氏，心头禁不住一阵颤动。他翕动着嘴唇，很想对大儿子和赵刘氏说些什么，但临了把嘴巴闭得严严实实。

周莹莹、李香香见书房里一直没有动静，按捺不住，又一齐拥进去，什么话都敢说，什么招数都敢使。

赵府乱成了一锅粥，王俊林再也待不下去了，想了想，决计硬着头皮到余府看一看余昌泰的反应。

余昌泰同样一言不发，静静地坐在书房里，不准任何人进去打扰他。阖府上下处在异常低沉的气氛里。

没能煽动民军与北洋军队重开战火，余昌泰清醒地认识到，清廷马上要完蛋了，心里万分悲伤。他虽没有从清廷得到什么好处，但士大夫忠君思想在头脑里根深蒂固，容不得任何人反叛朝廷，更对袁世凯保持深深的警惕和戒心。最终，袁世凯还是要登上中华民国临时大总统的宝座。余昌泰无力回天，只有向袁世凯发出了最后一封信，痛骂袁世凯翻手为云覆手为雨，预言袁世凯背叛了维新变法、背叛了朝廷，最后一定会背叛中华民国，然后静静地等待袁世凯派人来砍他的脑袋。

现在的天下，虽说已经换上中华民国的招牌，倡导五族共和，可是余昌泰相信，跟清廷相比，无非是换上汉人坐上了皇帝的龙椅，其他什么都没有改变。在袁世凯的治下，他不可能活得自由自在。即使袁世凯不来杀他，他也要闭上嘴巴以此向袁世凯实施无言的控诉。如果说他心里还有什么愿望的话，那就是他很想看到宣统重新坐上龙椅。

余昌泰一横下心肠，就再也没有说过一句话。不论是夫人还是儿子，谁都不可能让他说出一句话。

父亲如此行为荒诞，余瑞光实在感到难以理解。中华民国已经成立了，袁世凯已经当上了中华民国临时大总统，父亲怎么还这样固执呢？他很想劝说父亲，可父亲并不理睬他。

经历过炼狱般的日子，余瑞光早已心力交瘁。不论社会发生了怎样的改变，他觉得应该首先结束战争给自己和家庭带来的痛苦，缝合因战争造成的家庭分裂。在内心，他不仅跟余瑞祥的兄弟之情从来没有断过，对赵璇滢的感情也没有丝毫改变。他见到了余瑞祥和赵璇滢，把父亲的现状和自己的想法都告诉他们。余瑞祥一笑置之，赵璇滢却好像那一纸休书已经彻底断绝了他与她之间曾经的夫妻关系，对他不可能再兴出情感的波澜。余瑞光没有想到，一场战争，让昔日的一家人如此隔膜，两手空空地回到余府。

王俊林登门拜访，余瑞光宛如抓住了一根救命稻草："你来得正好，余府现在确实需要你。"

王俊林倒是很体贴他，顾不上跟他寒暄，立刻去见余昌泰。

因为有过在赵嘉勋面前碰壁的经历，王俊林知道，不能直接劝说，只能先转移老人家的注意力。他说："世伯，我母亲想要有一个人陪伴她。我想征求世伯的意见，什么时候能跟雅芳成亲。"

余昌泰瞥了他一眼，不做声。

又是一个不说话的！王俊林心里说道。他接连改变了好几种说法，都不能令余昌泰做声，不得不败退而归。

他实在感到不可思议：清廷到底有什么好，会让两个老人变成这副模样呢？怎么，想做当代的伯夷、叔齐吗？可你们并非君主后裔，一个不过是知府，另一个是名士，无论如何，身份差了十万八千里，根本当不了伯夷、叔齐。

王俊林在心里发了一通牢骚，先不管能不能跟余瑞祥、赵璇滢恢复到原来的友情，把余府和赵府发生的一切都告诉他们再说。

余瑞祥一直不想见王俊林，王俊林把余瑞祥堵在了办公室里。

“我知道，你还在责怪我。何必呢？无论原来谁对谁错，都不重要，现在，我们重新处在一个阵营里了。”王俊林说道。

“对我来说，我们并没有真正走在一块。”余瑞祥冷冷地说道。

“你为什么一定要这样？我们回到从前不是挺好吗？”王俊林问道，忘掉了此行的目的。

“我早已忘掉了我们之间的事情。”余瑞祥仍然冷冰冰的。

“那么，你没有理由这么对待我。”

“难道你没有接到袁世凯的裁军令吗？”余瑞祥说道，“哦，我差点忘了，你早已投靠袁世凯，你手下的人马都是他给的。他不会割掉自己身上的肉，你当然不会接到这样的命令。袁世凯要我们把军队全部裁撤掉。你知道他玩的是什么把戏吗？”

王俊林说道：“仗打完了，当然要裁撤军队。不然，要那么多军队干什么？”

“他是想趁机瓦解革命党的力量，好为所欲为！”

“你错了。他是中华民国临时大总统，所有的军队都属他管辖，他还会分彼此吗？”王俊林似乎很不解地说道。

“这就是你我的区别。或许，我们永远不可能再走到一块。”余瑞祥冷笑道。

“即使袁大总统命令你们裁撤军队，是有自己的盘算，那又怎么样？他是中华民国临时大总统，他有权这么做。”

“革命党内部，有很多人跟你的想法一样。黄兴也正在按照袁世凯的命令裁撤部队。可是，我看得很清楚，袁世凯一定会实施独裁。革命党的军队继续存在，对袁世凯是一种牵制。我们一直在抵制裁军命令。”

王俊林心想：难怪余瑞光把余府发生的变故告诉余瑞祥时，余瑞祥不为所动，原来余瑞祥正在做这件事。

他很想劝说余瑞祥不要继续跟袁世凯对抗下去，又深知余瑞祥不会改变心意，只有不劝了。他想起了自己此行的目的，说道：“我们其实不必过问政治。现在，余世伯不说一句话，你应该回去看一看他。赵世伯在家里修行，赵璇滢也应该回去看一看。”

余瑞祥哈哈大笑道：“我们都知道。我们都感到很欣慰。毕竟，他们看穿了袁世凯的为人。我们非常佩服他们。”

“不，他们是因为清廷灭亡而心如死灰。”王俊林说。

“当然，也有这种因素。关键是他们都能看出袁世凯的为人，他们反对革命党，革命党人也会敬重他们。他们要是知道我和赵璇滢正在竭力抵制袁世凯的裁军命令，他们一定会高兴。”

王俊林尴尬地笑了一笑，说道：“我们打赌，看一看他们听了你做的这些事情后会不会说话。”

余瑞祥轻蔑一笑，再也不做声了。

战争结束以后，余瑞祥一样希望重新审视与王俊林的关系，看能否重续二人过去的友谊。仅仅跟王俊林谈了几句话，他已经清楚，王俊林顾忌的仍然是他个人的权力与得失，跟自己完全不是一路人。不是一家人不进一家门，不是一路人还能有友情吗？

王俊林得不到回答，心里急躁，说道：“怎么着，难道你感到害怕了吗？”

“你不觉得你一直在浪费时间吗？”突然，一个女人的声音传入了王俊林的耳鼓。

王俊林赫然发现赵璇滢已经站在他的身边了，赶紧露出笑脸，说道：“大嫂，我正要找你，你倒自己来了。”

赵璇滢说道：“念在我们是世交的关系上，我告诉你，如果你真的想让我们看得起你，你必须先认识到自己的错误，再也不要是非不分了。”

“我错了吗？我是非不分了吗？没有嘛！我们不是又走到一块来了吗？”

“你还是走吧。我们话不投机，你再说什么，我也不要听了。”赵璇滢挥动手臂，仿佛驱赶苍蝇。

赵璇滢愤然跑回武昌之后，很想离开所有曾经跟自己一道出生入死的同伴，躲到一个安静的地方去，什么也不要管、什么也不要问，但心里仍然惦记着余瑞祥，不能不强压下内心的冲动，等待着余瑞祥作出最后的决定。无论余瑞祥怎么做，她都会听从他、追随他。她不再有理想，唯有余瑞祥才是她的依靠。她只会惟余瑞祥马首是瞻。余瑞祥觉得应该继续在队伍里待下去，她就在队伍里待下去。

她确实犯下了许多足以致死的大罪，但她在民军中享有无可替代的名声，军政府仅仅在口头上严厉批评了她，把一切错误推到已经自杀的标统身上。

赵璇滢听说袁世凯下达了裁军令，军政府都督黎元洪等人都准备执行这项命令，只有余瑞祥、军务部副部长张振武等少数几个将领坚决反对。她管不了别人，只要余瑞祥反对，她一定要反对。

她心中的怒火点燃了，什么也不顾，跑到黎元洪面前，指责道：“你想让革命党人全部伸出脑袋，让袁世凯一个一个地砍下去吗？告诉你，你糊涂，我们可不糊涂，只要我们不同意，你就不能这么做！”

“你一个妇女救护队队长掺和这些事干什么？”黎元洪心头蹿起一团火。

“我是革命党！革命党的事，我都要参与！”赵璇滢理直气壮。

一句话把黎元洪逼到了墙角。黎元洪不能不费尽心机，试图软化这些革命党人的态度，然而，这些人竟然铁石心肠。迫不得已，黎元洪决心搬开这些绊脚石！这些人在民军当中享有很高的威信，要铲除他们，必须经过一番仔细的部署，要不然，引发了革命党人的怒火，麻烦将会没完没了。想来想去，黎元洪决定先借助袁世凯的手除掉余瑞祥，以震慑其他革命党人，自己手上还不沾一点鲜血。

于是，黎元洪向袁世凯发了一封密电，向他诉说了武昌实现裁军令的困难，并请求袁世凯将余瑞祥调往北京任用，好在路上予以暗杀。

余瑞祥是余昌泰的二儿子。先前，余昌泰一直劝说朝廷杀掉袁世凯。袁世凯明明掌握了整个大清江山，余昌泰还敢继续鼓吹朝廷砍掉他的脑袋。朝廷要能砍掉他袁世凯的脑袋，怎么可能让他复出？遑论把权力交到他手里了！一代名士，狗屁，蠢材！要不是余昌泰已经老了，不中用了，袁世凯准会要他的命。余瑞祥大有乃父的风骨，在革命党人跟袁世凯达成停火协议的时候，还想激起革命党人对北洋军队的仇恨。现在，余瑞祥竟然敢抵抗裁军令，不新账、老账一块算，不拧下他的脑袋，他恐怕会跟他老子余昌泰一样更不知死活，一直跟袁某人作对。

袁世凯准备以提升余瑞祥当陆军部次长的名义，邀请他前来北京就职，在路上设下埋伏。不过，袁世凯不能承担暗杀余瑞祥的责任，一旦余瑞祥动身了，快要抵达北京，他便将黎元洪的计划泄露出去，让黎元洪承担谋杀首义英雄的罪责。

袁世凯与黎元洪各怀鬼胎，达成了谋害余瑞祥的秘密协定：由袁世凯在北京发布命令，黎元洪这边催促余瑞祥起行。

赵璇滢正要轰走王俊林的当口，黎元洪出现在他们面前。

在成立中华民国以及中华民国人事安排等事项方面没有捞到好处，黎元洪对孙中山、黄兴等革命党主要领袖心怀不满，完全站在袁世凯一边。对袁世凯信任的人，黎元洪自然不会太怠慢。

“黎副总统。”王俊林毕恭毕敬地喊道。

黎元洪向王俊林伸出了手，笑道：“王协统什么时候到军政府来的？”

“我不会耽误副总统的大事吧？”王俊林说道。他当然清楚，黎元洪不会无缘无故地来到余瑞祥的办公室，也绝不是为了见自己，他有这个自知之明。

黎元洪笑道：“你在这里也无妨。是一件值得高兴的事情。袁大总统任命余瑞祥同志为陆军部次长，请余同志即日赴北京就职。”

“这确是一件可喜可贺的事情。”王俊林说道，“我听说，孙武跑到南京，也没有从黄兴手里要到陆军部次长的位置，余世兄轻而易举地得到了袁大总统的垂青。由此可见，袁大总统对余世兄恩深似海。”

余瑞祥意识到，一定是袁世凯要把自己调离武昌，然后推行裁军令。

他冷冷地说道：“无功不受禄，余某自愧不能胜任次长一职，请副总统向总统传达我的谢意。”

“你是武昌首义临时总指挥，你当陆军次长是实至名归的呀。”王俊林赶紧劝说道。

“只怕是次长没当上，大好头颅已经被人砍掉了。”赵璇滢冷笑道。

黎元洪一听，深感震惊，人坐在那儿，脑袋嗡嗡直叫，毕竟反应很快，说道：“已是中华民国了，你们可不能随便猜忌袁大总统。袁大总统明明是论功行赏，你们却以小人之心度君子之腹，实在很不像话。再说，命令已经下达，你们还是革命党人，应该服从命令嘛。”

“王俊林的功劳更大，要论功行赏，首先应该是他。”赵璇滢说道。

这样一来，不仅王俊林感到难堪，黎元洪也有些下不了台。黎元洪知道，将余瑞祥调离武昌在途中予以暗杀的计策失效了。得想法拿其他人开刀，杀鸡吓猴，令余瑞祥胆寒。

黎元洪站起身，说道：“既然余副总司令不想去北京就职，我可以把你的意见转达给袁大总统。可是，你想一想，你应该去哪里呢？”

这是赤裸裸的威胁！余瑞祥不觉对黎元洪生出同情怜悯之心。难道黎元洪真的不知道，袁世凯很嫉恨革命党人吗？难道黎元洪真的不知道，袁世凯是在利用革命党人的软弱以及革命党人之间互不买账，来达成他自己不可告人的目的吗？难道黎元洪没有好好想一想，等袁世凯利用完了他，他会得到什么样的下场吗？

一切的一切，都在袁世凯和黎元洪联起手来的时候，都在革命党人纷扰不休的时候，注定了。余瑞祥只有离开。

他站起身，说道：“副总统请稍等，余某有几句话想说。”

黎元洪以为余瑞祥回心转意，要去北京就职，果然站住了，脸上露出一抹难以察觉的微笑。

“我不会让副总统为难。我在这里，已经没有什么事情可做了。从现在起，我正式离开军政府，不再担任任何职务。”

不仅黎元洪大吃一惊，赵璇滢和王俊林一样吃惊不小。

赵璇滢虽说知道余瑞祥迟早会走出这一步，却没料到这一步走得竟然如此之快，如此之仓促。但是，她依旧理解余瑞祥。余瑞祥决定离开军政府了，她还有什么留恋的呢？她随即说道："没仗可打，部队要裁撤，妇女救护队派不上用场，早该解散了。我现在解散妇女救护队，副总统应该给我什么奖励呢？"

"你们这是干什么呀？"王俊林问道。

黎元洪动了动嘴巴，没吐出一个字。

余瑞祥看了一眼赵璇滢，面向黎元洪说道："黎副总统，我们都曾经是革命党人，都曾经为建立中华民国做过一些事情。我们在很多方面都不能达成一致，但是，毕竟是我们革命党人内部的事情。余某今日请辞，你可能会感到大松一口气，不过，你的日子也不见得会好过。前路不堪设想，自剪羽翼，等于砍断了自己的臂膀，请你好自为之。"

说完，不等黎元洪回答，余瑞祥急匆匆地离开了。

王俊林赶紧喊他追他。赵璇滢什么都不说，立即追了过去。余瑞祥跑得很快，赵璇滢、王俊林差一点追不上他。这时候，余瑞祥突然碰见了蔡济民。

蔡济民一样接到了袁世凯的最新任命。他对袁世凯同样心怀警惕，不愿意就职，也向军政府提出了辞呈，离别之前，很想跟余瑞祥话别。他拦住了余瑞祥："余副总司令，你要去干什么？"

余瑞祥停住脚步，微笑道："我接到了新命令，想赶紧去就职呀。"

"你也接到了新命令吗？"蔡济民惊讶地问道。很快，他明白过来了，说道，"我接到了新命令，余副总司令当然不可能不接到新命令。好的，我们一块去履新吧。"

余瑞祥哈哈大笑道："好的，我们一块去履新吧！"

"还有我，我跟你们一块去履新吧！"赵璇滢赶上前来，说道。

王俊林明白他们的意思。他们在接到提拔命令以后，都离开了军政府。难道袁大总统不是论功行赏，是要向他们动手吗？王俊林不愿意相信这一点。自己不也曾经是革命党人吗？投靠了清军以后，一直得到了袁世凯的重用嘛。他很想责怪他们太多疑了，可是，责怪有什么用呢？他们已经决绝地离开了。

余瑞祥、赵璇滢、蔡济民、王俊林一道出了军政府，来到了阅马场。

他们的眼帘，依稀飘荡着起事时的情景，一个个心潮澎湃，情不自禁地沿着阅马场一连走了好几圈。他们不知道到底应该说些什么，于是谁都不说话，直到天快黑下来，不约而同地停下脚步。

蔡济民伸出双手，紧紧地握着余瑞祥的手，说道："珍重！"

"珍重！"余瑞祥一样紧紧地握着蔡济民的手，眼睛里透射出坚毅和执着。

蔡济民抽回了自己的手，转瞬之间，消失在黑夜里。

静静地望着蔡济民被黑夜吞没，余瑞祥收回头，只见东方隐隐浮现了一抹亮光，心头一阵激荡，重重地嘘了一口气，说道："结束了，过去的一切都已经结束了，新的生活即将开始。"

赵璇滢说道："那一定更美好。不管你走到哪里，我都跟着你。"

余瑞祥浑身一颤。王俊林也惊讶极了。他们都巴望着赵璇滢能跟余瑞光复合，但她竟然说出这种话来了，岂不是公开向余瑞祥表达爱意吗？

余瑞祥其实已经打心眼里喜欢上了赵璇滢。可是，赵璇滢是他的亲嫂子，哪怕哥哥已经写了休书，她也是他的亲嫂子。他不得不把自己对她的好感压在心间，说道："不，你应该回去。"

"你觉得，我还能回到过去吗？"赵璇滢问道，眼睛里闪烁着炽烈的光芒。

是啊，经历过如此之多的事情以后，一切都变样了，他们还能回到过去吗？不可能了！过去的一切已经被打烂了，好像一只漂亮的瓷器，打烂了，永远修复不了，只能塑造另一只崭新的瓷器。余瑞祥理智地避开赵璇滢的目光，不愿意回答，也不能回答。

王俊林说道："能，我们都能回到过去。我看过赵世伯，也看过余世伯，他们都希望你们回去。"

余瑞祥和赵璇滢相互打量了一眼，情不自禁地哈哈大笑起来。

王俊林知道自己的谎言被他们识破了，颇有点不好意思，说道："其实，赵府和余府现在的情形都很混乱。你们已经离开了军政府，回去府上，无论对你们自己还是对你们的亲人，都是一种安慰。"

余瑞祥说道："你不是跟我打过赌吗？你现在可以去余府看一看，我父亲会是怎样一种态度。"

说完，不等王俊林和赵璇滢有所反应，余瑞祥拔脚就跑。

赵璇滢稍一错愕，随即大叫道："余瑞祥，你不能丢下我！"

话音还没有落地，人便像风一样追了过去。

难道真的回不去从前吗？难道自己真的错了吗？难道真的不能跟他们好好相处吗？王俊林脑子里接连闪出了好几个疑问。他回答不了，慢慢地朝前面走去，也不知道走了多久，已经太累了，定睛一看，鬼差神使，余府赫然在目。

他想起了余瑞祥的话，决定把余瑞祥、赵璇滢已经离开军政府的消息告诉给余昌泰，看看他究竟是什么反应。

余瑞光愁眉苦脸地坐在堂屋里，看到王俊林进来了，懒得动一下。

王俊林忍不住想把赵璇滢可能喜欢上余瑞祥的消息告诉他，话到嘴边又缩了回来，故作轻松地问道："世兄，看你愁眉不展的样子，是不是纱厂出现了什么问题？"

余瑞光说道："厂子能有什么问题呢？"

"那你是为府上的事情担忧了。"王俊林说道，"世兄，世伯不愿意开口说话，余府一团暮气，你要是不振作，不把整个家族的责任扛起来，余府还有什么希望？"

余瑞光浑身一颤，望着王俊林，张了一下嘴，又闭上了。

王俊林在他肩头轻轻地拍了几下，走进了余昌泰的书房。余昌泰正襟危坐在一把椅子上，面无表情。

王俊林说道："世伯，我刚才看到了余瑞祥和赵璇滢。他们已经离开了军政府。因为袁大总统要调余瑞祥去北京任职，他说袁大总统有阴谋。"

余昌泰瞥了他一眼，脸上有了些许笑意。

王俊林从他的目光中，一下子捕捉出了一种微妙的情感。余昌泰是欣赏余瑞祥的。这是什么样的父子呀！脱离了父子关系，彼此再也不愿意相见，却又都欣赏对方，理解对方。他想到自己的父亲，自己为什么不能跟父亲建立这种关系呢？父亲已经去世了，再也没有机会建立这样的关系了。他的心里微微一颤，他需要跟余昌泰建立父子关系。余昌泰不是说过，一旦和平了，马上把余雅芳嫁给他吗？已经和平了，得让余昌泰履行诺言。

他浑然忘掉了不久前跟余昌泰谈这件事的时候，余昌泰不理不睬，说道："世伯，我很羡慕你跟余瑞祥的关系。我很希望马上跟余雅芳成亲。这样，我就可以一直伴随在你身边。"

余昌泰眼睛一眯，冷冷地打量着他，同样不做声。

第二十一章 王府恩怨

丈夫死了，未亡人王刘氏一天到晚以泪洗面。她颇有点怨恨丈夫，要不是丈夫带动王氏家族倾力支持革命党，搞得清军一筹莫展，儿子决不至于火烧汉口，丈夫也不会因此自杀身亡。作为母亲，她自认为很了解儿子，王俊林从小到大连一只蚂蚁都不敢踩死，怎么会一把火烧掉半个汉口，烧死那么多无辜的老百姓呢？狗急了跳墙，兔子急了咬人。革命党不把儿子逼得太狠，他怎么能狠心做出这种人神共愤的事来！丈夫没有考虑到这一点，被人逼死，够冤枉的了。

王刘氏一开始怪小叔子，不仅没有制止丈夫，反而推波助澜，对丈夫自杀身亡负有很大的责任。看到王翔东一病不起，她再也恨不起来。她最怨恨的还是那些商户，是他们逼死了丈夫。

至于儿子王俊林，她不仅理解他纵火的行为，而且把他看成拯救王氏家族的救星，让王氏家族避免了因支持革命党带来的灭门之灾。

丈夫在世的时候，王刘氏一向不会过问家族产业，也过问不了。如今，丈夫死了，她要推翻丈夫和小叔子原来的决定，不能将家族产业交给王翔东的儿子，要留给自己的儿子。王翔东病倒了，再也下不了床。她每天都要逼迫王俊财向她汇报清理家族产业的情况，试图从中发现一些什么，好给儿子看住家族产业。

整个王氏家族，最累心累身的人，就是王俊财。民军撤到汉阳以后，他不得不解散商团。伯父自杀，父亲病倒，王氏家族的重任全部落到他的肩上。他需要兼顾每一个方面，把王氏家族这艘濒临破败的轮船开下去。

首先，王俊财必须清理被战火烧毁的产业，谋划如何重振王氏家族。这已经够让他操心的了。可是，伯母竟然还来添乱，大小事情，都要他向她报告，着实令他感到很窝火。伯父已经去世，他不想节外生枝，令整个家族横生波澜，只有忍气吞声。几乎每一天，伯母都会用挑剔与狐疑的目光看着他，不停拷问他。其他任何事情，不管伯母怎么盘问，他都能坦然面对，只是弟弟王俊喜太不成器，在暂管家族产业的时候，搞出了很多漏洞，王俊财不能不替弟弟掩饰，要不然，伯母查出了蛛丝马迹，准会酿成一场天大的灾难。

暗地里，王俊财对王俊喜说道："家族产业属于整个王氏家族，不是任何一个人的私有财产，我们每一个人，都不应该产生非分之想，更不应该私下猎取。"

王俊喜的生母王周氏一直希望儿子能够掌控家族产业，但王翔宇不同意，她无法达成心愿，鼓动儿子利用暂时管理家族产业的机会，谋夺了不少财产。她也知道王刘氏的厉害和王俊财的精明，时刻留意他们的举动，对躺在床上的丈夫反而关心得少一些。一知道王俊财单独跟儿子说话的消息，她马上跑过来偷听。

她心里蹿起一团火，奔到王俊财跟前，呵斥道："你什么意思？没法管理家族产业了，想讹人，污蔑我儿子谋夺了家产，是不是？"

"母亲，我不是这个意思。"王俊财连忙解释。

王周氏根本不容他解释，继续呵斥："我听得清清楚楚，你就是这个意思！你自以为打理家族产业了，就可以骑到我们母子头上来了，是不是？"

说到这里，平素压在王周氏心里的委屈好像决堤的黄河一样汹涌澎湃，她自己都控制不住，一屁股坐在椅子上，大哭大叫起来："天啦，这是哪里的道理呀？庶出竟然骑到我的头上来了。你要是觉得我们娘俩碍眼，干脆把我们娘俩杀掉吧。我们娘俩活着也是受罪。"

王俊财又羞又急，生怕事情传到父亲的耳朵，致使父亲病情恶化，再也不敢提这件事，吓得赶紧落荒而逃。

在伯父的带动下，整个汉口商务总会一心一意支持革命党，王俊林纵火焚烧汉口，把王氏家族推向了尴尬的境地。众多商户损失惨重，王府顿时成了众矢之的。伯父虽说为此而死，王俊财还是觉得，王氏家族必须补偿损失。

伯母把脸一板，狠狠地训了他一通："如果不是他们，你伯父怎么会死？不让他们偿命已经不错了，你竟然想补偿他们的损失，真是糊涂！"

父亲一病不起，王俊财更是操碎了心。父亲一病，生母好像丢了魂魄，成天精神恍惚；王俊喜和他母亲王周氏虽也惦记老人家的病，更多的是关心他们自己，一家人再也没有往日的笑容。几乎每天，他都会请来名医，却丝毫不能减轻父亲的病症。大夫说了，父亲是心理障碍，心障不除，怕是永远都不可能恢复健康。王俊财找不到治疗父亲心障的良药，经常来到父亲病床前，向他说一些自己的见闻，当然都是高兴的事，以期出现奇迹。

哪怕伯母一心要支持北洋军队，也阻挡不了王俊财暗中继续帮助革命党人。他不能像伯父在世的时候一样拿出银子送给革命党，更不能带领商团直接为民军输送武器弹药、粮草和伤员，只能力所能及地为革命党提供北洋军队的情报。

尽管王俊林投靠了北洋军队，因为支持革命党人，王氏家族还是受到了清军严密监视。在伯母的一再威逼下，王俊财不得不抽出一些银两，交给北洋军队统帅冯国璋。

"你们支持叛逆的时候，好像做得更多。"冯国璋冷冷地说道。

"冯总统眼观六路耳听八方，确实不是常人。"王俊财话锋一转，说道，"可是，今时不同往日，伯父仙逝，家父一病不起，王府已经无力为冯总统做更多的事情了。希望冯总统常胜不败。”

得到姐姐王芝英发疯的消息，王俊财赶紧去了一趟汉阳，并在战争结束以后，和赵承彦一道把姐姐送往汉口英租界英国人开的医院。医院距离王府不远，生怕惊动了王府其他人，王俊财和赵承彦把消息瞒得严严实实。姐姐时而清醒，时而恍惚，总是希望父亲、母亲立即出现在她身边。一看到这种情景，王俊财就忍不住要哭。

因为卷入这场战争，王氏家族耗费了无数家产，到头来落一个天崩地裂，麻烦不断，王俊财暗问自己：“难道这是王府应得的报应吗？”

革命引发了如此巨大的混乱，王俊财心也乱了，一边暗中支持革命党，一边希望战争不要继续打下去。听说清军跟革命党人很快要实现停火，他异常高兴。他无法想象王俊林跟余瑞祥继续对抗下去的结果，也无法想象已经兵败如山倒的民军还有多少力量支撑下去。万国商会会长邀他去武昌递交停火协议的时候，看到余瑞祥的那一刻，王俊财差一点流泪。他非常渴望好好地对余瑞祥说一说自己内心的委屈以及王氏家族的现状，可是，他不能因为些许小事扰乱了余瑞祥的心绪，不得不忍住。

从武昌回来以后，王俊财继续在痛苦与煎熬中打发日子。值得欣慰的是，父亲的病情终于有些起色，他欣喜若狂，只要一有时间，就坐在父亲身边，说令人高兴的事，期盼父亲早日康复。

突然，听说袁世凯将要坐上中华民国临时大总统宝座，王俊财饶是希望战火早一点停歇下来，也未免有些患得患失。毕竟，他支持过革命党，哪怕王俊林早已投靠袁世凯，他还是希望革命党能取得胜利。如今，袁世凯竟然要当大总统！难道革命党人原来不是在跟袁世凯的北洋军队打仗吗？难道革命党人不是趁着停火的机会暗中发展和积蓄力量，以便彻底打倒袁世凯的北洋军队吗？

当余瑞祥命令敢死队渡江进攻汉口的时候，王俊财不仅暗中为敢死队提供了不少情报，而且把商团隐藏下来的给养与其他物资全部交给了他们。

敢死队大显神威，打得清军丢盔卸甲，赵璇滢一介女流，竟然活捉了王俊林。这令王俊财感到万分振奋。他觉得，这次革命党人一定会将清军赶出汉口，谁知仅仅过了一夜，战火竟然再一次停息了。他原以为是北洋军队打不过革命党，要投降了。谁知事情刚好相反，是革命党人要投降了！

袁世凯一掌管天下，王刘氏既高兴，又痛心。她为儿子的选择感到高兴，为丈夫的死去感到痛心。丈夫去世的时候，因为小叔王翔东也一病不起，又是战争期间，丧事从简。现在，和平了，儿子又是袁大总统帐下的一员猛将，她决计给丈夫重新发丧，把大好消息告诉九泉之下的丈夫，当然，还隐含了一层意思：向那些逼迫她丈夫的商户示威，让他们知道，王翔宇不会白死。她让儿子王俊林回府主持丧礼，请来了一批和尚道士吹鼓手，在租界里吹吹打打，热热闹闹地搞了好几天。

热闹的声音传入王翔东的耳朵。他忽然来了精神，睁开眼睛，问道："外面在干什么？"

下人赶紧回答道："二老爷，府上在为大老爷做法事。"

王翔东一愣，问道："为什么做法事？"

下人回答不了，在王翔东的催逼下，连忙去喊少爷和夫人。

听说老爷清醒了，可以问事了，人人无限欢喜，一溜烟地跑了回来。王翔东什么都想知道，可是，他刚刚苏醒过来，家人怕他接受不了，都支吾其词。

得到小叔已经开口说话的消息，王刘氏需要拿出长嫂的风范，丢下一屋子的客人与和尚道士吹鼓手不管，带着儿子王俊林一道过来探望。

这本来是一件很正常的事情，王俊财却犯难了：父亲痛恨王俊林投靠北洋军队，要是王俊林跟父亲见面了，会酿成什么结局？他很想阻止，又阻止不了。

王翔东猛一见王俊林，一时怒气攻心，眼睛一瞪，人随即昏过去了。全府上下又是一阵惊慌。

"唉！这是为何呢？"王刘氏道。

"母亲，别再让我见叔叔了，好吗？"王俊林说道，"叔叔见了我，只会加重病情。"

"你已经是民国高官了，他应该以你为荣。"王刘氏话虽这么说，再也不敢让儿子去见他了。

很快，王翔东苏醒过来了。他急切地想了解现在的时局，知道之后，感到很无奈，很受伤。事已至此，他无能为力，强迫自己不去想那些管不了的事，精神倒是一天一天地好起来了。

王俊财去医院的时候私下告诉赵承彦，父亲已经醒了。赵承彦很想去看望岳父。可是，夫人王芝英突然病情加重，一看不到他，就在医院里不住咆哮，只有他在身边，她才能安静下来。他只有一步不离地守在夫人身边。

看到姐姐这副模样，王俊财更加伤感，安慰赵承彦说，只要父亲病情一好转，马上把姐姐接出医院，让她回到王府去住上一段日子，说不定会有助她康复。

“我真的希望，夫人能快点康复！”赵承彦说道。

因为夫人的病，赵承彦不仅无法去王府探望岳父，甚至连家也顾不上了。幸而已经培养出了几个能干的伙计，一直在帮他打理榨油坊。他们每天都会轮流到医院向他汇报当天的经营情况并请示第二天的工作，他倒不担心赵府的生意，只是担心母亲会惦记自己，惦记夫人。

父亲赵嘉勋同样令他忧心。父亲一天比一天郁闷，总是一句话不说，时而走到庭院，望着天空，一望就是一上午，然后轻轻叹息几声，重新回去书房打坐。

一场战争，或者说一场革命，给赵府带来如此巨大的影响，是赵承彦始料不及的。但又怎么样呢？清廷被推翻了，中华民国已经建立起来了，不管是否符合个人的心意，发生了的事情，你要么适应它，继续生存下去，要么坚守自己，最终被社会抛弃。

王翔东不知道赵府的情形，更不知道女儿女婿的现状。他觉得，不管他们原来对革命党的态度如何，民国已经建立，世代的交情不能断绝，对王俊财说道：“把赵承彦叫来，我要问问他，他父亲到底怎么样了。”

王俊财吓了一大跳，说道：“赵世伯一直把自己关在家里。姐夫不好出门。”

王翔东不做声了。他盼望自己快点康复，亲自去看看那些不愿意出门的人。

他还要振兴王氏家族。王家的财产即使全部没了，凭借那些不动产，依旧富可敌国。他相信，凭自己和儿子的能力，一定会令王府家族恢复昔日的荣光。更重要的是，王府不能欠任何人的债，王俊林烧毁的东西，王府一定会如数偿还。

王翔东终于能够下床了。一家人都欢欣鼓舞，王俊财和王俊喜把他扶到堂屋，刚刚坐下，他便看到王俊林在一群兵士的簇拥下，虎着脸，冲了进来。

因为王俊林早已放过话，不会再打扰叔叔，他突然进来，王翔东感到很意外。

“对不住，叔叔，你不愿意见我，我还是来了。”王俊林说道。

不等王翔东说话，王俊林径直冲到王俊喜跟前，一把抓住他的衣领，怒吼道：“是你害死了我父亲，你这个凶手！”

“我没有害伯父。我为什么会害伯父呢？”王俊喜大惊失色，赶紧辩解道。

“你还敢狡辩！你明知道我父亲身体不好，还要鼓动那些商户找我父亲索赔。不是你害死我父亲是谁？”

王俊林猛地挥起巴掌，打在王俊喜的脸上。王俊喜一声惨叫，令王俊林仿佛在战场上听到了敌人的哀鸣，精神更加亢奋，一下紧似一下地抽打过去。

儿子挨打，王翔东倒不感觉难受，但王俊林说的那些话令他难受极了。他轻声呵斥道："你们到底在说什么！"

王俊林一愣，再也打不下去了，对叔叔说道："如果不是他鼓动那些商户找我父亲赔偿他们的损失，我父亲就不会死。"

这么一闹，消息很快传遍了阖府上下，不仅王俊喜生母王周氏和王俊财生母王陈氏涌了过来，而且还惊动了王俊林母亲王刘氏。王周氏一见王俊林仍然紧紧地揪住儿子的衣领，颤颤歪歪地赶上前去，想把他拉开。王刘氏火冒三丈，破口大骂王俊喜。这还了得，岂不是活活要气死父亲吗？王俊财赶紧制止，但根本制止不了。

王翔东越来越镇定了，说道："夫人，大嫂，你们都不要闹了，先搞清楚，到底是不是有这么回事！"

"浑小子，到底是怎么回事？"一语让众人平静下来，王翔东看着王俊喜，喝问道。

想到各位商户不敢跟王俊林见面，不会告发自己，王俊喜一口咬定自己没有鼓动商户，最后发狠道："你们不信，可以找那些商户出来作证。"

"你以为那些商户不敢见我，就没人告诉我你干的事吗？告诉你，不是他们，是一个叫海棠的妓女告诉我的。"王俊林火气又涌了上来，立即命令卫兵去妓院把海棠带来。

原来，王俊林很想跟余雅芳早一点成亲，却遭到了余昌泰的反对，便开始逛妓院，竟然成为那个叫海棠的妓女的入幕之宾。一去二来，他跟海棠混熟了，两人便什么话都朝外面说。

怂恿王俊喜谋夺王氏家族的产业以后，海棠一直幻想着王俊喜早一点兑现诺言，为自己赎身，纳自己为妾。王俊喜口头答应，一直没有付诸实施。后来，王俊喜勾搭上另一个妓女，便有意疏远她。海棠为此心怀怨恨，时刻想报复王俊喜，更加刻意地打扮自己，取悦客人。她的名声很快传遍了整个汉口。

果然，她吸引了王俊林的注意。跟王俊林亲热了几次以后，她把王俊喜那些不可告人的秘密全部说出来了。王俊林气得跳下床，提起枪，直朝外跑。海棠心里一阵快意。

一听海棠的名字，王俊喜立即软了下来，脸色苍白，嘴唇直打哆嗦。

王刘氏得到了确证，催逼王翔东："你说，他该怎么偿命！"

王翔东噗的一口鲜血吐了出去，手指着王俊喜，只说了一个"你"字，身子一挺，人倒了下去。

王俊财赶紧抱住父亲，接连唤了几声，便号啕大哭起来。

众人一阵惊慌，赶紧看去，王翔东已经没有一点气息。王周氏垂首顿足，大声哭了起来。王陈氏更是脑袋一晕，跟着也朝地上倒去。

王俊林回过神来，甩手冲了出去。王刘氏一见儿子走了，小叔也没了呼吸，说出面帮忙主持后事吧，又实在气不过王俊喜的行为，略微踌躇了一会儿，慢慢走了出去。

王芝英的身体一天天好了起来，人也越来越有精神。赵承彦准备跟王俊财商议，什么时候带着王芝英一道回去王府，以便让她恢复得更快一些。

可以回去娘家，王芝英心花怒放。但眼帘一浮现周莹莹和李香香的身影，她立马收敛笑容，对丈夫说道："你不能带我回娘家，她们会责怪你的。"

赵承彦说道："家里发生了那么多事情，她们再也不会怪我们了。我们是一家人，是不是？"

见丈夫说得很慎重，王芝英放了心，便一天天地等着丈夫把自己带回娘家。

没想到，王府一个下人奉王俊财之命急匆匆地跑到了医院，准备偷偷告诉赵承彦王翔东去世的消息。

因为王芝英依旧一刻也离不开赵承彦，下人无法实话实说，只有绞尽脑汁，东扯西拉，最后总算让赵承彦明白是岳父去世了。他感到极度震惊，一时间目瞪口呆。

王芝英敏感极了，问道："你怎么啦，家里是不是又出了什么事？"

赵承彦说道："没有，府上什么事都没有。"

他的心在流血。他要奔丧，可是，又不能离开夫人半步，更不能向夫人透露实情。他只有先求医生给夫人打上一针镇静剂，让夫人睡去，自己先回去赵府，禀告父亲。

赵家榨油坊虽说一直由赵承彦经营管理，但他根本无权动用一点资金。周莹莹、李香香每天都会要他报告资金的走向以及当天的经营情况，甚至还要查看账目。为了帮助革命党，他不得不做了一些手脚，在严密监控下，抠出一笔不小的资金，交给了余瑞祥。他却决不会自己动用一两银子。给夫人治病，银子还是王俊财出的。岳父大人去世，总不能也接受大舅子的银票，去王府奔丧吧？

赵嘉勋依旧打坐在书房里，整天不住地翕动嘴唇，没吐出一个清晰的字。赵承彦轻轻地推开书房门，走了进去，站在父亲身边。

"父亲，有一件事情，只能请示你。"赵承彦说道。

父亲仍然故我。

赵承彦感到又有人进来了，是赵承博。他略略松了一口气，说道："父亲，我岳父已经去世了。需要你发话，我们应该怎么去吊唁？"

赵嘉勋一愣，闭上嘴巴，下意识地朝儿子脸上望了一眼，轻轻地叹息一声，继续双手合十，嘴唇又翕动起来了。

“父亲，哥哥和嫂子很为难，难道你不能为他们做主吗？”赵承博大声吼道。

赵嘉勋仍然无动于衷。

赵承博生气极了，手一伸，想去抓父亲。赵承彦马上拦住了弟弟，把他拖了出去。

当赵嘉勋在家里修行以后，周莹莹、李香香再也不去老爷的书房了。为了报复刘芳芳曾经从她们那儿夺去了老爷的爱，她们变本加厉，为所欲为，把府上的一切权力紧紧抓在手里。趁赵承彦送王芝英去看病的时候，换了刘芳芳身边的丫鬟，唆使那个丫鬟怠慢刘芳芳。以前，赵承彦和夫人、母亲还有一些零用钱，现在，连一文钱都没有，他们的日常用品，全由周莹莹、李香香差遣下人出去购买，给他们用什么就是什么，给他们多少就是多少。

刘芳芳把一腔心思全都放在老爷身上，但也不能去看老爷一眼。她只要去看了，或者靠近书房，周莹莹、李香香准会想出各种办法羞辱她。她倒不是真的怕了她们，实在不愿意让老爷知道了以后心里难受，只有自己逆来顺受了。

母亲的日子过得如此艰难，赵承彦不想让母亲知道岳父已经死亡。

赵承博和赵承彦来到庭院，坐在一棵粗壮的银杏树下，谁都不做声。

过了好一会儿，赵承博终于说道：“哥，你不能总是由着我母亲。你是一家之主。父亲已经不中用了，你为什么要忍让？你想怎么做就怎么做。”

赵承彦望着弟弟，无言地摇了摇头。

赵承博一甩手，冲进了母亲的房间，很快拿到一张银票，交给赵承彦，说道：“你先去安排王世伯的后事，回头我们再说赵府的事。”

赵承彦感激地望着弟弟，但并不伸手接那张银票。

赵承博生气，一把拉过哥哥的手，硬是塞在哥哥手里，说道：“哥，你不要留恋赵府。为王世伯送葬以后，你跟嫂嫂和刘妈妈一块搬出去住。榨油坊归你了。在外面，你们会活得更好，赵府由她们去折腾吧，她们一定会后悔的。”

“你不要这么说。”赵承彦说道，“我们身为人子，不可以不孝。”

“你难道是受虐狂吗？你走后，她们自然会想着你。”赵承博说道。

赵承彦不能独自一人到王府去。他是王家的女婿不错，可是赵家跟王家还是世交，岳父去世，赵府没有其他人去吊唁，准会捅破赵府好不容易维持起来的家庭和睦的假象。

“你把这些钱拿回去吧，我跟母亲她们说。”赵承彦说道，“她们不能不考虑赵府和王府的关系。”

赵承彦硬着头皮去见周莹莹。

她已经知道赵承彦回府了，也知道他去见过赵嘉勋，更知道王翔东已经去世。汉阳战事正紧期间，王翔宇死了，赵家并没有去吊唁，现在，无论如何，是要派人去王府的。不过，所需银两当然应该算在赵承彦头上。

周莹莹说道：“本来，怎么去王府吊唁，应该由你父亲拿主意，可是，你父亲已经不管世事，我们都是妇道人家，不能管这件事，你自己拿主意吧。”

“可是，”赵承彦只说了两个字，就说不下去了，眼泪差一点流了出来。

“王家二老爷既是你岳父，也跟赵府关系不错，让承博跟你一块去王府吊孝吧，免得人家对赵府说三道四。一切用度，我相信，你有办法自己解决。”

赵承彦踉踉跄跄地走出了周莹莹的房间。他不知道接下来应该怎么办。赵承博冷不丁站在他的面前，手里依旧拿着那张银票，递到了他手里。他再也无法拒绝了，眼泪终于扑簌簌地掉落一地。

这时候，武昌余府也接到了王翔东去世的消息。余昌泰立马派遣余瑞光、余瑞华兄弟二人到王府去奔丧。

余昌泰一天到晚都蜷缩在书房里，从来没有出过书房门。他觉得只要不承受中华民国的阳光雨露，自己便依旧是朝廷的遗民和忠臣。他的脑后依旧拖了一根长长的辫子，时不时会对着书房外面，说一些莫名其妙的话。

得到王翔东死去的消息，他仰天一声长啸，说道：“死得好！王翔东死了，王翔宇也死了！他们都是支持革命党的！他们都死了！真是死得好啊！”

无疑是在责骂两个世交了。不过，毕竟是世交，他不能不安排家人去王府吊唁。他当然不会走出书房门，更不会走出余府，派两个儿子代为一行。

赵府和余府都有如此不可理喻的老人家，四个年轻人坐在一块的时候，你望着我我望着你，心里有很多话要说，临了竟然不知道从哪里说起。

“赵世伯和伯母他们都好吧？”终于，余瑞光问道。

“还好。”赵承彦顿了顿，问道，“余世伯和伯母都好吧？”

“还好。”余瑞光回答道。

余瑞华、赵承博年纪小，实在看不得余瑞光和赵承彦两人相互看着对方，却说不出话的样子，两人跑到一边去了。

“唉，我要是能像王俊林一样，自己想干什么就干什么，多好啊。”余瑞华说道。

“我父亲成天不知念叨什么，我也不去管他。我母亲管不了我。我随便哪里都能去。”赵承博脸上露出了骄傲的神色。

“还是你好。”余瑞华望着他，说道。

“你羡慕我，就跟我一起去玩吧。”赵承博带着余瑞华准备走出租界。

余瑞华很想跟赵承博出去转一转，又担心身边会有父亲的眼睛，走着走着，竟然不敢走下去了。

“我带你去一个很好玩的地方。”赵承博拉着余瑞华的手，朝一家妓院走去。

余瑞华感到很好奇，怎么有这样的地方？到这里来能玩什么呢？

赵承博则是妓院的常客。别看年龄不大，汉阳、汉口、武昌，哪有上好的妓院，他都清楚，也都去玩过。第一次光顾妓院，还是王俊喜带他去的。王俊喜不仅带他逛妓院，还带他听戏、赌马、看一切新奇的事。一开始，他很崇拜王俊喜，觉得王俊喜很懂得生活。后来，竟然青出于蓝而胜于蓝，自己闯出了一条道路，不仅看人家做新奇的事，自己也做新奇的事。

他比余瑞华大几岁，潇洒地进去妓院，立马有鸨母出来迎客。赵承博掏出一张银票，看都不看，朝鸨母手里一扔，说道：“本少爷喜欢最红的丫头。”

“少爷，最红的丫头正为你留着呢。”鸨母亲自把他们引往海棠的房间。

余瑞华心里有点发虚，拽着赵承博的手，轻声问道：“这是要干什么？”

鸨母停下脚步，夸张地看着余瑞华，说道：“这位少爷，一看就知道不是寻常人家的公子，怎么连到这里来干什么都不知道？”

“一回生二回熟，他很快就会知道要干什么了。”赵承博笑道。

“海棠，有客人来了。”到了门口，鸨母喊道。

余瑞华正惊疑之间，一个女人像风中摆柳一样，飘飘摇摇地走了过来。蓬松着头发，宛如一朵黑云停留在天空，小巧的嘴唇，夺人魂魄的双眼，放出了勾人的光芒。余瑞华觉得她是那样的亲切，那样的可爱，情不自禁地想接近她。

“不错，果然是一等人品！”赵承博鼓掌叫了起来，一脚跨了进去。

鸨母赶紧将赵承博、余瑞华引入座位，立刻有人端进了一些茶点。鸨母对海棠说了一句好好招待客人，便带上门，和送茶点的人一块出去了。

海棠棋琴书画样样精通，轻启朱唇，每一个字都说得余瑞华心里颤动。耳听赵承博跟海棠的对话，是那样的令人不可思议。他也很想说上几句，但是不知道如何开口。只要海棠朝他瞥一眼，他立马会魂飞天外，体内荡漾着一股难以说清的情愫，恨不得扑倒在她的怀里，但又觉得这样太孟浪了。

不知道什么时候，赵承博已经不在屋子里了，只有海棠和他两个人在床上，海棠一脸笑意地望着他。余瑞华正意乱神迷之际，外面喧哗起来了。

一个粗犷的大汉冲了进来，朝在床上瑟瑟发抖的余瑞华瞥一眼，一阵哈哈大笑，骂道："臭婊子，竟然连没长毛的小家伙都睡上了，真是不要脸的骚货。"

"滚出去，要不然，我告诉王俊林旅长，你就会人头落地。"海棠威胁道。

一再听海棠说出王俊林的名字，余瑞华终于有点清醒了。他很想问一声海棠是怎么认识王俊林的，但面对着那个粗野的大汉，硬是不敢做声。

大汉又是一声哈哈大笑，一把抓起海棠，说道："小美人，瞧你的样子，我真不忍心动手。别再口口声声说王旅长了。我正是奉了王旅长的命令，前来取你的性命！"

余瑞华并没有看清大汉是怎么出手的，只看到他的一只手已经卡上了海棠的脖子，紧接着听到咔嚓一声脆响，海棠软绵绵地倒了下去。

大汉松开了卡住海棠脖子的手，眼睛里露出凶光，瞪着余瑞华，说道："小子，大爷本来不想多杀人，可是，你听见了大爷说的话，大爷非杀你不可了！你艳福不浅，临死之前，在海棠身上快活过了，也算对得起你了。"

刹那间，大汉伸出了手，也朝余瑞华的喉头探去。突然，门外传来一声大骂："谁敢到这里撒野？"

是赵承博的声音。

大汉赶紧缩回了要卡余瑞华脖子的手，朝外面一看，只见好几个人跟在赵承博身后。显然，那些人是妓院的保镖。大汉再也不敢纠缠下去，赶紧伸出双手，朝两边一分开，趁他们略一错愕的机会，跑了出去。

赵承博和保镖这才看见躺倒在地的海棠。

眼见得海棠是不活的了，保镖们略一惊慌，一声吆喝，追赶那条大汉去了。

赵承博虽是天不怕地不怕，也不觉浑身发抖，赶紧扶起瑟瑟发抖的余瑞华，让他胡乱地穿好衣服，准备逃离这个是非之地。

鸨母一见摇钱树没了性命，哪里肯放赵承博和余瑞华两人回去，命令龟奴把二人控制起来，硬说灾祸是他们招来的，命令手下人等，赶紧去官府告状。

赵承博并不把这件事放在心上，余瑞华却忐忑不安。原来赵承博带自己来嫖妓，现在这个妓女被王俊林派人杀死了。王俊林为什么要派人杀她？他心下疑惑，但又不能说，也不敢说。

掺杂了风流韵事的凶杀案好像蒲公英的种子，只要一阵微风，便能迅速传遍各地。消息很快传到了王府。王府正在举办丧事，消息一传开，众人都感到好奇：有谁会去杀一个妓女？而且一个少年正跟那个妓女干得欢呢！

余瑞光、赵承彦没留意余瑞华、赵承博是什么时候离开的。两人话匣子打开以后，再也刹不住，各自说出了伤心事，情不自禁地一块流出了眼泪。赵承彦安慰余瑞光想远一点，余瑞光安慰赵承彦不要太着急。

妓院的事情传到余瑞光、赵承彦的耳朵。听到众人形容的少年模样，二人顿时吃惊不小：这不是赵承博和余瑞华吗？是他们出事了！

余瑞光、赵承彦相互打量一眼，准备出去寻找他们的弟弟。

王俊林知道致使父亲自杀的真正原因以后，一时怒火攻心，跑回王府，试图痛打王俊喜出一口气。没料到，竟然造成王府一片混乱，叔叔也因此而死，他一时懵了，实在不知道该怎么办，一口气跑出王府。风一吹，他立马清醒过来：叔叔虽说不是因为自己而死，自己也逃不了责任，为今之计，再也不要追究王俊喜了，自己还得出面为叔叔办丧事。

在王俊喜看来，王俊林帮忙张罗父亲的后事无异于猫哭老鼠假慈悲，但被王俊林握住了把柄，不敢吭气。

看到王俊喜，王俊林想起了海棠。海棠是妓女，从来婊子无情戏子无义，她已经拿这件事威胁王俊喜了，也一样会拿这件事情威胁自己。得把海棠干掉，免得她胡说八道。于是，他暗地里命令一个卫兵去杀掉海棠。

海棠是死了，但怎么余瑞华会在海棠的床上呢？听说警察在找余瑞华、赵承博问话，王俊林的心里立刻打起了鼓：会不会留下什么疑点？要是留有疑点，被那群革命党人抓住了，自己准会彻底玩完。他强烈地压抑着内心的焦急，等待余瑞华快点归来。

余瑞华和赵承博被警察询问一通之后放了，垂头丧气地回到王府。

主角登场，众人一下子全都围住了他们。余瑞华满脸通红，总是低垂着头，什么都不说。面对如此之多的人用眼光拷问他，赵承博也感到不自在。

赵承彦和余瑞光心里难受极了。弟弟是他们带到王府吊唁死者的，竟然惹出一场血光之灾，这是对死者的侮辱，如何向人家交代？

王俊林一见两个小家伙平安回来，显得通情达理，亲自替他们遮掩。王俊喜知道死去的是海棠，马上明白一定是王俊林干的了，但也不能说出口。王俊财无可奈何，只有规劝余瑞光、赵承彦想开一些。

单独跟余瑞华在一块了，王俊林露出笑容，想旁敲侧击，询问余瑞华到底知道一些什么。余瑞华一看到他，扭头就想走开。

王俊林挡在他的面前，说道："你是男人，早晚都要做这种事，有我在，没人敢把你怎么样。也不要怕世伯。我已经交代下去了，谁也不敢告诉世伯。"

"你又交代下去了？"余瑞华浑身一抖，说道。

王俊林心里一阵咯噔，马上明白过来：余瑞华很可能知道自己是幕后凶手。他朝四周瞟了一眼，说道："你是不是听到了什么？"

"你，"余瑞华顿了一下，终于说道，"你为什么要派人这样做？"

"我派人做什么呀？"王俊林脸色微变，本能地问道。

"那个人说，是你叫他去杀海棠姑娘的。"余瑞华狠狠地瞪着他，说道，"要不是赵承博过来了，那个人连我也杀掉了。"

"不，没有人杀你。只要你不对任何人说出这件事，就没有人敢杀你。"

余瑞华浑身打了一个寒噤，不敢看王俊林的眼睛，说道："谁问我我也不会说。可是，你为什么要这么做？"

王俊林不能让一个小屁孩牵住了鼻子，说道："我不是为了自己，而是为了你。你根本不知道她是什么人，就敢跟她上床。她不仅会把你嫖妓的事说出去，而且还会连累你哥哥，连累整个余府。余府现在是什么情况，你难道不清楚吗？为了你，为了余府，我不得不派人杀掉她。"

第二十二章 分道扬镳

余瑞祥一直在暗中为离开军政府做一系列准备。其中，最重要的步骤是让一部分心腹留在军队里，一旦袁世凯有异动，迅速点燃这些火种，形成燎原之势，抑制他的野心。根据余瑞祥的指示，袁世凯一走马上任，这些人随即公开支持袁世凯颁布的任何命令，常常跟余瑞祥发生争执，赢得了黎元洪的信任，在队伍里隐藏下来了。

离开军政府以后，余瑞祥很想一个人静下心来好好思考下一步的计划，可是赵璇滢好像一个老练的猎人，他这头猎物再怎么逃避，都瞒不过她，被她追得很紧，他只有先躲避她再说。他害怕她的目光，害怕她的热情，甚至害怕听到她的声音，闻到她的气息。在心里，他又非常欣赏她，或者说喜欢她。可是，她是大嫂，哥哥虽说已经写了休书，但仍然痴情于她。他不得不遏制自己，希望哥哥能够跟她破镜重圆。

为了摆脱赵璇滢的追踪，余瑞祥不能找任何一个熟人，也不能到任何一个她知道他曾经去过的地方。纵然如此，他还是感觉得到，她几乎快要追上他。

从军政府出来的时候，余瑞祥身无分文，因此，他除了逃避赵璇滢，还要找一份工作，赚一点银子糊口。这两件事情加在一起，促使他决定彻彻底底地把自己变成另外一个人，最好伪装成苦力。干什么好呢？他坐在江边，寻思着。

此时，天色已经微明。望着来来往往行驶在江面的船只，耳听一声声汽笛的鸣叫，他心里一动，可以去扛码头，南来北往的客人，南来北往的货物，到处拥挤不堪，既能掩藏自己，又能探听消息，确实是一个再好不过的地方。不过，衣着太新的人跟苦力显然是不搭界的，得改换一下行头才行。

眼睛一转，看到一个穿得极为破烂的乞丐，余瑞祥连忙跑过去，几句话便让乞丐喜滋滋地把衣服脱下来，交给了他。穿好脏衣服以后，余瑞祥将头发弄乱，在脸上胡乱地涂抹了一些脏东西，渡过了长江。

战争刚刚结束，正是恢复建设时期，他很容易找到活干。

在码头上扛了一天沉重的箱子，肩头磨破了，火辣辣的痛，浑身骨头好像散了架一样，动一动都摇摇欲坠。还没下班，余瑞祥已快支撑不住，一个踉跄，差一点栽倒在地。监工鬣狗一般冲过来，抡起皮鞭，劈里啪啦抽了他好几下。余瑞祥痛彻心扉，好像陀螺一样转了几圈，一头栽倒下去，差一点昏迷。

一个大块头的苦力冲了过来，夺过皮鞭，扔在地上，怒视着监工，说道："你再动他一下试试！"

"你想造反吗？"监工呵斥道，声音很细弱。

"老子想造反，早他妈的跟着余总指挥上战场了，不至于在这里扛活。"大块头朝地上吐了一口唾沫，说道，“不过，有人胆敢再随便欺侮人，老子非拧下他的脑袋不可！”

大块头名叫许天亮，家里没有亲人，人很善良。眼睁睁地看着家人一个接一个身患疾病去了另一个世界，他不想成家，深恐自己一走，留下孤儿寡母在世上受罪。只要扛码头得了钱，他会立即跑去妓院，把钱折腾光了，再出来扛活。

救下了余瑞祥，许天亮爽直地说道：“兄弟，我看你不是扛码头的料。像你这样的人，应该到轻松一点的地方找活干。”

“家里突发变故，我一贫如洗，又没有手艺，到哪儿找轻松活干？”

许天亮说道：“只要兄弟肯找，到处都是活路。打仗的时候，汉口不是被清军一把火烧掉了吗？现在，几乎每家商户都在重盖房子。你去建筑工地，肯定比在码头上扛活轻松。”

余瑞祥苦笑道：“那里也不轻松。有老哥相助，我可以坚持下去的。”

“这倒是！别看监工人五人六，见了老子，屁都不敢放！”许天亮说道。

几天的适应期一过，余瑞祥渐渐适应了扛码头的生活。繁重的体力劳动，对他来说，已经算不上什么了。他发现码头的确是一个探听消息的好地方，他即使不想听，一个又一个最新消息会像蚊子一样在他耳边嗡嗡叫唤。有好几个最新消息引起了他的注意。其中一个是说有一个女人，为了寻找一个男人，几乎发了疯。女人是赵璇滢，男人是余瑞祥。他们之间的关系，他们为什么要离开军政府，人们都说得头头是道，非常清楚。

乍一听到这个消息，许天亮便疑心自己救过的人正是那位男主角。他私下里对余瑞祥说道：“如果我没有猜错，也许，你就是余瑞祥。”

“如果我是余瑞祥，会到这里来吗？”

许天亮翻来覆去地打量了他许久，说道：“我不知道你为什么要到这里来。但是，余瑞祥率领人马渡江打清军的时候，我曾经远远地看到他。怪不得我第一眼看到你的时候，觉得似曾相识。原来你就是余瑞祥。”

余瑞祥见不能隐瞒，把自己为什么离开军政府，为什么到码头上来的事情全都告诉了他，最后说道：“许大哥，我希望你能帮助我。”

许天亮说道：“眼下的世道，每一个当权的人都挖空心思地从老百姓身上榨取油水，只有余副总司令忧国忧民，实在令人钦佩。没说的，只要余副总司令吩咐一声，无论干什么，我赴汤蹈火，在所不辞。”

许天亮不仅帮助余瑞祥隐瞒身份，而且在余瑞祥的带动下，渐渐地改变了原来的恶习。不过，他仍然去妓院，只是不再嫖妓，而是探听消息。妓女接待南来北往的客人，嘴巴又甜，很快便会哄得男人们把该说不该说的事都告诉她，而且消息往往更加可靠，更加准确。许天亮还把很多伙伴都拉过来，随时听从余瑞祥的召唤，并在暗地里照料赵璇滢，又不让赵璇滢发觉。

一天，许天亮说道："余兄弟，赵小姐的确不是一个凡人。她找不到你，就在一家军营外面支起了一个摊子，卖一些小东西，好像是在专门等你。"

余瑞祥瞥了他一眼，心里荡起一阵涟漪。

许天亮继续说："有几个地痞流氓想闹事，恰好我的几个兄弟碰上了，把他们打得鼻青脸肿。从此以后，再也没有人敢找她的麻烦了。不过，她总是这样做，不好吧？你应该去见一见她。天下像她这样的女子真是太少了。"

余瑞祥的心在滴血。他很希望见到她，而且，几乎每天夜里都会想起她。可她是嫂子，在他心里，她是永远的嫂子。他只能隐藏自己的感情。

"我还听说了一个很奇怪的事情，王俊林旅长好像也很关心赵璇滢。经常会出现在她面前。不过，赵璇滢连话都不愿意跟他说。"许天亮又抛出了一枚重磅炸弹。

余瑞祥又瞥了他一眼，还是没有做声。

"后来，王俊林还带了一个男人去见过她。那个男人一看到她，哭得稀里哗啦。"

余瑞祥心里一震：是哥哥去见赵璇滢了。

许天亮望了余瑞祥一眼："我很想知道，这到底是怎么回事呢？"

余瑞祥轻轻地叹息一声，把他的家世以及跟赵璇滢、王俊林之间的恩怨简单地告诉了许天亮。

许天亮感叹道："人常说，非常人做非常事，有非常经历，果然如此！"

紧接着传入余瑞祥耳朵的是一件血案。血案的主人公是著名的"首义三武"之一：张振武。张振武跟余瑞祥的关系一向不错，同样坚决抵制袁世凯的裁军令。接到去北京赴任的命令以后，张振武启程踏上了去北京的行程，结果遭到枪杀。一时间舆论哗然，纷纷要求严惩凶手。袁世凯为了撇清自己，把黎元洪发给他的要求他在北京解决张振武的电报公之于众。

"余兄弟，你们打了那么久的仗，自己没有坐江山，反而让给袁世凯坐了，还要自己人害自己人。这不是瞎胡闹吗？"

不等许天亮把话说完，余瑞祥仰天哈哈大笑起来。

“难道我说的不对吗？”许天亮吃了一惊，看着余瑞祥，疑惑地问道。

“你说的对极了。他们确实是瞎胡闹。”余瑞祥心酸地说道。

“余兄弟要是预料到造反以后会有这样的结局，当初还会挺身而出吗？”许天亮同样有些心酸，问道。

余瑞祥振奋地说道：“有些事情，你明知道不可能成功，可是，你还是必须去做。这是没有选择的。毕竟，因为武昌首义，我们把宣统皇帝从龙椅上赶下来，灭掉了清朝，这就是一个了不起的功绩。”

许天亮说道：“我们现在的日子好像比过去更艰难一些。因为这场战争，我们失去了很多东西，得到的东西好像对我们没有一点好处。”

余瑞祥望了望前面的天空，很想看得更远，但被从江面上升腾而起的一团雾气遮挡了视线，幽幽地叹了一口气说道：“这是革命党人放弃了他们的信仰，把一切都交给袁世凯的结果。”

许天亮问道：“难道革命党人不把一切都交给袁世凯，我们一定会比以前过得更好一些吗？”

“如果不是为了更好地生活，我们为什么要革命？”余瑞祥反问道。

“但是，事实上，革命以后，我们的生活确实不是更好，而是更坏了。”许天亮说道。

余瑞祥愣住了，心头滚过一阵难以言表的苦痛。许天亮见了，再也没有继续说下去。两人陷入了难堪的沉默。

连许天亮都能看出来，首义英雄们的你争我斗，导致了他们个人以及国家的悲剧，他们自己怎么看不出来这一点呢？余瑞祥心想。他决计好好地向许天亮讲一讲为什么会有那场革命，那场革命最后为什么会落到这般田地。

首义英雄们遭受的磨难似乎永无止境。孙武被驱逐出了军政府，蔡济民被迫隐退，张振武死了，蒋翊武被迫远走他方。每每回想起这些事情，余瑞祥的心便不住地流血，不住地痛苦。他只有一天一天地疯狂地在码头上扛活来压迫自己不要去思考那些问题，也强迫自己不要去想其他任何事情。

他得到了最新消息：张振武在北京被杀以后，赵璇滢在军政府大门口摆摊。

她一定以为我会去找黎元洪，特意在军政府门口等我，余瑞祥心想。可是，出面的时机还不成熟，他决不会去找黎元洪。

“怎么办，任由她在军政府门口待下去吗？”余瑞祥暗问自己。

“恐怕只能如此。”余瑞祥自问自答道，“她太固执了，为什么要这么折磨自己呢？”

许天亮说过，武昌首义以后，天下人的脑后虽说失去了辫子，但头上压了一根无形的辫子。余瑞祥认为这句话对极了，他自己现在正被这根辫子紧紧地纠缠着。他很想甩脱这根辫子，去跟赵璇滢谈一谈，明确告诉她，她是嫂子，永远都是嫂子，让她彻底死心。可是，他清楚赵璇滢肯定听不进他的话。

这一天，赵承彦和赵承博一块来到军政府大门口。兄弟俩都是一脸的沧桑，一脸的哀戚。把自己关在屋子里修行了将近一年，他们的父亲赵嘉勋终于郁郁而终。他们特意前来劝告赵璇滢回去奔丧。

“姐姐，你还好吗？”

“妹妹，你还好吗？”

兄弟俩一同说道。

“我很好。”赵璇滢说道，“你们怎么来了？”

“父亲去世了。”赵承彦说道。

泪水爬过眼窝，吧嗒一声掉在地上，赵璇滢哽咽了一会儿，说道：“父亲去世了，你们不好好为老人家发丧，到这里来干什么？”

“我们请你回去。”两兄弟一同说道。

“父亲早已不认我了，我为什么要回去？”赵璇滢决绝地说道。

“那是父亲一时的气话，你怎么能当真呢？”赵承彦跪下来了，赵承博也跪下来了，一齐哀求道。

“我不会回去的！”赵璇滢依旧冷酷地说道。

哥哥和弟弟走后，赵璇滢大哭一场，然后擦干眼泪，继续在那儿摆摊。

余瑞祥再也不能袖手旁观。他要亲自去见一见赵璇滢。于是，他离开了码头，跟许天亮和他那一群兄弟一块过了江，来到了武昌。余瑞祥换上一身簇新的衣服，先在一家旅社里住下来。许天亮去见了赵璇滢，把她带到了旅社。

赵璇滢比以前更加消瘦，更加楚楚可怜。一见余瑞祥，她恨不得一头扑进他的怀抱。可是，余瑞祥一脸的冷漠。她不能轻举妄动，待在那儿，一动不动。

“我听说世伯去世了，你应该回去为老人家送葬。”余瑞祥说道。

赵璇滢哆嗦着嘴唇，问道：“你来找我，只是为了说这句话吗？”

“是的。父亲可以不认你，可是，你不能忘了他的养育之恩，他死了，你应该回去送葬。”余瑞祥有点动容。

“难道你没有考虑过我吗？”赵璇滢翘首望着他，差一点流出了眼泪。

“我知道，你想要做什么，谁都不可能阻拦得了。但是，为人在世，应该现实一点。”余瑞祥说道，“这段日子，我反思过去，虽说并不后悔已经做过的事情，但是，也决不会继续做下去。我马上要成亲了，我住在租界，即将娶一家富豪的女儿。我希望你回去为世伯奔丧过后，如果可能，还是回到余府，我哥哥一直对你一往情深。”

赵璇滢眼泪哗啦啦地流出来了，透过泪水，端详着余瑞祥，绝望地说道：“你不可能跟别人成亲，你不可能改变自己，你在骗我。”

“我为什么要骗你？我知道你的一切，也知道王俊林和我哥都找过你。难道不能证明，我说的都是真的吗？”

“不能！不能！不能！你在骗我！”

“我会在成亲之前亲自把请帖送到你的手上。”余瑞祥稍微顿了顿，还想说什么，看到赵璇滢绝望的样子，心都碎了，一转身，走出了旅社。

许天亮和他的兄弟紧跟其后，拦了几辆马车，带着余瑞祥朝江边奔去。

赵璇滢一声惨叫，倒在地上，痛苦地大哭起来。

余瑞祥回到码头，心里再也不能平静了。他已经向赵璇滢撒了谎，难道真的要炮制一场成亲的喜剧吗？要的，要不然，赵璇滢不会死心。怎么成亲？跟谁成亲？就是演戏，要想不穿帮，也需要时间。怎么办呢？

想来想去，余瑞祥想到了王俊财。对呀，怎么忘掉了王俊财呢？王世伯去世，自己没有出席老人家的葬礼，赵世伯去世，无论如何得出席他的葬礼，先跟王俊财串通以后，在赵世伯的葬礼上让赵璇滢彻底死心。

他马上换一套干净的衣服，径直去了王府。

余瑞祥一进王府，王俊财、王俊喜兄弟两人便一块前来迎接。余瑞祥先在王翔东的灵前点燃三炷香，叩了三个响头，说道：“世伯去世，我不能前来吊唁，实在遗憾得很，希望世兄不要见怪。”

“余世兄能来到敝府，已经令敝府蓬荜生辉了。”王俊财说道，邀请余瑞祥坐下来，准备好好跟他畅谈一番。

刚听说余瑞祥离开军政府，王俊财和王俊喜大惑不解，觉得余瑞祥是武昌首义最大的功臣，当再大的官当也是应该的。后来竟然传来了张振武遭到暗杀的死讯，立即为余瑞祥躲过一劫而感到庆幸。他们由此深深地感到，袁世凯也许会对王府秋后算账。

王俊喜则多了一层担心：王俊林时刻是悬在他头顶上的一把无形利剑，说不定什么时候会掉下来。

他一定要拉拢王俊林惹不起的人，牵制王俊林，令他不敢对自己大动干戈。王俊林最不敢招惹的人是谁？无疑是袁世凯了。王俊喜于是打上了袁世凯的主意，试图取悦袁世凯。他没有办法打通关节，直接联系上袁世凯，决计采取迂回路线，打通袁世凯信任的人。这时候，他听到了一个可靠消息：孙武投靠了袁世凯，秉承袁世凯的命令，要来汉口修建一座大旅店。他甚至还打听清楚了修建大旅店的目的其实是给那些革命党人营造一个安乐窝，以便摧毁他们的意志。

王俊喜看到了取悦袁世凯的大好机会——帮助孙武把大旅店早点建起来，让袁世凯对革命党人感到放心。这需要大把银子，王俊喜虽说挖了王氏家族的墙脚，肥了自己，但他是鳝鱼篓子只进不出，眼睛还是盯上了家族产业，一个劲地在哥哥王俊财耳边聒噪不休，劝说他拿出钱来。

王俊财不愿意巴结那些变节的人，毫不理睬弟弟。

“哥哥，你不要死心眼，保住家族产业要紧。你可以给孙武提供地皮。他需要的资金，我来想办法。”王俊喜收紧了胃口。

王俊财仍然不情愿，推辞道：“这事需要请示伯母，怕是她不会答应。”

架不住弟弟一再催逼，王俊财找了一些理由，去请示伯母，让她拍板定案。

巴结袁世凯的事，王刘氏确实会干。不过，她不愿意假手他人。在她看来，儿子王俊林当着旅长，要修建汉口大旅馆帮助袁世凯瓦解革命党人的意志，应该由自己的儿子出面去做，凭什么拿王府的地皮和资金去巴结孙武呀！

“这事先放在一边，缓一缓再说。”王刘氏使出了缓兵之计。

王俊林原先根本不知道有这么一回事，一旦知道了，心里活动开了：革命党人从来没有把自己放在眼里，自己倒是不必给革命党人提供任何方便。只不过，这是好事一件，一旦让革命党人的意志消沉下去了，自己就可以在武昌翻手为云覆手为雨。因而，他连忙跑回王府，询问母亲：“母亲，你不是一直希望支持袁大总统的吗？怎么这一次不干了？”

“我没说不干，要干，也得你干。”王刘氏说道。

“袁大总统已经把事情交给了孙武，怎么可能再转交给我呢？帮助孙武，就是帮助袁大总统嘛。”王俊林说道。

王刘氏醒悟，同意王俊财先跟孙武接洽。

尚方宝剑在手，得知孙武即将前来汉口查看在什么地方修建大旅店，王俊财和王俊喜兄弟俩一合计，决定把王氏家族紧挨租界的一块地皮拿出来，送给孙武，然后由王俊喜给予一些资金援助。

这时候，王俊林母亲又退了一大步，同意王俊财拿出家族资金支持孙武。

接下来，就是谁出面跟孙武接洽，因为王俊林不愿意巴结孙武，王俊财也对孙武有看法，事情落到王俊喜头上。王俊喜觉得原来的盘算一步步得以实现，心中无限欢喜。

孙武实在看不惯王俊林。王俊林曾经是革命党人，一打了败仗，立马投靠袁世凯，成了人人唾弃的对象。他要趁机痛打落水狗，狠狠地敲诈王氏家族一把。可是，他还没有下手，王俊喜竟然主动将最佳的地段无偿地给了他，而且还说要给他经济上的帮助。孙武真有点不敢相信自己的耳朵。

王俊喜说道："不过，我有一个条件，日后要是王氏家族有什么变故，请孙将军罩着我。"

孙武吃惊地问："王氏家族会有什么变故？"

王俊喜把父亲是怎么死在王俊林手里，以及自己跟王俊林结怨的前后经过说了出来，最后说道："这些，都是我个人给孙将军的，希望得到孙将军的保护。"

原来王氏家族内部一团糟。孙武决计在王氏家族成员之间烧一把火，让他们相互猜忌，以便获得更大的利益。

王俊林早已放弃了向王俊喜复仇的想法，现在既然因为在孙武修建汉口大旅馆的事情上，跟王俊财、王俊喜意见一致，打算借此机会好好改善他们之间的关系。得到赵嘉勋的死讯之后，他回到王府，准备跟他们商议怎么去赵府吊唁。没料到，一进门就看到余瑞祥坐在那儿，正相谈甚欢。

"哈哈哈，你可真是神龙见首不见尾啊。我到处撒网，都找不到你，你竟然跑到我府上来了。"王俊林喜出望外，赶紧把手递给余瑞祥，大笑道。

余瑞祥并没有跟他握手："你不知道我的行踪，我对你却了如指掌。"

"是呀，你是临时总指挥，当然神通广大。"王俊林丝毫不觉得尴尬，说道，"我猜，你一定是准备去赵府吊孝的。"

王俊财、王俊喜无法跟余瑞祥说下去了，只有摆出一副洗耳恭听的姿态。

"你得感谢我，我帮了你不少忙。"王俊林滔滔不绝，"我经常帮你劝导赵璇滢，让她回去余府，好好跟余世兄过日子。我向她保证，余世伯绝对不会再为难她。我还把余世兄带到她面前。但她一直惦记着你。不过，得慢慢来，是不是？只要你不躲着我，我跟你一块想办法，一定会让她把心思转回到余世兄身上去的。我听说，赵璇滢已经回到了赵府。这应该说来，是我的劝导之功吧？”

王俊财和王俊喜目瞪口呆。他们清楚并佩服赵璇滢的果决，但赵璇滢怎么能爱上余瑞祥呢？余瑞祥是她的小叔子呀！传扬开去，余府岂不会被世人的唾沫淹没？兄弟二人相互打量了一眼，想发表一下自己的意见。

可王俊林根本不给他们机会，嘴巴一直呱唧呱唧地说个不停，似乎不敲开余瑞祥的嘴巴，决不罢休。

余瑞祥一直微笑着，任凭风吹雨打。

王俊林只顾自我欣赏地夸夸其谈，直到王刘氏派下人过来询问去赵府的事情安排得怎么样了，总算闭上嘴巴，转而跟王俊财、王俊喜商量怎么去赵府吊唁。随后，他们跟余瑞祥一块动身渡过汉水，去了汉阳。

赵璇滢已经回到了赵府。和她的哥哥弟弟一样，披麻戴孝，迎接各位前来吊唁的客人。王俊林来到她面前，她冷冷地转过面，不想理睬，结果看到了余瑞祥，心里一抖，眼泪哗啦啦地流了出来。

王俊财、王俊喜惊讶极了，赶紧朝余瑞祥望去。余瑞祥走到她跟前，说了一句“请节哀顺变”，马上走到一边去了。

突然，他们看见了余瑞光和余瑞华两兄弟。

余家兄弟再也没有昔日的光彩。余瑞华自从嫖妓事发，一直倍感羞愧，心里压上了沉重的负担。余瑞光却是因为纱厂和余家面临越来越大的危机，他竟然无能为力而感到难过。

父亲依旧成天把自己关在书房里，要么挥笔猛写一通，写好了以后，便交给下人，要他们出去张贴；要么静静地坐在那儿，脑子里不知道想什么。余府上下已经渐渐习惯了。可是无论什么事情，还是需要请示他，不管他是否回答，请示了，才可以做。

余雅芳感到非常憋闷，渴望早一点嫁出去，但父亲说过，一定要等王翔宇死了三年之后，她才能出嫁。她只有一天到晚盼望日子飞速旋转过去。赵璇滢还在余府的时候，她跟赵璇滢情同姐妹，什么话都跟她说。现在，余府上下，她似乎找不到一个可以说话的人。

母亲是慈祥的，但因为余昌泰的关系，也变得有点不可思议。

余瑞华就更不用说，嫖妓一事彻底毁灭了他快乐的生活。他仍然去上学，看到别的同学天真活泼的样子，感到心里有愧，不敢接近他们。耳边回响起海棠临死之前的惨叫和杀人凶手说过的话，他不寒而栗。他很想劝说姐姐别嫁给王俊林，一见到姐姐，他想起了海棠，以为姐姐就是海棠，他只想赶紧逃离。

余雅芳倒是很希望能够跟小弟弟说一说话，好知道一些外面的情况，但弟弟的样子实在叫她很费解。她只有日夜盼望着大嫂快点回家，二哥快点回家。她觉得，只要大嫂和二哥回家了，家里肯定会不一样，她也会不一样。

王俊林到余府来得很勤。王俊林每次来余府，余雅芳总是遏制不住地想冲到他面前，要他快点把她带走，离开这个令人窒息的家庭。

家家都有难念的经，人人也有难念的经，谁都不知道余瑞光现在处境维艰。

余瑞祥一离开军政府，革命党人纷纷出笼，不时到纱厂去制造混乱，或者干脆直接伸手向余瑞光要钱要物，余瑞光不敢不给。向余府伸手的革命党人太多，很快掏空了余府的资产，搞得纱厂资金周转不灵，濒临破产。他实在犯难了：纱厂一关门，一家人该如何生存呢?

余瑞光不仅为纱厂的事犯难，也为赵璇滢的事犯难。他原来时刻不忘赵璇滢，希望她能够回到自己身边，现在余府已经变成这副样子，他便再也不会有这个打算了。他狠下心来，想忘掉赵璇滢，又怎么都忘不了。

他就这样被各种情绪吞噬着，一天一天的消瘦，一天一天的精神萎靡。

母亲以为他是思念前夫人，叹息道："赵璇滢是一个好姑娘，只是性子太犟。你要是能把她找回来，别管你父亲怎么想，还是把她请回府吧。"

余瑞光不能再去找赵璇滢了。他很想找到弟弟，劝说他回去军政府，这样，就不会再有人跟余府捣乱了，他可以把纱厂继续开下去。一想到弟弟的决绝，他很清楚，这一条路走不通。更何况，谁也不知道弟弟去了哪儿。他曾想过去王府求援，王氏家族也一片混乱，王俊财怎么能帮助得了他？向王俊林求援吧，革命党人谁都不买王俊林的账，求他也没有用。正是看清了这个局势，余瑞光只有自己一个人犯愁。

接到赵嘉勋的死讯，他告诉了父亲和母亲，带着弟弟一块来汉阳奔丧。

看到赵璇滢站在那儿迎接吊唁者，他心头无限感慨。赵璇滢瞥了他一眼，看到他一下子苍老了许多，心里很有些难过，很想当面告诉他，不要再想她了，但眼前有很多人，她说不出口。

突然看到弟弟走了过来，余瑞光眼里顿时放出了光亮，一下子站立起来。

"哥哥。"余瑞祥微笑道。

"瑞祥。"余瑞光憋了好一会儿，终于说出了两个字。

“二哥。”余瑞华也喊了一声。

余瑞华一到赵府，赵承博就想把他拉到一边去。打从父亲不说话的时候起，在他心里，父亲已经死了，此时只不过是连同肉身一道彻底消失。他不会把父亲的死看得太重，很想跟余瑞华一块玩。但余瑞华一见到他，立马会想起那天的情景，再也不愿意跟他凑在一块，生怕他又带自己去做坏事。没人陪自己玩，赵承博只有强打精神，跟在哥哥和姐姐后面，迎接来宾。

王俊林只朝余瑞光瞥了一眼，心里一抖，万分惊讶。才几天不见，余瑞光已经变得老气横秋、萎靡不振，宛如一个活死人。余府出了什么事吗？他急切地想知道原委。王俊财、王俊喜心里一样犯嘀咕：才多长时间没跟余瑞光见面，他怎么变得如此不堪了？

余瑞祥很清楚余府发生了什么事，也清楚余府一定会发生什么事。他不能问哥哥。他已经断定是怎么回事了，问了又能解决什么问题呢？

面对王俊林的询问，余瑞光竭力地想掩饰。

王俊林大光其火，吼叫道：“都是一家人，是世交，有什么话，你痛痛快快说出来。”

余瑞光眼泪哗啦啦流了出来，透过泪眼，看了看王俊林，看了看王俊财、王俊喜，再看了看余瑞祥，张了张嘴，没蹦出一个字。

余瑞祥安慰道：“男子汉大丈夫，不要为一点小事流泪。没有了，就没有了，天塌不下来。”

“你知道？”余瑞光惊讶极了，本能地问道。

王俊林回味过来了，大骂道：“一定是那些王八蛋在逼迫你，想整垮你的纱厂！真是可恶极了。老子明天率领队伍，把那些王八蛋一个个收拾了！”

“是吗，你能吗？”余瑞祥问道。

王俊林一窒，嘴巴上立刻打了封条。

王俊财、王俊喜蒙在鼓里，赶紧询问缘由。余瑞光断断续续地说出那些革命党人前来纱厂敲诈勒索的经过。

余瑞华这才知道余府竟然隐藏了如此巨大的风险，大哥一个人独立支撑着，二哥却在一边看笑话，不由得一腔热血直朝上涌，对余瑞祥说道：“余府搞成这个样子，都是你造成的！父亲不认你，其实还是惦记着你的。我记得很清楚，当你跟袁世凯的人马打起来的时候，父亲还说你是一个好汉。你却为了这么一点事情，不把家庭放在心上。你完全没有人性。”

余瑞华越骂声音越大，丝毫控制不住自己。

弟弟长大了，知道发脾气了，余瑞祥露出欣慰的笑容。但这是在赵府，大家来赵府，是为了奔丧的，余瑞祥什么话都不能说。

众人都惊讶地看了过来。王俊财赶紧制止余瑞华，小家伙压抑了那么久，终于找到了发泄的地方，一发而不可收，谁都拦不住，对着余瑞祥，继续大骂不休。

不仅宾客们围拢过来，赵承彦、赵承博、赵璇滢都走了过来。赵璇滢眼睛里露出了谁也说不清那是什么情愫的光芒，赵承博恨不得为余瑞华叫一声好，赵承彦默不做声。

眼前的场面勾起了赵承彦的心酸。余瑞光的产业快要被革命党人全部掏垮，自己呢？父亲已死，自己和母亲以及夫人，肯定会被周莹莹、李香香赶出赵府。一念至此，他悲从心来，眼泪哗啦啦地流了出来。

谁也不知道赵承彦的心思，大家都以为他是在为余家兄弟吵架惊扰了父亲的亡灵而哭泣，一个个愣在那儿，做声不得。

余瑞华这才意识到了什么，终于闭上了嘴。

赵嘉勋终于入土为安了。余家兄弟和王家兄弟心情沉重地告别了赵氏兄弟和赵璇滢，走出了赵府。

在他们当中，只有王俊财知道姐夫的处境，也明白姐夫为什么会哭泣。可是，他无能为力。他心头多了一份沉重，只能暗自埋怨自己没有用，帮不了姐夫和姐姐。

王俊喜不知道姐夫处境堪忧，但把余瑞光的事一直放在心上，说道："余世兄，你不要继续为纱厂的事担心。我想，以后不会再有人来找你的麻烦了。"

"你？"余瑞光盯着王俊喜，问道。

"只要孙武需要我，应该不会有人再来找你的麻烦。"王俊喜露出了老谋深算般的微笑。

一骑快马打从前面奔了过来。见到了王俊林，骑马人翻身下马，在王俊林面前站住了，先向他行了一个军礼，紧接着把一个密封的信封递了过去，说道："王旅长，袁大总统的密令。"

王俊林打开一看，竟是袁世凯命令他加强戒备，严防武昌的革命党人蠢蠢欲动。

他立马想起春天的时候，国民党代理理事长宋教仁遇刺的事件。全天下都说袁世凯才是幕后的指使者。黄兴和孙中山甚至威胁要发动二次革命。难道他们真的要发动叛乱吗？

王俊林心里一惊，对余瑞祥说道："余世兄离开军政府，实在太高明了。对不起，我现在有事，得马上离开，我再找你。"

说完，他骑上战马，飞快地从余瑞祥身边消失了。

王俊林这是要去干什么？为什么说一些莫名其妙的话？大多数人心里纳闷。

余瑞祥心里很清楚：黄兴和孙中山要发动二次革命！

他们走过了一段弯路，终于认清了袁世凯的本来面目，回到正确的道路上来了。可是，他们有力量跟袁世凯打下去吗？没有了。袁世凯颁布裁军令之后，黄兴几乎一夜之间，将革命党人控制的军队全部解散了。而且，革命党人早已四分五裂。以南京那边的革命党人为主，联合其他几个小团体，组成了国民党。在此之前，以孙武等武昌方面的革命党人为主，在黎元洪的支持下，成立了民社，并进而联合其他的小组织成立了共和党。另外还有民主党等其他的党派。他们各有自己的主张，各有自己的诉求，不可能团结在一起，更不可能举起统一的旗帜。即使是黄兴、孙中山发动了二次革命，全天下能够响应的恐怕寥寥无几。这就是他们轻信袁世凯的代价！但是，总得有人响应。总得让袁世凯知道，早就有人识破了他的阴谋，只要他一违背民意，会立即遭到反抗。

想到这里，余瑞祥对他们说道："我也有点事情，得先走一步了。"

"哥哥，你难道真的铁石心肠，对余府不闻不问吗？"余瑞华大声叫道。

余瑞祥走到弟弟面前，轻轻地拍打了一下他的肩头，说道："我是余家的后代，永远都不会忘记这一点。但是，事情有大有小有缓急轻重，我现在顾不上余府了。你长大了，就会明白哥哥的苦心。我希望你做一个目光远大的人，不要仅仅只是盯着家庭。"

说完，他飞快地走了。

看着余瑞祥的背影消失不见了，余瑞光、余瑞华、王俊喜、王俊财收回目光，相互打量了一眼，正准备分开。这时候，赵璇滢来到他们的跟前。

赵璇滢对前夫说道："瑞光，我希望你不要继续为难自己。这场战争，已经改变了我们的生活。我们不可能继续生活在一起。我衷心祝愿你尽快找到适合你的人，成家吧。余府需要有一个少夫人。"

余瑞光怔怔地望着她，犹如木偶。

赵璇滢说完，也飞快地离了开去。余瑞光依旧只是怔怔地望着她消失的地方发呆。

"余世兄，事已至此，你应该想开一点，听赵小姐的，另外娶一位夫人吧。"王俊喜很想告诉他，赵璇滢已经喜欢上了他的弟弟，不可能回头了，但说不出口，只能劝说。

"是呀，赵小姐说得对，余府需要有一个少夫人。"王俊财说道，"其实，王府也需要一个少夫人。可是，我们在居丧期间，王俊林不能和令妹成亲。"

第二十三章 世事无常

余瑞祥一回到码头，立即把许天亮等一帮码头工人召集起来，命令他们分头赶往各军营，通知隐藏在队伍里的几位团长去秘密地点集会，准备跟他们商量响应孙中山、黄兴的号令，在武昌再度发动义举。

他满怀信心，那几位昔日的标统，现在的团长，自己最忠实的部下，一定会悉数赴会。他不想让他们等待自己，许天亮等人一走，他随即动身前往约定地点。

余瑞祥估计几位团长应该在两个小时之内全部到达。可是，他等了三个小时，仍然不见他们的踪迹，甚至连送信人亦消失无踪。他不禁有点着急，也有些担忧。

“也许，他们军务繁忙，还得一段时间才能过来。”余瑞祥安慰自己。

又过了一个多小时，终于有一个人出现在余瑞祥面前，是许天亮。

许天亮告诉他：没有找到那几位团长，谁也不知道那几位团长到哪里去了。

余瑞祥心一紧缩，难道是王俊林把他们软禁起来了吗？随即，他给予了否定。因为他知道，放下王俊林并不知道哪几个团长是自己安插在队伍里的人不说，即使王俊林知道，他的势力范围不在武昌，要想对他们采取强硬手段，鞭长莫及；也欺骗不了他们。

“难道说，他们已经被黎元洪拉拢过去，丧失了革命意志，故意躲着我？”余瑞祥想到了第二个理由。

不！黎元洪虽说知道他们曾经是我最忠实的部下，后来，我们常常意见相左，甚至大吵大闹，足以令黎元洪以及军政府要员都相信，我们已经分道扬镳。余瑞祥想以此说服自己，但是，心里响起另一种声音：黎元洪如果趁机多给他们好处，拉拢他们，并非不能把他们拉过去。许多革命党人不正是因此丧失了革命意志吗？

余瑞祥情不自禁地一阵颤抖，绝望地说：“不，他们是我最信任的人，他们跟其他革命党人不一样！”

他们是人，是人都会有私心，是人都会发生变化。黎元洪开始反对革命，后来参加了革命；孙中山、黄兴开始受袁世凯蒙骗，现在不是发动二次革命了吗？从心底涌起的这种想法彻底击倒了余瑞祥。他完全石化了。

“无论如何，我得亲自找上门去，看他们是不是在躲避我。”余瑞祥恢复了元气，做出了决定。

他准备首先去南湖炮队。在此之前的每一次战斗中，此人都沉着镇定，弹无虚发，是一条响当当的汉子，有很强的适应和应变能力。因此，第一次扩军的时候，余瑞祥把他从一个队官提拔当了标统，并且经常安排他去做很重要的事情。余瑞祥相信，哪怕其他的人全部背叛了他，炮队团长也不会。

余瑞祥化了一下装，以团长老家来人的名义，出现在炮团。

没过多久，余瑞祥见到了团长本尊。乍一看到老领导，那位团长颇有些吃惊。余瑞祥心里也是一抖。虽说明知这位昔日的部下已经不可能再遵守原来的约定了，余瑞祥还是先告诉他孙中山、黄兴发动了二次革命，然后询问他准备得怎么样了，是不是跟其他几个团长联系起来，再发动一次起事。

炮队团长说道："要在以往，只要余副总司令一声令下，我赴汤蹈火，在所不辞。可是，部队赤手空拳，不可能发动起事。"

余瑞祥冷静地说道："你只需要告诉我，你愿不愿意遵守我们的约定。"

他不知道，不仅炮队团长，几乎所有他安插在军队里的团长，不是被黎元洪拉拢了，而是早被孙武拉过去了。

孙武一建成汉口大旅馆，便将团长以上官长，天天拉去风流逍遥。那儿有豪华的套房，各种娱乐设施，还有全城最高档的妓院，不仅从全国各地搜罗了许多头牌妓女，甚至从俄国、英国、德国等一些国家，弄来了一大批金发碧眼的女人。这些行伍出身的伙计在汉口大旅馆，不只是享受各种娱乐活动，而且还能得到其他许多意想不到的好处。想发财，只要吱一声，马上会有一大笔财喜砸到你的头上。要升官，同样只需要言语一声，不多久准会如愿以偿。在那儿，他们还可以放肆地攻击孙中山、攻击黄兴。当然，这几位团长刚开始还对余瑞祥怀有一丝愧疚，曾经挣扎过、痛苦过，可是，最终还是被眼前利益所驱动，不得不背弃了余瑞祥。

看到团长久久答不上话来，余瑞祥不觉越来越生气了，正想破口大骂。一个人突然出现在他面前。

"余副总司令，我早知道，你肯定会来到这里的。"王俊林笑道。

王俊林利用手头的权力和金钱，收买了许多革命党人，为他及时提供革命党内部的情况。因为放心不下余瑞祥，他对余瑞祥的行踪做过周密调查。他知道南湖炮队团长本来跟余瑞祥关系匪浅，后来突然关系破裂。他觉得里面一定隐藏了极大的隐情。如今，孙中山、黄兴发动了二次革命，他恍然大悟：余瑞祥一定跟南湖炮队团长商量好了，一旦局势有变，必然会有异动。

他要阻止余瑞祥的异动，只有亲自来到南湖炮队。本来，他不可能把手伸向武昌，因为知道汉口大旅馆的秘密，也知道南湖炮队团长的秘密，他觉得，南湖炮队团长准会被他死死地掐在手心。

余瑞祥打量了他们一眼，轻蔑地说道："很好，原来你们早已勾搭上了。"

不等话音落地，他腾身而起，准备走出去。

王俊林拦住了他，笑道："余世兄，我们难得见面，既然碰上了，还是多说几句话吧。"

余瑞祥头也不回地走了。

南湖炮队团长感到非常难堪。他其实非常痛恨王俊林的所作所为，跟王俊林半分钱的关系都没有。谁承想，王俊林竟然亲自到军营来找他！而且跟余瑞祥碰上了！余瑞祥认为他跟王俊林早已勾结在一起。他难道跟王俊林一样不堪吗？不，不能让余瑞祥觉得自己跟王俊林同流合污。他一直敬佩余瑞祥的人格和才干，一直希望自己做一个像余瑞祥一样的人，只不过，他是男人，有七情六欲，也有喜怒哀乐。他控制不了自己，做下了一些荒唐的事情，让人家抓住了把柄。

他如梦初醒，看清了自己：自己跟王俊林不是一路人，跟孙武也不是一路人，自己追随的人是余瑞祥！余瑞祥要自己响应二次革命，自己怎么能袖手旁观呢？

南湖炮队团长要赶出去，寻找余瑞祥，跟余瑞祥一道商讨起事的计划。可是，王俊林就在面前，他不能不慎重，不能不先稳住王俊林，让王俊林放下戒心。

这时候，王俊林是绝不会让他随意离开的，再一次把他带到了汉口大旅馆。

出了南湖炮队，余瑞祥心里像着火了一样，既疼痛，又焦急。一个最信任的人已经背叛了自己，其他几位团长一定都是如此！难道注定不能响应孙中山、黄兴吗？不能，袁世凯昨天杀张振武，今天杀宋教仁，明天又该杀谁？为了制止袁世凯屠杀革命党人，纵使谁都不愿意响应二次革命，自己也得运作下去。他一个一个地找其他几位团长，把道理给他们说透。结果，谁也没有被他打动。

余瑞祥心里一阵冰凉。他恨他们背叛了曾经的誓言和理想，也恨自己看错了人，更恨自己为什么把他们扔进部队以后，没有时常关注他们，敲打他们。现在，一切都晚了。怎么办呢？江西方面不是已经发动革命吗？自己可以跑到江西去，参加这场革命。

他正要奔赴江西，突然碰上了赵璇滢。

父亲入土为安以后，赵璇滢很想找到余瑞祥，亲口告诉他：即使他要成亲，她还是会把自己的心全部交给他。没想到，孙中山、黄兴竟然发动了二次革命！她知道，余瑞祥一定不会置身事外，顿时热血沸腾，更加用心去找余瑞祥，准备再度拉起妇女救护队，在他的指挥下，跟袁世凯的军队再决雌雄。

赵璇滢可以从昔日的妇女救护队成员那儿得到很多消息。余瑞祥一露面，她便搞清了他的行踪。原来余瑞祥只不过是当了码头工人，并不住在租界，更没有接触过什么豪门小姐！她喜出望外，觉得他躲着她，其实也是爱上了她。她更要帮助余瑞祥让二次革命的战火在武昌熊熊燃烧起来。余瑞祥到了南湖炮队，她追踪而去，但并没有看见余瑞祥，反而碰到了王俊林。

赵璇滢忍不住破口大骂道："王俊林，你这个丧门星，你不管走到哪里，哪里都会遭殃！"

王俊林笑道："不，你应该说，我是福星，我走到哪里，哪里就不会发生叛乱。"

"呸！"赵璇滢朝地上吐了一口唾沫，再也不理睬王俊林，把目光转向南湖炮队团长，怒骂道，"你这个软骨头！你什么不好学，竟然学王俊林，当袁世凯的走狗！你难道不觉得良心有愧吗？"

南湖炮队团长心里有苦说不出，也不分辩，耷拉着脑袋，一副可怜兮兮的样子。

"好了，你要是骂完了，可以歇息一下了，我要带着团长去一个好玩的地方，你要想去，不妨跟我们一道去。"

不等王俊林说完，赵璇滢又朝他的面前啐出一口唾沫，扭头跑掉了。

全天下的男人要是都像余瑞祥一样胸襟远大，该多好呀！赵璇滢越来越觉得余瑞祥是一个顶天立地的男子汉，她得竭尽全力帮助他。可是，纵使把妇女救护队重新召集起来，人马也不多，而且不能冲锋陷阵，只能救护伤员，怎么帮他？

她忽然想起了南湖炮队团长的眼神，想起了他跟余瑞祥和自己在一块慷慨激昂誓言保卫共和的情景。她虽说并不清楚余瑞祥到底跟他谈得怎么样，但觉得他一定是受了王俊林的控制，才不敢跟自己说知心话。她马上派了一个救护队员，去探听王俊林和南湖炮队团长的行踪。

很快，她得到准确消息：王俊林和南湖炮队团长到汉口大旅馆去了。

赵璇滢虽说不太清楚这到底是一个什么样的地方，但她听到了许多传言，知道那是孙武专门为首义英雄准备的安乐窝。

乍一听到这个消息，她立刻把它与妓院青楼挂上了钩，怒火冲天，痛骂道："呸！孙武是老鸨，革命党是淫棍！"

孙武建汉口大旅馆的时候，王俊喜出了不少力。王翔东之死，她隐隐约约有些耳闻，似乎里面隐藏了一些什么内情，她可以想象得到，王俊喜这个贪得无厌的家伙之所以愿意放血为孙武提供帮助，一定是想借孙武的手来牵制王俊林。既然王俊喜帮助过孙武，他一定清楚汉口大旅馆的内情。她决定找一找王俊喜。

叔父去世以后，王俊林心怀愧疚，对王俊喜友善了很多。但是，王俊喜心里总是有一根刺，一心一意想加害王俊林。他不仅利用孙武，还收买人员监视王俊林的一举一动，一旦有可以利用的机会，将毫不留情地置王俊林于死地。

赵璇滢一找到他，王俊喜立刻将自己从汉口大旅馆以及从王俊林身边人那里得到的消息全部告诉她。

原来那些人不仅是老鸨和淫棍，还是彻头彻尾的叛卖者！赵璇滢感到非常震惊。虽说如此，她还是可以听得出来，余瑞祥相信的那几个团长，良心并没有完全泯灭。她相信，他们是在汉口大旅馆麻醉自己的神经，一旦有人揭竿而起，仍然会义无反顾地投入新的革命。

“你能想办法拖住王俊林，让南湖炮队团长离开汉口大旅馆吗？”赵璇滢问道。

王俊喜说道：“我尽力而为。”

南湖炮队团长终于跟赵璇滢单独见面了。他面带羞愧，说道：“也许，我不再是余副总司令希望的人了。”

“我知道，你是顾忌黎元洪会竭力镇压响应二次革命的革命党人，王俊林又在监视你。可是，这些算什么呢？当年武昌首义的时候，不是只有很少人响应吗？而且连一个指挥官都没有。但我们成功了。现在，余副总司令需要你，你只要率先响应，一定会有人紧跟你的步伐，我们一定能重新发起一场革命！”

赵璇滢的热烈感染了南湖炮队团长。两人反复商讨，想到了摆脱王俊林和黎元洪的办法。

随后，赵璇滢赶紧去见余瑞祥。

余瑞祥带着许天亮等一些码头工人，正准备奔赴江西。看到赵璇滢突如其来地出现在自己面前，他微微有些吃惊。

赵璇滢率先说道：“走，跟我去见一个人。”

余瑞祥说道：“我现在还有其他事情要做。”

赵璇滢说道：“我知道，你想离开武昌。我敢肯定，你见到那个人以后，准会改变主意。”

余瑞祥被赵璇滢说中了心思，不能不陪着她走一趟。

南湖炮队团长被赵璇滢安排在一家小旅店里。看到余瑞祥进来了，他连忙站起身，挺直身板，向余瑞祥行了一个标准的军礼，说道：“余副总司令，我辜负了你的厚望。”

赵璇滢说道：“不必说客套话，商量怎么起事要紧。”

余瑞祥大喜过望，赶紧与二人商议响应二次革命的具体步骤和做法。

南湖炮队团长说，其他几位团长跟他一样，其实全都处在矛盾之中，可以去把他们拉过来，一块参加起事。余瑞祥、赵璇滢赞同了他的提议。他们再次秘密联络各位团长，约定了起事的具体日期和方式。

最后时刻快要到了。王俊喜忽然告诉余瑞祥一个惊人的消息：有个团长出卖了他们的计划，王俊林已经和黎元洪联合起来，准备趁他们最后一次开会的机会，将他们一网打尽。

情况突变，余瑞祥不得不立即决定起事，并转移秘密指挥机关。

他们约定了新的联络方式，便分开行动。

余瑞祥、赵璇滢带着护卫人员以及许天亮等人，走出了秘密指挥机关，朝另一个地方转移。他们刚刚抵达那里，便感觉到有些不对头。一定是遭到监视了！他们赶紧准备离开，可是，四周已经布满了军警。

“你从后面离开，我引开他们的注意力。”赵璇滢喝令许天亮带着余瑞祥朝后门奔去。

她把余瑞祥推到了门口，反过身来，指挥护卫，对着军警开了几枪。

军警反应很快，全部趴倒在地，同时开动扳机，一连串子弹打了过来，封住了赵璇滢和护卫人员的去路。

赵璇滢率领护卫一面朝军警展开了猛烈的反击，一面朝后面退去。几个护卫中弹了。赵璇滢命令众人朝后面冲去，忽然看到余瑞祥、许天亮等人已经被逼退回来了。

一个声音传了过来：“你们不到黄河心不死。现在，该死心了吧？”

是王俊林的声音！

原来王俊林早已部署好了！王俊喜怎么没有及时提供这一新的情报？赵璇滢、余瑞祥心里一紧，正要说话，周围停止了射击。王俊林从后面飘了过来。

“王俊林！有种你就打死我们！”赵璇滢怒喝道。

“我不会打死你们。我们是亲戚，是世交，我是不想让你们白白送死，才亲自来到这里的。”王俊林依旧一脸的笑容，朝赵璇滢和余瑞祥跟前走了过来。

赵璇滢挥动手枪，准备打向王俊林。突然，一个人从屋顶上跳了下来，一下子扼住了王俊林的脖子。

“叫他们都退出去！”那个人蒙上了面，恶狠狠地命令道。

王俊林说道：“其实，我们都是为了救余瑞祥和赵璇滢。你不想他们死，我也不想他们死。何必这样对待我呢？”

“叫他们退回去！”那人把王俊林的喉咙掐得更紧了。

王俊林命令军警们都退了出去。面前敞开了一条道路，余瑞祥、赵璇滢、许天亮和那个陌生人架着王俊林，一步一步地朝外面走去，军警远远地跟着。

陌生人说道：“你们胆敢继续跟着，我就拧断他的脖子！”

一面说，他一面更加用力地掐着王俊林的脖子。看到王俊林越发挣扎得厉害了，军警再也不敢轻举妄动，木桩一样杵着。一行人接连拐了好几道弯，走向荒野。后面果然没有人跟踪，那个陌生人松开了手。

王俊林猛烈地一阵咳嗽，说道：“你卡死我了。”

余瑞祥说道：“王俊林，别说俏皮话，你觉得你还能活着回去吗？”

“我是为了救你们，才带领人马冒充军警来到你的指挥部的。你要想把我怎么样，我管不了，也不想管。”王俊林说道。

这时候，余瑞祥隐隐约约感到周围出现了一阵奇怪的响动。王俊林同样感觉到了，立刻一下就扑倒在地。一阵枪响，子弹像雨点一样打在他们的周围。

“王俊林，你混蛋！”余瑞祥挥起枪，准备打向王俊林。但王俊林周围也是一阵密集的子弹。

“快逃！”王俊林说道。

可是，四周已经被一支人马严密地包围了。他们不管朝哪一个方向撤退，都碰到了一面火药编织的墙壁，给挡了回来。他们只有依托地形，朝对方展开反击。对方谁都不说话，宛如一群哑巴，只是一个劲地朝他们冲。

“一定是你我共同的敌人。”王俊林说道。

余瑞祥和赵璇滢心里也清楚这一点。谁想同时置他们于死地？除了黎元洪，还有谁能做出这种事情呢?

敌人依旧不声不响，用子弹向余瑞祥等人发出死亡的邀请。

战场上空，子弹翻飞，呼啸声令人心悸。不一会儿，余瑞祥等人手里的子弹越来越少了。

“我不想你们死，他们却要你们的命。这就是你们的同志。”王俊林说道。

“闭嘴！”赵璇滢愤怒地呵斥道。

死亡有什么可怕的？可以和余瑞祥死在一块，对赵璇滢来说，是最大的安慰，最好的结局。

突然，对方的枪声稀疏了。王俊林精神一抖，赫然看到对方的后面，已经飘起一股股硝烟。一定是自己的人马远远地跟了过来，一见这里交火，当即前来解围！只要自己的队伍来了，这些对手有什么可怕的？

王俊林转眼朝四周望去，到处都有枪声。他越发喜出望外，对余瑞祥说道："看到了吗？是我的人马救你来了！"

余瑞祥冷冷地看着他，思索道：王俊林的人马众多，凶悍无比，一定可以击破对方。落到对方手里固然不好，被王俊林缠上了同样不是好事。得摆脱他们！

他冷静地说道："不，他们是来救你的。看起来，你带兵还是很有一套。不过，我希望你能够认清形势，明辨是非，不要一味地做糊涂事了。"

"我不糊涂，糊涂的人是你！"王俊林说道。

余瑞祥不能继续跟他谈下去了，得赶紧想办法离开。他很快发现那两支人马交锋的阵线上，出现了一个微妙的缺口。余瑞祥朝赵璇滢使了一个眼色，命令她率领护卫朝当面的敌人发动攻击。

对方一旦完成了包围，试图加紧展开攻击，一举将被包围的人全部消灭，永绝后患。没想到，忽然从后面杀来一支队伍，他们只有一面抽调人马前去应付，一面加紧攻击被包围的人群。现在，包围圈里的人竟然从里面打出来了，为了不让这些人逃掉，他们慌忙从各个方向猛扑过来。

王俊林的人马迅速发起猛烈反击。一时间，对方整条阵线上到处出现了一道道缺口。

余瑞祥火速命令其余人马朝缺口冲去。

那陌生人赶紧奔向赵璇滢，让赵璇滢率领护卫跟着撤了出去，自己却一边抵抗着对方的攻击，一边不断后撤。

很快，他们全部冲出了包围圈。看着不远处仍在燃烧的战火，余瑞祥冷冷地对王俊林说道："我希望你好好想一想，你究竟应该走什么样的道路。"

"我同样把这句话送给你。"王俊林说道。

他的声音还没有落地，余瑞祥、赵璇滢、许天亮以及那个陌生人好像旋风一样从他面前刮了过去，顷刻之间消失不见了。

陌生人是王俊喜派来帮助余瑞祥和赵璇滢的。王俊喜本来以为一切都在控制之中，突然从王俊林身边传来了一个惊天的消息：王俊林已经和黎元洪商议好了，对所有曾经参加过民军的各军营实施严厉的监视，而且，黎元洪甚至默许王俊林带兵前来武昌，抓捕余瑞祥赵璇滢等人。

王俊喜得到这个消息的时候，余瑞祥和赵璇滢等人正着手在武昌响应二次革命。王俊喜急得直跳脚，他知道他们已经落入王俊林的掌控。要救出他们，他只有另花重金，请来一位武林高手。

救出余瑞祥、赵璇滢等人以后，陌生人消失无踪，再也没有跟他们见过面。

企图已经暴露，余瑞祥、赵璇滢、许天亮等人虽说已经逃出来了，无论如何，他们是不可能在武昌再一次发动革命了。

“我们现在只有去江西或者安徽一条路可走了。”赵璇滢说道。

这时候，满大街的报纸上都在宣布一个重要的消息：孙中山、黄兴发动的二次革命被袁世凯镇压下去了！

余瑞祥、赵璇滢心里一阵冰凉。不仅前面无路，恐怕黎元洪会利用这个机会，要向他们大开杀戒。王俊林也不可能饶得了他们。

“我想，他们的目标还是我，你应该回去赵府。”余瑞祥对赵璇滢说道。

赵璇滢说道：“不管你去哪里，我都会跟着你。”

余瑞祥打定了主意，一定要摆脱赵璇滢，同时，他也决不会逃走。他曾经发动过南湖炮队团长和其他几个团长，虽说胎死腹中，黎元洪、王俊林等人一定会怀疑并加害他们。他要迅速联络他们，给他们一个满意的交代。

武昌加强了戒备，街面上到处都是军警，不能去找那几个昔日的部下了，得先找到容身之地再说。最危险的地方，往往是最安全的。余瑞祥想到了余府，想到了自己的亲人，决定回去余府。

余记纱厂因为有王俊喜帮忙，再也没有人骚扰，在余瑞光的精心管理下，已经有了起死回生的迹象。

听到孙中山、黄兴等人发动二次革命的消息以后，余昌泰觉得打倒袁世凯，恢复清朝统治的机会悄然降临。他格外振奋，人一下子年轻了几十岁，依稀挥斥方遒的少年，一口气跑出余府，高声呐喊，到处张贴布告，支持二次革命，号召人们起来推翻袁世凯的统治。

听到激烈的枪战声，余昌泰以为是余瑞祥和赵璇滢已经向袁世凯的人马发动了攻击，高兴得手舞足蹈，赶紧冲过去，试图亲眼见证历史。

一路走过去，武昌首义之夜那种到处都是战火横飞的场景，余昌泰再也看不到了，城里虽说受到了惊扰，但并没有人像过去一样冲向战场。他循着枪炮声传来的方向迅速地奔去，毕竟年老体衰，不一会儿，便跑不动了。

不能停歇下来，他要亲眼看看，儿子是不是把袁世凯的人马，也就是王俊林和黎元洪的人马干掉了。他很希望王俊林悬崖勒马，不要继续跟着袁世凯干下去了，也曾多次试图劝说王俊林趁此机会反对袁世凯。但王俊林分明看透了他的心思，根本不跟他打照面。

余昌泰奔到战场，战争已经结束了。果然是王俊林的人马，不过，王俊林的对手不是余瑞祥，而是黎元洪。

“狗咬狗！”余昌泰在心里痛骂道。他一下子冲到王俊林面前，说道：“王俊林，见你一面真的不容易呀。”

“世伯，我一直很忙。”王俊林笑道。

“也许，我不能说什么了，你们已经打完了。”余昌泰说道。

王俊林说道：“是的，已经打完了。不过，却不是我希望看到的样子。瑞祥他们总算不会再当叛逆了。世伯放心吧。”

“如果余瑞祥想打袁世凯，他即使是叛逆，也叛逆得好！”余昌泰说道。

王俊林打断了他的话：“世伯，你回去歇着吧，我还有一些事情要处理。”

侥幸打赢了这一仗，王俊林心里越发痛恨过去的革命党人。他要向袁世凯报告黎元洪这个卑鄙小人在关键时候坏了他的大事，还有那个突然出现在战场上的陌生人，似乎对自己的一举一动了如指掌，也得调查那个人的来历。至于余瑞祥，只要沿途设下路卡，他肯定逃不掉。

眼见得余瑞祥无论如何不可能再度拉起队伍在武昌大干一场，余昌泰在心里痛骂不休：“畜生，连反都造不起来了，真是废物！”

余昌泰愤愤不平地回到了府上。

已是晚上。余府灯火透明，但堂屋里没有一个人，余老夫人和余雅芳待在各自的房间想心思。

老爷跑了，到现在还没有踪影，余瑞光和余瑞华以及全府下人出动，四处寻找他去了。兄弟俩都知道老爷子的心思，准备去战场寻他，半路上碰上王俊林。得到余昌泰已经回府的消息，他们赶紧打道回府。

听到有人进门，余老夫人赶紧走了过来。

“老爷，你出去干什么呀？”余老夫人一见丈夫，放下心来，说道，“没听见外面在打仗吗？”

“没仗可打了！我以为余瑞祥这个畜生真能翻起多大浪花，原来是银样镴枪头，不中用的东西！”余昌泰一屁股坐在太师椅上，骂道，“枉费了我的教诲。”

“父亲。”余瑞祥的声音传进了余昌泰的耳鼓。

余昌泰大吃一惊，生怕自己听错了，放眼看去，只见余瑞祥从外面进来了，木桩一般站在自己面前，浑身上下透射出疲惫和不堪。

“不要叫我父亲。”余昌泰怒吼道，“我们早已脱离了父子关系！”

“老爷！”余老夫人赶紧制止丈夫，冲到余瑞祥跟前，仔细地端详着他。

余雅芳听到动静，跑了出来，看到了二哥，非常激动，喊道：“二哥。”

“我说过，余府已经跟这个畜生没有任何关系了！”余昌泰继续吼叫。

余瑞祥走到父亲跟前，说道：“父亲，不管你是不是已经宣布跟我脱离了父子关系，可是，你是我的父亲，这一点，永远都不会改变。我没做错。秉承父亲的教诲，不看透问题的实质，我决不会贸然出手；一旦出手了，我决不回头。推翻清廷，得到了全天下的响应，全天下的老百姓都觉得我们做得对。我错在哪里？”

“畜生，你叛逆，索性叛逆到底，还不愧是我的儿子，但你怎么软蛋了？”余昌泰怒喝道。

余瑞祥能说什么呢？他一直没有软蛋过。可是，革命党人流血流汗打出的天下，最后被袁世凯窃取了。他很想再次发动针对袁世凯的战争，弄得自己连容身之地都没有了。他万分痛苦，但听了父亲的痛骂，心里反而有了些许安慰。

余老夫人一见老爷越骂越凶，心疼儿子，赶紧数落丈夫：“孩子已经回来了，你还说这些干什么？”

出去寻找余昌泰的人都回到了府上。看到了余瑞祥，他们既惊喜万分，又不知道究竟应该怎么表达自己的心思，齐刷刷地瞪着他。

余昌泰越发怒火万丈：“反了！你们都反了！都要当叛逆了！”

“谁在惹老爷子生气呀？”王俊林走进余府，听见了余昌泰的吼叫，问道。

王俊林怒气冲冲，准备跑去军政府质问黎元洪，没想到，黎元洪却率先急匆匆地奔过来向他道歉，然后亲手枪毙了率兵攻打王俊林的一个团长。王俊林心中的怒火暂时平息了，把跟黎元洪算账的事先搁在一边，去一趟余府再说。毕竟，余昌泰来过战场，跟他说过一席话。他知道，余昌泰又对他大为不满了。余昌泰已经悔了一次婚约，要是因为这再次悔婚，恐怕神仙也挽救不了。他得好好安慰余昌泰，让余昌泰知道，他是军人，只能服从命令。没想到，余瑞祥竟然回了余府，他大喜过望。

余昌泰一看到王俊林，满肚子不舒服，怒气冲冲地进入了书房。

“看起来，你是来抓瑞祥的，对吗？”余瑞光问道。

这话一出口，不仅余老夫人惊呆了，余雅芳也惊呆了。她们实在不知道外面到底发生了什么事，更不清楚王俊林究竟跟余瑞祥有什么深仇大恨，瞪大眼睛，注视着他。

王俊林笑道：“其实，我一直没有想过要跟余瑞祥作对，是他经常想要我的命。”

“难道你不能跟祥儿好好合作吗？难道你不知道王家和余家是世交吗？”余老夫人说话了，“不论你们原来是朋友也好，是对头也好，祥儿一年多不能进家门，他父亲至今不认他是儿子。你们不要继续折腾下去了。”

余雅芳流着泪，转身进入自己的闺房。她一直希望嫁给王俊林，但王俊林怎么能跟二哥作对呢？他们一天到晚，怎么只是想着杀呀杀的呢？她应该帮助谁，应该痛恨谁？她不知道，只能暗自流泪。

“伯母，我也不希望跟他作对。”王俊林说道，“事情不是你想象的那样。”

余瑞祥说道：“我们没有个人恩怨。只是，我们永远都不会走到一起。”

余老夫人望了望儿子，再望了望王俊林，说道：“我真的不知道你们到底想干什么，到底发生了什么事情。我管不了，也不想管。祥儿，你父亲早就说过，袁世凯不是一个好东西，我觉得你没有错。俊林，你要好好想一想，你继续跟着袁世凯，到底会得到什么？”

说完，余老夫人离开了堂屋。

女儿是流着泪离开的，余老夫人觉得女儿是最伤心的人，打算去安慰女儿。她走进余雅芳的闺房，见女儿正在流泪，心里涌起一阵哀伤。

余雅芳泪眼婆娑地望着母亲，突然一声大哭，投入母亲的怀抱。

余老夫人轻轻地拍打着她的后背，叹息了一声：“别哭，你二哥和俊林不是孩子，他们知道自己在做什么。”

堂屋里只有余瑞光、余瑞祥、王俊林、余瑞华四个人。

王俊林竭力想缓和气氛，对余瑞祥说道：“全天下恐怕只有余府是最安全的了。你应该把赵璇滢带回来。”

余瑞光听到赵璇滢的名字，心里微微一阵颤抖。他一直没有忘记赵璇滢，一直想跟她破镜重圆。

如今，纱厂即将走向正轨，余府也安定下来了。母亲一直希望他跟赵璇滢破镜重圆，不断在余昌泰耳边吹风。余昌泰想起自己跟赵府的交情，默许了。父母那儿都没有问题了，余瑞光以为解除了横亘在他和赵璇滢之间的最大障碍，一直希望让前夫人回到余府，回到他身边。弟弟回到了余府，赵璇滢没有回来，余瑞光心里很难受，听王俊林这么一说，情绪越发低落。

看到余瑞光难受了，王俊林安慰道："不过，她总有一天会回到余府的。"

哥哥情绪低落，余瑞祥心里也非常难受，他同样在备受煎熬。他回到余府，很想跟父母谈一谈赵璇滢的事情。可是，应该怎么谈呢？他曾经下了很大的决心，准备接受赵璇滢的爱。他觉得自己不能辜负赵璇滢，也不能压抑自己，一看到哥哥难受的样子，他就知道，他只有继续辜负赵璇滢，继续压抑自己。

他不能给家人带来灾祸。父亲无论怎么做，都没有人敢对他妄动杀机，自己却不能再给余府带来额外负担。王俊林虽说因为跟他理念不同，跟他走上了对抗的道路，但绝对可以好好照顾家人。他还是要离开余府，离开所有人的视线。在跟余瑞光、余瑞华、王俊林一块谈论往事的时候，余瑞祥心里已经做出了决定。

王俊林没有回旅部，而是留在余府。

一家人都沉入梦乡的时候，余瑞祥溜出了余府，消失在一片寂静的黑夜里。

第二十四章 波涛暗涌

二次革命失败后，孙中山和黄兴等国民党领袖人物不得不逃亡海外，袁世凯一手遮天，完全背弃临时约法精神，另外炮制出了一个《中华民国约法》，赋予他帝王般的权力。

余瑞光感觉不到这些事，更不愿意掺和这些事。武昌首义打破了余府平静的生活，把一家人的关系搞得乱七八糟，他首当其冲，蒙受了最严重的伤害。父亲逼迫他，夫人离开他，二弟影响了他，把他推入没完没了的伤痛和灾厄之中。如今，不管怎么说，余府这艘破船总算停泊下来，他筋疲力尽，再也不希望发生任何波折。他仍旧想念赵璇滢。可是，无论从余瑞祥、王俊林的口吻里捕捉出来的信息，还是从赵璇滢亲口告诉他的话里，他很清楚，前夫人再也不可能回到他的身边，只好把思念之情深埋在心里，不让任何人发觉。

正如当年一心要嫁给余瑞光一样，赵璇滢一旦爱上了余瑞祥，非得跟他在一起不可。哪怕余瑞祥仍然拒绝她，躲避她，她也毫不在乎。只要余瑞祥在她身边，她就感到心安，感到真实。二次革命把余瑞祥和她绑在一起，哪怕一路凶险，有他在，她也甘之如饴，她幻想从此以后两人再也不会分开了。谁知二次革命失败之后，余瑞祥又从她身边逃走了。她发誓，找遍武昌、汉口、汉阳的每一个角落，也要把他找出来。

这时候，湖北政坛发生了强烈地震。黎元洪不得不离开武昌，湖北督军变成了袁世凯的头号心腹大将段祺瑞。

王俊林向袁世凯密报了黎元洪暗中破坏他铲除武昌革命党人的图谋以后，袁世凯雷霆大怒，一方面密令王俊林加强对黎元洪的监视，另一方面派出专使来到武昌，邀请黎元洪去北京就任副总统之职，以便完全把他置于自己的控制之下。黎元洪用尽各种借口婉拒，最后还是在袁世凯的欺骗、利诱、恫吓以及王俊林的威逼下，不得不去北京赴任。

段祺瑞甫一上任，王俊林心里其实颇有些酸溜溜的。他本来以为把黎元洪赶出了湖北，袁世凯论功行赏，会把湖北督军的交椅送给他，结果如意算盘落了空。他虽说颇有点怨恨袁世凯，但不敢表露，也不得不跟段祺瑞套近乎，竭尽全力帮助段祺瑞掌控湖北的局势。

当年王俊林火烧汉口，帮助冯国璋夺得攻占汉口的头功，段祺瑞心里很不是滋味，当时就恨上了王俊林。这一次走马上任湖北督军，本想好好收拾王俊林，没想到王俊林如此识相，段祺瑞很吃这一套，从此把王俊林的人马安置在武昌。

博得了段祺瑞的欢心，王俊林借此机会帮余瑞祥、赵璇滢等人开脱，将准备响应孙中山、黄兴等国民党领袖发起二次革命的责任全部推到詹大悲等人身上，命令军警加紧搜捕詹大悲等人。

段祺瑞在湖北督军任上只干了一年，回到了北京，换成段芝贵粉墨登场。

王俊林心里更加不舒服。为了排遣心里的苦闷，等三年守孝期满，他迫不及待地要跟余雅芳成亲。

余昌泰没有理由再拒绝，不能便宜了王俊林，给王俊林提出了迎娶女儿的条件：一切按照清朝时期的规矩来操办。

王俊林一口应承下来。他如愿以偿地把余雅芳娶进王府。

余雅芳出嫁以后，余府更加冷落了。

不久，爆发了一场世界性战争。西方列强为了打仗，暂时顾不上中国了。余瑞光利用这个机会，把纱厂的规模扩张了好几倍。

事业的成功，依旧不能消除余瑞光对赵璇滢的思念。明知道前夫人已经不可能跟他破镜重圆，余瑞光还是不死心。

王俊林冷眼旁观，看透了余瑞光的心思，忍不住把赵璇滢早已爱上余瑞祥的事告诉了他，同时告诉他，余瑞祥总是躲避赵璇滢，自己也在想办法让赵璇滢和他复合，可是，赵璇滢油盐不进。

最后，王俊林叹息道："看起来，赵璇滢已经铁心要嫁给瑞祥了。大哥，你不必再等她，她不可能回心转意。"

被王俊林说破，余瑞光感到有些难为情，他真不知道自己该怎么办才好，全天下女人多的是，但只有赵璇滢让他动心，让他心疼。他真的放不下赵璇滢，知道她因为找不到余瑞祥，为了生计，重新支起了货摊，总想去看望她，帮助她做一些事情。可是，赵璇滢一看到他，总是躲开。他无计可施，只有每天派一些人到赵璇滢的摊子上购买一批货物，试图让她的日子过得好一些。

踌躇了多日，余瑞光告诉母亲："为了延续余家烟火，孩儿准备另找一个女人成亲。"

母亲叹息一声，说道："早该这样了。"

余瑞光要成亲，自然会有人为他穿针引线。母亲本来想替他把关，帮他选一个门当户对的千金小姐。结果，他只想看人家的照片，才不管人家的出身。

王俊林知道了余瑞光的心思，立刻发动人员，四处搜索，花了很长一段时间，真的找到了一张余瑞光非常满意的照片。

母亲没见过照片。照片一到余瑞光手里，就被他收起来了。母亲只知道，女方家里很穷，可是儿子愿意，母亲无话可说。余昌泰最关心的是国家局势，才不愿意管娶谁不娶谁。于是，余瑞光的亲事算是定下来了。

当袁世凯把孙中山、黄兴等人赶出国门以后，余昌泰说道："走着瞧，袁大头非当皇帝不可。"

袁世凯当不当皇帝，普通老百姓没人关心，没有谁拿他的话当回事。

余昌泰不是不喜欢有人当皇帝，只是不喜欢袁世凯当皇帝。他脑后依旧拖着一根长长的辫子，虽说困守家中，也知道有一个叫张勋的将军，率领一旅辫子军，驻扎徐州。余昌泰希望张勋能够恢复清朝统治，很想投奔徐州，帮张勋出谋划策，但走了一程，差一点丢了性命，便再也没有走下去。

余瑞华一天一天长大，心里的阴影也一天天放大。除了母亲、姐姐和余府的丫鬟佣人，他再也见不得别的女人，只要一看到别的女人，眼帘马上会浮现出海棠的面容。海棠临死前的惨叫，海棠的温柔，对他来说，都是一种折磨。

从中学堂一毕业，他再也不愿意继续读书，想去纱厂帮助大哥做一些事情。可是，那儿的女人太多，一看到女人，他便会浑身发抖。

余瑞光压根没朝那次嫖妓事件上想，问道："你是男人，怎么会怕女人呢？"

"我……"余瑞华支吾其词，回答不出来。

王俊林不用想，也知道问题出在哪儿。他打算拯救小舅子。一天，他派遣一个卫兵把余瑞华带到汉口大旅馆。王俊林先让他坐下，说了一会儿话，跟自己一道玩了几圈游戏，结识了几个原先的革命党人。

几乎每一个地方，都可以看到露出白嫩嫩的大腿和胳膊的女人，胸脯挺得老高，一走身子一颤。余瑞华眼帘再一次幻化出了海棠的模样，又想逃离。

王俊林很恼火，把他拖到一个装饰豪华的房间，说道："你为什么还是放不下那件事？你应该忘记它，做真正的男子汉。今天，你要是变不成男子汉，永远别想出这个门！"

屋子里只剩下余瑞华了。他感到害怕，很想拔腿就跑，但有两个女人一步一摇地走了进来。她们一关上门，便笑吟吟地朝余瑞华跟前走去。余瑞华眼帘再一次浮现了海棠的模样。是这样了，海棠就是这样走到他跟前的。

他惊叫道："你们别过来。我没有杀你们，是别人杀了你们。"

"小弟弟，没人说你杀了人呀。"两个女人脸上露出了甜美的笑意。

余瑞华想推开她们，但她们并不躲闪。他一推，手挨在一个女人的乳房上，一道强烈的电流迅速传遍了他的全身，胯下情不自禁地一阵抖动，身子一锉，马上矮了下来。

他失声痛哭起来："我不是故意的，我不是故意的。"

一股香气扑进了他的鼻翼。他听到了一个温婉动听的声音："没有人说你是故意的。小弟弟，你是男子汉，什么都别怕。"

余瑞华心里一动，微微抬起头，眼帘再一次浮现出海棠的模样，他又是一抖，埋下头去，泪水涟涟。不知道过了多久，他感到头上痒痒的，本能地伸出手，朝头上一摸，摸到了一个光滑的肉体，心里又是一阵抖动，眼睛一抬，一个女人正脉脉含情地注视着他。他转了一下头，又是一个脉脉含情的女人。

"小弟弟，你是男子汉，不论做什么，都是对的。"那个女人说道。

犹如一阵春风，松弛了余瑞华紧绷的心弦。他感到心里热乎乎的。两个女人把他扶了起来，慢慢地走向了那张宽大的床。余瑞华刚刚躺在床上，海棠出现了，大叫一声，赶紧要跳下床。

两个女人轻声说道："你是男子汉，什么都不要怕。"

余瑞华渐渐地镇定下来了，眼睛死死地瞪着她们。他狠狠地咬了一下自己的牙齿，像一头猛兽一样，把一个女人的衣服全部撕破了，撕光了，说道："我是男子汉，我什么都不要怕！"

一边说，他一边凶狠地压了上去，直压得那个女人吱吱地叫了起来。

自此以后，余瑞华再也不畏畏缩缩了。王俊林无比欢喜。余府上下虽说不明白发生了什么事，一样高兴极了。

"我想继续去学堂读书。"余瑞华精神焕发，说出了第一个心愿。

余瑞华刚刚进入学堂，余瑞光便娶回了新夫人。新夫人一到家，余府上下惊得眼珠子都快掉下来了：大少爷竟然娶回一位跟赵璇滢长得一模一样的少夫人!

"唉！"余老夫人躲在卧室里长长地叹息了一声。

老爷子什么都没有注意到。

新夫人跟赵璇滢长相一模一样，比赵璇滢更加温顺，从来不多说一句话，尽管没有读过书，但懂得的道理并不少，能够维持着一家人的和睦。这一点，不仅余瑞光高兴，余老夫人更高兴。她很快就赢得了余府上下的欢迎，成了一言九鼎的人物。虽说如此，她还是从来没有多说过一句话。

在娶回新夫人以前，余瑞光私下里对弟弟说道："我决定另娶一位夫人，人选已经有了，是王俊林帮我找的。你不必再躲着赵璇滢。”

余瑞祥没有走远，在余记纱厂当工人。哥哥虽要娶亲，但那道无形的障碍永远无法消除，余瑞祥还是不能见赵璇滢，更不能娶她。

成亲后，余瑞光再一次跟弟弟相见，说：“恭喜我吧，我已经成亲了。”

“恭喜哥哥新娶了嫂子。”余瑞祥心里不知道是什么滋味。

余瑞光说道：“你现在可以去见赵璇滢了。”

因为王俊林暗中关照，余瑞祥不再是段祺瑞通缉的要犯，的确可以露面，但是，他不能露面。他已经从袁世凯的一系列行动中看出端倪：袁世凯想当皇帝！他要暗中继续联络旧部，发展力量，一旦袁世凯冒天下之大不韪，彻底抛弃共和，恢复帝制，他必须再度出面，在武昌打响反抗袁世凯的第一枪。

为此，他已经把许天亮安插到汉阳兵工厂，以便摸清情况，获取武器弹药。

因为昔日那些码头工人的帮助，余瑞祥过去的旧部已经陆续汇聚到他指定的位置，时刻在等待他的命令。

转眼间一年过去了。突然，余瑞光告诉余瑞祥一个惊人的消息：袁世凯竟然打算跟日本人签署“二十一条”！

消息是赵承彦告诉余瑞光的。

赵嘉勋死后，周莹莹、李香香把一切责任全推到赵承彦和刘芳芳头上，准备把他们赶出赵府。

知道母亲的图谋之后，赵承博拿了一把刀架在脖子上，说道：“父亲尸骨未寒，你们就把哥哥他们赶出赵府，父亲泉下有知，如何安心？要是把他们赶出家门，我立马死在你们面前。”

李香香急了，很想去夺他手里的刀，但又怕伤害到了他，又是拍手，又是跺脚，一个劲地说这是为了不让赵承彦拿走赵家的财产。赵承博手一用力，鲜血汩汩而出。李香香大惊失色，差一点晕厥过去，再也不敢把赵承彦他们赶出家门。

王芝英精神好转之后，回了一趟娘家。

为了迎接她回府，王府上下部署一新，撤去了灵堂，掩盖了王翔东去世的一切痕迹。王芝英一回府，王府上下立马知道了她在赵府受到的磨难，非常痛恨周莹莹和李香香，催逼王家兄弟去赵府讨要说法。

“嫁出去的姑娘泼出去的水，我们不好插手管得太多。”王俊财劝解道。

王俊林也不想与赵府撕破脸：“大哥说得有理，这事王府不好出面。”

“难道任由赵府欺侮王家姑娘吗？”他们的母亲站在同一阵线，喝问道。

“不是不管，是看怎么管！”王俊喜说道。

一家人合计了好一会儿，真心不愿意跟赵府撕破脸面，由王俊财写了一封信，差遣下人，送到赵府，声明：赵府对王芝英不人道的行为不能继续下去，实在不能在一块过日子，赵承彦和姐姐可以出门另过。

接到最后通牒，赵承博对母亲说：“赵府的产业，哥哥拿去一半吧。”

“产业不能分开，这是赵家祖祖辈辈的规矩。”李香香愤怒地说道。

赵承博说道：“既然不能分开，把一切都交给哥哥打理吧。”

“胡说！要走也是他们走。赵府的决定权在我手里。”周莹莹说道。

因为女儿，周莹莹心里其实很痛苦。得知女儿的准确消息以后，她曾经和李香香一道带领几个丫鬟，去街头找到了女儿，痛哭咒骂拍手跺脚，命令丫鬟强行把女儿拉回去，甚至自杀，所有招数都使出来了，都统统不见效。

“你说，你需要什么，我都能为你做到。”周莹莹急了。

“我什么都不要。”赵璇滢说道。

终于知道女儿在想什么，在寻找谁，周莹莹差一点晕厥。后来，她慢慢想通了，赵府早已不是原来的赵府，只要女儿觉得好，嫁给余瑞祥有什么关系呢？可是，余瑞祥连个影子都找不到。

赵府如此不堪，周莹莹觉得这一切都是赵承彦和刘芳芳造成的。她也不想虐待王芝英，但王芝英嫁给了赵承彦，只能跟着赵承彦一块受罪。接到王府的书信，她曾经心软过，一想到女儿正在蒙受不幸，她的心肠又硬了。

王府正在为赵承彦寻找出路。按照王俊财的意思，是要支持赵承彦另外成立一家厂子。赵承彦心里仍然惦记着赵府的榨油坊，不愿意另起炉灶。可是，他说不出来。王俊林似乎看出了他的心思。湖北督军换上了段芝贵以后，王俊林在此人的面前说话很有分量，推荐赵承彦进入了督军府。

搬到武昌新处，日子过得虽说寒酸一些，但赵承彦一家的心情都不错。余府和王府经常有人前来做客，想劝说他们搬到一所豪华的住宅，都被婉言谢绝。

在这个小天地里，王芝英不用再担惊受怕，更不用时刻提防丈夫会突如其来地蒙受灾难，跟刘芳芳的关系越来越亲密，宛如母女。在刘芳芳的精心关照下，王芝英的精神越来越好，再也没有郁郁不乐。更可喜的是，她竟然怀上了身孕，可把刘芳芳母子和王府老人高兴坏了，一个个把她当宝贝似的宠着，让她有些浸泡在蜜罐里的感觉。

赵承博经常会抽空过来看望他们，也时常想接济他们，但赵承彦一家人婉拒了他的盛情。赵承彦依旧非常关心赵府的榨油坊，每一次赵承博登门，他都会详细地询问榨油坊的近况，暗地里帮助赵承博管理榨油坊。

身在督军府，赵承彦耳朵里灌满了各种消息。有一天，余瑞光来看望他，他对余瑞光谈了自己的忧虑。余瑞光劝他更多地了解一些督军府的内幕，有任何消息都来告诉他。余瑞光只要得到了消息，都会告诉余瑞祥。

这天，余瑞光告诉余瑞祥，说袁世凯已经答应了日本人的要求，要跟日本人签署“二十一条”。日本人到处造舆论，说中华民国不是中国人需要的东西，中国人最需要的是皇帝，替袁世凯当皇帝大造声势。余瑞祥心里明白：袁世凯这是迫不及待地要仰仗日本人的支持，坐上皇帝的宝座！

“父亲也说中华民国是中国的乱源，中国需要皇帝，但绝不是袁世凯，理应是宣统。”余瑞光继续说道。

余瑞祥说道：“共和体制已经深入人心，任何人都不可能恢复帝制了。”

“你是不是准备行动了？”余瑞光问道。

“是的，我们应该行动起来了。”余瑞祥说道，“你可以登高一呼，率先号召武昌民众抵制日货，也可以联络赵承博以及王俊财他们，一道抵制日货。”

“可是……”余瑞光吞吞吐吐，说不下去了。

“你不要再瞻前顾后，得拿出男子汉的胆略与勇气！要知道，这不仅事关国家前途，也牵扯到你的纱厂。”

余瑞光心里一颤，暗暗准备号召民众抵制日货。

余瑞祥召集许天亮，命令他跟其他各路人马取得联系，秘密进行军事训练。现在，他还需要借重两个人：一个是赵璇滢，一个是王俊林。

哥哥早已娶回了新夫人，他可以大胆地面对赵璇滢。

很快，余瑞祥和赵璇滢见面了。乍一见到他，赵璇滢哽咽了许久，都不知道该怎么说话了。

“我们又见面了。”余瑞祥说道。

赵璇滢燕子一样飞到他跟前，双手握拳，一边在他身上猛烈地敲打着，一边说道：“我就知道你还在武昌，你为什么到现在才肯出来见我？”

她早已不关心时局，一颗心全部放在余瑞祥身上。她以为余瑞祥这一次是得到余瑞光已娶妻的消息，才来找她，接受她，愿意跟她一块生活的。她突然紧紧地抱住了他，放声痛哭起来了。

余瑞祥强烈地克制着自己的情绪，托起了赵璇滢的手，望着她，说道：“也许，我不应该再打扰你的生活。”

“我一直在等你。是你支撑着我走到了现在。”赵璇滢说道。

余瑞祥说道：“你应该清楚，袁世凯跟日本签署了‘二十一条’。”

“原来你是为了这件事来找我的！”赵璇滢说道，目光紧紧地盯在余瑞祥脸上，一阵心酸的微笑，继续说，“是的，你就是这样一个人。我喜欢你这个样子。我知道你想干什么了。你想再次起兵反抗袁世凯。我可以追随你，帮助你。哪怕粉身碎骨，只要能够跟你在一块，我什么都不怕。”

清查日货、焚烧日货的行动，首先由各校学生轰轰烈烈地开展起来了。

余瑞华找回了男子汉的尊严，曾经接受过的民主观念以及民族主义理想，在他脑袋里一天天膨胀起来。袁世凯签署了“二十一条”的消息一传到武昌，他立即组织本校学生，宣传抵制日货。他们成群结队，走上街头，看见日货就予以没收，才不管那些商户是赔着笑脸还是打滚撒泼。

民众的情绪立即被煽动起来了，纷纷加入到没收日货的行列。

余瑞华组织学生，将日货堆放在一块，准备点一把火，把它们全部烧光。

这时候，王俊林接到命令，率领一支部队，威风凛凛地冲到了现场，将民众全部包围起来。

余瑞华挺身而出，站在王俊林面前，说道：“你不能镇压反日运动。”

王俊林惊讶极了，训斥道：“你懂什么？日本人其实是帮助我们的。”

余瑞华不理睬王俊林，转头命令学生们点火。王俊林率领的人马横在前面，学生无法点火。余瑞华猛地将王俊林朝外一推，奋起一脚，将一桶煤油踢倒在日货上，然后从一个学生手里拿过了火把，往上面一扔。噗的一声，一道鲜红的火光冲天而上。民众发出了一阵阵热烈的欢呼声。

王俊林气急败坏，扬手给了余瑞华一个耳光，怒骂道：“你混蛋！”

“你混蛋！”余瑞华回骂道。

真是一个男子汉了！王俊林心里暗暗喝彩。他命令军警，驱散了民众和学生，把那些最活跃的学生和民众抓起来，关进了军营。

武昌的局势得以控制下来，段芝贵万分高兴。但汉口、汉阳抵制日货的行为愈演愈烈。汉口日租界附近，所有的日货，全部被搜出来了，堆放在一块，正准备焚烧呢。一查问，带头人竟然是王俊财。段芝贵赶紧命令王俊林前去处理。

王俊林急急忙忙去了汉口。

愤怒的民众已经将日租界的进出道路全部封闭起来，行人无法通过。

这场运动同样是学生率先发动起来的，立即得到了王俊财的响应，作为汉口新一代商会会长，他早已对日本人肆无忌惮地压榨中国感到不满，当即发出号召：商户一律不得出售日货。

王俊林赶到现场，只见王俊财高擎着一个火把，在那儿大声说话。

王俊财说道："同胞们，我们可以不理会袁世凯是当大总统，还是当皇帝，可是，决不能让日本人任意欺凌我们。中国有自己的商人，有自己的商品，我们不要日货，全部烧掉日货。今天，我亲手点起第一把火，让日货从此以后，在汉口永远消失吧！"

民众爆发了一阵热烈的掌声。王俊财弯下腰，正要点燃日货，王俊林率领的人马开了过来。

王俊林一把捉住了王俊财的手，说道："你不能点火！"

不能再让王俊林做神人共愤的事了，王俊财说道："好的，这把火，应该由你来点！"

王俊喜正躲在哥哥后面。他深知，王俊林是投靠了袁世凯才有今天的地位，自己也是因为间接地投靠了袁世凯才能侥幸活下来，余瑞光则是因为不支持革命党人而导致余记纱厂差一点关门大吉。王俊喜不能做任何违背了时代潮流的事情，但抵制日货竟然唤醒了如此多的民众，他不能袖手旁观。只是，他实在担心段芝贵会对他不利，所以一直躲在背后。

亲眼看到哥哥把火把递给了王俊林，王俊喜顿感报复的机会来了，从王俊财背后冲了出来，顺势一拉，王俊林手里的火把挨上已经泼了煤油的日货，噗的一声，火光腾空而起。民众爆发了一阵热烈的掌声。

"王旅长点燃日货了。"王俊喜赶紧喊道。

王俊林气急败坏，恨不得当胸给王俊喜一拳。

"拥护王旅长！王旅长是抵制日货的英雄！"民众一个劲地大声欢呼。

"他娘的，一旦传到段芝贵耳朵里，老子百口莫辩，肯定吃不了兜着走！"王俊林吼叫兵士，"把他们都给我赶走！"

呼啦啦一下，兵士们挥动枪支，向民众冲去。一阵猛揍，打得民众哭喊连天，慌忙之间，全都逃走了。

“你应该知道，你是一个中国人！”王俊财没有走，静静地说。

“我是中国人。”王俊林说道，“袁大总统也是中国人。你说，我是听袁大总统的，还是听其他中国人的？”

“那么，你把我抓去交差吧。”王俊财说道。

王俊财掌管王氏家族的全部产业，也是他的堂兄，王俊林不能抓他，只能找一个替罪羊。王俊林想到了逼死父亲的商户，是时候为父亲报仇了！把他们交出去，自己再在段芝贵面前极力鼓吹袁世凯应该称帝，定能赢得段芝贵的欢心，更能赢得袁世凯的欢心。仅仅鼓吹恐怕还不行，还得采取一些实际行动。袁世凯不是要求各地都上表恭请他当皇帝吗？军政府这边段芝贵是领头人，轮不上自己，自己可以在其他人群当中活动，而且，还要把王俊财拉进来，让段芝贵彻底无话可说。

寻思完毕，王俊林劝说堂兄：“你如果能够鼓动商界成立请愿团，要求袁世凯大总统称帝，一定能博得大总统的欢心，今后，谁也不敢打王府的主意。”

王俊财愤怒地说道：“你可以抓我，别想拉我干这种无耻之极的事情。”

无法劝动王俊财，王俊林回府以后，把心里的烦恼说给母亲听。

王刘氏很理解儿子的苦衷，决定亲自出面，召集一些老夫人，如法炮制，也成立一个请愿团。她选择的第一个目标是余老夫人。余昌泰是死硬的保皇派，任何时候都说中国需要皇帝，偏离了皇权统治，国家就不是国家。有余昌泰吹风在先，她觉得只要自己一鼓动，余老夫人一定会加入请愿团。

于是，她带上儿媳余雅芳，坐上轿子，过了长江，径直来到余府。

亲家突然光临，还带回了女儿，余老夫人热情地张罗着要下人操办盛宴。余昌泰仍然对王翔宇当年支持革命党人耿耿于怀，连带着怪罪到王刘氏头上，根本没有走出书房。

终于明白亲家为什么光临余府，老爷最反感袁世凯，决不会允许自己抛头露面为袁世凯摇旗呐喊，但事关女婿的前途，亲家又一再相劝，余老夫人不能不硬着头皮去问一问余昌泰。王老夫人进了余府，也想见一见余昌泰，跟着余老夫人，推开了书房的门。

余昌泰仍然在书房里龙飞凤舞，对她们的到来不闻不问。王老夫人脸上有点挂不住，想离开，却又没动。

写完最后一个字，余昌泰把笔朝桌上一扔，问道：“我这字写得如何？”

“亲家写得好极了！”王老夫人说道。

余昌泰说道：“这是老夫一生中最快活的日子！袁世凯要当皇帝了，当得好呀。只要他当上了皇帝，一切皆有可能！”

“亲家老爷觉得，袁世凯应该当皇帝吗？”王老夫人压抑着怦怦直跳的心脏。

“皇帝永远得由龙种来当。凡人一旦坐上龙椅，不久就会一命呜呼！如果袁世凯真要当皇帝，他就是做了一件天大的好事。”

王老夫人的心脏化作语言，嘟嘟地往外蹦。

余昌泰同意王老夫人组织请愿团，但不同意自己的夫人去做。原因很简单：余昌泰的夫人不能充当袁世凯登基的鼓吹者。他提出了新办法，让自己的夫人帮助王老夫人拉拢一些过去的相识，帮助促成此事。

王俊林鼓动袁世凯当皇帝的做法，的确让段芝贵十分欢喜。更令他欢喜的是，一代名士余昌泰竟然支持袁世凯当皇帝！这不能不说是王俊林的功劳。于是，王俊林不小心烧了日货，没有把王俊财抓过来正法的事情翻篇了，那些可怜的商户成了替死鬼，被段芝贵下令全部砍了脑袋。

不过，王俊林心里还有一道阴影，他竟然再也没有看到赵璇滢的踪影。赵璇滢找到了余瑞祥吗？如果余瑞祥真的还在，他一定会掀起滔天波澜。

王俊林遍地撒网，监视所有可能跟余瑞祥联系的人。

闹腾了很长时间，还是没有人找到余瑞祥的踪影，也没有人看到过赵璇滢。王俊林甚至亲自到过余府和赵府，借着拜访岳父、岳母和世伯的机会，探听他们的下落，依旧无功而返。

余瑞祥一向疾恶如仇，知道了袁世凯要称帝的消息，竟然没有露面，不是他的个性，更何况，袁世凯已经正式宣布了登基的日子，余瑞祥还没有行动，只能说明一点：他可能真的不在武昌。

王俊林大松一口气的时候，余瑞祥竟然凭空出现在他的面前。

跟赵璇滢会合以后，余瑞祥利用余瑞光与王俊财提供的资金，在王俊喜的帮助下，搞了一个秘密训练基地，一直在那儿训练人马。

这期间，王俊喜安插在王俊林身边的密探，一旦得知王俊林的新动向，都会向他汇报。这些消息马上会传到余瑞祥的耳朵，是以他们总能躲过王俊林的耳目。

“你一直在找我，是吗？”余瑞祥问道。

王俊林笑道：“是呀，袁大总统很快要当皇帝了，国家即将重新归于皇帝的统治之下。这是一件多大的喜事呀，我们应该提前庆贺一下。”

“我们的确应该庆贺。”余瑞祥也笑了。

“好嘛，我们终于走到一块了。”王俊林大喜，赶紧去拉余瑞祥的手。

“不，我们根本没有走到一块。我现在来找你，就是希望你和我走到一块的。”余瑞祥说道，“共和制度已经深入人心，袁世凯胆敢冒天下之大不韪，天下英雄定会群起而共击之。你是一个聪明人，不要被眼前利益蒙蔽了双眼。当袁世凯称帝的时候，你只要率先打响推翻袁世凯皇权统治的枪声，准会立刻得到天下的响应。我们可以再度创造一个武昌首义的壮举。”

王俊林冷笑道：“你完全是痴人说梦！再造一个武昌首义的壮举？武昌首义后，你得到了什么？你看到了什么？统统都是胡说八道！统统都是为了骗取民众的支持！我才不相信这一套！”

“现在恐怕已经由不得你了。”刹那间，几条人影冲了进来。

王俊林定睛一看，正是赵璇滢、许天亮以及余瑞祥原来的几个心腹部将。他微微有点慌神，连忙问道：“你们想干什么？”

“现在，你只有一条路可走：跟我们一道，先取段芝贵的人头，宣布湖北独立，然后命令部队向北京进军，推翻袁世凯的统治。”余瑞祥冷静地说道。

王俊林笑道：“你到我的地盘，能不能出得去，还得我说了算，你竟然威胁起我来了。”

“你这个笨蛋！”赵璇滢走到王俊林面前，讥笑道，“我们能来到你这里，并且已经把你控制起来了，你还能兴风作浪吗？”

王俊林一愣，刹那间变成了一尊雕塑。

余瑞祥说道：“快点按我说的做，要不然为了理想，我不会认你是妹夫，也不会认你是世交的。”

王俊林不能不按照余瑞祥的吩咐，留下赵璇滢等人在司令部里等候消息，让余瑞祥、许天亮等几个人化装成随从，和他们一块走向督军府。

段芝贵本来希望亲自去北京参加袁世凯的登基大典，但袁世凯一直对武昌这个首义之区怀有深深的戒心，特意嘱咐他把守武昌，严防出现突发事变。他表面上很信任王俊林，暗中仍然严加提防。得到报告，说王俊林带了几个随从，要来请示他该怎么向袁世凯称帝表示祝贺。这种事，其实早有计划，段芝贵越发怀疑王俊林的动机，命令卫兵去缴余瑞祥他们的枪。

“这是段督军的规矩，你们都把枪交出来吧。”王俊林知道段芝贵有了防备，心里暗喜，一边说，一边走进段芝贵的办公室。

如果不立刻跟着王俊林进去，让他跟段芝贵单独见面，事情一旦泄露，两人准会一块跑掉。余瑞祥迅速反应，朝许天亮等人使了一个眼色，出其不意地夺过卫兵的枪，把他们全部干掉，冲了进去。

段芝贵和王俊林都不见踪影，一大群卫兵蜂拥而来。

仅仅几秒钟，便造成了如此严重的后果。余瑞祥心知已经不可能猎杀段芝贵了，当机立断，带领许天亮等人打开一条血路，撤了出去。

这时候，王俊林已经调集了人马展开追杀。

出了军政府，余瑞祥仗着熟悉阅马场一带的地形，带领许天亮等人钻进小巷子，一边反击，一边向安全的地方撤退。可是，王俊林几乎调集了全部人马，从四面八方朝他们包围而来。

“余兄弟，你先撤，我们分头挡住敌人！”许天亮说道。

“不，王俊林的目标是我，你们撤，我断后。”

余瑞祥的话还没有说完，许天亮突如其来地朝他脑门猛击一拳，把他打昏过去，立刻命令一名护卫把他扛起来撤退，自己准备迎头朝敌人冲去。

“你带余总指挥走，我们掩护！”护卫拦住了许天亮，不由分说，各自散开，迎着敌人冲去，手里的枪不住地冒火。

许天亮一时懵了，都不知道接下来该干什么。

“愣着干什么，走呀！”一个声音传入许天亮的耳朵。

许天亮扭头一看，只见余瑞光赫然站在自己面前，立刻扛起余瑞祥，在他的带领下，穿过好几个巷子，摆脱了追杀者。

第二十五章 混乱时局

余昌泰不声不响地离开余府之后，已经一天一夜没有回来。

这是从来没有过的事情，余老夫人感觉不妙，催促大儿子余瑞光差了下人，请王俊林和赵承彦来到余府，共同商议去哪里寻找余昌泰。

那天，余瑞光正从纱厂回家，忽然听到枪战声，意识到这肯定与二弟有关。要在以前，没有父亲的允许，借他十个胆子，他也不敢去凑热闹。如今，父亲早已不管家事，余瑞光把二弟隐藏在纱厂，跟二弟接触多了，听了许多新鲜事，他深感二弟胸襟远大，岂能不管二弟的死活？他朝枪声响起的地方奔去，果然救了二弟。

余瑞祥暗地里回到训练基地。赵璇滢被王俊林部下控制住了，手头只有区区千余人，一旦打响进攻袁世凯的枪声，因为无法运动现有部队响应自己，孤军奋战，很容易被消灭，按兵不动，他又不甘心。余瑞祥一直踌躇不定。

许天亮看在眼里，急在心里，说道："余兄弟，你应该早做决定，是生是死，我们都愿意跟着你。"

余瑞祥叹了一口气，说道："时机不到，我不能让兄弟们白白送死。"

他决定遣散人马，自己仍回到了纱厂。

时隔不久，护国战争爆发。云南都督宣布独立之后，率领军队向四川展开攻击。北洋军队节节败退。武昌方面不得不派遣援军，去抗击护国军。

机会已经来临，余瑞祥果断地下达了召集旧部的命令。分散容易集合难，等他们终于汇聚起来的时候，袁世凯已经在全国民众的一片反对声中取消了帝制。

王俊林虽说捉住了赵璇滢，并没有把她送到段芝贵那里去，更没有透露半点口风。根据段芝贵的指令，王俊林仍在竭尽全力追捕余瑞祥等人。等袁世凯不得不取消帝制并随即一命呜呼以后，他停止了搜捕，并把赵璇滢放了出来。

赵璇滢问道："余瑞祥呢？"

王俊林说道："我不知道。不过，我相信你一定可以找到他。"

出来以后，赵璇滢一直在寻找余瑞祥，但没有找到他的踪迹。她不愿意跟余瑞光碰面，跟王俊林一样，压根没有想到余瑞祥会到余记纱厂做工。

余瑞祥在余记纱厂做事是不能外泄的秘密。余瑞光虽说知道王俊林、赵承彦不可能帮他找到父亲，很想通知二弟，可一旦把二弟牵涉进来，未免太不划算，不得不打消了这个念头。

王俊林洞悉余昌泰的心态。余昌泰很想为张勋出谋划策，重新把宣统扶上帝位，成就中兴大清王朝的千古伟业。袁世凯失败了，余昌泰很可能会做最后的挣扎，不顾年老体衰，前往徐州找寻张勋。因而，王俊林派出了许多人马，沿着通向徐州的道路去追赶余昌泰。

家里出了大事，余瑞光还是要告诉余瑞祥：“父亲失踪了。”

此时，袁世凯已死，中华民国大总统变成了黎元洪。不管怎么说，黎元洪参加过革命党，五族共和的思想深入其心。不过，袁世凯一手培养出来的北洋军阀已经浸入政府各个主要部门，成了一时的豪强，黎元洪身居总统之位，只不过是他们手里的牵线木偶。

余瑞祥非常担心，北洋军阀会再一次刮起腥风血雨。他正在暗中策划，准备跟孙中山取得联系，决定下一步的动作。父亲偏偏在这个时候失踪了！

余瑞祥仿佛明白了父亲的用意，说道：“父亲想怎么做，让他去做吧。”

余瑞光惊讶极了，说道：“你怎么能对父亲的生死无动于衷呢？太冷血了！”

余瑞祥摇了摇头，缓缓地说道：“我不是冷血，而是没法左右父亲。王俊林不是派人马去拦截父亲吗？他即使把父亲拦下来了，又能怎么样？父亲一生我行我素，他愿意怎么做，谁左右得了？”

虽说不同意二弟的说法，余瑞光又能怎么样呢？不过，为了余府，为了母亲，他还得继续寻找父亲。

兄弟俩沉默不语的关头，一个声音划破周围的寂静：“最危险的地方，才是最安全的地方。余瑞祥，你的确善于运用兵法，真让我佩服得五体投地！”

二人不需要抬头，也知道说话的人是王俊林。

王俊林派出兵马寻找余昌泰的时候，总感觉到余瑞光的神态有点不对头。余瑞光一向没有决断能力，现在怎么做任何事情都好像很果断？他想到了余瑞祥，觉得余瑞光一定是受了余瑞祥的指点。余瑞光一定瞒着自己，瞒着所有人，把余瑞祥藏在只有他一个人知道的地方。王俊林便追踪余瑞光，来到这里。

“我很清楚，你早晚会找到我的。”余瑞祥冷冷地说道。

余瑞光问道：“袁世凯已经死了，黎元洪坐了江山，你们难道还要你争我斗吗？”

“即使袁世凯不死，我也不会为难余瑞祥的。他是我的舅哥嘛。赵璇滢一直在我手里，我不是也没有为难她吗？”王俊林笑道。

他似乎觉得赵璇滢是一个最好的话题，对余瑞祥说道：“不是我故意贬损你，你确实很不厚道。你可以不见我，总得去见一见赵璇滢吧？她满世界找你，你怎么能让她伤心呢？”

稍微停顿了一下，瞟了一眼余瑞光，王俊林说道："你不用再为大哥担心了，他已经知道赵璇滢爱上了你，另外娶了夫人。"

余瑞光虽说娶了夫人，但总是忘不了赵璇滢。夫人有着跟赵璇滢一样的脸蛋，但没有一样的个性，他常常感到很失望。有时候，他会在睡梦里抱着夫人，轻轻地呼喊着赵璇滢。夫人知道了他的心意，很是伤感，不过，表面上装作什么事都没有发生过。

突然听到赵璇滢这个名字，余瑞光心里一阵酸楚。他仍然不能面对赵璇滢，甚至不能听到这个名字。

余瑞祥知道哥哥的心思，王俊林把话一挑明，他尴尬得无语。

王俊林不能继续这个话题了，把话锋一转，说道："父亲的事情，你们不必担心，我派出的人马很管用，相信不管他走到哪里，都可以找到他。"

"找到了之后呢？"余瑞祥问道。

王俊林深知岳父的执拗，愣了一下，说道："无论如何，总得把他劝说回来。"

父亲如果能那么容易被劝回来，就不会走了。不过，不管怎么说，父亲的确年纪太大，不能走远路，余瑞祥应该跟王俊林商量怎么尽快找回父亲。

兄弟三人第一次有了共同话题，谈得很投机，不知不觉天亮了。

"真好，我们竟然谈了整整一夜！"王俊林感叹道。

他站起身，一把拉着余瑞祥，说道："我们好久不见，可以找一个地方，痛痛快快地说说话。"

余瑞祥冷静地说道："我在纱厂做工。这里离不开我。"

王俊林说道："好吧，我们难得见面，今天我什么都不做，只陪着你。"

余瑞祥料想今天是无法摆脱王俊林的了，只有跟王俊林一块去了他的旅部。

王俊林心里其实很痛苦。段芝贵离开后，湖北督军换成了王占元，督军之位再度跟他擦肩而过。他更加懊恼，决计再也不看别人的眼色行事，要做一回自己。

"你知道自己应该是什么样子吗？"余瑞祥问道。

"这正是我想跟你好好谈一谈的原因。"王俊林说道。

"我已经跟你说过，不要有自己的盘算，要想着能为国家做一些什么，你一定会受人尊重。"余瑞祥说道。

"这个太难。不过，我愿意试一试。"王俊林说道。

二人以此为话题，聊了好一会儿。忽然，有一个卫兵前来向王俊林报告，说是有两个人前来看望他。

王俊林不动声色地说道："请他们进来。"

余瑞祥连忙站起身，说道："你有客人，我不便打扰，得走了。"

王俊林笑道："不，你不能走！为了你重出江湖，我特意请来了两个客人，想举办一个小型活动。我保证，你见了他们，一定会高兴。"

在卫兵的带领下，来人朝王俊林的办公室走了过来。

"王俊林，你请我来干什么？"是赵璇滢的声音。

人还没有进来，声音就传进了余瑞祥的耳朵。余瑞祥心头一震，朝门口望去，赵璇滢、赵承彦兄妹二人进来了。

赵璇滢脸上带着一些怒气，明显苍老了许多，不过，风采依旧。赵璇滢目光一盯在余瑞祥脸上，好像磁体遇到了一个强大的磁场，紧紧地贴在上面，再也不能移开，甚至连路都不走了，站在那儿，挡住了赵承彦的去路。

王俊林笑道："怎么啦？是不是我不该把你请到这里？"

赵璇滢没有理睬他，依旧盯着余瑞祥。就是这个男人，打开了革命的大门，彻底改变了她的生活。原以为可以终生依靠他，无论前面的道路是坎坷还是平坦，都伴随他一块走下去，但他在需要她的时候，会突然出现在她的面前，不需要她的时候，消失得无影无踪。她强烈地思念他，爱他，到处寻找他，等待他，到头来总是一场空，心里曾经涌现过怨恨，但怨到深处，更加爱他、思念他，幻想他能突然出现在她面前。

她曾经设想过许多见到余瑞祥的情景，可是，不是现在这个样子。是扑上前去，还是转头离开？刹那间，她竟然不知道自己该怎么办。

余瑞祥说道："我们又见面了。"

"你又需要我干什么吗？"赵璇滢的声音有些颤抖。

余瑞祥差一点闭过气去，哪里发得出声来。

赵璇滢继续说道："不过，无论你要我做什么，我还是愿意做。"

她情不自禁地迈开脚步，一面朝余瑞祥跟前走去，一面继续说："哪怕你还是要离开我，我也愿意做。我知道，这就是我的命，我不能责怪任何人，也不能怪我的命不好。这是我自己的选择。"

"瑞祥，要是有人这样对我说话，我死了心里也是舒服的。"王俊林觉得自己这句话可以缓和气氛了，谁知道气氛竟然越发紧张。

赵承彦说道："璇滢，你不要这样说，瑞祥肯定有他的苦衷。"

"我没有苦衷，一切都是我的错。"余瑞祥叹息道。

王俊林说道："对了，一切都是你的错。不过，过去的事，不要再提了。今天是一个团圆的好日子，我们可不能白白糟蹋了。"

余瑞祥一时想不起今天为什么是团圆的好日子，疑惑地望着王俊林。赵璇滢一样不知道今天是什么日子。赵承彦却记得非常清楚，说道："今天是中秋节，我们已经有好几个中秋节没有在一块过了。"

在寻找余瑞祥的时候，赵璇滢早已知道哥哥被赶出了家门。她很同情哥哥，特意去看望哥哥。哥哥一家看到她，都很欣喜。他们谁都不提自己的遭遇，只是告诉她，她母亲一直思念她，听说她被王俊林抓住了，她母亲几乎疯了，希望她快点回去看望母亲。

其实，知道周莹莹为赵璇滢被抓的事着急，赵承彦曾要求王俊林把赵璇滢放出来，送回赵府。一旦放出赵璇滢，她找到了余瑞祥，一块落到了段芝贵手里，王俊林鞭长莫及，无能为力。赵承彦理解了王俊林，只有退而求其次，希望王俊林让周莹莹见一见赵璇滢。这个王俊林可以答应。

周莹莹得到了女儿的准确消息，马上跑去王俊林的旅部，大吵大闹："王俊林，你还我女儿来！我家老爷刚死，你立马翻脸无情，六亲不认了，是不是？"

王俊林心想，赵世伯在世的时候，你已经六亲不认了，要不是看在赵承彦和赵璇滢的面子上，谁管你。他冷笑道："不错，赵璇滢在我手里，不过，我并没有虐待她。你要是能够管住她，不让她跑去找余瑞祥，你可以把她带回去。"

周莹莹一听，以为王俊林是在帮助自己不让女儿嫁给余瑞祥，马上对王俊林产生了好感。见到女儿，她一直痛哭，什么都不说。

赵璇滢虽说痛恨母亲赶走赵承彦母子，逼疯王芝英，一见母亲痛哭流涕，心肠软了。但母亲要她回去之后，就再也不要见余瑞祥，她决不答应。女儿已经铁了心，母亲也没有办法，只有一天天地陪伴着女儿。

后来，赵璇滢终于可以走出软禁室。她对母亲说道："你不需要跟着我，我有自己的事。"

"你难道不要母亲吗？"周莹莹痛苦地问道。

"我要做自己喜欢的事情。"赵璇滢话还没有说完，人已经没了影子。

周莹莹怎么都找不到女儿，觉得这一切都是赵承彦造成的，再次把怒火转到赵承彦头上，恨不得立刻冲到赵承彦的家里去，要他交出女儿。但王俊林的面容一出现在她眼帘，让她不寒而栗。如果继续找赵承彦的麻烦，王俊林岂能给她好果子吃？她只有把痛恨压在心里，一天天地滋长。

赵璇滢接连找了好一段日子，都没有找到余瑞祥。

赵承彦不愿意妹妹继续漂泊，说道："你应该好好想一想余瑞祥为什么会离开你。你找到他又能怎么样呢？他还是会离开你。你回去吧，母亲需要你。"

赵璇滢宛如挨了当头一棒，慢慢清醒了。但是，她不能不爱余瑞祥，心里一刻也放不下余瑞祥，没有余瑞祥，她觉得一切都没有意义。她也不能回去赵府，她不愿意见到母亲。最后，她留在了赵承彦家里。

三个女人在一块，说说笑笑，日子充满了阳光。王芝英的精神越发好了起来。赵璇滢更加怜惜王芝英，觉得王芝英发疯都是母亲造成的，越发不愿意回去看望母亲。赵承彦和他母亲却经常劝她回去看一看。日子一长，赵璇滢不能拒绝他们的好意，回到汉阳看望过母亲，母亲的衰老让她心酸，母亲对赵承彦母子的痛恨令她还是不能原谅母亲。

中秋节是一个很好的话题。赵璇滢眼帘立刻浮现出嫁到余府以后过的第一个中秋节。那是她第一次和余瑞祥相见。

从此，余瑞祥在赵璇滢心里打上了深深的烙印。那时候，她是嫂子，当然不会想到自己会有朝一日爱上余瑞祥。现在，她真的爱上了他。回想起这段往事，赵璇滢心头平添了一份说不出的滋味。

王俊林激活了屋子里的气氛，决计让这种气氛持续发酵。他们开始商量晚上的节目安排。

王俊林问赵璇滢道："我们今天去玩荷叶灯，你觉得怎么样？"

赵璇滢、余瑞祥情不自禁地回想起过去的时光，心里一阵荡漾。赵璇滢不再排斥王俊林，甚至在这一刻，觉得王俊林很善解人意。

王俊林微微一笑，向卫兵交代了一下，便和他们一道走出了办公室。

外面已经备了几匹战马。赵璇滢像一道闪电一样，跨上战马，双腿一夹马肚，扬起鞭子，战马宛如一道白色的闪电，朝前面冲了过去。王俊林忍不住叫了一声好，也是飞身一跃，上了战马，再回头一看，余瑞祥坐在战马身上，也像一道闪电似的追踪赵璇滢而去。王俊林抡起了鞭子，忽然又停了下来。

赵承彦在卫兵的帮助下，骑上了战马。他疑惑地问道："怎么不走了？"

王俊林说道："难道你不觉得应该给他们一点私人空间吗？"

赵璇滢一骑绝尘，径直朝南湖奔去。她的心里，犹如战马在欢腾，她的眼帘，一直飘荡着第一次见到余瑞祥的情景。她有许多话要对余瑞祥说，但王俊林和赵承彦在身边，她无法说出口，现在要尽情地宣泄内心的情绪，丝毫没有察觉到他们是不是跟上来了。

余瑞祥飞身上马的那一刻，犹如回到了过去的时光：在枪林弹雨中穿梭，在敌人的阵地上横冲直撞。他好久都没有这种感觉了，纵情扬鞭跃马，什么都不顾及了。

枣红马犹如一团火光，滚到了白马跟前。

余瑞祥、赵璇滢再次并在一排，相互朝对方打量了一眼，心里同时一阵抖动，不知不觉勒住马匹。他们紧紧地盯着对方，眼睛里再也没有别人了。

"你。"赵璇滢只说了一个字，再也说不下去了。

余瑞祥却一个字也没有说，只是眼睛紧紧地盯着赵璇滢。她比以前更加英气逼人了，他暗问自己，自己对待她是对是错？

赵璇滢又说："我们又见面了，为了这一天，我等得太辛苦了！"

余瑞祥机械地回答道："是的。"

"你的心里一样有我，你为什么要折磨自己，为什么要故意逃避我？"

"不，我没有逃避你。"余瑞祥说道，"你被王俊林软禁了，我知道，他不会对你怎么样，我无暇顾及你，一直在干我们要干的事情。"

"袁世凯早已死了，黎元洪当上了中华民国大总统，你还要干什么呢？"

"我总觉得，国家不应该只是现在的样子。黎元洪虽说比袁世凯好得多，可是，他毕竟投靠过袁世凯，而且，各个要害部门其实都被袁世凯的旧部把持了。我很想知道，我们的革命到底是不是打开了潘多拉魔盒。"

赵璇滢望着余瑞祥，眼帘飘荡着参加武昌首义以来的点点滴滴，她不由自主地陷入沉思：革命得到了什么？中国到底还有什么样的出路？

可是，她不能继续想下去了，因为王俊林已经追过来了。

王俊林担心赵璇滢、余瑞祥会离开自己，一直跟他们相隔不远。现在，一切都结束了，他觉得他们应该恢复过去的友好关系。他迫切地需要朋友，需要兄弟。他非常清楚，王占元不可能把他当兄弟，王俊财和王俊喜仍然对他心存戒意。王翔东死后，王俊林良心发现，劝说母亲没有将王俊喜赶尽杀绝，一如既往地让王俊财管理王氏家族的产业。

王俊财的确精明过人，已使王氏家族的产业恢复到了战前水平；王俊财夫人还为王府添丁加口，生了一个大胖小子，取名王卓文。王俊喜夫人也生了个女儿，名叫王晓燕。王俊喜依旧不改风流本性，依旧对王俊林怀着深仇大恨。王俊林不知道王俊喜在自己身边安插了密探，但深知王俊喜时刻都在寻找谋害自己的线索。他什么都不怕，只要一家人在一起，他觉得心满意足。

他对王俊财和王俊喜的感情还有些肤浅，对余瑞祥和赵璇滢的感情却深不可测。他们在战场上斗智斗勇，但在对方陷入困境的时候，都没有真正痛下杀手。王俊林不能让他们离开自己的视野，他已经让余瑞光娶回了新夫人，就一定能让他们成为一家人，他不怕惊世骇俗。

见赵璇滢和余瑞祥放慢了步伐，却一直没有再靠近，王俊林知道他们心里仍然在做激烈的争斗。他不必着急，只要他们在一起，一切皆有可能。

他策马赶了过去，说道："你们风采不减当年。瞧我，已经跟不上你们了。"

余瑞祥、赵璇滢一块回头看着他，从嘴角露出一丝微笑。赵承彦也赶过来了。他们一块说笑着，继续策马奔向荷塘。从后面忽然传来了急促的马蹄声。几个卫兵首先回头看去，赫然发觉是几匹战马飞也似的奔了过来。

王俊林心里一惊：又发生什么事呢？

他实在担心再一次发生变故。好不容易大家聚在一块了，他不想被任何事情打扰，但又不得不勒住战马。

那伙人飞快地赶过来向王俊林报告，已经发现了余昌泰的踪迹。

王俊林说道："看起来，今年的中秋节又不能让赵璇滢小姐尽兴了。"

余瑞祥说道："别瞎忙活了。他不会回来。"

王俊林朝余瑞祥望了一眼，又朝赵璇滢望了望，说道："如果我们一块去追，情况肯定会不一样。"

余瑞祥实在不愿意去追赶父亲，赵璇滢更不愿意了。可是，王俊林再三劝说，他们不得不跟来人一块策马进城，沿着发现余昌泰的方向追去。天色完全黑下来的时候，追上了余昌泰。

余昌泰确实是要去徐州寻找张勋。

他压根不愿意相信，两千多年的帝制真的彻底完蛋了。袁世凯当不了皇帝，因为袁世凯是混世魔王，不是真命天子，一旦坐上龙椅，只有死路一条。宣统还在皇宫，老天爷不会让宣统永远占据皇宫，却不能坐上皇帝的龙椅。老天爷一定会创造时机，让辫子军攻入北京，辅佐宣统再次登上皇位。余昌泰决计去帮助张勋。

这几年，他并没有闲着，学得了满腹兵法。虽说年近七旬，有什么要紧？姜子牙八十二遇文王，还能斩将封神，自己比姜子牙不只小一轮，正应该跟张勋一道辅佐宣统重返帝位。他随身携带了一些银两，偷偷摸摸地上了路。

怕暴露行踪，余昌泰躲开众人的视线，用双脚丈量武昌到徐州的距离。没想到，仅仅走了两天路程，王俊林竟然派兵士追上了他，劝他回府。行踪已经泄露，余昌泰兜兜转转，试图甩掉王俊林的人马。谁知王俊林的人马好像蚂蟥一样，一直纠缠着他，在暗中盯着他，并在沿途做下了记号。

凭着记号，王俊林、余瑞祥、赵璇滢、赵承彦终于出现在余昌泰面前。

余昌泰正一个人睡在一座废弃的寺庙里，闭上眼睛，脑子里盘算着见到张勋之后，应该向他提出什么样的策略，才能取得成功。猛然感觉到有些异响，他睁开眼睛，透过月光，看到几个人过来了。

“岳父大人，你独自一人跑到荒郊野外来赏月，真是好兴致呀。”

余昌泰本来很生气，一听王俊林的话，借坡下驴道：“天下如此浑浊，只有在这无垠的原野里，才能找到安慰。你们不要打扰我，回去吧。赏月需要一个人独处，才有意境。”

“有我们跟你在一起，岳父大人一定会觉得这是最好的中秋之夜。”

得知余昌泰正在破庙里休息，赵承彦觉得不便打扰老人家的清梦，应该守在外面，等第二天天亮，再劝说余昌泰启程返回武昌。赵璇滢说道：“要是能在这里举办一个中秋赏月的篝火晚会，就太好了。”

王俊林立即赞同，马上派卫兵去附近弄来赏月的家伙什。

余昌泰说道：“我老了，没有那个雅兴。你们都走吧，让我一个人清静清静。”

“世伯，我们已经来了，你怕是清静不了。”赵承彦说道。

余昌泰把眼睛闭上了，再也不理睬他们。

赵璇滢把手一招，卫兵扛着家伙什跑了进来。赵璇滢故意大声命令卫兵将干柴堆放在余昌泰睡觉的石板跟前，淋上煤油，点燃了。随后，卫兵抬来一张桌子，安放在石板边缘，摆好酒和菜肴。紧接着，把一团一团肉烤上了。不一会儿，四周弥漫了一股浓郁的香气。

王俊林站在余昌泰身边，说道：“岳父大人一代名士，这幽静的山岭，破败的寺庙，红彤彤的篝火，浓郁的肉香，上好的美酒，漫天的星斗，皎洁的圆月，暖暖的秋风，正是赏月的最佳场所，辜负了岂不可惜。”

可是，余昌泰一动不动，宛如沉入梦乡。余瑞祥一言不发，静静地坐在篝火旁望着远方。

肉烤好了，赵璇滢倒上酒，饮了一口，夸张地大叫一声，再把一块肉塞进嘴里，说道："如此美丽的夜色，如此寂静的旷野，一团篝火，一块肉，一口酒，抛弃了一切烦恼，忘记了一切忧愁，世界竟然如此美好！"

王俊林精神一抖，拿起酒杯，猛地一灌，大叫一声好，然后拿起一块肉，朝嘴里一塞，一边猛烈地嚼着，一边摇头晃脑，不住地叫好。

赵承彦很想责怪他们，但还没有开口，忽然感到面前好像刮过了一阵风。余瑞祥宛如兔子一样跳起来，冲到酒桌边，拿起酒瓶，同样猛灌了一口，仰天大笑起来。

"喝，你也喝！"王俊林把酒朝赵承彦嘴里倒去。

不论他们怎么狂闹，余昌泰仍然一声不吭，躺在石板上，一动不动。

王俊林望了望余瑞祥，再望了望赵璇滢，说道："今天真是一个好日子。瑞祥，赵小姐，你们彼此相爱，择日不如撞日，今天成亲，怎么样？"

余瑞祥正朝嘴里灌酒，猛然停住了，眼睛瞪得老大，声音器官却堵住了。赵璇滢微微一惊，心已经动了，眼睛朝余瑞祥望去，一样不做声。赵承彦心里暗自责怪王俊林，去看余昌泰时，余昌泰竟然还是纹丝不动。

王俊林继续说："荒郊野外，没有什么好东西，天当被，地当床，我为媒，赵承彦为妁，一切齐备，符合礼仪，你们可以在这里成亲。"

他马上起身，一手拉着赵璇滢，一手拉着余瑞祥，把二人朝一块拉。

余瑞祥很想挣扎，看到赵璇滢一副热望的样子，不禁心里一抖，突然仰天一声大笑，说道："自从武昌起事以来，余某一直四处漂泊，住无定所。现在，确实得有一个家了。只要赵小姐愿意，今晚，我们就成亲。"

"我……"赵璇滢只说了一个字，泪水哗啦啦流了出来。

余瑞祥把她抱在怀里，轻声抚慰着："我知道，无论我做什么，你都愿意跟着我。从现在起，我们永远都不要分开。"

赵璇滢慢慢地抬起眼，看着余瑞祥，一头扑进了他的怀里，号啕大哭。

赵承彦虽说可以接受妹妹嫁给余瑞祥，但生怕惹毛了余昌泰，事情不好收场，心里暗暗责怪王俊林任意胡为。没料到，余昌泰竟然一动不动。妹妹终身有靠，赵承彦再也管不了许多，祝福赵璇滢和余瑞祥鸾凤和鸣，白头到老。

天刚亮，余昌泰睁开了眼睛，伸了一下懒腰，冷冷地瞧了他们一眼，下了青石板，准备离开。

"新人拜见高堂。"王俊林高声叫道。

赵璇滢、余瑞祥走到余昌泰面前，准备朝他行跪拜礼。

“你们早已不是余府的人，你们无论做什么事，跟我何干？别拜错了人！”余昌泰侧身一躲，依旧想朝外走。

“岳父大人，恐怕你不能离开。”王俊林拦住了他的去路。

“浑小子，你想干什么？光天化日之下，难道想劫道不成？”余昌泰大喝道，继续迈步朝前走去。

王俊林不得不闪开了。但是，他已经答应过余老夫人，决不能让余昌泰走掉。他想出了一个办法，命令卫兵暗中跟踪余昌泰，伺机在他饮食里下药。

余昌泰终于走不动路，只能停留下来。

一晃过了半年多，身体渐渐好起来了，余昌泰继续朝前面走去。不知不觉，他来到一座城市。这时候，城里到处流传一个惊人的消息，说是张勋率领辫子军攻占北京，把宣统皇帝扶上了龙椅。

他欣喜若狂，拦住一个路人，问道：“宣统皇帝真的重新坐上了龙椅吗？”

路人看他脑后拖着一根辫子，取笑道：“是呀，宣统皇帝坐上龙椅，已经颁布了圣旨，凡是脑后拖着狗尾巴的奴才，都可以当皇亲国戚。你快点去北京吧。”

余昌泰恶狠狠地瞪他一眼：“这是什么话？你蔑视皇帝，不成体统！”

路人朝地上啐出一口痰来，再也不理会他，扬长而去。

余昌泰心里甜如蜜。宣统皇帝坐回了龙椅，他心愿已了，再也不用去徐州了，赶紧趴在地上，面向北方，重重地叩了三个响头，大声恭祝：“吾皇万岁万岁万万岁！我泱泱中国，永远都离不开皇帝！”

说完，余昌泰慢慢地起了身，折回头来，打道回武昌。

人逢喜事精神爽，走路也快，不几天，余昌泰走回了武昌。他赫然发现，武昌城里并不像他想象的一样挂起了龙旗，使用的还是五色旗。

“怎么回事，武昌城又造反了吗？是不是余瑞祥、赵璇滢这些畜生又犯上作乱了？王俊林怎么没有阻止他们？难道他又当上了叛逆？”余昌泰怒火万丈。

一个下人看到了他，惊喜地冲上前来：“老爷，你可回来了！”

余昌泰喝问道：“告诉我，是不是余瑞祥这个逆贼又犯上作乱了？”

下人懵了，好一会儿都不知道究竟应该怎么回答，等明白了余昌泰的意思，赶紧说道：“老爷，那怪不了二少爷。听说是段祺瑞率领一支讨逆军，从天津打到北京，把宣统从龙椅上拉了下来。中国再也不可能出现皇帝了。”

余昌泰双眼一花，差一点摔倒在地。下人赶紧伸手去扶。余昌泰把下人推开，喃喃道："难道说，天下真的不可能再有皇帝了吗？没有皇帝可怎么办！"

一边说，他一边漫无目标朝前面走去。

神使鬼差，余昌泰竟然走近了抱冰堂。他脑海里倏的一声闪现出张之洞的身影。是张之洞在武昌推行新政，搞新军，办新学，在汉阳建造兵工厂，给了武昌那些叛逆们反叛朝廷的机会。张之洞是朝廷的罪人！他要向张之洞兴师问罪，他要质问张之洞当年可曾想过推行新政的后果。

余昌泰一头撞进了抱冰堂："香帅！你当年推行新政的时候，可曾想到过今日的结局？你没有推翻朝廷的意图，朝廷却是因为你才被叛逆推翻的。你九泉之下有灵的话，难道不为你推行新政感到后悔吗？你应该后悔！瞧瞧你给这个国家带来了什么：没有皇帝，到处你争我斗，时时发生战争，国家一片混乱。这一切，全都是拜你所赐！当年，我错看你了，你才是最大的叛逆！哦，不，你不是叛逆，你是朝廷的忠臣。可是，正是因为你，才没有朝廷啊……"

"你是说因为我的儿子余瑞祥，才没有朝廷的吗？不，他不是我的儿子，我早已跟他脱离父子关系！我活到现在，就是想亲眼看到宣统再次登上龙椅！"

"宣统登上了龙椅，又被赶下去了。没有了，没有朝廷了。你死了，死得好！你早就该死！我也该死！我也该死啊！"

他忽然蹲下身子，痛哭起来了。哭了好一会儿，他缓缓地站起身，步履艰难地走向蛇山，走向奥略楼。

下人好几次都想搀扶他，但又不敢，只能远远地跟着。

余昌泰走上了奥略楼，登上楼顶，双手张开，似乎要拥抱苍天，大叫一声："不应该是这样的啊！老天爷，真的不应该是这样的啊！"

紧接着，他纵身一跃，跳了下去。

第二十六章 暗度陈仓

掌控北京政府以后，段祺瑞完全背离了《中华民国临时约法》。孙中山非常愤怒，受南方军阀邀请，南下广东，主持召开了非常国会，成立了广东军政府。孙中山被选为大元帅，正式拉开了护法战争的序幕。

余瑞祥得知消息，决计前去广州，投入孙中山的麾下，参加护法战争。

赵璇滢和余瑞祥成亲以后，回到武昌，找了一间屋子，安顿下来。宣统虽说被再次赶下龙庭，国家的局势仍然混乱不堪。余瑞祥意识到，袁世凯和他建立的北洋军队已经成了中华民国的一大毒瘤，如果不扫除北洋军阀，中华民国将永无宁日。为此，他仍然不可能享受生活，一边潜地里与其他忠贞的革命党人联络，一边依靠王俊财、许天亮等人暗中相助，对过去的旧部进行彻底改造，以便时机成熟，立即投入行动。

听说赵璇滢嫁给了余瑞祥，余老夫人格外震惊。她很想前去教训二儿子，质问他为什么读了那么多圣贤书，竟然做出如此不顾人伦的事情！可是，转而一想，教训有用的话，儿子当年就不会跟着革命党起事，更不会发展成今天的样子。余老夫人原先喜欢赵璇滢、惦记赵璇滢，如今，对赵璇滢不知不觉有了些许的恨意。恨她嫁给余瑞祥，让世人戳余府列祖列宗的脊梁骨。过了一段日子，老爷竟然跳下了奥略楼。一时间，余老夫人的全副身心都被老爷的死占据了。

余昌泰死了，府上并没有发生多大变化。不过，老爷子毕竟一代名士，在很长一段时间里，都有人闻信前来吊唁，使余府好像一直浸泡在痛苦的海洋里，碰上再令人高兴的事情，都没人脸上敢露出一点喜色。

余瑞祥和赵璇滢都回到余府吊唁过。他们没有一同回府，而是单独回去的。

不论是二儿子还是赵璇滢回府，余老夫人都没有理睬他们。

余瑞光心里清楚，二弟和前夫人终究会走到一起，见到二弟，还能克制自己，但一见到赵璇滢，仍然差点控制不了自己。他的新夫人一看到赵璇滢，顿时明白丈夫为什么会对自己若即若离，心里越发闷闷不乐。

父亲下葬之后，余瑞华回到了学堂，他已经考进高等师范学校。他不打算像王俊林一样醉生梦死，也不打算像二哥一样虐待自己。他觉得只有教书，进入书本的世界，才能给予心灵最大的慰藉。

虽说再也不会一见女人就发抖，余瑞华还是有点排斥女人。赵璇滢嫁给了二哥，他更加觉得女人是不可思议的物种。他不能责怪赵璇滢，只有责怪二哥。

余瑞祥回余府吊唁父亲的时候，余瑞华曾经偷偷责怪他："二哥，难道你找不到别的女人吗？她曾经是大嫂呀！"

余瑞祥轻轻地拍打着他的肩头，说道："这种事情，你现在还不懂，等你明白了，你会觉得二哥这样做并没有错。"

"不，我永远都不会认为你做得对。你让余府蒙羞！"余瑞华吼道。

余瑞祥问道："你从小接受新式教育，难道只会这样看问题吗？"

余瑞华浑身一抖。他接受新式教育，知道中华民国建立起来以后，不仅允许女人婚姻自主，而且允许女人放足。一想到姐姐曾经因为裹足痛哭流涕，一想到姐姐曾经因为不能嫁给王俊林黯然神伤，他就高举双手，为这项政策高声叫好。没想到，一旦婚姻自由跟二哥和赵璇滢联系在一块，他便接受不了。当赵璇滢进入余府，准备跟他说话的时候，他竟然转过脸去，不理睬她。

"不敢面对嫂子吗？"赵璇滢站在他面前，问道。

"他还是孩子，刚刚失去父亲，正伤心着呢。"王俊林马上走过来打圆场。

王俊林是一个非常现实的人，在他心里，中华民国已经固若金汤，一切都应该回到正常，包括余府，包括他与余瑞祥、赵璇滢的友情。

余昌泰入土为安以后不久，王俊林接到消息，说孙中山到广州组织了军政府，拉开了跟北方政府对抗的架势。心里埋怨孙中山，人人都说你是孙大炮，可算说着了！中华民国早已成立，实现你老先生的愿望了，还折腾什么？

王俊林不能不留意余瑞祥的举动。他很担心余瑞祥会跑去广州投靠孙中山。为了留住余瑞祥，只要公事一处理完毕，王俊林总会到余瑞祥家里去，或者把余瑞祥拉到他的旅部，胡侃一通。

余瑞祥明白王俊林的意图，跟王俊林谈起了过去的一切，谈起了理想，谈起了中华民国，试图朝王俊林心中打上一个洞眼，让王俊林不再死心塌地为北洋政府服务。他自己却在暗中计划如何避开王俊林的视线，去投靠孙中山。

他很想带着夫人赵璇滢一块去广东。可是，王俊林的眼线实在太多，他自己又经常被王俊林缠住，夫妻二人不可能一块离开。

"看起来，只有你一个人去广东。"赵璇滢说道。

按照赵璇滢的设想，只要自己在武昌拖住王俊林，余瑞祥便能偷偷地前往广东。不过，因为王俊林几乎每天都要见一见余瑞祥，还要造成余瑞祥仍然留在家里的假象。毫无疑问，这需要周密计划。

夫妻二人盘算了好几天，最后决定装病，让余瑞祥从医院脱身。

如何装病呢？夫妻二人想到了跟余府关系密切的那位大夫。

可是，他们不能去找大夫，也不能在家里熬药，免得王俊林和他的眼线发觉。此事只有委托大哥余瑞光了。

知道二弟的心思，余瑞光一口答应下来，亲自煎好药，送给余瑞祥服用。

一碗药下肚，不一会儿，余瑞祥一阵阵发寒，然后一阵阵发热。冷起来浑身发抖，热起来浑身出汗。

赵璇滢慌了神，连忙请来大夫。可谁也治不好余瑞祥的病。

得知二儿子病重的消息，余老夫人赶紧带着丫鬟前去探望，难过得眼泪扑簌簌地掉落下来。她赶紧吩咐大儿子，将余瑞祥抬回余府。她要亲自照料二儿子。可是，在家里虽说得到了很好的照顾，病情还是一天天加重。

“老爷，你要保佑祥儿，千万不要让他出事！”余老夫人病急乱投医，愣是忘了丈夫已经宣布跟二儿子脱离父子关系，在余昌泰灵前烧了三炷香，乞求道。

王俊财和王俊林结伴来看望余瑞祥。见他气息奄奄，随时有可能丧命，王俊财提出把他转进西医院。

余瑞祥一进西医院，得到了更为严密的监控。除了赵璇滢，几乎谁都不能再见到他。从医生那儿一天天传出了消息，不过，总是说病情得到了控制，料想不会继续恶化，但要好起来，绝不是一两日之功。

王俊林本来觉得余瑞祥病得蹊跷，心下狐疑，既然西医说了，而且亲眼看到余瑞祥濒临死亡的样子，渐渐放下心来。不过，他仍然每天都会抽出时间看望余瑞祥，有时候看不到余瑞祥，能够看到赵璇滢，对他来说，也是一种安慰。

“我计划好了，余瑞祥一出院，我们马上为他举行一个隆重的庆祝仪式。”王俊林对赵璇滢说道。

一个多月之后，王占元把王俊林叫去，告诉他一个惊人的消息，余瑞祥已经奉孙中山的命令，秘密潜回武昌，准备拉起人马，与广东军队一道夹击湖南。

原来，护法大军一展开攻击，北洋政府立马任命曹锟为南征总司令，率部前去镇压。吴佩孚担任前敌总指挥，正率部在湖南与护法大军作战。余瑞祥一直在自己眼皮底下，怎么可能跑到广东呢？王俊林本能地反驳道：“我每天都会看到他。他正在西医院接受治疗，绝不会跑去广东！”

“你亲眼看到过余瑞祥吗？”王占元冷冷地问道。

王俊林一愣，额头上冒出了冷汗，连忙带了卫兵，飞一般地冲进医院。见了赵璇滢，他气急败坏地吼道：“今天，我一定要见到余瑞祥！”

赵璇滢心知一定是余瑞祥去广东的事情曝光了，索性不再隐瞒。

这时候，余老夫人恰好在余瑞光等人的陪同下赶过来了，王俊财和王俊喜兄弟两人也快步走了过来。

一听王俊林的话头不对，余老夫人把拐棍戳在他的胸口，说道："祥儿没死，你心里感到不好受，是不是？"

王俊林说道："母亲，你是知道的，我一直都希望瑞祥好起来。可是，我们都被骗了，瑞祥根本不在医院。他去了广东，投靠了孙中山，又跟我们对着干起来了！"

"胡说！我儿子难道有分身之术不成？"余老夫人怒吼道。

王俊财和王俊喜已经围拢，赵承彦也过来了，他们都是知道底细的，默然无语。余瑞光也是一声不吭。

王俊林扑向病房，准备亲自向余老夫人揭开余瑞祥不在医院的事实。

但医生出现了。医生冷冷地说道："王先生，这里是医院，请你自重。"

王俊林说道："请你告诉我，这里的病人，到底是不是还躺在病床上？"

医生冷冷地看着他，说道："王先生，你是什么意思？"

王俊林说道："对不起，我接到消息，说这里的病人早就不在病房里了。"

赵璇滢推了王俊林一下，说道："你不要为难医生了，一切都是我的主意。"

余老夫人一惊，望着赵璇滢，问道："你说什么？"

"余瑞祥的确不在病房。"赵璇滢说道。

王俊林望了一眼赵璇滢，再望了一眼其他人，气急败坏："我明白了，你们合伙欺骗我。你们一定要亲眼看到我们兄弟相残，心里才舒服吗？"

王俊林把头一扬，大喊一声："来人呀！"

几个卫兵哗啦一下子涌了过来，把他们全部围住了。

突然知道儿子没有生病，余老夫人心里不知道是喜还是忧，正不知如何是好。一见王俊林竟然要抓人，她不乐意了，挥起拐棍，指着王俊林："你敢动一动他们，我跟你没完！"

不仅余老夫人不愿意，医生也不愿意。

余老夫人的威风再大，也没有老外医生的威风大。余老夫人的拐棍没有把王俊林和他的人马降服，老外医生的几句话，令王俊林不得不灰溜溜地走掉了："王先生，这里是大英帝国租界，你要跟大英帝国作对吗？"

王俊林一路走，一路愤愤不平地嘟囔道："我真心对待他们，他们却欺骗了我，把我当猴耍！不给他们一点厉害，他们真当我是菩萨！”

他实在恼火极了！但是，他真的能把串通起来蒙蔽自己的人全部抓起来吗？不能！他们有斩不断的亲情和友情，他怎么都不能，也不应该向他们下手！

现在，该怎么向王占元解释？

事已至此，行动才是最好的解释。得广泛地派遣人手，搜寻余瑞祥的踪迹，决不让他有任何活动的余地。对了，只要余瑞祥回到武昌，准会跟赵璇滢联络。他们一旦联络上，问题要多严重有严重。得把赵璇滢控制起来，彻底斩断她跟余瑞祥之间的联系！

余老夫人是个明白人。事情一出，她知道女婿一定不会放过赵璇滢。在这一个多月的时间里，她对赵璇滢的情感渐渐复苏。她很希望把赵璇滢带回余府，这样，王俊林绝不能从她面前带走赵璇滢。

赵璇滢不能去余府了。她其实已经跟余瑞祥联络上了，愿意自动送到王俊林手里，以便掩护余瑞祥在暗地里操纵一切。

一走出医院，赵璇滢立刻被王俊林的人马抓住了，并被送到王俊林面前。

“王俊林，你永远都像长不大的孩子，那么冲动，那么无能。”赵璇滢坐下之后，继续说，“你以为，你能从我这里得到什么吗？”

“我不想得到什么。只要你在我手里，余瑞祥一定不敢胡来。”

赵璇滢冷笑道：“瞧你这点出息。”

在病床上躺了两天以后，在医生的帮助下，余瑞祥秘密出院，去了广州。他径直地找到南方军政府，进入了大元帅府，见到了孙中山。

孙中山非常高兴，说道：“余兄弟，你是首义英雄，一代名将。有你相助，不愁我们打不到北京，消灭不了北洋政府。”

其时，余瑞祥才知道，黄兴已经病亡了。

孙中山和黄兴等人逃到日本后认识到国民党组织涣散，工作无力，孙中山决定改组国民党，把它改名为中华革命党，并要求中华革命党党员必须打手模，宣誓效忠他。黄兴难以从命，跟他分道扬镳了。不久，黄兴去世。孙中山渴望身边能有一员干将，负担起军事方面的责任。武昌首义临时总指挥余瑞祥来到广东，孙中山大喜过望，对他寄予了很高的希望，每天都会一起商谈军事形势。

全面了解广东的局势之后，余瑞祥有些担心，说道：“孙先生，我认为，要想真正取得跟北洋政府斗争下去的资本，我们必须拥有自己的武装。希望孙先生能够组建一支部队。”

孙中山说道："目前，我们实力不济，财力不够，依托各地军阀从事革命，应该是最为妥当最为快捷的办法。不过，余先生说得很有道理，请余先生为我组织一支军队。"

其时，已经有很多革命党人响应南方政府的号召，扛起了对抗北洋政府的大旗。在中部地区，也有许多部队，在跟北洋军队对峙。护法大军正在湖南跟北洋军队交战，余瑞祥在武昌有很多旧部，希望回去武昌，把他们拉起来，在武昌中心开花，迫使曹锟、吴佩孚两面受敌。

孙中山批准了余瑞祥的请求，命令余瑞祥以大元帅府总指挥的名义，前去中部督导各地进攻南征军。

余瑞祥离开广东以前，想起了身居广州的大姐和大姐夫。

大姐名叫余梅芳，是余昌泰最大的孩子。大姐夫林英华是余昌泰最得意的弟子。余昌泰很看重他的才华和品格，在他考中举人以后，把大女儿嫁给了他。

林英华从小拜余昌泰为师，小小年纪就考上了秀才，接着考上了举人，随后进士及第，因学问出众，很得清朝政权的欢心，被派往广州，担任了知府。林英华被广州高度开放的风气所吸引，思想上很快倾向了革命。黄兴发动广州起义的时候，他曾经暗中给予过帮助。起义失败以后，清廷并没有察觉出他跟革命党人暗中勾连，依旧非常信赖他。在广州宣布独立方面，他起过非常重大的作用，在军政府担任了重要职位。

听说岳父不愿意支持革命党，林英华曾试图利用自己是学生兼女婿的身份，劝说余昌泰同情并支持革命党。他写了一封长信，专门派遣下人送到了余府。

结果，下人带回来的消息很不妙：余昌泰撕碎书信，往地上一扔，然后踩上几脚，破口大骂："林英华，你枉费了我十几年心血，饱读圣贤之书，竟然跟余瑞祥一样，当起了叛逆。我再也不是你的老师，更不是你的岳父了！"

林英华没有气馁，一连又写了好几次信，可是送信人再也进不了余府。

老爷先不认儿子，接着不认女婿，余老夫人看不过去了，知道劝说不了丈夫，暗中叫大儿子代她写了一封信，嘱咐女婿不要把余昌泰的话放在心上。

林英华知道是余瑞祥率领革命党人攻下湖广总督署的，很欣赏他，也给他写过信，赞赏他在关键时候走对了路，鼓励他跟清军战斗到底，不达目的决不罢休。

中华民国建立以后，林英华仍然留居广州。不管国内的政治风云如何变幻莫测，他都能及时洞察玄机，支持孙中山的革命主张。

余昌泰死后，他接到了余府发来的电报，很想带着夫人和孩子前去武昌奔丧，因为事务繁多，夫人又刚好病倒了，他只有向夫人隐瞒了岳父去世的消息，向余府发去了一份唁电。

余瑞祥来到广州，林英华非常高兴，姐姐余梅芳也非常高兴。可是，余瑞祥事情太多，竟然没能跟他们见面。

临走之前，余瑞祥去了林府，拜见姐夫和姐姐。林英华深知余瑞祥前路漫漫，余梅芳也不知道什么时候才能再次跟弟弟相见，三个人都非常伤感。

随即，余瑞祥去了利川鄂西救国军司令部，见到了总司令蔡济民。

两人已经很久没有见过面。这次相见，都有恍如隔世之感。

谈起了武昌首义及其后的变化，蔡济民感叹地说道："当年，要是革命党人能够一心一意地跟清军战斗到底，决不会是现在的局面了。"

"大错已经铸成，无法挽回了。"余瑞祥也是一阵感喟，"但愿这次我们能够把跟北方政府的战争一直打下去。"

蔡济民说道："谈何容易！不瞒你说，我们现在遇到的问题比武昌首义时期还要复杂。救国军内部矛盾重重，粮饷，武器弹药，也很难解决。"

余瑞祥说道："无论怎么说，我们都得支撑下去。你继续在这里跟北洋军队对抗着。我回到武昌，拉起一支队伍。只要时机成熟，我在武昌起事，你立即率领兵马前来攻打武昌。我们一块在武昌再度竖起革命的旗帜。"

两人慎重地拟订了今后的发展计划，也跟其他的各路救国军取得了联系。

余瑞祥带领几个重要将领，暗地里回到了武昌，迅速跟许天亮等人取得联系，重新把旧部拉起来了。

初步理出头绪以后，余瑞祥暗中去了医院，跟赵璇滢见面了，商量应该怎么控制王俊林，以便顺利夺取武昌，切断南征军的补给线，迫使吴佩孚部军心涣散。因为目前时机不成熟，他得继续把装病这场大戏演下去。

南方军政府的权力全部集中在各路军阀手里。这些南方军阀不仅排挤孙中山，而且还跟北洋军阀暗中勾勾搭搭，将孙中山的计划泄露给北方军阀。

王占元一得到余瑞祥回到武昌组建军队、以便将中部的革命党人全部组织起来一块向武昌展开攻击的消息，吓出了一身冷汗。

自从一上任湖北督军，他就知道，放眼武昌，只余瑞祥有能力掀起波澜。他很想笼络余瑞祥，可余瑞祥根本不跟他打照面。王俊林能把余瑞祥留在武昌，严密监视着他，不让他有任何动作，成了王占元最大的心愿。

没想到，余瑞祥竟然已经去广州见过孙中山，而且接受了孙中山的命令，回到武昌，要相机起事！王占元宛如挨了一记闷棍，不过，很快清醒过来，唤来王俊林，命令他火速查一查余瑞祥是不是还在医院。

“是我太大意了。余瑞祥竟然瞒天过海，真的去了广州。”王俊林控制了赵璇滢以后，急忙跑去向王占元报告。

“你一定要把余瑞祥给我挖出来！”王占元恼羞成怒，拍桌子踢椅子。

王俊林从王占元凶狠的目光中看出了余瑞祥面临的凶险，禁不住打起了寒战。他本想报告王占元他已经控制了赵璇滢，现在立即闭口不提。

“我知道你跟余瑞祥和赵璇滢的关系非同一般。你可不要瞒着我，做什么糊涂事。”王占元阴冷地说。

王俊林又打了一个寒战，立即部署人马，大肆搜索一番，然后跑来向王占元汇报：“我已经抓住了赵璇滢。准备利用她做诱饵，把余瑞祥钓出来。”

王占元说道：“无论如何，你一定要把余瑞祥给我挖出来。”

事实上，利用赵璇滢是不可能钓出余瑞祥的，王俊林派遣了许多兵士，密切监视所有跟余瑞祥有过联系的人，连王俊财和王俊喜也不例外。

在王俊喜眼里，王俊林依旧是最大的敌人。他知道，王俊林也是余瑞祥的敌人。两人有共同的敌人，无疑应该是朋友。只要得到什么消息，王俊喜都会告诉余瑞祥。当知道王俊林在王家人身边也埋伏有密探的时候，他先是不动声色，然后寻找机会，想把那些密探引到王刘氏身上去。

几年来，王刘氏依旧每天都让王俊财向她报告产业运转情况。她不担心王俊财，却担心王俊喜会在背后使手脚。王俊喜当年的那笔糊涂账，因为王翔宇、王翔东相继去世，她没有深究下去，但绝对不会再信任王俊喜。她甚至觉得王俊喜的所作所为都是王周氏教唆的，连带着对王周氏也不信任了。

王周氏本来是王翔东的正室，跟王俊财母亲王陈氏的关系倒也融洽，只是比王陈氏心机深沉一些，不愿意儿子失去王氏家族的产业，总是唆使儿子去偷挖家族的墙脚。她现在不能指望儿子得到更多的财产，便总是在王陈氏面前搬弄是非，想让王俊财再也不要让王刘氏插手家族产业。

抱着赎罪的心情，王俊财创办了一个面粉厂。没想到，欧洲战争发生，面粉厂的生意成了王氏家族的另一个主要财源。

王俊喜对王俊财没有恶意。他喜欢嫖妓，即使家里有一个非常漂亮的夫人，还有一个女儿，他也改不了这毛病。无论干什么，他都要打着王氏家族的招牌，最后都是王俊财为他擦屁股。安插在王俊林身边的密探，也是他从王俊财那儿弄钱去打发。

得到余瑞祥回到武昌的消息，王俊喜的眼线很快把他找出来了，知道他在黄陂秘密训练军队，迅速跟他取得了联系。

过去的旧部早被王俊林拆散了。余瑞祥召集他们，很费了一些时间。现在，王俊林已经知道自己来到了武昌，得在王俊林面前露一手，让他头疼去吧。余瑞祥秘密跟许天亮等人取得了联系，从汉阳兵工厂偷出了一批武器弹药，但不送往黄陂，而是送去武昌。

兵工厂一出事，王俊林马上令人严密调查，竟然发现了那批武器弹药。余瑞祥把弹药运送到了武昌干什么？王俊林想破脑壳，搞不清原因。

王俊林焦头烂额之际，余老夫人也来添乱。她亲眼看到赵璇滢被抓起来以后，曾经跑到王俊林旅部要人，被王俊林几句好话一说，就回去了。她原以为几天以后，赵璇滢会被放出来。结果，期限已过，赵璇滢还是杳无音讯。

余老夫人一怒之下，再次来到王俊林面前，说道："你把余府上下当成眼中钉肉中刺，把我也抓起来吧！"

余老夫人一坐下，手杵拐棍，一直保持那副姿态。任凭王俊林说破嘴皮，她也不为所动。更麻烦的是，王俊林生母和余雅芳也一块哭哭啼啼地过来了。

王俊林再三解释，没人肯听，似乎不放赵璇滢，她们决不罢休。赵璇滢是万万不能放出去的，王俊林万般无奈，只好让她们见一下赵璇滢，证明她在自己这里没受任何委屈。

赵璇滢来到王俊林办公室的时候，周莹莹也过来了。这下，更加热闹了。王俊林绞尽脑汁，都无法让她们满意。

一个卫兵跑进来报告，说汉阳兵工厂那批武器弹药已经被人掉了包。

王俊林大惊失色，把手枪拉上膛，朝母亲手里一送，说道："母亲，你们见到了赵璇滢，还是不相信我，你索性一枪打死我，就可以把她带走了。"

母亲一愣，知道儿子惹了麻烦，赶紧劝余老夫人一块回去。

余老夫人见赵璇滢没事，也怕女婿丢了前程，勉强收起拐棍，跟亲家和女儿打道回府。

王俊林冷静下来，怀疑是余瑞光他们都跟余瑞祥串通好了，设下的圈套。

他迅速召回安插在他们身边的密探，但问来问去，得不到他们跟余瑞祥勾结的证据。他无计可施，只有继续加派人手，暗地里监视他们，不让他们跟余瑞祥联络，或者趁他们跟余瑞祥联络之际，抓住他们，不让他们继续兴风作浪。

现在，最紧迫的任务，是保存自己的实力。哪怕周围已经出现了打着救国军、靖国军、护国军等等各种旗号的军队，试图响应孙中山，跟北京政府作对，都不关他的事。王俊林要保存实力，免得兵马一旦受到损失，成了光杆司令，会被人家彻底抛弃。

可是，即使不主动跟人家打仗，只要余瑞祥存在，对自己和自己的军队就是一种实实在在的威胁。余瑞祥到底躲在什么地方？到底会怎么起事呢？

一想到余瑞祥，王俊林头都大了，昏了，膨胀了，脑子里一团糨糊，眼前一片昏暗。

忽然，传来了一声惊天动地的爆炸，整栋房子都颤抖起来，门窗更是哗啦啦地跳动不已。

他一个激灵，一下子跳下藤椅，大声吼道：“来人，外面发生了什么事？”

很快，他得到了报告：军械库发生了爆炸。

王俊林怒火攻心，差一点昏厥过去，匆匆忙忙冲出办公室，迅速朝火药库奔去。

浓烟在缓缓地飘散，一股呛人的火药味硬生生地压进了他的心扉，让他感到说不出的痛苦。可是，王俊林不能停歇，也顾不了心里的苦痛，穿过硝烟，隐约看见到处燃烧着一团团的火焰，一座巍峨的库房，已经变成了一片瓦砾和废墟。

“是谁炸了我的火药库？我一定要将他碎尸万段！”王俊林像一头愤怒的雄狮在周围冲来冲去，声嘶力竭地吼叫道。

王俊林查来查去，一无所获。他很清楚，这一定是余瑞祥指使人干的。

余瑞祥的人马渗透到自己的心脏了，自己还查不出来，一股寒意从王俊林头顶嗖嗖地传到脚下，全身一片冰凉。

的确是余瑞祥指令王俊喜安插在王俊林身边的人干的，目标是为了掩盖他组建的那支部队。

在王俊林疯狂地寻找他踪迹的时候，余瑞祥已经在黄陂收拢了旧部。现在，他准备去分布在中部地区的各部队看一看，亲自了解他们的现状，然后制定攻击武昌的方略。

余瑞祥来到了利川，进入鄂西救国军司令部，再次跟蔡济民相见。片刻的喜悦过后，两人难以掩盖内心的伤感。因为蔡济民已经得到准确消息：孙中山辞职去了上海，广东军政府完全落在南方军阀手里。

跟各部队取得联系以后，余瑞祥准备再度奔赴广州，亲自向孙中山汇报攻击武昌的大计。孙中山一走，计划落空，余瑞祥焉能不黯然神伤？

“攻击武昌，恐怕只能化为泡影了！”蔡济民低沉地说道。

“孙中山先生即使离开了，我们也要继续攻击武昌。只要成功，南方那些军阀一定会下死手打败吴佩孚的。”余瑞祥说道。

“用南方政府的名义吗？”蔡济民问了一句，随即说道，“南方政府早就在跟北方政府勾勾搭搭了。用南方政府的名义，能有什么号召力？而且，孙中山先生离开南方政府以后，各部队成了一盘散沙，谁也不会服谁。不可能指望这样的部队去攻击武昌了。”

余瑞祥一腔热血变得冰冷。自己这个中部总司令注定无法完成孙中山先生赋予的使命吗？他仰望苍天，希望从天上获得答案，但苍天不会给他答案。他的眼帘，浮现出当年武昌起事时的情景。那个时候，群龙无首之下，他们不是也发动了武昌首义吗？他要只手力挽狂澜，推倒北洋政府。首先，得劝说蔡济民振作起来，跟蔡济民商议一个妥当的方案，去攻击武昌。

蔡济民信任余瑞祥，支持他攻击武昌。只要余瑞祥能够跟其他各路部队取得联系，蔡济民必定会率领鄂西救国军一举打向武昌。

得到了蔡济民的保证，余瑞祥满意极了。现在，他得去联络其他各部队，按照跟蔡济民商量的方案，跟各部约定汇聚武昌、攻击武昌的时间与攻击方向。他一路走去，再也没有得到任何一支部队的响应。他真真切切地感受到了孙中山在广州孤立无援时的困境。

必须组建自己的部队。从这一刻起，这个想法越发在余瑞祥心里生了根。

怎么办？继续为攻击武昌做准备吗？凭借蔡济民的人马和自己收拢的旧部，不可能消灭王俊林部。更何况，即使和蔡济民联手打下了武昌，也不可能有人响应，最后，仍然会遭到王占元的疯狂镇压。余瑞祥不得不停止攻击武昌的打算。

他再一次去了利川，见到了蔡济民。两个人心情都很低沉，但依旧从胸膛里喷薄出不屈的火焰。他们久久地望着对方，谁也不愿意打破这难得的宁静。

余瑞祥终于说道：“我们应该坚持下去，哪怕没有一个人响应，我们也得继续做准备。”

“这次出来，我便没有闪避的打算。唯有达成目的，或者是死，才能让我停下来。”蔡济民说道。

余瑞祥伸出手，和蔡济民握在一块，说道：“我们彼此珍重。没有实现我们的理想，谁都不许死！”

第二十七章 热血与刀枪

余瑞华在高等师范学校越来越出类拔萃了。承袭父兄的优点，他书读得很好，任何他感兴趣的内容，都能迅速入心入脑，提出不凡的见解，把同学们甩下十万八千里。他有着火一样的热情，无论谁遇上困难，他都会伸出援手，不仅赢得了同学们的尊敬，各位师长也对他交口称赞，俨然成了校园的明星。

经过岁月的雕琢，他凡事都有自己的主见，决计不再走余府其他家庭成员已经走过的道路。他不愿意经商，也不会像二哥一样为了某种理想出生入死，更不愿意跟姐夫一样永远都没有自己的思想。可是，他没有确定自己到底想要干什么，只隐隐约约知道，要爱国，要为国家做一些事情。

欧洲战事结束了，各战胜国在巴黎召开会议，讨论战后安排。中国远离战场，本来跟这场战争风马牛不相及。但是，北洋政府在日本的唆使下，宣布对德参战，成为协约国的一分子，自然跻身战胜国行列，参与了这次针对战败国的分赃会议。中国没有得到战胜国身份带来的任何荣耀，反而遭到列强的羞辱，要像战败国一样把被德国占领的青岛割让给向来怀有狼子野心的日本。北洋政府准备屈辱地接受巴黎和约，消息传回国内，北京学生火山般爆发了，发起一场声势浩大的学生运动，要求抵制巴黎和会。

“为国出力的时候到了！”余瑞华得到消息，立刻准备联络学生，响应北京学生运动。可是，一想到不要成为二哥那样的人，他打消了由自己出面发动学生的念头，等一些活跃分子找他的时候，他才甘当配角，和他们一道，到武昌各校联络学生。

运动了几天，武昌学生领袖们共同决定了响应北京学生运动的具体办法。

那天，艳阳高照，和风徐徐。武昌各中等院校以上的学生，全都齐聚阅马场，先进行集会，随即举行了声势浩大的游行示威，散发传单的活动。

学生们高举各色旗帜，每一支队伍前面，都拉上了一个宽大的横幅，爆发山呼海啸般的怒吼，气势磅礴地向前挺进。余瑞华眼帘浮现出昔日参加武昌首义的情景。热血沸腾，心头越发激荡，他情不自禁地跟同学们一道，高呼口号，散发传单，鼓动市民抵制日货。

激情与热血具有强大的感染力，很快，各个阶层的民众一致响应。商界以及普通市民，纷纷加入到这场爱国运动当中来了。

王占元勃然大怒，命令军警立刻封锁各校校园。

镇压学生运动的差事交给了王俊林。王俊林很清楚，余瑞华虽说不是主要学生运动领袖，但也是一个很重要的角色。他可不希望余瑞华因此惹上麻烦，连忙私下找到余瑞华，试图劝说他不要鼓动学生继续闹下去。

“你们是学生，先念好书再说，国家大事用不着你们操心。”王俊林说道。

余瑞华嗤之以鼻：“如果人人都像你一样，国家指定没有希望。”

“你以为只凭一腔热情，喊一喊口号，国家就有希望吗？手里没有过硬的家伙，空有热情有什么用？”王俊林吼叫道，“余瑞祥，你二哥，不是满腔热情，要实现这个实现那个吗？他现在不知道躲到哪里去了，连人影都见不到！他比你要强得多，他都不能做出任何事情，你还能做什么？”

余瑞祥的确从王俊林眼前消失了。不过，他并不是消失无踪。自从跟蔡济民道别以后，余瑞祥秘密潜回武昌，跟他的旧部待在一起。

王俊林逼走二哥、软禁二嫂，余瑞华一直对他心怀不满。一听他提到二哥，余瑞华心头的火气更大，连话都不跟他说，折身走了。

无法继续劝说余瑞华，王俊林命令人马封闭了各校校门以后，匆匆忙忙赶去余府，希望余老夫人和余瑞光把余瑞华叫回家。

余老夫人一听王俊林说学生在闹事，想起老爷生前说过的那些话，叹息了一声，说道：“唉，一没了皇帝，各种稀奇古怪的事都出来了！”

“你不应该执行王占元的命令。”余瑞光不听母亲的唠叨，对王俊林说道，“你应该知道，学生是为了捍卫国家的尊严。我们商界全力支持他们。”

“服从命令是我的职责。”王俊林说道。

余老夫人不能再大发感慨，决计把他找回来，免得引起麻烦，对儿子女婿说道：“你们一起去，一定要把华儿带回来！”

王俊林本来希望余老夫人亲自出面去高等师范学校，一听岳母发了话，心想，如果一定要老人家亲自跑一趟，确实不合适，好在有余瑞光一块，拖也能把余瑞华拖回余府。于是，他和余瑞光急急忙忙去了学校，见到了余瑞华。

“你们可以不救国，我却不能不救。”余瑞华冷冷地说道。

“难道你们胡闹就是救国吗？”王俊林呵斥道。

按照王俊林的意思，这时候，余瑞光要么一样呵斥余瑞华，要么冲上前去，不由分说，一把抓住余瑞华，把他拖回家。谁知余瑞光一直沉默不语。更可气的是，余瑞华说完以后，又转身离开了，拿王俊林当空气。

“你是怎么回事？故意的吧？”王俊林责备大舅子。

“他说得有道理。他救国，我们不应该管他。”余瑞光说道。

“那不是救国，是瞎胡闹！”王俊林吼道。

余瑞华不会回去余府，王俊林只有亲自坐镇高师，免得有人伤害他。

第二天，学生们排着整齐的队伍，朝校门口走了过来。

王俊林如临大敌，命令兵士拉开枪栓，吼叫道："回去，都给我回去！"

"你不救国，难道要阻拦我们吗？"余瑞华冲到王俊林面前，大声喝问。

学生们一齐喊叫起来，挥舞着拳头，吼叫着口号，声音犹如惊雷一般在校门口炸响："打倒卖国贼！我们要救国！"

王俊林气急败坏，把手一挥，兵士们将枪口一抬，突突突，朝着天空一阵猛射，子弹的喧嚣声盖过了学生的怒吼。

"你敢开枪！"余瑞华愣了一下，好像一头狮子，扑到王俊林面前，劈面夺过了他的手枪。

"上啊！"学生们一声怒吼，一拥而上，不由分说，将王俊林按倒在地。

兵士们大惊失色，再也不敢开枪了。

余瑞华抓起王俊林，朝学生们挥手喊道："走！冲出去！"学生们高呼着口号，哗啦啦一声，洪水一般冲出了校门。

终于，余瑞华松开了王俊林，说道："救国是一件伟大的事业，爱国是无罪的，你继续向爱国者开枪，一定会被钉在历史的耻辱柱上。"

王俊林恼羞成怒，吼道："你们会闯祸的！"

学生们一冲出校门，径直奔向督军府。他们沿途高呼口号，吸引了越来越多的市民。队伍宛如一道势不可挡的洪流，波涛滚滚，向前流动。

不一时，队伍来到了督军府门口。

几挺机枪架设在高高的围墙上，发出一阵喧响。一团一团苍白的火光，将走在最前面的学生扫倒在地。紧接着，从督军府冲出一队队兵士。他们如狼似虎地冲进发愤的人群，挥舞枪支就是一阵猛打。与此同时，从其他方向开来了许多军警，恶狗扑食一般，冲进人群，对学生进行镇压。

"同学们，谁阻挠我们爱国，跟他拼了！"余瑞华大声吼道，迎着一个军警冲了过去。

"跟他们拼了！"学生们精神大振，纷纷与军警厮打起来了。

一时间，厮打声、惨叫声、痛骂声，好像煮沸的开水，在空中不住地翻滚。

王俊林赶过来了，一看到学生们赤手空拳，飞蛾扑火一般扑向军警，被纷纷打倒在地，心头滚过一阵凉意，赶紧吼叫："不要打人！不要打人！"

可是，他的声音被淹没了。许多学生被打倒在地，到处鲜血横流，他不忍心看下去，禁不住双手捂着眼睛，差一点流出了泪水。

似乎听到了余瑞华的惨叫声，王俊林忽然心里一疼。

他先是一愣，紧接着不顾一切地冲进人群。他的兵士立即挥动枪托冲入人群。余瑞华正跟一个军警抢夺枪支，王俊林赶紧扑了过去，试图帮助余瑞华，但从侧边飞身冲来一个兵士，一枪刺向余瑞华的胸膛。余瑞华一闪身，刺刀刺进了那个军警的心脏。王俊林以为余瑞华挨了枪刺，劈面给了兵士一个耳光。余瑞华愤怒了，趁着那个兵士愣住的机会，夺了他的枪。

王俊林一把抓住余瑞华的手，大声喝道："走！快走！"

余瑞华毫不理会，端着枪打向了一个军警。

眼见得越来越多的军警围了上来，王俊林一边怒吼，一边猛力把余瑞华朝包围圈外面推。

余瑞华冷静下来了，为了避免更多同学流血，赶紧喊道："同学们，撤！"

有王俊林在暗中帮助，余瑞华率领同学们打开一条出路，突围而去。还是有很多学生被军警抓住了。

许多学生被捕，也有学生被杀，余瑞华心里无比愤慨和悲哀。

枪支是强大的，口号喊得再响，一旦碰上枪支，顿时显得苍白无力，只有任人宰割！余瑞华深切地感受到了这一点。

难道爱国救国有错吗？没错！可是，拿学生的生命和鲜血去爱国救国，真的救得了国吗？余瑞华越想，信心越发动摇。那些惨痛的情景一再浮现在他的眼前。当年在军政府门口跟清军的残余势力作战，也没有这么血腥。这一次，实实在在是听凭军警用枪支恣意屠杀赤手空拳的学生！

突然，余瑞华感觉到面前出现了好几个人，是大哥，母亲，还有大嫂，全都站在他面前。

"孩子，回去吧。"余老夫人说道。

余瑞华望着母亲，眼泪哗啦啦地流出来了。

余老夫人伸手在小儿子脸上擦了擦，说道："回去吧，孩子。你还没有长大，你什么都不知道。"

"不，我长大了。"余瑞华忽然蹲下身子，失声痛哭起来。

这时候，有几个学生领袖来找余瑞华。他们试图把余瑞华拉去商量明天的抗争行动，余瑞华一直哭哭啼啼，没有应声。

“你想做一个懦夫吗？”一个学生领袖问道。

另一个学生领袖说：“你既然想做懦夫，我们不会阻拦。请你明白，爱国救国在任何时候，都是无罪的！”

余瑞华精神一振，想起身跟同学们一道离开。但母亲已经挽起他的手，朝停着的一辆人力车走去。

母亲静静地看着他，什么话都不说，眼睛里流露出慈祥和关爱，也流露出令人心颤的忧伤。余瑞华完全被击倒了，再也无法行动了，闭上眼睛，任凭人力车把他拉回了余府。

余瑞华把自己关在父亲的书房里，脑海里一再回想过去的一幕幕情景，思考今后自己到底应该怎么做。继续读书，看起来并没有多大用处，枪杆子的威力，才天下无敌。投军去吧，像当年的二哥一样！

这时候，王俊林来到了余府。

因为南方政府一直跟北洋政府对抗，而且许多南方军队已经部署在武昌的周围。王占元不得不拼命扩充军队。王俊林手里现在已经掌握了一个师的兵力，当上了师长。

王占元的扩军计划一出台，王俊喜马上得到了消息，知道哥哥正在暗中支持余瑞祥的事业，马上告诉了他。

余瑞祥跟蔡济民分手以后，潜回武昌，准备正式拉起自己的队伍，拉开独立跟王占元作战的序幕。他找到了王俊财，希望进一步得到王俊财的支持，并通过王俊财寻求哥哥余瑞光和赵承博的支持。

王占元想趁孙中山离开南方政府的机会，扩大军队，彻底消灭盘踞在武昌周围的各类南方军队。余瑞祥决定趁此机会，让自己的人马投入到王俊林麾下，密切监视王俊林的行动，在适当时候把王俊林控制在自己手里。

“你跟王俊林是两种不同类型的人，这样做合适吗？”王俊财问道。

“王世兄担心，我的人马跟王俊林的队伍不合拍，是吗？”余瑞祥微笑道，“你放心，我的人马可以很好地隐蔽下来。再说，王俊林急于扩充实力，刚进入他的队伍，发生任何事情，他都不会深究。”

他把人马分散开来投入王俊林麾下以后，住在租界王俊财为他寻找到的一所住宅里，注视武昌乃至整个国家的动态。

王俊林准备拉起队伍扑灭鄂西救国军，余瑞祥暗中命令旧部和王俊喜继续密切留意王俊林的行踪，自己赶去利川，跟蔡济民商议，准备趁王俊林发动攻击的时候，命令自己的旧部反戈一击，跟蔡济民的人马里应外合，夹攻王俊林的嫡系部队。

回到汉口，余瑞祥再一次秘密召集各位旧部，并将许天亮也召集过来，命令他率领暗中拉起来的人马，做好出发准备。

忽然，余瑞祥接到了噩耗：蔡济民遭到了枪杀！

余瑞祥颇感震惊，赶紧秘密去了利川，一是了解蔡济民的死因，二是希望找到蔡济民最为亲信的人，跟他们重新制订计划。

蔡济民竟然是那些奉命前来支持鄂西救国军的家伙为了抢夺地盘，暗地里部署人马枪杀的。瑞祥很想立即集合蔡济民的嫡系部队，打上门去，将凶手绳之以法，但担心鄂西救国军会因为内乱而被敌人消灭，只有一面派遣人马前去上海寻求孙中山出面解决，一面跟蔡济民的心腹部将商讨继续对抗王俊林大军的计划，同时还得稳定各路人马的军心。

北京爆发了五四运动，引发武昌方面积极响应。王俊林无力他顾，派兵攻击鄂西救国军的计划搁浅。而且，北京政府与南方政府拉开了和平谈判的大幕。一场战事遂无声无息地熄灭了。

如今，余瑞祥最大的希望是能为蔡济民的死讨一个公道。但他接到消息：孙中山派出的调查人员，人还没有进入利川，便遭到暗算。

余瑞祥长长地叹息一声，暗问自己：难道不能找到另外一种途径拯救国家吗？

武昌学生运动造成的巨大社会效应，让余瑞祥看到了新的希望：可以依靠学生，依靠市民，依靠商界拯救国家。听说弟弟余瑞华是高等师范学校的学生领袖，他更加欣赏弟弟，决计亲自出面鼓励余瑞华沿着这条道路走下去。

余瑞祥乔装改扮，来到高等师范学校，余瑞华却被母亲和哥哥接回了余府，再一次沦为逃兵。

他有些伤感，沉思片刻，打定主意，急急忙忙赶往余府，准备劝说弟弟走出家门。他穿过天井，还没有进入堂屋，猛然听见王俊林的声音准备退回去。

但下人已经进去报告了："二少爷回来了！"

很快，从堂屋里冲出了几个人。余瑞祥只有迎上前去。那些人看到余瑞祥的样子，全都愣住了。

短暂的沉默过后，王俊林欢快地说道："哈哈哈，你很有一套，居然学会了易容术！你肯定一直在武昌，是吧？"

余瑞祥没有回答他："赵璇滢承蒙你关照，如今应该过得很好吧？"

王俊林嘿嘿一笑，说道："她一直都很好。如果你想见她，我马上带你去。"

余瑞光突然说道："如果你真的希望瑞祥和璇滢见面，应该把她放出来。"

王俊林瞥了余瑞光一眼，嫌他多话。

余瑞华的心绪再一次动荡起来。他痛恨王俊林，决计跟王俊林对着干。王俊林不是说过，男子汉大丈夫，一旦决定做什么，哪怕所有的人都反对，都要义无反顾吗？自己认定学生运动能够救国救民，为什么不能一直做下去？

武昌首义以后的遭遇，让余瑞光明白了一个道理：不能跟新鲜力量和新鲜事物唱反调。因此，他支持余瑞祥，也支持余瑞华参加学生运动。他又是一个忠义孝道的人，母亲发了话，不能不秉承母亲的意思，把余瑞华找回余府，不让他继续跟其他学生一道游行示威。阻挡了三弟，余瑞光绝不会再给二弟增添麻烦。

余老夫人得到二儿子回家的消息，高兴地杵着拐棍出来了。

母亲越发苍老了，精神也没有以前振作。余瑞祥心里一阵愧疚，走上前去，喊了一句："母亲！"

余老夫人盯着他看了很久，终于露出笑容："没错，是祥儿回来了。"

众人簇拥着余老夫人进了堂屋。当着余老夫人的面，谁也不会说出真正目的，只是漫无边际地说一些不痛不痒的闲话，一副一家人其乐融融的样子。

余老夫人一回卧房歇息，王俊林迫不及待地说道："大戏终于可以开演了。"

余瑞华一听，心里蹿起一团火，腾身而起，准备进入书房。

王俊林笑着阻拦道："不想听一听二哥到底打算对你说些什么吗？"

余瑞华回过头来，冲着王俊林说道："不管他说什么，都比你强！"

王俊林笑了："他太死脑筋了，能跟我相比吗？不要对我说理想，也不要对我说国家，我们都是凡人，能够舒舒服服地过日子，比什么都好。岳父为了清廷，一直跟现实格格不入，最后怎么样？瑞祥为了理想，一直居无定所，一家人还要为他担惊受怕！已经是中华民国了，武昌首义的目的早已达到了，为什么要自己给自己找麻烦呢？"

"那也比你在王占元面前当狗强！"余瑞华说道，脸上露出了报复的笑意。

王俊林也笑了，正想说下去。

余瑞祥切断了他的话头："每个人都有权选择自己的道路，别人无法干涉，但总得要有益于国家、有益于社会。自从你背叛了革命党，你一直以自我为中心，火烧汉口，追杀革命党人，用枪对付赤手空拳的学生，无所不用其极。你难道没有好好想过，是当一个顶天立地的男子汉好，还是当一个走狗好？也许，当走狗的确能够暂时获得一些眼前利益，但那为正人君子所不齿。”

“我没有用枪去对付学生！”王俊林脸色青一阵红一阵，咆哮道。

余瑞祥冷笑道：“你也知道羞耻吗？”

二哥的话像鞭子一样抽打着余瑞华，他恨不得马上冲出余府，再次投入声势浩大的学生运动，一往无前，决不停歇，但眼帘浮现出与军警厮打得血淋淋的场景，一腔热血急剧冰冷，步伐踉跄地进入了书房。

看着弟弟失魂落魄地走进书房，余瑞祥知道一番工夫白费了。他无可奈何地摇了摇头，露了一丝苦笑。

余瑞华不可能再走出余府，王俊林心里好似饮了蜜一样。在军营打拼十几年，虽说手里现在握有一个师的人马，大小军官多如牛毛，但没有一个人值得他信任。他早想把余瑞华拉进军营，好好培养，把他打造成自己的助手。现在，余瑞华已经被他拿住了，目的注定能达成，他还有什么不满意的呢?

届时，他还可以利用余瑞华打击跟自己作对的余府、赵府、王府成员。任何时候，只要再跟余瑞祥发生冲突，他就把余瑞华推到前面去。

王俊林正打着如意算盘，脑子里竟然莫名其妙地回荡起余瑞祥的声音：“你早已堕落，没有一点羞耻心！”

“我怎么堕落？我怎么没有羞耻心？”他凶狠地问道。

“你背弃了理想，导致众叛亲离。这就是你的下场！”冥冥之中，又响起了余瑞祥的声音，似乎是在回答他。

“不！你才众叛亲离！”王俊林反击道。

余瑞祥再也没有说话，只是冷冷地注视着他，露出鄙夷的笑。

“搔着你痛处了吧？”王俊林自以为得计地笑了。

笑声还没有落地，响起一阵挪动椅子的声音。王俊林一个激灵，清醒过来，知道自己不过是走了神，暗想：我本来赢了，谁知是一个幻想。难道我真的错了吗？难道余瑞祥做的一切都是正确的吗?

“俊林，说了半天，你到底是什么态度呀？”余瑞光问道。

“什么？”王俊林反问道。

“把赵璇滢放出来呀！”余瑞光回答道。

他又说到这上面去了。王俊林本来很恼火，见人人都很关切，又不能得罪众人，只有命令卫兵，去把赵璇滢带来余府。

很快，赵璇滢被带到了余府。赫然看到化了装的余瑞祥正坐在堂屋里，她心头一震，立马泛起一阵暖意，很想立即投入他的怀抱。

王俊林笑道："好啦，你们阖家团圆了。我为你找回了瑞祥，你应该感谢我。"

赵璇滢冷笑道："我一直非常感激你。"

一看到赵璇滢走进来，余瑞祥心头荡漾着一股激情。他不由自主地想冲到赵璇滢面前，将她紧紧地抱在怀里，但瞥了哥哥一眼，一直静静地坐在那儿。

余瑞光心里涌出了万千滋味，眼帘闪现出当年跟赵璇滢成亲的情景。今日跟他早已成了陌路人，但又不是陌路人，她还是余府的人，因为她是弟弟的夫人。余瑞光觉得很难面对她，可是神使鬼差，竟然久久地望着她。

赵璇滢直面王俊林，继续说："我想，那些被你杀掉和被你围困在校园里的学生，也一定会感激你。"

王俊林说道："别提这个。我知道，我不可能改变你们。可是，你们自己算一算，从武昌首义到现在，已经过去多少年了？你们得到了什么？你们一直跟政府作对，这样值得吗？"

赵璇滢说道："这就是我们的区别。"

余老夫人在余瑞光夫人的搀扶下，再度来到堂屋。是丫鬟告诉她赵璇滢回府了，余老夫人带着大儿媳出来的。堂屋这下立刻热闹了许多。

赵璇滢先后嫁给两个儿子，余老夫人心里一开始确实过不去，但后来还是过去了，对待赵璇滢仍像亲生闺女。大儿子成亲另娶，一看到新娶的大儿媳长得跟赵璇滢一模一样，余老夫人明白了大儿子的心思，很同情大儿媳。什么事情，她都会依顺大儿媳。自从知道自己是赵璇滢的代替品，余瑞光的夫人心里郁闷，一直默默地忍受，默默地打发每一个日子。她已经为余瑞光生了一个儿子，取名余立。

"王俊林，你良心发现，不再软禁璇滢了？"余老夫人问道。

王俊林脸色微微有些难堪了，说道："母亲，你是不是一直记恨我？难道我不是你女婿吗？"

余老夫人说道："你要是不再软禁璇滢，我就要好好打算一下了。老爷跟他们脱离了关系，我可没有跟他们脱离关系。一家人还是得住在一块好。"

说了几句，赵璇滢跟着余老夫人和余瑞光新娶的夫人一道进入了后院。

王俊林和余瑞祥本来是为余瑞华的事情到余府的，这么一闹腾，竟然完全转了向。

不过，随着几个女人进入后院，他们又把话题说回了原点。

“其实呀，我们没有必要继续争论这些问题。南方政府和北方政府已经和谈了。你即使还在南方政府，我们也不可能是对手。你说的那些话，我会好好反思。我说的话，你也别不愿意听。你们拿着枪杆子，也无法跟北洋政府抗衡，学生有什么用呢？”王俊林说道，“他们无非是跟着北京那边的学生起哄、胡闹。过一阵子，他们准会知道，他们这样做是不对的。从此天下太平，该多好啊。”

“你是充满幻想，还是脑子发烧了？”余瑞祥说道，“要知道，南方跟北方相去甚远，无论怎么和谈，都不可能有好结果。如果不按照孙中山先生的意愿建立中华民国，战争决不会停止。”

“你还是这样。南方政府跟北方政府真的有区别吗？”王俊林说道。

眼看两个人又争吵起来了，余瑞光说道：“俊林呀，我一直对政治不感兴趣，可是，我也看得出来，要是北洋政府不改弦易辙，我们永远不可能有好日子过。我的纱厂为什么能在这几年迅速发展起来？是因为外国人在打仗，无法把手伸到中国来！现在，战争结束了，他们又把肮脏的手伸过来了，我们的日子会越来越艰难。政府挺起腰杆，对外国人说一句不，真的很难吗？”

这个一向不多话的大舅子，竟然说出这样一番道理来！王俊林大吃一惊。

王俊林原先从来没有这么思考过，眼下一思考，觉得政府真的做错了，因为这个和约会对中国的商界和民众造成太大的影响。

虽说对政府的信心动摇了，可是，一旦王占元再度下达镇压学生运动的命令，王俊林能不执行吗？不能！怎么办呢？应该在王占元下命令以前，按照余瑞光的说法，向他解释为什么会出现这样的学潮。王俊林相信，自己已经动摇了，王占元一定会动摇的。

这时候，王俊财和赵承博结伴来到了余府。

他们作为汉口、汉阳商界代表，联合武昌商界，跟学界一道，发动了声援北京五四运动的活动。突然听说武昌方面的学生运动遭到了镇压，有的学生遭到逮捕，有的学生被打死了，二人邀约来武昌看一个究竟。街面上死气沉沉，到处都是军警游荡，眼睛里露出凶狠的光。他们心知事情不妙，特意来到余府，希望跟余瑞光商讨对策，没料到竟然在这里跟王俊林、余瑞祥相遇了。

王俊财一直在暗中帮助余瑞祥，自然对余瑞祥回到余府一点也不觉奇怪。

赵家榨油坊虽说名义上归赵承博经营，但事实上是赵承彦在暗中替他把脉。他仍然对所有好玩的事都感兴趣，只是不愿意成亲。母亲越是希望他快点成亲，他越是不愿意。似乎让母亲心里难受，已经成了他日常生活的一部分。

王俊财和赵承博本来有一肚子话要跟余瑞光说，一看到王俊林坐在那儿，心头蹿起一团火，呼啸着全部发到王俊林身上去了。

王俊财问道："听说你上午带领队伍开枪，杀死了好几个学生，也打伤了很多学生，是吗？"

赵承博说道："你手里有枪，是很好玩，可是，你要玩应该跟那些有枪的人玩，为什么要对准没枪的学生呢？哪怕你是将军，我明白地告诉你：你这样做，有点让我看不起！"

王俊财无论说什么，是哥哥，王俊林都可以忍受。但赵承博是谁呀？李香香的儿子！堂姐王芝英是被李香香逼疯的。你母亲如此歹毒，你赵承博要是菩萨心肠，为什么不指责你母亲阻止你母亲？现在，我发生了一点小小的误会，你赵承博竟然来指责我！什么东西！王俊林火冒三丈，把眼珠子一瞪，准备呵斥赵承博了。

赵承博压根没有把王俊林放在眼里，继续说道："你很有本事呀！别人不能做的事，你都做了。我要是你，一准会率领队伍跟外国人干去。"

王俊林好像泄了气的皮球，满腔怒火消失得无影无踪，人变成了空心木偶。

余瑞华听到赵承博的声音，赶紧跑来堂屋，对赵承博说道："你不要跟他说这些，他不懂。"

赵承博马上跳了起来，冲到余瑞华跟前，朝他上下打量了好一会儿，然后一手拍打在他的肩头上，说道："可以呀，不愧是经历过枪林弹雨的人，子弹硬是没有打中你。"

王俊林一脸铁青，仍然说不出话来。余瑞祥和余瑞光煞有介事地看着赵承博，也不说话。王俊财看到王俊林很难堪，心里高兴极了，又不知道余瑞华到底是不是参加了学生运动，一直静静地看着他。

赵承博没等余瑞华回答，立即转变了话题："啊，我知道了，你没有参加今天的游行。你一定是提前得到消息，躲回余府来了。是不是？你这样可不好。男子汉大丈夫，敢做就要敢当。别人在枪林弹雨中受伤和死亡，你为什么要逃跑？"

余瑞华说道："我没有逃跑。是我抓住了他，带领同学们冲出校园的。"

赵承博拍手大叫道："好样的！赤手空拳，敢跟枪杆子搏斗，你是真正的男子汉！不过，你现在躲在家里，闭门不出，就不是男子汉的行为了。因为你姐夫，你母亲，你哥哥，还是因为谁？不要看谁的脸色，要做一定得做到底！"

说到这里，赵承博拉着余瑞华，不由分说，准备朝外面跑去。

王俊林再也忍不住了，腾身而起，耸立在赵承博面前，呵斥道："你这个混世魔王，你懂得什么？给我坐下来，哪里都不许去！"

赵承博打量了他好一会儿，说道："你是说我吗？我不是你的兵士，你凭什么说我？你手里不是有枪吗？你不是用枪拦截过学生吗？你可以用枪拦我呀！"

余瑞光见王俊林的脸色越来越难看，连忙说道："已经结束了。"

他的话还没有说完，被从后院走出来的人打断了。

赵璇滢听到弟弟的吼叫声，赶紧来到堂屋。她插在王俊林和赵承博中间，微笑着对弟弟说道："你为什么要招惹俊林？难道你是想故意让他把你抓去软禁几年吗？那可不好，你瞧，姐姐被他一软禁，变得苍老不堪了。"

明知赵璇滢在讥讽自己，王俊林只有把怒火压了下去，重新坐了回去。

突如其来地看到了姐姐，赵承博大喜过望，赶紧扑过去，又喊又叫，欢快地回答着她的话，一面狠狠地朝王俊林剜去一眼，更加不顾一切地讥讽他。

王俊林好像挨了一串接一串皮鞭。他真恨不得劈面甩给赵承博一记耳光，但赵璇滢就在跟前，他欠赵璇滢的，动不了手。也不是欠，是赵璇滢自己造成的。他一向对赵璇滢、余瑞祥都很仁慈，可余老夫人和周莹莹都没有从他那儿要回赵璇滢，他总觉得自己对不住她们，总觉得在赵璇滢面前有些硬不起心肠。

这时候，王俊林眼帘竟然浮出学生们第一次在阅马场集会的情景。那个时候，他并没有想到过镇压，也没有接到镇压的命令，亲眼看到了许多民众，不仅有低贱的车夫、二流子，甚至连像王俊财一样的名商巨贾，都参与到抵制日货运动中，声势浩大，如火如荼。他曾经为此激动过。可现在，他竟然亲自下达命令，亲自带领人马，镇压了学生运动。

"我到底是对是错？我为什么要这么做？我能不这么做吗？"他问自己，脑海里一直波澜起伏，让他几乎失控。

他强作镇定，说道："我们都经历过很多事情，当时看起来很激烈很让人热血沸腾，可是，随着时光流逝，不会再有那个感觉了。一切都应该归于平淡、平凡的生活。"

余瑞祥冷笑道："民众已经觉醒了，这是一支最伟大的力量，任何人都扑灭不了。你以为，不来一个天翻地覆的改变，还能回到你想象之中的平淡去吗？"

第二十八章 武昌角力

余瑞祥和赵璇滢回府，给余府带来勃勃生机，余老夫人喜不自胜，幻想一家人从此可以团聚，过上安宁的生活。吃过饭后，她命令下人收拾一间屋子，给二人居住，希望把儿子儿媳留在余府。可是，儿子儿媳安宁不了，不愿意连累余府，找出一大堆理由拒绝了。

离开余府以后，余瑞祥夫妇在汉口英租界定居下来了。是王俊财帮他们找的房子。为了生活，也是为了掩人耳目，余瑞祥一直在王俊财手下做事，赵璇滢成了家庭主妇。他们暗地里跟许天亮以及埋伏在王俊林手下的旧部取得联系，指导他们如何展开工作。

从学生运动当中看出民众身上蕴藏了足以涤荡一切污泥浊水的巨大力量，余瑞祥一直在思索如何发动民众，也在广泛地搜集各种有关新思想新文化方面的书籍，试图从里面找到一条新的救国之路。

余瑞祥第一次看到了“过激党”这个名字。“过激党”其实就是后来的共产党。当这个字眼出现在他的眼帘，他的心宛如被什么东西重重地敲击了一下，再也放不下它。他如饥似渴地探求共产党的主张，只可惜，他找不到更多的资料。

根据找到的一些资料和书籍，余瑞祥知道，俄国爆发了十月革命。这场革命是在社会民主工党领袖列宁的领导下，由劳工和其他千千万万民众组织起来的队伍，以大无畏的英雄气概，横扫一切腐朽阶级，推翻了资产阶级的政权，在世界上建立了第一个社会主义国家。

中国应该走俄国的道路！余瑞祥心里说道。可是，放眼中国，似乎没有人具备组建社会民主工党或者共产党的魄力。

“那么，我能不能组建共产党呢？”余瑞祥暗问自己。

余瑞祥知道共产党是工人阶级的政党，很想联络一些思想进步的工人组建共产党。他跟许天亮，谈了好几次话，探讨组建共产党的可能性。许天亮感到新鲜，支持他的一切想法，自己却什么意见都提不出来。

余瑞祥又想到，王俊财和余瑞光对他们的工人都很友善，幻想依靠他们达成目的，结果，在很多问题上根本谈不到一块去。

这时候，南北达成停火协议，王俊林接到了大幅度裁减军队的命令。

好不容易爬到师长的位置，连王占元都不敢对他过于强硬。他实在不愿意让刚刚硬朗起来的腰杆子再一次软下去，但命令是北京政府下达的，他不敢违抗。

因为裁减军队，黎元洪任都督时期，差一点酿成兵变，王俊林可不愿意手下出这种事，准备好好抚慰被裁减的人员。最简单的办法是花钱买安宁，上面下拨的款项，他绝不会截留一个铜板。可是，王占元极力克扣军饷，到手的款项很少，王俊林不可能拿自家的钱填补窟窿，花钱买安宁顿时变成了奢望。

因为军饷和遣散费不够回家，被遣散的人员暗中联系，准备发动暴乱。

余瑞祥的旧部及时察觉出苗头，生怕酿成难以收拾的后果，对被遣散人员说道："是王占元克扣军饷，没给足遣散费。你们闹事，他会视为叛乱，派兵镇压，实在不划算。不如直接找王占元，他怕丢了前程，保不准会补齐款项。"

遭遣散的人员果然围住督军府，声言不拿足遣散费，决不离开。

王占元焦头烂额了好长时间，不得不忍痛割肉放血，给足了遣散费。

好不容易攥在手心的银子飞了，王占元心痛不已，也恼火不已，密令王俊林趁他们乘车走到黄陂的时候，机枪一扫，把他们全部杀掉。

王俊林深感吃惊，不愿意执行这项命令，找不到可以诉苦的人，跑到余瑞祥那儿，一会儿唉声叹气，一会儿骂骂咧咧，把事情掀了一个底朝天。

余瑞祥大吃一惊：王占元居心歹毒，如果进一步激起了军队的哗变，武昌城里的百姓准会遭殃。而且，被裁减的人员当中，还有他的旧部，他绝不希望这些人无端丧命。

他说道："这样一来，说不准会激起兵变。"

王俊林叹息道："谁说不是呢？你说，我该怎么办？"

余瑞祥想来想去，只有命令隐藏在王俊林部队里的旧部，动员被裁减的军人快一点离开。

那些旧部接到消息，一刻都不敢停留，迅速离开。王俊林的人马不愿意提前行动，硬是等着被裁人员在指定的时间坐上指定的火车缓缓离开武昌。结果，火车一停靠在黄陂车站，一千多个被裁人员被一伙队伍包围起来，全部枪杀。

王俊林生气极了，也悲伤极了，把自己关在屋子里痛哭了好几天。随后，他手里的权力被王占元一点点地剥夺，他痛苦极了，用女人和酒精来麻醉自己。

余瑞祥并不觉得南北双方达成了协议，便意味着战事真的结束了。他很希望王占元更多地裁撤一些军队，进一步削弱其自身力量，以期时机成熟之际，他可以发动人马，一举攻下武昌。那些没乘坐火车走的被裁减军人，按照他的指示，相继进入王府面粉厂、赵府榨油坊和余府纱厂当工人，或者到了汉阳兵工厂，或者当上了码头工人。余瑞祥命令他们长期隐蔽，并且发动更多的人员，以便得到号令，立即投入行动。

不久以后，陈炯明率领粤军攻占了广州，赶走了盘踞在广州的桂系军阀，迎接孙中山重返广州，重建了军政府。

孙中山立即派遣密使，来到汉口，寻找余瑞祥，希望他帮助组建和扩充军队，为北伐做准备。

余瑞祥很希望立刻动身去广州，可是，旧部的许多问题没有得到解决，而且，武昌发生了一些新变化，他要坐镇汉口，亲自掌握发展动向，部署下一阶段的计划，以便北伐大军打到武昌的时候，有更多力量暗中策应。

王俊林得到消息，巴巴地跑来找余瑞祥，说道："南北和平的确不足恃。孙大炮再次在广州搭起舞台，等你跟他一起唱大戏呢！"

余瑞祥哈哈大笑道："不瞒你说，孙先生的确来函邀请我赴广州帮助他扩充军队。可是，赵璇滢有孕在身，外加我并不觉得他的主张一定能够救国，根本没有想到要再去投靠他，要干，我就自己干。"

王俊林说道："是呀，你是一代英才，当然不可能在一棵树上吊死，应该自己做出一番事业。如果你什么时候想自己干了，不妨通知我一声，我或许可以助你一臂之力。"

赵璇滢笑道："你要是再不给余瑞祥使绊子，已经万幸了。指望你助他一臂之力，恐怕得下辈子。"

"我猜对了吧？你们不愿意留在余府，是还没有死心！"王俊林说道。

"彼此彼此！你不必费心猜疑，我们都很清楚，谁都不可能改变。"余瑞祥、赵璇滢一同笑道。

跟余瑞祥一块生活，甜甜蜜蜜地过日子，赵璇滢心里流淌着不尽的幸福感。已经嫁给了余瑞祥，她从身体到内心，完全交给了他。孙中山重建了军政府，她意识到丈夫很快就会离开自己。她也很想去广州，无奈身子不便。

看到丈夫并没有离开汉口的打算，她忍不住说："你不必为我留在汉口，你应该去广州。等你率领人马打过来的时候，我们又可以待在一起了。"

余瑞祥说道："我并不完全是为了你。我留在汉口，是要继续观察武昌的局势，一旦有隙可乘，我绝不会轻易放过，为孙中山先生的北伐大军早日打到武昌做些准备。"

武昌的局势确实发生了一些微妙的变化。这时候，湖南方面实施湘人治湘，使湖北政坛看到了自主决定命运的希望。一些议员和政府官员趁势鼓噪鄂人治鄂，拥护一个湖北人士当上了省长。迫于无奈，王占元不得不口头上表示欢迎，事实上绝不会允许自己的权力被人分一杯羹，余瑞祥不能不对此保持高度警惕。

这一天，王俊林来到余瑞祥的家。人刚进门，大喇叭哗哗啦啦叫开了："真是越来越看不透！你说，省长继续这样干下去，王占元会坐视不理吗？”

余瑞祥笑道：“用不着大叫大嚷，有什么话，你不妨直说。”

王俊林说道：“王占元不信任我。自从鄂人治鄂以来，他把我当成省长一伙的，什么话都不对我说，连一些重要会议也不让我参加。我听说，他正在部署人马，准备对省长动手。”

余瑞祥说道：“王占元肯定心怀不满，可是，绝不敢明目张胆对省长动手。”

王俊林问道：“你觉得，他会怎么做？”

余瑞祥虽说猜得到王占元的心思，但实在不清楚王占元到底会采取什么行动。为此，他全面考虑了王占元可能采取的各种行动以后，制定了相应的对策，命令旧部加强警惕，一旦发生不测，立即展开相应的行动。

王俊林曾经挑选了几个非常机灵的手下，准备派到王占元身边埋伏下来，或者收买一些人员充当眼线，但王占元异常狡猾，只信任他亲自挑选的人和他亲自培植的亲信，王俊林派遣的人员打不进去，也收买不了王占元的亲信，没有办法得到有关王占元的任何准确情报。

相反，王占元收买和拉拢了许多王俊林的亲随，作为他的眼线，直接听从他的命令。是以王俊林的任何行动，王占元都了如指掌。只不过，他要王俊林继续充当他的打手，一直没有对王俊林下手，也没有责备王俊林，但防范王俊林的心思更重了。鄂人治鄂浮出水面，王占元想出了一条毒计，既要瓦解鄂人治鄂的图谋，也要把最后的矛头指向王俊林，让王俊林为他背黑锅。

王俊喜深信任何一个人都是可以收买的，关键在于你给出的价码是否打动人心。王俊林没法在王占元身边布下眼线，王俊喜却能轻而易举地做到。王占元刚刚拟出完整的计划，墨迹未干，便一字不差地到了王俊喜手上。他马上告诉了余瑞祥。

余瑞祥倒抽了一口凉气，问道：“你是说，王占元计划收买王俊林的人马，在武昌哗变，借以逼迫省长下台，又让王俊林成为千夫所指的罪人？”

“是的。”王俊喜兴奋地说道，“这是王俊林罪有应得。”

赵璇滢看着王俊喜，说道：“难道你不觉得，这时候你不应该看王俊林的笑话，应该帮助他吗？”

“王俊林逼死了我父亲，我做的一切，都是为了让他早日垮台。我告诉你，是希望你能够借这个机会，控制王俊林的人马。”王俊喜对余瑞祥说道。

一开始，赵璇滢对王俊喜没有多少好感。可是，王俊喜在她最需要的时候帮助过她，她从此慢慢改变了看法。如今，他能为她和余瑞祥提供重要情报，她更觉得这个人并非传说中的不堪，甚至有点乐于跟他打交道。但王俊喜竟然会因为他父亲的死，如此怨恨王俊林，的确是赵璇滢没有料到的。

余瑞祥忽视了王俊喜和王俊林的个人怨恨。他在心里谋划应该如何让武昌避免一场即将来临的浩劫。

王俊喜瞪着余瑞祥，说道："你可不能告诉王俊林，应该让他受到惩罚。"

余瑞祥问道："你知道王占元准备什么时候动手吗？"

王俊喜说道："你还没有回答我。"

"什么？"余瑞祥问道。

"千万别告诉王俊林呀！"王俊喜说道。

"已经火烧眉毛了，你怎么能只顾跟王俊林的个人恩怨呢？再说，王俊林并没有威胁到你，你不应该这样对他！"余瑞祥大声说道。

"我一定要看到他不得好死！"王俊喜的声音也大了起来。

余瑞祥一愣，看着王俊喜，渐渐冷静下来，说道："也许，我们是两种不同类型的人，不应该继续往来。"

"王俊林逼死我父亲，我不能不报仇！"王俊喜眼见得余瑞祥再也不理睬他，顿了一会儿，长叹一声，"好了，我听你的。一旦得到王占元动手的准确时间，我立刻告诉你。"

余瑞祥立即命令埋伏在王俊林队伍里的旧部密切留意部队情况，时刻准备采取相应行动的指令，同时命令其他人马准备策应。

当天晚上，兵变就发生了。

天一黑，被王占元收买的军人提了枪，冲出军营，像饿狼一样扑向大街，见门就砸，砸坏了门，冲进去，见了值钱的东西就抢，见了女人就扑。男人忍不住要跟他们拼命，但人还没有冲到他们跟前，刺刀就捅了过来，枪也响了，立马倒在刺刀和枪口之下。一时间，到处都可以听到杂乱的砸门声、女人的凄厉尖叫和痛哭声、枪声、临死者绝望的惨叫声以及兵士们兽欲得逞的淫笑声。他们强奸了女人，抢劫了财物，立即放起火来。街面上到处腾起一道道烟雾和火光。

一大群兵士冲进余府，同样见了东西就抢，看到丫鬟以及余瑞光漂亮的夫人试图强奸。余老夫人、余瑞光见惯了兵变，家里的东西任凭他们去抢，决不允许他们动府上的女人。但哗变的兵士根本不予理睬，如狼似虎地扑向了丫鬟，还有两个兵士扑向余瑞光夫人，一把夺过抱在她怀里的两岁多的孩子，不顾孩子大哭，胡乱撕扯她的衣服。他们眼放绿光，纵身扑去，扑倒在她身上。

夫人嫁给自己以后，从来没有真正舒心过，而且又为自己生了一个儿子，余瑞光心里既愧疚，又高兴。如今一见夫人受辱，余瑞光勃然大怒，一腔热血直冲脑门，捡起兵士扔在地上的枪，大吼一声，冲上前去，刺刀凶狠地捅进一个兵士的背后，把他的身子捅了一个对穿，刀尖刺出了胸口，鲜血汩汩而出。被刺中的兵士先是身子一挺，然后慢慢地倒了下去。其他的兵士懵了一会儿，马上回过神来，哇哇大叫着，疯狗一样扑向余瑞光。

这时候，一大群兵士涌进来了。砰砰砰，接连几声枪响，震住了每一个人。

王俊林冲了进来，怒喝道："他妈的，老子平时是怎么对待你们的？你们竟然敢到余府行凶。都给我拉出去，立即枪毙！"

那群兵士将哗变的兵士拉到门外，紧接着响起了一串枪声。

原来，王俊林一接到兵变的消息，立即命令人马前去镇压。余瑞祥的命令已经传达给他的旧部，兵士一哗变，他们立刻行动起来，哪里发生抢劫，便奔向哪里救援。王俊林担心余府的安全，带领一群兵士赶过来。救了余府一家老小，王俊林顾不得安抚岳母，留下几个兵士保护余府，带领其他士兵冲向枪声最激烈的地方。

那儿，火光越来越大。王俊林看见一大队兵士封住了路口，正依托房屋，向发动兵变的士兵展开攻击。兵变者则拼命地展开反击，子弹满天飞舞。

王俊林火速调集人马，围拢过去，准备一举将这些家伙全部消灭。

突然，火光中，王俊林看到了一个熟悉的身影。是王芝英！

兵变兵士抓住了王芝英和赵承彦全家，把他们挡在前面，朝王俊林喊话："王旅长，立即命令你的人马撤退，要不然，我们会杀了你姐姐、姐夫和外甥。"

原来，哗变的兵士们刚一冲进赵承彦的家，余瑞祥的旧部便追杀过来。他们不得不停止抢劫和强奸的企图，组成一道阵线，试图消灭这些追杀者，但难以突破巨大的火网，便把赵承彦、王芝英和他们的孩子推到最前面。

王俊林一看到姐姐、姐夫和两个小外甥落在兵变兵士的手里，心头大为着急，立刻命令人马停止开枪，骂道："你们这些王八蛋，老子一向待你们不薄，你们哗变也就算了，明知道我姐姐、姐夫住在这里，还敢惊扰他们抓他们，真是猪狗不如！"

他手下的每一个兵士确实知道赵承彦和王芝英住在哪儿，也知道他们跟王俊林的关系。姐姐王芝英十月怀胎，一朝分娩，生下一个儿子的时候，王俊林一力承担了小外甥满月的酒宴，不仅把余府、王府的所有亲戚全都请来捧场，而且给手下全体官兵放假一天，自掏腰包，请他们喝酒狂欢，命令他们轮换到姐夫、姐姐的住处道喜。两年后，外甥女出世，王俊林也是同样操办。

兵变的兵士说道："王旅长，别扯没用的。你放不放我们一条生路？"

说着，兵变者又把王芝英、赵承彦和两个孩子朝前面推了一下。王芝英发出一声凄厉的惨叫，突然狂躁地跳了起来，竟然把抓住她的那个兵士扑倒在地。赵承彦挣扎着要去救王芝英，把另外一个兵士也拖倒在地。两个孩子哇哇大哭。

王俊林心里一紧，说道："不要胡来，我答应你们！"

"混蛋！不要动我的孙子和儿媳！"从哗变士兵后面冲过来一个人，发疯似的扑向他们。

"老不死的东西！"一个哗变士兵抡起枪杆子，一下子把她打翻在地。

她是刘芳芳。哗变士兵冲进家门以后，看到儿媳、孙子惊恐不已，儿子顾得了这个，顾不了那个，她的心肠突然硬了起来，一声大叫，扑向这些士兵，结果被他们打昏在地。此时苏醒，又一次朝哗变士兵扑去，仍然被打昏。

突然响起王占元的声音："消灭他们，消灭这些兵变的王八蛋！"

哒哒哒，枪声暴风骤雨般响了起来。王占元率领人马用机枪、步枪编织一道绵密的火力网，向兵变者撒了下去。

兵变者猝不及防，没等反应过来，已经全部倒在血泊之中。

王俊林大叫一声，冲向姐姐姐夫和两个孩子，一把拉过压在姐姐身上的一具尸体，将姐姐抱了起来。

王芝英睁开了眼睛，看到了王俊林，一声大叫："我的孩子！"伸手朝王俊林脸上打去。一个卫兵手疾眼快，把她的手捉住了。她就势一口咬向王俊林的脖子。王俊林有了防备，略略一偏，几个卫兵赶紧将王芝英拉开了。

乱哄哄的当口，赵承彦苏醒过来了，看着夫人再次发疯，泪水扑簌簌地落下来，顾不得去看孩子，赶紧抱住王芝英，任凭她在自己身上又打又闹。

"大夫！去叫大夫！"王俊林绝望地吼道。

王占元站在王俊林身边，冷冷地注视着这里的一切。火依旧在燃烧，四周已经没有了枪声，只有忙乱的人群在扑灭大火时候发出的乱糟糟的声音，猛往他耳朵里灌去。兵变的兵士，已经全部死了。

好不容易等王俊林冷静下来，王占元说道："王旅长，你得给我一个合理的解释。这次兵变，到底是为什么发生的？"

王俊林怒视着他："我也很想知道这次兵变到底是怎么回事！"

"作为旅长，你既不知道手下的兵士为何发生兵变，又不知道他们什么时候会哗变，如何保护武昌的安全？！"王占元说道。

王俊林心里明白，王占元这是趁机要向他下手。

他再也顾不得姐姐，更顾不得两个孩子，赶紧向王占元辩解。王占元似乎很相信他，但要他找到替罪羊，把兵变的原因全部推到鄂人治鄂的头上，强迫省长下台。

王芝英好不容易恢复正常，接连生下了儿子赵英嗣、女儿赵雪莲，一家人正快快乐乐地过着小日子。不料武昌发生兵变。王氏家族立刻炸了窝，几个老夫人慌里慌张，坐立不安。王俊财和王俊喜带着几个下人，准备渡江到武昌探望，但江面已经被封锁了。赵承博一样心急如焚，来到江边，望着武昌，急得直跳脚。这时候，余瑞祥已经知道了兵变的情景，是他的旧部告诉他的。

"要把武昌兵变的实际情况公告天下。"余瑞祥马上召集各路记者，披露了武昌兵变的真相。

这一下，掀起了轩然大波，要求惩治王占元的呼声一天比一天强烈起来。

王占元气急败坏，收买了许多大小报纸，发表声明，将他自己炮制的武昌兵变"真相"公之于众。一时间，舆论转向。王占元小动作不断，终于煽动民众将省长赶下了台，也使王俊林成为众矢之的。

余瑞祥不能任由王占元信口雌黄。他连忙与王俊财、余瑞光、赵承博等人商量，印制了无数传单，接连向外界披露了王占元制造兵变的阴谋。

原来一切都是王占元在捣鬼！愤怒的民众发出了驱逐王占元的呼声。

"老子手里有枪，你们岂能奈我何！"王占元轻蔑地说道。

随着民众的呼声越来越高，王占元渐渐沉不住气了。他在心里发狠道："如果不是余瑞祥，一切都会如愿以偿。一定要将余瑞祥除掉！"

王占元很清楚，消息之所以外露，一定是因为身边有人向余瑞祥告了密。他严密追查，查出了原委：原来是王俊喜收买了身边的人！他气愤极了，处死了那个亲信，随即命令部属严密监视余瑞祥以及那些对鄂人治鄂仍然抱有幻想的人。

很快，王占元得到消息：有人试图借助吴佩孚的力量来驱逐他。

南北议和以后，吴佩孚俨然成为政坛上一颗冉冉升起的明星，各方人物都看好他。

王占元大为惊讶，赶紧派出密探，追踪去联系吴佩孚的人。他得到了回信：吴佩孚婉拒了他们的要求。

王占元嘘了一口气，放眼天下，那些家伙能够求助的对象只有湖南。

湖南发动的驱张运动，已经将张敬尧赶下了台。饶是如此，王占元没有把湖南的力量放在眼里。他决计笼络王俊林。

“老弟，你我是一条船上的人。虽说曾经有过一些不愉快，但是，为了我们共同的利益，希望你能挡住湖南的人马。”王占元对王俊林说道。

王俊林并没有听信王占元的鬼话，但王占元已经暗中派人监控了整个王氏家族。为了家人的安危，他不得不执行王占元的命令。部队开拔之前，他见到了余瑞祥，说出了自己的烦恼。

鄂人代表邀请吴佩孚帮助驱逐王占元，余瑞祥没有寄予任何希望。毕竟，即使吴佩孚如日中天，在余瑞祥看来，吴佩孚跟其他所有手握重兵的军阀没有两样，嘴上说得动听，骨子里不过是沽名钓誉的蟊贼，不值得信任。得到吴佩孚拒绝鄂人代表的要求这一消息，余瑞祥心知吴佩孚只不过是在等待机会，一旦时机来临，他肯定会迫不及待地介入驱王运动，越发对吴佩孚心生警惕。

按理说，王俊林率领人马跟湖南军队交战之际，正是余瑞祥的旧部帮助湖南军队径直攻向武昌的大好机会，但一旦疑心吴佩孚，余瑞祥非常担心这个人会在背后捅刀子。过早地暴露了自己的力量，一旦与王占元的其他劲旅相持不下，吴佩孚如果趁机出兵，准可以一箭双雕，既消灭王占元，又趁机赶走湖南军队和消灭湖北民军，等于是驱走一狼，来了一虎。把王俊林的人马留在武昌，可以在吴佩孚出兵之际，跟许天亮的人马一道，挡住吴佩孚部的攻击。

余瑞祥对王俊林说道：“你问一问王占元，如果你的军队也开去前线，一旦吴佩孚打过来了，该怎么应付？”

王俊林恍然大悟，立即回到武昌旅部，正式动员人马，准备开赴前线。王占元前来旅部为他壮行，并询问他临走之前还有什么未了心愿。

王俊林说道：“请督军留意一下吴佩孚。”

知道吴佩孚拒绝了鄂人代表的请求以后，王占元以为自己与吴佩孚同属北洋政府，大家同气连枝，理应相互帮助，向吴佩孚提出了一道抵挡湖南军队的要求。果不其然，吴佩孚一口答应下来，王占元万分高兴，以为这一下一定可以胜券在握，谁知竟然画饼充饥，吴佩孚的兵马一直没有动静。如今，听王俊林这么一说，他对吴佩孚迟迟不动产生了怀疑，担心自己一旦跟湖南军队打成胶着状态，吴佩孚乘虚而入，率部从北方攻过来，插自己一刀，前途实在不堪设想。

王占元说道："王旅长，你先不要开拔，等我重新掂量一下再做决定。"

事情一拖，准会发生变化，王俊林的军队终于没有开到前线去。

湖南军队、湖北人在湖南召集的一批同乡部队，加上他们从其他方向召集的大量人马，一块打了过来。前沿阵地上，双方的人马打得不可开交，王占元亲自去前线督战，费了九牛二虎之力，总算挡住了他们的攻击。不过，湖南方面源源不断地派来了援军，加强了攻击力度，一举突破了王占元部的前沿阵线，气势磅礴地继续向前推进。

现在，王占元手里只有王俊林的队伍没有派上前线。胜败攸关的当口，他再也顾不得吴佩孚是不是另有企图，焦急地催请吴佩孚尽早救援。

把王俊林的部队留在武昌，余瑞祥还有一重目的——在王占元的锋芒遭到遏制，吴佩孚来不及反应之前把自己的旧部拉出来，朝王占元的后背猛插一刀，以便打乱王占元的部署，快速结束战争。现在，他越来越感到，如果不立刻动手，恐怕永远都没有机会。自己兵力有限，余瑞祥很想说服王俊林，让他跟自己一道行动。

赵璇滢不久前生了一个女儿，取名余亚男。她一直在家休息，看到丈夫一直紧锁眉头，在那儿苦苦思索，一眼看穿了他的意图，说道："王俊林是不会跟我们走到一起的。"

余瑞祥说道："王占元不信任王俊林，还派人控制了王府，王俊林肯定痛恨王占元。一旦我们跟王俊林联手控制了武昌，王占元只有落荒而逃。"

算计虽好，但余瑞祥一样担心王俊林不会跟自己一条心。在劝说王俊林以前，他还要做好准备，命令所有的旧部以及许天亮部，暗地里汇聚武昌。

随即，余瑞祥去了王俊林的旅部，问道："前线交锋激烈，北边吴佩孚按兵不动，只有武昌风平浪静，你难道一直打算黄鹤楼上看帆船吗？"

王俊林说道："有帆船可看，为什么不看呢？"

"只怕继续看下去的话，黄鹤楼一崩塌，你死无葬身之地！如今，王占元已呈败相，吴佩孚虽说接受了王占元的请求，答应派兵增援，却迟迟不动，其中意蕴，无需我多说。需要你拿出魄力，左右战局。"

王俊林连忙摇手道："我只有一个旅的人马，怎么左右战局？"

余瑞祥明白王俊林身边有王占元的眼线，所以不敢轻举妄动。他不能直接说出自己的打算，只能旁敲侧击。

忽然，王俊林接到了一个电话，是王占元召集他去督军府商量事情。

王俊林和余瑞祥同时大吃一惊：王占元并没有离开武昌，到前线督战的是一个冒牌货！

两人起身，一块出了旅部。在门口刚一分开，立马有几个兵士涌上前来，不由分说，一把抓住余瑞祥，向一边拖去。这时候，突然出现一群人马，打死了那些兵士，救出了余瑞祥，正是余瑞祥的旧部。

余瑞祥说道："事不宜迟，赶快集合部队，攻打督军府。"

他的旧部立即行动起来，整理好队伍，按照事先的计划，向督军府冲去。许天亮率领一队人马，渡过长江，也已经来到武昌，一块攻向督军府。

两支人马刚刚冲到督军府门口，隐蔽架设在围墙周围的无数挺机关枪，突突突地吼叫着，扫向他们。队伍猝不及防，一大片人马倒了下去。

余瑞祥亲自指挥，将人马分隔开来，分头向督军府展开猛攻。

但这时候，又有一支队伍从后面打了过来。余瑞祥不由得暗自叫苦：情报不明，中了王占元的诡计！王占元既然已经有了防备，肯定不容易攻占督军府，余瑞祥赶紧命令队伍后撤，准备等敌人松懈以后，杀一个回马枪。

王俊林一进入督军府，立刻遭到软禁。

其实，王占元并不在武昌，的确去了前线。不过，他早有安排，一旦王俊林跟可疑之人接触，立刻命令兵士模仿他的声音，将王俊林骗去督军府，予以解决。王俊林的旅部马上被王占元暗中指派的亲信接管了。

进入督军府，一直没有看到王占元，王俊林察觉自己被软禁了。

不管王占元在前线到底打得怎么样，王俊林都不太关心。自从余瑞祥告诉他吴佩孚会趁火打劫，控制湖北的时候，他盘算很久，决定一旦吴佩孚打过来了，立刻改换门庭，投靠吴佩孚，成为不倒翁。没想到，没等来吴佩孚，余瑞祥又要劝说他控制武昌。一时间，王俊林真不知道自己该怎么办。

现在，一个离开了武昌的王占元，竟然把他给算计了。什么算盘都打不响，王俊林岂能不窝一肚子火！

外面传来了一阵猛烈的枪战声。

是谁的队伍在攻击督军府？自己被软禁，武昌城里再也没有其他部队胆敢攻击督军府，难道是余瑞祥派出人马渗透到自己的部队来了吗？王俊林压根也不愿意相信这一点。

但余瑞祥为什么一直要坐守汉口，而不去投靠孙中山呢？余瑞祥为什么一直关心自己的队伍呢？他一定早已打上了自己的主意！

这是什么时候的事？说不定，当年扩充部队的时候，余瑞祥已经把他的旧部安插进来了。王俊林越发觉得情况正是如此，而且也可以解释清楚，为什么兵变的时候，自己的一部分部队能够事先得到消息，前去镇压兵变。

一定是余瑞祥！完了，自己的队伍就这么完了吗？王俊林大声喊叫，嚷着要出去找余瑞祥算账。

不知道过了多久，枪战声竟然停歇了。他叹息一声：这一回，真的全完了！

王俊林颓废地倒在椅子里，一动不动。不久，有人进来告诉他战争的实况，果然是余瑞祥拉走了一部分队伍，剩下的人马全部落到了王占元手里。

"忘恩负义的家伙！老子一向对你们不薄，你们怎么能够听别人的命令？"王俊林绝望之余，火嗖嗖地从头顶直往外冒，跳将起来，很想破口大骂，但理智告诉他，他不能骂，不能因为一时冲动，让王占元抓住把柄。现在，他只有打落牙齿和血吞。他了解余瑞祥，知道余瑞祥绝不会就此罢休。余瑞祥已经将他的旧部拉出去了，而且又把所有他能够集结的力量也拉出来了，全部暴露了，怎能不继续攻打督军府呢？余瑞祥一定在等待时机。只要余瑞祥攻进了督军府，一切皆有可能。手下的那支部队，依旧还是自己的，谁都别想抢走！

王俊林的确没有猜错，余瑞祥为了免于遭受督军府以及王俊林剩下的人马两面夹攻，主动撤离以后，准备趁对方松懈之际，再度发动攻击。趁着撤离的机会，他命令一些精干兵士，重归王俊林的队伍，去劝说他们停止攻击。

余瑞祥率部一撤离，王俊林的队伍果然停止了攻击。王占元安插的监视人再三吆喝，都无法让这些部队展开追击。

对手已经松懈了，余瑞祥暗地里率领人马再次朝督军府发动了攻击。

王占元的亲信赶紧命令部队依托各种障碍进行反击。可是，他们毕竟是王俊林的人马，没有王俊林出面指挥，谁也不肯真心卖命。王占元的亲信气急败坏，接连命令督战队枪杀了好几个连以上官长，总算起了作用。

虽然如此，余瑞祥的人马还是很快把督军府包围起来了。

消息传到前线，立刻军心涣散，再也抵抗不了湖南军队的攻击。王占元率领部队从汀泗桥一路撤到贺胜桥一线，总算停止下来。随即，他命令各部依托险要地形重新组织防御，自己却跑回武昌，解决心腹之患再说。

王占元趁乱进入了督军府，先把王俊林放出来了，说道："老弟，王某将武昌城托付给你，却遭到了小人的暗害。我一定会给你一个交代。"

不由分说，他令人抓来那个冒充自己声音的亲信，一枪结果了他的性命。

王俊林痛恨王占元，本来不愿意继续为他卖命，但想到余瑞祥竟然在暗中把自己的部队拉过去了。他对余瑞祥同样痛恨之极，毫不犹豫地命令部队向余瑞祥的人马展开了反击。这时，吴佩孚派遣萧耀南率领精锐的第二十五师杀向湖北来了！

王俊林明白，王占元已经成了强弩之末，不可能继续盘踞湖北，湖南军队跟王占元部打得精疲力竭，也不可能占领武昌，有能力将王占元赶出湖北，同时将湘军驱回湖南的只有吴佩孚。他不可能把手里的一点本钱拼光，准备留着投靠吴佩孚。否则，赤手空拳去投靠，肯定只有挨白眼的份。

得到萧耀南带领第二十五师杀向湖北的消息，余瑞祥也大吃一惊。本想趁王占元在前线督战王俊林被软禁的机会，迅速攻占督军府，早点结束战斗，没料到，王俊林的人马竟然如此顽强，自己久攻不下，让吴佩孚捡便宜来了。

不能便宜吴佩孚，王俊林已经出面重新指挥他的军队，只要跟王俊林联合起来，驱逐王占元，与湖南军队联合起来，还可以将吴佩孚的人马拒之门外。

余瑞祥心思一定，写了一封信，派出人马，交到了王俊林的手里。

王俊林接到信件以后，权衡再三，认为萧耀南的第二十五师实力太过强大，即使他跟余瑞祥和湖南军队联合起来，也不可能抵挡得了。余瑞祥既然欺骗自己，将自己的人马拉走了一半，自己也可以依靠余瑞祥，将王占元、余瑞祥的人马全部拖住，送给吴佩孚一份大礼。

心意已决，王俊林既不给余瑞祥回信，也不攻击余瑞祥。

余瑞祥一眼识破了王俊林的诡计，非常着急，不断派人劝他别再做错事。

最着急的是王占元。他心里明白，吴佩孚的人马此时开过来，决不是为了救援自己，而是想趁机控占湖北。王俊林再不火速消灭余瑞祥的人马，萧耀南一旦动手，大家只有一块完蛋。王占元亲自跑去催促王俊林，没想到差点遭到了王俊林的软禁。众叛亲离，前线的局势越来越糟，萧耀南又迫近家门口来了，如果不主动请辞，下场一定不妙。

王占元一辞职，跟湘军作战的部队立即全线溃逃。

湖南军队趁势打到武昌，加入到攻击督军府的阵营。因为王俊林不愿意抵抗，余瑞祥部和湖南军队很快攻入督军府。

萧耀南率领人马迅猛地打到武昌城下，趁势朝城里的各路队伍展开猛攻。

王俊林已经做好了投靠吴佩孚的准备，作为内应，反戈一击，将余瑞祥的人马和湖南军队打得一败涂地，把他们赶出武昌，并一直逐出湖北。

第二十九章 余瑞华投身行伍

萧耀南登上了湖北督军宝座。虽说是湖北人，此时从北方空降过来，他并不熟悉湖北官场，不能不寻求支持者。用狐疑的目光在众多官员身上扫了几遍，萧耀南把王俊林当成可以合作的伙伴，不仅为他补充了战损人员，提供了新式装备，并且许诺只要有机会，可以让他扩充军队。

王俊林觉得这一趟买卖很划算，甘愿为萧耀南卖命。

不过，王俊林心里仍然有一些遗憾。跟余瑞祥的关系，本来在近两年有了不小的改善，谁承想因为这次的行动，他们再度走向对立。即使不愿意，但王俊林不可能在一只四处漏水的破船上等死，得跳上岸去。他只能做出这样的选择。

当战事尘埃落定，湖北的局势完全平定下来以后，王俊林不能不去安抚赵璇滢。赵璇滢一看到他，怒目圆睁，非得逼迫他交出丈夫不可。

将余瑞祥的人马赶往湖南的时候，王俊林曾经派出过密使，告诉余瑞祥，只要他愿意回到湖北，随时可以回来。但余瑞祥连信都不回，只让密使带回了一句话："你好自为之，我迟早会打回来的。"

王俊林知道，余瑞祥不是威胁。眼下，孙中山重回广州，组建了由中国国民党人组成的军政府，极具革命精神，也极具号召力，已经形成了很大的气势。余瑞祥一定会去投靠孙中山。过不了几年，他与余瑞祥很可能会再度刀兵相向。

他说道："我估计，余瑞祥应该去了广州。嫂子，如果你希望回到他的身边，我可以帮你。"

赵璇滢的确很希望去广州寻找丈夫。可是，孩子不到半岁，带着孩子上路，担心孩子受到惊吓，不带孩子，她又割舍不下。踌躇了好几天，她暂时打消了去广州的念头。

生下孩子以后，赵璇滢懂得了做母亲的辛苦，听从赵承彦的劝告，将母亲接到租界，一起照料孩子。

受女儿影响，周莹莹不再对赵承彦母子横眉冷对，很想重新把榨油坊交给赵承彦管理，趁李香香来租界的机会跟她商量。李香香找了一大堆理由婉言拒绝。周莹莹不好与李香香撕破脸皮，只能听之任之。

王氏家族的长辈们，经常差人过来探望赵璇滢母子。余雅芳虽说从来不想过问丈夫在外面做了一些什么，但很反感丈夫一再跟哥哥作对。看望赵璇滢的时候，她表现了自己对丈夫的不满和对赵璇滢的歉意。

"我们跟他经常交锋，不在乎多一次两次。"赵璇滢反而安慰余雅芳。

回去以后，余雅芳下决心要好好劝说丈夫，让他别继续跟二哥作对。但王俊林一回到家，她盯着他看了好久，还是没把心里话说出来。

王俊林被夫人这么一看，心里有些发毛，问道："你为什么这样看我？"

余雅芳叹了一口气，说道："我真的不希望是你把我二哥赶出了湖北。你应该知道，我侄女只有半岁，我嫂子和侄女都需要我二哥。"

王俊林轻轻地握住夫人的手，说道："夫人，我这样做，不仅是为了保护你，也是为了你二哥和嫂子呀！"

余雅芳不理解了，翘起脑袋，用疑惑的目光望着王俊林。

王俊林赶紧解释："即使我跟你二哥继续合作，萧耀南大军一到，我们不可能抵抗得了，不是被消灭，就是被赶出湖北。这样一来，会连累王氏家族、赵氏家族、余氏家族遭殃的呀。"

余雅芳一愣，很惊讶的样子。

夫人真是一只关在笼子里的小鸟，不明白外面的世道与危险，王俊林本想继续跟夫人解释，但再也解释不下去了。他不能让战争和权力斗争那些恐怖的字眼玷污了夫人的耳朵，更不愿意让夫人直面残酷的现实。

安插在王俊林身边的密探，在关键时刻竟然没有提供有价值的情报，致使王俊林突然出击，打了余瑞祥一个措手不及，令王俊喜很恼火。他实在不愿意看到王俊林一再在自己眼前耀武扬威，思来想去，觉得收买的人还不够有分量，安插的密探还不够多，又拿出大笔银子，伺机向王俊林身边渗透。

王刘氏依旧不愿意王俊喜插手家族产业，哪怕王俊财新成立的面粉厂需要人帮忙打理，她也不愿意让王俊喜参与。王俊喜失去了发财的机会，越发痛恨她，但没法向长辈寻仇，只有把对王刘氏的痛恨全部转嫁到王俊林头上。

王俊喜母亲王周氏一样对王刘氏非常不满。她继续拉拢王陈氏和王俊财，很想把王氏家族的财产全部转移过来，但王俊财和王陈氏实在不愿意再次把王府搞得鸡飞狗跳，经常劝说王周氏不要再这样想。王周氏从此心里憋着一口气，恨了王俊林和他母亲，又恨王俊财和他母亲，恨来恨去，自己浑身上下全是病，躺在床上还是消停不了，最终在痛恨之中走向生命的终点。

这一下，王氏家族再度办起了丧事。

各路客人接到消息，纷纷前来王府吊唁。赵承彦是女婿，头一个到王府奔丧。

自从王芝英重新发疯以来，赵承彦不得不将夫人又送进医院。母亲在家里照料两个孩子，常常以泪洗面。岳母王陈氏则经常去医院看望女儿，一见女儿的样子，就痛不欲生。

作为王府的第一个孩子，王芝英得到了王府每个长辈的爱抚。知道王芝英的遭遇以后，王俊林母亲一怒之下，把一切都怪罪到李香香头上，从此以后跟赵府不再往来。

这一次，王芝英再度发疯住院，王俊林母亲心里一样难过，几乎每天都会去医院探望。因为要办理王周氏的丧事，她一连两天没有去医院。如今见赵承彦前来奔丧，她立刻询问王芝英的病情有无好转，问着问着，眼泪流出来了。

余瑞光也来到了王府。

随着越来越多的布匹从日本及其他西方国家输入国内，余记纱厂面临越来越大的危机。余瑞光本来希望三弟完成学业以后能够帮助他。结果，余瑞华不知道哪根筋搭错了地方，本来不喜欢王俊林，竟然接受王俊林的意见，上保定军校了。余府只有他一个人在独立支撑。

余瑞光到王府的时候，恰好赵承彦跟王俊林母亲谈过话出来，两人碰上了。兵变以后，他们几乎很少见面，如今机缘巧合，两人走到一边去，打算说一些什么。但谁都说不出话来，心情都跟整个王府的气氛一样，格外低沉。这时候，赵璇滢过来了，几个人面对面地站着，同样默然无语。

母亲去世，王俊喜心情最悲伤，丝毫不理睬其他的事情，一心只想着母亲。王俊财出面接待，看到他们，也是什么话都没说。王俊林接到婶婶去世的消息，回到王府帮忙料理后事，倒是说了几句话，可没人接茬，他不得不打住。

等王周氏终于入土为安了，王俊喜一颗心已经变得坚硬如铁。

“王俊林，是你和伯母害死了我母亲，我一定会为母亲报仇！”王俊喜谋害王俊林的心情越发迫切了。

“我们血脉相连，任何时候，你我都是兄弟。”王俊喜心里痛苦，王俊财心知肚明，对同父异母弟弟说道，“你放心，只要有我在，无论你遇到什么事情，我都会帮你。”

王俊喜心里很激动，暗暗发誓，只要有可能，他愿意为哥哥做一切事情。

时光一如既往地向前流逝，不会因为某个人的死凝固下来，也不会因为某个人上台就跑得更快一点。不过，人们很快察觉出来，跟王占元统治时期相比，他们的负担越发沉重了。余记纱厂也是一样，虽说表面上依旧维持着几年以前的繁荣，但已经每况愈下了。余瑞光想了很多办法，都没能阻止这种日渐颓废的势头，只有像老牛拉破车一样，慢慢地继续前行，直到牛死了车不能用了为止。

终于，余瑞华从保定军校毕业，回到了武昌，在王俊林手下担任排长。赵承博得到消息，过江前去看望余瑞华。

这几年，赵承博实在闷得慌。虽说他依旧将榨油坊交给哥哥暗地里打理，自己一如既往探险猎奇，但心里越来越感到空虚了。

前两年，汉口新市场开张，赵承博煞是兴奋，流连于各种各样的杂耍以及戏曲之类的事情当中，乐而忘返，甚至还对一个唱京剧的红伶动了感情。红伶艺名柳彤萱，人长得妩媚极了，歌喉也悠扬极了，举手投足之间，无不流露出勾人魂魄的风韵。他乍一看到她，心弦就被拨动了，接二连三地向她发动攻势，试图把她搞到手。柳彤萱是该京剧班的台柱子，非常理智，如果他不娶她当夫人，她是决不会跟他有肌肤之亲的。赵承博实在对她动了心，真的打算娶她。可是，不仅母亲反对，京剧班头也不愿意把一棵摇钱树轻易放走。赵承博不顾母亲的阻拦，跟班主软磨硬缠，破费了很大一笔银两，终于把她娶回赵府，当上了少夫人。两人在一块腻歪的日子一长，激情过去了，新鲜感消失了，他恢复了吃喝嫖赌的个性。只不过因为有了柳彤萱，其他女人再也难入他的法眼。

李香香盼望儿媳早一点为赵府添丁加口，但柳彤萱的肚皮不争气，任凭赵承博怎么辛苦耕耘，播撒种子，都长不出庄稼。

跟柳彤萱激情不再，其他女人又难入法眼，赵承博只有抛开女人，寻找新的刺激。无论去汉口赌马，还是到新市场看杂耍，观焰火，看各种各样的电影，时间一长，他又失去兴趣，越来越感到没意思了。

王俊喜母亲去世，赵承博很想去吊唁，但一直没有接到王府的通知。他过江去武昌，想与哥哥商量，但哥哥已经去了王府。他有一种被亲人遗弃的感觉。他奔去汉口，去了赵璇滢的家。赵璇滢到王府吊丧了。他只见到了周莹莹。

跟女儿住的时间一久，周莹莹对世道看得更清楚了，知道赵承博的难处，雇了黄包车，过江回去赵府，试图劝说李香香趁此机会跟王府沟通关系。但李香香心气高，赵府已经落入儿子手里，王府不主动找她，她才懒得理睬王府。

赵承博还有一个地方可去，到余府跟余瑞光聊一聊，向他诉说心中的烦恼。

余瑞光老成持重，劝他想开一些。余瑞光说到纱厂出现了一些不好的苗头，询问榨油坊怎么样了。赵承博颇感没趣，从此再也不愿意主动找余瑞光说话。

在武昌，赵承博最好的去处是赵承彦的家。

经过两年的医治和调理，王芝英病情慢慢好转，不再疯癫了，回到家里，见了赵承博，自然很是欣喜。因为在赵府，赵璇滢早已出嫁，虽说对王芝英很好，但毕竟嫁出去的姑娘，难以回到娘家。王芝英只跟赵承博谈得最多，也承蒙了赵承博的诸多照顾，要不然，她在赵府的日子没法过下去。

王芝英与赵承博谈得很好，刘芳芳深感欣慰，嘱咐赵承博经常过来。

为了不刺激王芝英，没人告诉她王俊喜母亲病逝的消息。王芝英想起了娘家，思念娘家，刘芳芳带着两个孩子陪着她一块回去过娘家。在她回娘家之前，丈夫已经与王府沟通好了，王府上下没有露出王周氏已死的破绽。她为没有看到王周氏感到些微难过，天快黑的时候，她和婆婆孩子一道回了武昌。

她可以看到任何人，唯独怕见到周莹莹，更怕李香香。甚至正兴高采烈的时候，忽然听到周莹莹和李香香的名字，她准会收敛笑容，精神紧张。为此，她从来不去赵璇滢的家，倒是赵璇滢到武昌看过她。两人在一起说得很高兴。

赵承博匆匆赶到武昌的时候，余瑞华回了余府。

余瑞华向王俊林报到过后，请了几天假，准备先拜见母亲，然后拜访一下亲戚朋友，再正式走马上任。

他一回到余府，余府上下欢喜无限，立刻忙碌开了，他母亲更是精神高涨。

自从那次受惊吓以后，余老夫人就病倒了，一直不见好转。小儿子回到余府，余老夫人病情马上好了许多，能够挣扎着坐在床上了。

几年不见，一看到母亲苍老的样子，余瑞华心在流血，不知道自己该说什么。母亲望着他，一样什么都不说。母子俩望了许久，直到赵承博来到余府，余瑞华才不得不出面接待他。

“你再不回来，我恐怕要去见阎王了。”赵承博心直口快，“知道吗？我已经变成孤家寡人了，没有人愿意理睬我。”

余瑞华很清楚赵承博的家事，苦笑一阵，做不了声。

赵承博原以为两人准能像往常一样叽哩呱啦说个不停，谁知道余瑞华竟然完全变了一个人似的。他不管说什么，余瑞华都只是笑一笑，或者仅仅只是说上几个字，意思虽说到了，再也没有原来的亲热感。他心里感到遗憾，再也说不下去了，遂向余瑞华告辞，准备回去汉阳。

余瑞华送赵承博出了门。赵承博觉得余瑞华马上就会向自己道别了，没想到，余瑞华一直陪着他走了很远。

“你为什么不回府呢？”赵承博问道。

“我送一送你。”

“你回去吧。”

余瑞华说道：“难道你不希望跟我多说一说话吗？”

赵承博心里一热，差一点流出了眼泪，忽然大笑起来，说道：“你永远都是我的朋友，我的兄弟。走，我们去一个好玩的地方。新市场，怎么样？”

余瑞华微笑着摇了摇头。

赵承博猛然清醒：是呀，新市场在汉口，余瑞华刚刚回到余府，不可能跟自己一道过江去汉口的。

去不了汉口，武昌好玩的地方也多得很，而且，他们并不是真的要去哪里玩，只不过想借机说说话。两人说笑着，没头没脑地朝前面走去，不知不觉，他们竟然走上了奥略楼。

余瑞华睹物思人，情绪马上低沉下来了。

赵承博看破了余瑞华的心思，说道：“谁都逃不过一死。是病死，是自杀死，是郁郁而死，都是死。为什么要为这个伤神呢？过好当下，才是最重要的。”

余瑞华说道：“我已经身在行伍，不可能像你一样。”

“是呀，你已经身在行伍。”赵承博说道，“我不知道，行伍究竟有什么好。而且，你在王俊林的手下。”

余瑞华眉头紧蹙，目光像一道利剑，划破了赵承博的脑壳，清晰地看出了赵承博的用意。是的，余瑞华不仅记得当年自己在赵承博的拉拢下，去妓院嫖妓却遇到王俊林雇凶杀人的往事，也记得王俊林镇压学生运动，跟自己对峙的往事。可是，他还是听从王俊林的安排，投考并进入了保定军校。

怎么说呢？余瑞华无论多么痛恨王俊林，王俊林毕竟是他姐夫。为了姐姐，他必须跟在王俊林身边，了解王俊林的一切，在适当时机破坏王俊林的一切，以期替王俊林减轻一些罪孽。

当王俊林再次背叛跟余瑞祥的联盟，投靠到萧耀南手下，把余瑞祥赶出湖北的消息传到他耳朵时，余瑞华更加坚信自己的选择没有错。只是，他不能告诉赵承博，也不能告诉任何人。

这时候，王俊喜的突然到来，转移了他们的注意力。

在吃喝嫖赌，到处播撒情欲的种子方面，跟赵承博相比，王俊喜有过之而无不及。即使在母亲居丧期间，王俊喜都没有真正收敛过。

对王俊林母子更加恨之入骨，所有王俊林母子不喜欢的人，王俊喜都喜欢；所有王俊林母子厌恶的人，王俊喜都引为知己。他非常同情赵承博，哪怕赵承博生母李香香虐待王芝英，惹得王氏家族都不愿意跟他们来往，他也愿意在私下里跟赵承博打得火热。表面上，他还得装出一副对赵承博和他母亲恨得咬牙切齿的样子。他很想拉拢赵承博跟他一道，去跟王俊林抗争，可赵承博天生不喜欢跟人结仇似的，不愿意这样做。他费尽心机，最后都做了无用功。余瑞祥被王俊林赶出湖北之后，他一样动员过赵璇滢跟王俊林作对。赵璇滢在心里早已跟王俊林势不两立，因为要照顾到丈夫安插下来的那帮队伍，也不能由着王俊喜的性子来，时常会约束一下王俊喜，让王俊喜再也不愿意跟她商量这些事情。

余瑞祥逃出湖北之前，已经留下一些人马，命令他们重新投靠王俊林，并且解散了许天亮手下的那一部分人马，让他们伺机在武昌、汉阳、汉口三镇潜伏下来，暗中发展力量。其时，赵璇滢正在家里照料孩子，余瑞祥事先没有告诉她这些情况。赵璇滢曾经动过去广州寻找丈夫的念头，后来，他们暗中都跟她取得了联系，使她彻底打消了去广东的念头。为了解除王俊林的戒心，赵璇滢一边对王俊林继续冷嘲热讽，一边还不能把事情做得太过火，担心王俊林会意识到什么。

余瑞华回到武昌，王俊喜在第一时间得知消息，心里活动开来：余瑞华曾经跟王俊林公开作过对，谅必不会真正跟王俊林一条心，首先要在余瑞华和王俊林之间埋下一些不和的种子，或者干脆激怒余瑞华，让余瑞华成为埋伏在王俊林身边的一枚棋子，准会对王俊林造成致命威胁。

他去了余府，知道余瑞华跟赵承博一道出来了，循着他们的足迹追了过来。

“哈哈哈，你们在一块，又想做出什么事情来？难道不怕被王俊林发现吗？那样，又会引来一场血光之灾。”王俊喜笑嘻嘻地说。

赵承博倒没有什么反应，余瑞华却脸色突变。他依旧有些沉不住气，那件事情的确成了他永远的痛，他一辈子不会忘记。

“怎么啦，我说中你的心思了吧？”王俊喜说道，“不过，你已经是排长，王俊林肯定不会对你怎么样了。”

余瑞华好不容易镇定下来了。他虽说并不完全了解王俊喜为什么如此痛恨王俊林，但杀害海棠的凶手说过的话，一在耳边回响，他顿时明白过来：王俊喜也是海棠的入幕之宾。

王俊喜是在试探自己，想对付王俊林！刹那间，余瑞华明白了王俊喜的用意。他跟王俊喜马上找到了共同语言。王俊喜趁热打铁，又想拉赵承博入伙。但赵承博还是不愿意。

余瑞华继续在家待了几天，拜访过赵承彦家和赵府，也去汉口租界见到了赵璇滢。尽管曾经对赵璇滢从大嫂变成二嫂感到别扭，不愿意跟她和二哥来往，但在心里，他还是忘不了他们，见到了赵璇滢，依旧有许多话想对她说。

从他的口吻和言语里，赵璇滢深感安慰：余瑞华终于长大了，有自己的主见了！打心眼里，她很希望引导余瑞华，让他跟他二哥一样，胸怀天下，成为安插在王俊林身边的潜伏人员。

“当年，你还是一个孩子的时候，曾经参加过辛亥首义，要不是父亲硬逼你留在家里，你早已是一名军人了。”赵璇滢说道。

余瑞华感到颇有些难为情，说道：“小孩子嘛，总是要听父母的。”

“你现在不一样了，既然跟着王俊林，一定要学好。”赵璇滢说道。

从赵璇滢家出来以后，余瑞华径直去了王府。见过姐姐，对姐姐说了一些自己在军校的见闻以后，他单独跟王俊财谈了很久。

王俊财为人挚诚，又很稳重，见识非凡，可以一眼看出别人看不到的隐忧。整个王府，余瑞华最信任的就是王俊财了。

“希望你记住，你当学生的时候，曾经慷慨激昂过。”王俊财眼睛里面透射出一种令人心颤的关心。

余瑞华眼帘刹那间浮现出自己带着学生跟王俊林的军队对抗的情景。

他心里涌出了一道疑问：王俊财为什么要说这句话？难道他已经看出什么了吗？或者说，他担心自己身在军营，也会身不由己，会像王俊林一样，在接到命令以后，向学生和赤手空拳的民众开枪吗？不，自己一定不会这么做的。

余瑞华说道：“任何时候，我的心都是热的，我的血也是热的。”

回到军营，余瑞华被王俊林派遣到最精锐的连队担任排长。王俊林的确非常器重他，向连长打过招呼，任何事情，都放手让他去做，出了错误，他也睁一只眼闭一只眼。

王俊林继续用他的口头禅激励余瑞华：“男子汉大丈夫，无论干什么，无论对错，干了就干了，什么都别怕，更不要后悔。”

光阴似箭，不知不觉进入严冬了。忽一日，余瑞华被王俊林紧急召唤过去。

王俊林端坐在办公桌后面，凝视着余瑞华，说道：“机会来了。你要随时准备上阵，好好表现自己。”

余瑞华第一反应是南方政府派遣大军杀到武昌来了。紧接着他否定了自己，因为南方政府丝毫没有派兵北伐的迹象。他问道："我们好像还没有对手，到哪儿上阵杀敌？"

"军人的战场不只是跟敌人进行真枪实弹的战斗。"王俊林意味深长地说道。

余瑞华想起这段时间经常听到的传言，铁路总工会在一个劲地鼓动工人罢工。他顿时明白王俊林是要自己率领人马镇压即将罢工的工人。这跟当年王俊林率部镇压学生运动有什么两样呢？余瑞华当年是学生运动的参与者，即使现在进入行伍，也绝不会堕落成杀人的刽子手。

他连忙说道："我是军人，只能在战场上跟对手拼一个你死我活，决不会拿枪去对准那些手无寸铁的人。"

王俊林纠正道："他们不是手无寸铁的人，他们有组织有纲领，他们是在颠覆我们的政权。再说，军人从来不是只跟拿枪的敌人作战，还必须随时听从国家的召唤，做其他任何事情。"

然而，不管王俊林怎么说，余瑞华主意已定，毫不理睬。

王俊林恼火不已。他本想通过这次行动，让余瑞华脱颖而出，好把他提拔起来，谁知余瑞华竟然不领情！要知道，希望挺枪出马，前去镇压的人多的是。要不是萧耀南把任务交给王俊林的时候，曾经询问过派谁充当先锋最合适，王俊林第一个推荐的就是余瑞华，他还可以另派他人。如今，萧耀南正等待余瑞华的捷报，如果余瑞华不出面，在萧耀南面前恐怕不好交代。

他一发狠，说道："这是命令，你胆敢违抗，军法从事！"

余瑞华并不害怕军法，但不能不考虑到那样一来，会令病情刚刚有所好转的母亲不安，不得不接受这趟差事。

他再也不愿意跟王俊林多说一个字，像躲避瘟神一样躲着王俊林，旋风一样从旅部跑了出来，冲进一家酒馆，接连灌了好几杯酒，很想把自己灌醉，然后什么都不知道。

这时候，王俊财正好跟余瑞光同在这家酒馆，一边喝酒，一边商谈事情。

王俊财看到了余瑞华，向余瑞光使了一个眼色，问道："知道他为什么跑到这里来吗？"

余瑞光露出了一丝苦笑："我这个弟弟呀，既不像我，又不像他二哥，心里有事，解决不了，只知道跑出来独自喝闷酒。唉！"

王俊财笑了笑，走到余瑞华跟前，把他拉到自己酒桌跟前。余瑞华一手提了酒瓶，又想朝嘴里灌。王俊财一把按住了他的手，说道："老弟，无论发生了什么，只要你坚持自己，谁也不可能把你怎么样！"

余瑞光说道："任何人都会面临着某种选择。有的时候，你即使很无奈，也必须去做，绝不可能放纵自己。"

他们都知道了！余瑞华看着他们，说道："难道我要做自己不想做的事情吗？"

"老弟，人在什么环境，必然会做什么事情。至于怎么做，要看自己把握了。消极怠工是一种做法，暗地里帮助你想帮助的人，也是一种做法。"王俊财说道。

余瑞华眼睛一亮，心想：是呀，我不去镇压那些手无寸铁的工人，王俊林肯定会派别人去的，何况还有萧耀南，他们一定会镇压这些工人！我既然已经接受了命令，一定不能退缩，得勇敢地站出来，为那些工人谋一条生路。

为了给余瑞华壮胆撑腰，也是为了教导和监督余瑞华，王俊林亲自上阵，率领一支人马，渡过长江，开赴汉口，一阵狂奔，到了江岸。

那儿，已经集合了许多工人。他们全都挥舞着拳头，怒吼着口号。

余瑞华脑子里浮现出自己参加学生运动的情景，顿时精神振奋，恨不得马上加入到他们的队伍，跟他们一道吼叫。

"不要放走一个人！包围起来，给我全部抓住！"王俊林吼叫道。

兵士们立刻一阵骚动，把工人们团团围住，然后挥舞枪托，凶猛地冲进了工人之中，左砍右杀，刹那间，有好多工人倒下了。

"你带领一拨人马跟着我！"王俊林对余瑞华说道。

"抓工人领袖吗？"余瑞华问道。

王俊林没有回答，只点了一下头。余瑞华感到好笑：如果工人领袖只会在俱乐部发号施令，而不跟工人混在一块，怎么可能发动大规模罢工呢？

他们穿过混乱的场面，径直奔向工人俱乐部，果不其然，他们扑了空。

"压缩包围圈，不要放跑了一个人！"王俊林恼羞成怒，命令道。

兵士们哇哇大叫着，一齐朝工人实施向心挤压。工人们像一群遭到豺狼围捕的羊羔，秩序大乱，叫声不绝。

余瑞华眼见得一个又一个工人倒下了，连忙喝令自己的手下："立功的时候到了，跟我冲，把他们全部抓起来！"

他率领人马一冲，便将严密的包围阵形冲开了一道缺口。工人们反应很快，飞一般地跑了过来。

“堵住！给我堵住！”余瑞华虚张声势地大叫道。

很多工人逃掉了，一些重要人物漏了网。余瑞华得到的命令是迅速率领人马，赶往一处秘密所在，捕捉隐藏在那儿的共产党要人。

原来，王俊林抓获了几个工人头目以后，立即严刑拷打，问出了鼓动工人罢工的共产党要人的下落，把立功的机会交给了余瑞华。余瑞华尽管有些鲁莽，毕竟初出茅庐，已经有了很好的表现，王俊林可以放心了。

已是晚上，余瑞华骑上战马，命令兵士们打着火把，一路叫喊不停，旋风一样地冲向指定的地方。他没有命令兵士将四周围住，一溜烟地冲进了屋子。屋子里空空如也。余瑞华气愤之极，一脚踢飞了一只断了一条腿的小凳子，马上率领人马，成一路队形，大呼小叫，朝前面一阵猛跑。

竟然进入一个死巷子。余瑞华赶紧带领人马，又朝回奔。这么来回一折腾，共产党要人早跑得无影无踪了。

本来是瓮中捉鳖的事，却空手而归。王俊林把目光凝聚成一柄锋利的匕首，刺进了余瑞华的胸膛。

余瑞华强作镇定，说道：“我追错了方向。”

当着众人的面，王俊林不可能责骂余瑞华，更不可能揭穿余瑞华的诡计。他悔恨自己不该太相信余瑞华，以至于失去了一举抓获共产党要人的机会。尽管如此，毕竟抓获了不少共产党重要人物，王俊林心里稍感安慰。为了逼迫铁路工人复工，他接连杀掉了好几个重要人物。

余瑞华不能为手无寸铁的人多做一些什么，感到很悲哀，也很无奈。

打从这时起，王俊林心里明白，不严加管束，余瑞华绝不会跟自己一条心。于是，他对余瑞华再也没有什么好脸色，经常把他召到办公室，板着脸孔训话。

“人，可以对别人有同情心，但决不可以对跟你不是一路人的人动恻隐之心，要不然，你连怎么死的都不知道。”

“余瑞华，想想看，如果萧耀南知道你放跑了共产党人，你会有什么下场？”

“军人有军人的底线，即使是亲兄弟，真的在战场上成为对手，拔刀相向的时候，你绝对不能手软。如果你做不到，你便什么也不是。”

听多了类似的训斥，余瑞华渐渐开始反省自己。难道自己真的做错了吗？不，他无论如何不会对付赤手空拳的人。

上了战场呢？都说余瑞祥去了广州，投靠了孙中山，日后南方大军打过来，真的可以跟余瑞祥拔刀相向吗？他不时地问自己，但总是没有答案。

每逢王俊林训斥他或者说打造他的时候，余瑞华从来没有示弱，总是针锋相对，炮制各种词语打击王俊林，让王俊林知道自己到底在亲戚们心目中是一个什么样子。

王俊林是不是被他击中了要害，他不知道。王俊林太会隐藏自己的感情了，只要余瑞华跟他一顶嘴，他便一个字都不说，瞪大眼睛，看着余瑞华，直到余瑞华把话说完。过了很久，他轻轻地在余瑞华肩头上拍两下，说道："你只可以在我的面前这么说话。"

慢慢地，余瑞华的心软化了。王俊林是真心想帮助自己的，难道因为过去的事情，一定要跟王俊林作对吗？他不知不觉，减轻了对王俊林的憎恨。余瑞华现在也似乎有些明白，为什么二哥和二嫂跟王俊林既是仇敌，又是朋友。原来在人世间，并没有纯粹的朋友，也没有纯粹的敌人。是朋友，还是敌人，只在于你选择了什么立场。这么一想，原来耿耿于怀的事情，都不值得一提了。只是，他一样有底线，他不会对付赤手空拳的人，任何时候都不会，无论王俊林怎么训斥他，他都不会。

王俊林不仅自己训斥余瑞华，还动员余瑞光训斥他。

但是，余瑞光并没有训斥弟弟。余瑞光手底下有好几千工人。他对待工人很友善，纱厂工人并没有罢工，而且他相信，自己纱厂的工人永远都不会罢工。铁路工人罢工，在他看来，是因为铁路管理层没有关照工人的利益，首先应该检讨的是铁路管理层，而不是工人。他没有训斥弟弟，反而给了自己一面镜子，让自己知道应该怎么更好地对待工人。

余瑞华很有正义感，赵璇滢为此感到高兴。她觉得，是时候把余瑞祥已经投靠孙中山，并且参加了共产党的事情告诉给余瑞华，让他接受共产党的主张，成为埋伏在王俊林身边的棋子，以便北伐大军打过来的时候，能兵不血刃地夺占武昌。

余瑞祥参加共产党的消息，是一个来武昌对中共武汉地区委员会下达重要指示的共产党人告诉赵璇滢的。

余瑞祥被赶出湖北以后，只身去了广州，投靠了孙中山，被安排进粤军，当上了仅次于陈炯明的第二号军事人物。后来，陈炯明竟然发动了叛乱，余瑞祥劝阻不住，差一点被陈炯明杀害，幸而姐夫林英华人缘很广，把他救出来了。

这时候，在苏俄的帮助下，孙中山制定了"联俄联共，扶助农工"的政策，拉开了国共两党携手合作的序幕。余瑞祥多年前曾经设想过要组建共产党，但找不到同路人，不得不放弃了。现在，共产党组织突然出现在他面前，他倍感兴奋，觉得这才是拯救中国的希望。见到共产党的领袖人物以后，他秘密加入了共产党。

国共两党合作，为了北伐，准备成立黄埔军校，指示各级党组织动员具有革命倾向的青年人投考黄埔军校。余瑞祥便委托来人将消息告诉赵璇滢，希望她帮助做一些工作。

赵璇滢推荐了好几个富有正义感的青年去广东。

北伐大军迟早会打到武昌来的，赵璇滢需要动员余瑞华，不仅希望他帮助刺探军情，也希望他认清形势，跟着共产党走。

余瑞华知道共产党。那次铁路工人大罢工，就是共产党人发动起来的。他要抓捕的重要人物，是共产党的一个重要分子。他虽钦佩共产党的主张，可二哥是共产党，他不会走二哥一样的道路，隐隐看到与二哥交手的前景，心里高兴极了。

余瑞华变得异常活跃。王俊林感到很高兴，觉得这是自己训斥之功，准备重新把余瑞华推出去。不久，上海爆发了五卅运动。武昌经过一个时期的酝酿，以一次大规模的罢工予以声援。王俊林得到命令，率领部队前去镇压。他再次将抓捕首要人物的重任交给了余瑞华。余瑞华仍然不想屠杀工人，暗地里通知了赵璇滢。

首要人物虽说没有抓到，但罢工很快被镇压下去了，余瑞华表现出来的果敢和勇猛，博得了王俊林的欣赏，也让萧耀南感到很满意。余瑞华被提拔成连长，从此在部队声名鹊起。

这时候，南方政府越来越露出了北伐的端倪。虽说国民党跟共产党经常会因为政见不同而发生激烈的争吵，但他们统一了广东以后，人强马壮，北伐似乎指日可待。两湖巡阅使吴佩孚不愿意束手待毙，调集人马，前往汀泗桥一线修筑永久性防御工事，以便将北伐大军挡在湖北以外。

第三十章 亲情与权谋

余瑞华从保定军校回来以后，余老夫人心情大好，身体一天天硬朗起来了。

听说小儿子前去镇压铁路工人大罢工，暗地里却放跑了共产党要人，余老夫人很高兴，对余瑞华说道："人啊，不逼到那一步，是不可能罢工的。你哥哥开设了纱厂，他对工人很好，他的工人从来没有想过罢工。孩子，你做得对，有的命令确实不能执行。"

余老夫人很欣赏小儿子，提起女婿就会格外生气。女婿在战场上反反复复，经常跟儿子与儿媳大打出手，他们各为其主，无论怎么打，她都能理解，就是不能理解女婿率兵去屠杀手无寸铁的工人。

她大骂女婿："王俊林，你的良心被狗吃了，怎么能杀那些手无寸铁的工人呢？你跟前年到处杀人放火的兵痞子有什么区别！"

"母亲，我是在执行命令。"王俊林辩解道，"而且，他们罢工，严重破坏了社会秩序。如果我不出面维护，局面一准更加混乱。"

"靠杀人能维持秩序吗？"余老夫人更加生气了，说道，"余家开了纱厂，你们王家开了面粉厂，还有房地产，我们都有工人，我们的工人怎么不罢工？铁路上要是像我们一样善待工人，他们肯定不会罢工！"

余老夫人并没有说服王俊林。不过，王俊林再也不敢跟余老夫人顶嘴，口头上答应以后决不会屠杀手无寸铁的工人。

两年以后，再一次发生了罢工事件。这一次，罢工范围波及武昌、汉口、汉阳，无论什么行业，几乎所有的工人卷入其中。

"母亲，你还认为工人罢工是对的吗？"王俊林问道。

他已经接到了命令，要再度带领人马前去镇压，临行前，想到余记纱厂的工人也罢工了，特意询问岳母，以为这一次，岳母无论如何不会同情工人，谁知他想错了。

余老夫人说道："各位厂主早就应该坐下来，好好听一听工人的呼声，如果不是把工人逼急了，他们是不会罢工的。"

王俊林没有办法继续跟她说下去了，转身准备告辞。

可是，余老夫人拦住了他，说道："我不希望你继续做伤天害理的事情，更不希望你把瑞华拉进去！"

王俊林不可能因为余老夫人的话而放弃自己，更不会放弃把余瑞华培养成他希望的那种人。他一样要让余瑞华冲锋在前。不过，他深知，余瑞华受了母亲的教育，可能会采取过去的方针，故意放跑那些工人，于是暗地里安排一些兵士，只要余瑞华一出现在罢工现场，立即打着余瑞华的名义，向工人们开枪。

余瑞华一带领兵士上阵，立即有人开火，当场打死了好几个工人，更多的工人受了伤。

从此，余瑞华屠夫之名响遍江城。凭借这次行动，余瑞华受到了萧耀南的特别嘉奖，当上了连长。

消息传到余老夫人的耳里。她哪里肯信？赶紧叫来余瑞光询问真相。余瑞光不仅听过余瑞华命令兵士开枪打死打伤工人的传言，而且亲眼看到余瑞华的手下开枪杀人。

事情发生在余记纱厂。当时，余瑞光正跟工人代表谈判。

工人罢工，其实是为了声援上海的五卅运动。余瑞光十分理解工人的心情。眼下，纱厂每况愈下，他怕罢工时间一长，导致纱厂关闭，不仅余府难以翻身，而且工人也没有活路。他跟工人代表商议，可不可以分出一部分人马，继续维持纱厂的运转。

工人们平时承蒙余瑞光关照，心里常怀感激，一听此言，果然准备复工。

此时，余瑞华率领一群兵士，实枪荷弹，气势汹汹地冲过来，迅速包围了工人。不等命令，有几个兵士随即开了枪。

余瑞光急了，冲到余瑞华跟前，质问道："为什么要开枪？"

"我……"面对大哥愤怒的目光，余瑞华无法解释。他确实没有下达开枪的命令，转过面来，喝令人马："不准开枪！都给我住手！"

工人们一见有人死伤，群情激奋，一个个大叫道："跟他们拼了！"

奋力冲向兵士，有的人去抢夺兵士手里的枪，有的人直接扑上去，扼住兵士的喉咙，抱住兵士的身体。兵士的枪一再响起。

等待余瑞华好不容易将局面控制下来，纱厂工人已死伤无数。

死伤的是余记纱厂的工人，余瑞光心里非常痛苦。等一场屠杀停歇下来以后，他准备迅速处理善后事宜。谁知工人被屠杀的事件已经传遍全城，工人们群情激奋，严惩凶手的呼声响彻大江两岸，罢工声势如火如荼。余瑞光善后的努力，顿时化为泡影。他跟工人之间建立起来的信任也被画上了句号，他再也不能在工人面前挺起胸膛，总觉得自己才是罪魁祸首。他为此备受折磨，很想瞒着母亲，但在母亲的严厉询问之下，只能吞吞吐吐地说出了实情。

余老夫人身子一挺，大喝一声："把余瑞华这个畜生给我找回来！"

话音还没有落地，人一头栽倒在地上。

余瑞华回到余府的时候，余老夫人已经被救起来了。余瑞华蹑手蹑脚地走到母亲跟前，低垂着头，大气都不敢出。

余老夫人瞥了他一眼，说道："畜生，你真的很让我失望。"

余瑞华跪倒在母亲跟前，说道："母亲，我真的不想杀人。可是，我没有下达命令，那些兵就开了枪。"

"你不下命令，你的兵敢开枪吗？"余老夫人愤怒地喝问道。

她深感对不起余家列祖列宗，更觉得对不住已经死去的丈夫余昌泰。余昌泰一生耿直，绝对不会主张对手无寸铁的人开枪。但他钟爱的小儿子竟然这样做了。她深感内疚，总是责备自己，从此精神支柱倒塌了，人一病不起，半年过后一缕魂魄幽幽地去了天国。

余老夫人一走，余瑞华心里更加痛恨王俊林。他想清楚了，一定是王俊林暗中做了手脚，手下那些兵士才敢不听他的招呼，一冲上去就率先开枪屠杀工人。是王俊林逼死了母亲！

他一怒之下，提了枪，冲到王俊林面前，把枪口对准他，骂道："王俊林，是你逼死了我母亲！"

王俊林冷冷地看着他，一个字都不说，直到余瑞华放下了枪口，蹲在地上痛哭流涕，这才慢慢地走到他跟前，抽走了他手里的枪，轻轻拍打着他的肩头，说道："不错，是我预先命令你的人马开枪的。要不是我，你能得到这么高的荣誉吗？能得到晋升连长的机会吗？当然，母亲因此而死，我非常内疚，也很难过。我们一块好好料理母亲的后事吧。"

余老夫人的后事办得风风光光，甚至连督军萧耀南也亲临葬礼现场，给余老夫人极大的褒奖。武昌城里大大小小的官僚，全都涌进余府，好像死了亲娘老子一样痛哭不止。汉口王府，汉阳赵府，都几乎全体出动前来吊唁。甚至有人给远在广州的余梅芳和林英华发去了电报，告诉他们余老夫人死亡的消息。从广州到武昌路途遥远，交通不便，没等夫妇俩回到武昌，余老夫人便下葬了。

大罢工的风潮渐渐平息。余瑞光感觉到，他和工人之间经营出来的友好关系已经不复存在。工人们虽说没有视他如仇敌，但内心的隔膜在他们之间筑起了一道厚重的墙壁，把他们区隔开来。他心里充满了痛苦，还得努力支撑精神，好好地打理工厂。他实在担心工厂难以运作下去。他越来越感觉到有一种无形的压力，从四面八方向他袭来，似乎要扼住他的喉咙，将他拖入死亡的地狱。

在母亲的葬礼期间，王俊财单独跟他谈了好一会儿。王府面粉厂，同样因为工人大罢工而遭受了惨重的损失。不过，王氏家族的重点是地皮，是房地产。即使面粉厂倒闭了，王府依旧是汉口首屈一指的豪富之家。

王俊财说："我知道，伯母去世，你心里难过，纱厂的情况不容乐观，你一样难过。听我一句劝，你不能太悲观，应该振作一点。伯母已经走了，你要把一切精力都放在纱厂上。"

余瑞光望着他，心里涌起了一股暖意。

王俊财继续说道："余王两家是世交，我们的厂子都遇到了困难。我的境况仍然比你强，我们都不能倒下，我还有足够的资金支持你。谁也不能打垮我们！"

余瑞光流出了眼泪："我们深受外来资本的打击，已经很难继续维持下去了，这次大罢工，令我们雪上加霜。"

"国家听凭外国势力横行，保护不了我们，我们只有靠自己。"王俊财说道，"我一直以来，喜欢跟外国人做交易，获得了不少利益，受到一些同行指责。他们不知道，我这也是在保护自己啊！"

余瑞光得到了王俊财的资金援助，可以慢慢地把工厂维持下去。

余老夫人离世以后，作为余府的二少奶奶，赵璇滢回到余府，帮助余瑞光操办老夫人的后事。

母亲死了，余雅芳必须回去余府守灵送葬。当时，虽说人人都瞒着她，不让她知道老夫人是因为听说余瑞华带兵枪杀了工人才一病不起的，她还是知道了真相。一切都是丈夫造成的！她很想责骂丈夫，可是，一向性子柔弱，一见到丈夫，她还是说不出话来。再柔弱的人都会有刚强的时候，王俊林瞒着她做下了许多坏事，余雅芳都可以容忍，但这一次，她再也不能容忍了。王俊林回家以后，想跟她亲热，她断然拒绝了。

这一天，是余老夫人五七的日子，这是对逝者的一个大纪念日。余府上下提前做好了准备，要为余老夫人大办一场法事。请来了许多道士和吹鼓手，他们从余老夫人的灵堂跟前，一直延伸到整个庭院，摆起了道场，吹吹打打，唱唱跳跳，十分热闹。

赵璇滢一大早来到余府，跟余瑞光新娶的夫人一道，指挥下人，安排一切。

王俊财、王俊喜、余雅芳、赵承博等人全都来吊唁。那些道士继续煞有介事地唱着跳着，一刻也没有停顿下来。余瑞光和余瑞华兄弟两人身穿孝衣，前去迎接。一阵吹吹打打，一阵鞭炮的轰鸣，将客人引入了堂屋。在余老夫人的灵前跪下，叩头起身。

赵承博本来跟王府已经不相往来了，不过，王俊财和王俊喜对他仍然很友善。趁这个机会，他们相互问候了一下。话匣子一打开，再也忍不住，什么都往外说。一阵尖锐刺耳的哭叫声，穿透了各种声音交织在一块组成的帷幕，只朝他们的耳朵里钻了过来。

这又是谁来到了余府？他们一起朝前走去，只听扑通一声，心头一紧，怎么倒在地上了？

余府的女人迅速冲过去，扶起那人。余梅芳！他们从那张颇似余雅芳的脸上看出她是谁来了。赵璇滢、余雅芳以及余瑞光的夫人把她扶到里面的屋子里去了。

王俊财、王俊喜、赵承博相互打量了一眼，从内心涌起一阵爱怜的情愫。他们沉默着，缓缓地退回到原来的位置，相互继续打量了一阵子。

“伯母本来已经好了，要不是王俊林，老人家一准不会死。”王俊喜说道。

王俊财望了弟弟一眼，不做声。赵承博也是一阵沉默。

在租界，王俊财和王俊喜每天都会看到那些神气活现的英国人、日本人、法国人、俄国人还有美国人，肆意欺凌中国人。他们还亲眼看到了印度巡捕，本来是英国人、法国人的奴仆，一样不把中国人放在眼里。王俊林跟他们相比，有过之而无不及啊！

沉默了好一会儿，王俊财说道：“听说，南方军队正蓄势待发，要打过来了。”

王俊喜和赵承博同时看着王俊财，不知道他为什么忽然会说出这样的话来。

“也许，南方军队真的能够给国家带来一些不同。”王俊财顿了一下，接上自己的话头。

“不，南方军队不可能给国家带来任何不同。”响起一个尖厉的声音。

三个人不需要分辨，也知道是王俊林走过来了。

王俊林继续说：“南方军队不是救世主。国家到了谁的手里，都是一样。不要指望它会发生任何改变。”

王俊喜懒得理睬他，把脸扭到一边。王俊财无动于衷。

赵承博说道：“我听说，南方军队这一次跟原来不同，因为里面有了共产党。”

王俊林哈哈大笑起来，说道：“有了共产党又怎么样？共产党难道不会跟国民党争权夺利吗？如果不会，共产党为什么要常常跟国民党干起来？即使按照你们的看法，共产党确实是好的，要说欢迎共产党，也是那些穷人，而不是你们。你们知道共产党的主张是什么吗？共掉你们的财产！共掉你们的一切！”

说到这里，王俊林故意停顿了一会儿，似乎想等他们提出疑问或者反驳自己，但三个人都没有做声。

他只得又说下去：“拿岳母去世来说吧，你们都认为是我造成的，其实是共产党造成的。知道工人为什么会罢工吗？是共产党捣的鬼！无论你们对工人有多好，共产党都会说你们是吸血鬼，鼓动工人跟你们对着干。如果不把他们镇压下去，他们一定会闹得更凶！”

王俊财说道：“你们可以直接对付共产党呀！为什么针对手无寸铁的工人？”

“共产党只会在背后鼓动工人，自己却不冲到前面去。”

“我听说，你亲手杀死的大律师施洋，就是一个共产党。他没有冲到前面去吗？”王俊喜说道。

王俊林狠狠地瞪了他一眼，说道：“他没有冲到前面去，他是在幕后操纵，他不可能像工人一样直接面对我们的枪支。他们总是躲到了后面，开始喊叫得很热闹，一旦我们动了家伙，他们好像兔子一样立马撒腿就跑。”

“但我听说，共产党总是冲在前面。”王俊喜冷冷地说道。

王俊林恶狠狠地瞪着他：“你亲眼看见了吗？”

“你说共产党躲在幕后，是你亲眼看见的吗？”王俊喜心里涌起一阵快意，反问道。

赵承博眼见得王俊林越发恼怒，呵呵一笑，说道：“他肯定没有看见，他如果看见了，按照他的说法，肯定会直接揪出共产党，没必要枪杀工人。”

“但是，因为他下令，不少工人被枪杀了。”

王俊林怒火冲天，打断了王俊喜的话：“我不愿意下令开枪杀死工人，可是，工人中共产党的毒太深了，不杀不行。”

“依我看，你中吴佩孚的毒太深了。”王俊财说道，“不要继续背离民众的意愿了，你应该好好想一想，是不是该投靠南方政府。”

没有亲眼看到南方军队的厉害，王俊林为什么要放弃跟南方军队交手呢？他本来早就应该来到余府，为岳母五七尽孝道的，但他还需要为抵抗南方军队的攻击做一些准备。他知道余梅芳已经回到了余府，余梅芳可是从广州过来的，不仅知道广州方面的情况，而且肯定跟余瑞祥有过联系，他要好好问问余梅芳，决定自己到底该怎么做。

跟他们说不到一块去了，王俊林不得不离开。他寻思着马上想从余梅芳那儿得到一点什么，但余梅芳被扶到后院去了以后，再也没有出现过。他不可能去后院问候她。只有跟别人聊天打发时间，可是，似乎整个余府、王府、赵府的人都对他有一些敌意。他唯一可能说上话的人是赵承彦。

赵承彦继续在省政府做事。王芝英身体康复以后，又有了身孕。刘芳芳欢喜得不得了，整天除了带孙子孙女，就是陪着儿媳说话。为了让儿媳安心养胎，她另外租住了一所屋子，很清静雅致。

见识到了省政府腐败和腐朽的作风，赵承彦很想抽身出走，但为了全家的生活，不得不委屈自己留了下来。他在省政府埋首做事，什么都不爱参与。因为王俊林的关系，倒也没有谁敢把他怎么样。他一天天地忍受着心里的折磨，不愿意把事情的真相告诉任何人。

王俊林总会抽出一些时间探望他，跟他说一说话。他总是谨小慎微，掩盖着自己的内心，说一些王俊林很欢喜听的话，顺便也略略地提醒一下王俊林，让王俊林明白到底应该走什么样的道路。

因为夫人王芝英身子不适，快要生产，赵承彦来到余府稍晚一点，正要去跟王俊财、王俊喜、赵承博好好谈一谈，不料迎面看到了王俊林。眼看他一副心事重重的样子，赵承彦站住了。

王俊林说道："他们都认为我错了。你说，我真的错了吗？"

赵承彦问道："你要我说真话，还是说假话？"

王俊林宛如挨了重重一击，眼冒金花，颇有点怒气冲冲了，说道："你也跟他们一样吗？"

赵承彦微笑道："为了获得更大的权力，你变得让人难以置信。你应该像余瑞祥一样，脑子里面首先要确立一种理想，一种目标，那样，不论你做什么，不论你是胜利还是失败，我们都会把你看做英雄。"

王俊林的心在滴血。余瑞祥在众人眼里是英雄，在他眼里一样是英雄，他是知道的。但是，当赵承彦当着他的面说出来，而且又把他看得如此不堪时，他再也受不了。他很想爆发，很想怒吼，但在岳母的五七之日，他不能造次，不能放肆。他只有把袖子一甩，怒气冲冲地走掉了。

赵承彦看着王俊林远去的背影，发出一丝苦笑。王俊财、王俊喜、赵承博其实距离赵承彦不远，看到了发生的一切，只不过，他们并不知道这两个人到底在谈什么。

王俊财问道："姐夫惹俊林生气了？"

赵承彦说道："现在，应该让他清醒。"

王俊财望着他，说道："我就知道，姐夫一定会劝说俊林的。我想，他应该有一些改变了。"

"他没有改变更好。"王俊喜说道，"这样一来，如果南方军队打过来了，他肯定没有好下场。"

赵承博笑道："你还是没有看透王俊林的为人，不管是什么世道，他都不可能得到报应。他似乎就是应这个世道而生的。他是这个世道的宠儿。我敢说，即使南方军队打过来，王俊林也一定会继续当旅长，说不定还会当师长。"

王俊喜一直想置王俊林于死地，但每一次都不能成功，心里对王俊林的怒火越来越大。不过，他还得继续掩饰自己。余老夫人去世以后，他甚至盼望王俊林母亲也快点死掉，以便鼓动哥哥趁机掌控王氏家族的全部财产，别让王俊林染指。这样，他就有足够的资本跟王俊林斗下去。在这种情况下，他更听不得谁说王俊林能够飞黄腾达。

眼见得王俊喜要跟赵承博吵起来了，王俊财赶紧说道："要不是伯母去世，余世兄不在这里，我们本来可以商量怎么迎接北伐大军。"

"是的，我一样盼望着北伐大军快点打过来。"赵承彦说道。

于是，即使没有余瑞光，他们也在一块商讨如何迎接北伐大军。

汉口有了王俊财、王俊喜兄弟，还有赵璇滢在暗中活动。汉阳有一个赵承博，虽说他对战争不感兴趣，但是，关键时刻也能挺枪出马，倒没有很大的问题。问题集中在武昌。要是动员余瑞光、余瑞华做内应，在南方大军打过来的时候，打开城门，迎接北伐大军，武昌城可以顺利落入北伐大军手里。

他们正商量着，开饭时间到了。他们只得起身，在下人的导引下，各自入席，吃完饭，一块穿上孝服，来到庭院。

庭院中间堆放了一堆干草，上面码放了许多由道士封住的黄表纸以及纸人、纸马、纸轿之类的什物。余瑞华手拿一个接引幡，笔直地站在那儿。余梅芳一直哭哭啼啼，眼睛红肿，脸色苍白，身子虚弱，难以支撑。赵璇滢和余雅芳各挽住了她的一只手。喇叭声响了。余瑞光亲手点燃了篝火，噼里啪啦的爆竹声随即炸响。身穿孝服的人，一块跪倒在地，对着那团篝火叩头作揖。

余梅芳噗通一声，瘫倒在地。赵璇滢和余雅芳好不容易把她拉直了。她一直长跪不起，号啕大哭。

她一边哭，一边说："母亲呀，女儿不孝，一走十几年，没有再见你一面。父亲去世，也没有回家。你们为什么都走了？为什么不愿意见我最后一面，都走了呢？难道你们不知道吗？女儿是一直很想念你们的呀！女儿一直很希望能够回到你们的身边，陪你们说说话，为你们尽一点孝道，但再也看不见你们。"

她又昏倒在地。赵璇滢和余雅芳连忙把她扶起来，送进了后院。

众人含着泪水，全都不做声，叩完头，默默地站在那儿，一动不动。天气阴冷，微风一吹，掀起一缕缕纸灰，在漫天飞舞。余瑞华宛如一段木头，手里的接引幡随着风飘动，轻轻地拍打着他的脸部，依稀母亲抚摸着他。

黄表纸快要烧完，众人默默地脱去孝服，准备相继离开余府，忽然，又是一声撕心裂肺的哭叫声传入了他们的耳鼓。大家不约而同地举目望去，只见余梅芳踉踉跄跄地奔了过来，差一点栽倒在地。丫鬟赶了过来，赵璇滢、余雅芳、余瑞光夫人也赶了过来，但谁也没有捉住余梅芳。

余瑞华迅速反应过来，扶住几乎要跌倒的姐姐，哭着说道："姐姐，你别再说话了。是我害死了母亲！"

余梅芳盯着余瑞华，看了很久，忽然惨叫一声："不！"

又晕了过去。她再次苏醒过来的时候，家里已是一片死寂。所有的客人都走了，道士也走了，吹鼓手没了踪影。

赵璇滢担心余梅芳，留在余府没走。她嫁给余瑞光的时候，余梅芳已经出嫁，随着丈夫林英华一道去了广州。时常听到有关余梅芳的传说，她在心里已经跟这位素未谋面的大姑子成了神交。亲眼看到余梅芳，她更觉得大姑子是一个善良而又柔弱的女人，跟余雅芳不同的是，大姑子骨子里还透射出坚韧。

余雅芳也没有回去王府。她已经不太记得姐姐的模样，看着姐姐痛苦，她也痛苦不已，一直陪着姐姐流泪。余瑞华一直为自己造成母亲死亡而难过，什么话都不愿意再说。

虽然心里悲伤，纱厂也面临困境，余瑞光还是强打精神，掩饰一切。他越来越对现政权痛恨至极。

饱经风霜，他觉得父亲没有说错，大清江山也好，中华民国也好，不论谁在统治国家，老百姓永远是老百姓，商人永远是商人。因而，他对任何一种党派，任何一种政权都心存怀疑，敬而远之。这时候，传言满天飞：南方军队即将打过来。他对南方军队，老实说，也没有太大的好感，哪怕二弟参加了南方军队，哪怕二弟是共产党，他也没有好感。但是，他应该吸取教训，不能再无视任何一个有可能掌控武昌的军队或党派，得支持他们，要不然，他将会再次陷入苦难。

余梅芳在余府养了好一阵子，精神渐渐好起来，身体也得到了一定程度的恢复。这时候，她来自广州的消息，早已传到了萧耀南的耳朵。萧耀南很希望从她那儿得到一些有关南方政府以及南方军队的消息，又不能亲自出面，便把这一重任交给了王俊林。

隔三差五，赵璇滢会跟余雅芳一道回到余府，看望安慰余梅芳。

转眼春节快要到了。这一天，赵璇滢和余雅芳再一次结伴回到余府，跟余梅芳以及余瑞光的夫人在一块闲聊。

赵璇滢一直惦念着余瑞祥。自从余瑞祥派人过来跟她联系过一次以后，她再也没有接到他的消息。眼见得余梅芳的精神越来越好，她很想向她探询丈夫的详情，却总是张开嘴以后，把话题说到一边去了。

余梅芳仿佛看透了她的心思，也知道余府上下都在惦记着余瑞祥，说道："真是难为二弟。他被赶出湖北以后，只身来到广州，直接去找孙中山先生。孙先生让他去了陈炯明的军队。刚开始陈炯明对他很好。可是后来，因为陈炯明要背叛孙中山，二弟不愿意跟着他走，陈炯明把二弟控制起来。陈炯明把孙中山赶出广州以后，这才把二弟放出来。他对陈炯明失望之极，还是去投靠了孙中山。"

余雅芳听了，心里很难过。她知道，是丈夫背叛了二哥，才把二哥逼走的，流泪道："如果不是王俊林，二哥不会遭这么大的罪。"

余梅芳说道："二弟从来不说这是王俊林造成的。他跟我们说过你跟王俊林成亲的事。他只是觉得，王俊林为人太没有原则了，太爱见风使舵。"

心里涌出一阵难以言表的情愫，余雅芳低下了头。

余梅芳继续说道："要是天下的男人都像二弟一样有担当，有志气，就太好了。可惜的是，像他这样的人太少了。"

赵璇滢心头一热，说道："姐夫一定也是个有担当的人。"

姐姐停下来喘一口气，余雅芳着急地说道："你还没有说二哥怎么样呢。"

余梅芳瞥了妹妹一眼，说道："二弟嘛，每次打仗，他都是重要的指挥官。只要他一出马，没有打不赢的仗。不过，他看不惯国民党内部的争权夺利，加入了共产党。孙中山先生在世的时候，二弟哪怕是共产党，一样受到孙中山先生器重。孙中山先生去世之后，国民党推翻了他"联俄联共，扶助农工"的政策，二弟可就遭罪了，被蒋介石派人控制起来了。"

"你们听，我说过吧？国民党也好，共产党也好，他们都是争权夺利，谁也不会比谁强多少嘛！"王俊林一头撞了进来，说道。

接到了萧耀南的命令，他几乎每天都会跑到余府，试图以探望余梅芳病情的名义接近她，以便从她嘴里知道一些南方军队的动向，但每一次都被余瑞光和余瑞华绊住了。这一次，谢天谢地，余瑞光和余瑞华竟然都不在家，他心里暗喜，一听下人说几个女人正在后院说话，赶紧跑过来了。

“他们是不是争权夺利，我不知道。”余梅芳生气地瞪了他一眼，说道，“不过，我知道，你一直都想朝上爬，可从来没有成功过。”

王俊林笑道：“我没有成功不要紧，我要栽培余瑞华，让他取得成功。”

“三弟的事，不劳你费心了。”余梅芳老实不客气地说道，“过不了多久，南方军队会打过来的，他们士气高昂，能够以一当十以十当百，横扫天下。人常说，识时务者为俊杰。你是识时务，但不是事先就识时务，而是打不赢了才识时务。希望你提前觉醒，不要继续充当后来的识时务者。你要为武昌老百姓的生死和武昌城负责。”

王俊林不仅希望从余梅芳那儿探听一些南方军队的消息，而且希望把余梅芳留在武昌。当余梅芳身体欠佳的时候，他还不这么想。现在余梅芳身体渐渐复原了，他不能不担心她会回去广州。当然，这也不完全是王俊林的意思，他主要是秉承了萧耀南的指令。

林英华是一代名士余昌泰的弟子兼女婿，本身也是一代名士，但不像余昌泰一样对大清王朝愚忠到底，传言一直在支持革命党人，如今又是南方政府的高级幕僚，在国民党和共产党的主要首脑人物心目中都有很高的地位。在南方军队即将打过来的呼声甚嚣尘上的当口，余梅芳回到武昌，萧耀南觉得这是天上掉下的馅饼，不仅想从她身上挖出有用的情报，掌握南方政府以及南方军队的动态，而且还想把余梅芳控制起来，万一战争真的面临失利，拿余梅芳作为筹码，以便为自己赢得最大的好处。生死不可预知，王俊林当然乐意把余梅芳当成手里的人质，希望从余梅芳那儿得到消息。

王俊林笑道：“我知道，你们一直觉得我不如瑞祥，我自己也是这么认为的。不过，你不是说过，瑞祥在南方过得也不快乐吗？这足以证明，我做的其实也没有错。”

赵璇滢生气地说道：“他在南方过得很快活！”

王俊林不等她说完，笑了：“好像姐姐说的跟你说的完全相反吧？好的，算你说得对。我其实一直在等待他，也很想跟他一块干下去。我们打赌，如果南方军队真的能够打到武昌城头，能够打下武昌，我立马投靠他，怎么样？”

余梅芳摇了摇头，说道：“你根本不知道南方军队到底是什么样的军队，我劝你还是不要试了。你听我的劝告，赶紧跟余瑞祥联合起来吧。”

王俊林笑道：“我明白了，岳父大人去世，你没有回来，现在，你是为了劝我跟瑞祥合作的，是不是？行啊，要我听你的，你总得拿出让我相信的理由。要知道，我们奉吴大帅的命令，早已修筑了防御阵地，正等着南方军队自投罗网呢。你总该告诉我一些南方军队有可能突破我们阵地的办法吧。”

余梅芳摇头道："难道你没有听出来，我已经明明白白告诉你理由了吗？"

赵璇滢担心余梅芳会上当，真的说出了南方军队的一些秘密，连忙笑道："他呀，就是这么一个人。姐姐，你别再劝他了。当他碰得头破血流的时候，他知道痛了，准会知道自己究竟应该怎么做。"

王俊林赔着笑脸，说道："我需要仔细权衡，要不然，走错一步，不仅王府完了，你们余府、赵府，不是跟着也要遭殃吗？"

赵璇滢笑道："你真是一副好心肠，把我们余、赵、王三家的事情都挂在心上。不过，有些事情，你不记挂着，恐怕还要强得多！"

有赵璇滢在这里，王俊林知道，自己一定不可能得到南方军队和南方政府的任何消息。好在余梅芳已经好起来了，他有的是时间到余府来跟余梅芳闲聊，陪着她们又说了一会儿话，出去了。

丈夫一走，余雅芳眼泪直往外流，说道："我知道，你们一定觉得俊林是来探听南方军队消息的，故意逗他玩，是不是？"

赵璇滢怜惜地在她肩上轻轻地揉摸着，说道："雅芳，希望你不要介意。"

余雅芳说道："俊林是一个什么人，我其实清楚得很。自从姐姐回来以后，我就知道，他一定会过来打搅姐姐的。我甚至觉得，姐姐也许回不去广州了。"

赵璇滢和余梅芳都吃惊地看着她，出不了声。

余梅芳并没有打算回广州去，林英华已经跟她约定好了，要在武昌城跟她会合。赵璇滢意识到，她不能再来武昌了，要不然，很难摆脱萧耀南的监视。她和余雅芳一道，邀请余梅芳去汉口。

"我要在母亲灵前多守一些日子。"余梅芳说道，不想给她们带来麻烦。